Niederlassungsfreiheit der Kapitalgesellschaften in der Europäischen Union
nach der Centros- und der Überseering-Entscheidung des EuGH

AF820160

Europäische Hochschulschriften
Publications Universitaires Européennes
European University Studies

Reihe II
Rechtswissenschaft

Série II Series II
Droit
Law

Bd./Vol. 3781

PETER LANG
Frankfurt am Main · Berlin · Bern · Bruxelles · New York · Oxford · Wien

Ferdinand Unzicker

Niederlassungsfreiheit der Kapitalgesellschaften in der Europäischen Union nach der Centros- und der Überseering-Entscheidung des EuGH

PETER LANG
Europäischer Verlag der Wissenschaften

Bibliografische Information Der Deutschen Bibliothek
Die Deutsche Bibliothek verzeichnet diese Publikation in der Deutschen Nationalbibliografie; detaillierte bibliografische Daten sind im Internet über <http://dnb.ddb.de> abrufbar.

Zugl.: Bayreuth, Univ., Diss., 2003

D 703
ISSN 0531-7312
ISBN 3-631-51003-9

© Peter Lang GmbH
Europäischer Verlag der Wissenschaften
Frankfurt am Main 2004
Alle Rechte vorbehalten.

Das Werk einschließlich aller seiner Teile ist urheberrechtlich geschützt. Jede Verwertung außerhalb der engen Grenzen des Urheberrechtsgesetzes ist ohne Zustimmung des Verlages unzulässig und strafbar. Das gilt insbesondere für Vervielfältigungen, Übersetzungen, Mikroverfilmungen und die Einspeicherung und Verarbeitung in elektronischen Systemen.

www.peterlang.de

Vorwort

Die vorliegende Arbeit wurde an der Rechts- und Wirtschaftswissenschaftlichen Fakultät der Universität Bayreuth als Dissertation eingereicht. Das Promotionsverfahren wurde im Wintersemester 2002/2003 abgeschlossen. Die Arbeit wurde von meinem Doktorvater, Herrn Prof. Dr. Rudolf Streinz, betreut, dem ich, ebenso wie dem Zweitgutachter Herrn Prof. Dr. Ulrich Spellenberg, für die Zusammenarbeit herzlich danke.

Im Europäischen Gesellschaftsrecht hat der Europäische Gerichtshof mit den Entscheidungen Centros und Überseering in den letzten Jahren richtungsweisende Urteile gefällt.
Die Dissertation entstand unter dem Eindruck der 1999 ergangenen Centros-Entscheidung des EuGH. Der im Promotionsverfahren gewählte Titel lautete „Niederlassungsfreiheit der Kapitalgesellschaften in der Europäischen Union nach der Centros-Entscheidung des EuGH".

Kurz bevor das Rigorosum abgehalten wurde, entschied der Europäische Gerichtshof in der Rechtssache Überseering.

Für die vorliegende Druckfassung habe ich dieses Urteil an den jeweils maßgeblichen Stellen eingearbeitet und dabei auch die beginnende Diskussion in der Literatur berücksichtigt.

Die Arbeit befand sich in der Promotionsfassung auf dem Stand Mai 2002. Für die vorliegende Druckfassung wurde Rechtsprechung und Literatur im Wesentlichen bis April 2003 berücksichtigt.

Diese Arbeit hätte nicht zuletzt ohne die liebevolle Unterstützung meiner Eltern nicht entstehen können. Ihnen ist diese Arbeit gewidmet.

München, im Juni 2003 Ferdinand Unzicker

Inhaltsübersicht

Inhaltsverzeichnis

Abkürzungsverzeichnis

a.A.	anderer Ansicht
a.a.O.	am angegebenen Ort
Abs.	Absatz
a.F.	alte Fassung
AG	Die Aktiengesellschaft (Zeitschrift)
AG	Aktiengesellschaft
AG	Amtsgericht
AktG	Aktiengesetz
Alt.	Alternative
Anh	Anhang
AO	Abgabenordnung
Art.	Artikel
Aufl.	Auflage
AuslInvestmG	Auslandsinvesmentgesetz
BayObLG	Bayerisches Oberlandesgericht
BayObLGZ	Entscheidungen des Bayerischen Obersten Landesgerichts in Zivilsachen
BB	Betriebs-Berater
Bd.	Band/Bände
BewG	Bewertungsgesetz
BFH	Bundesfinanzhof
BGB	Bürgerliches Gesetzbuch
BGBl.	Bundesgesetzblatt
BGH	Bundesgerichtshof
BGHZ	Entscheidungen des Bundesgerichtshof in Zivilsachen
BStBl	Bundessteuerblatt
BVerfG	Bundesverfassungsgericht
BVerfGE	Entscheidungen des Bundesverfassungsgerichts
bzw.	beziehungsweise
CDFI	Cahiers de droit fiscal international
CSC	Código des Sciedades Comerciais
DB	Der Betrieb
DNotZ	Deutsche Notar-Zeitschrift

EFTA	European Free Trade Association
EG	Europäische Gemeinschaft
EGBGB	Einführungsgesetz zum Bürgerlichen Gesetzbuch
EGV	Vertrag zur Gründung der Europäischen Gemeinschaft
Einf	Einführung
EStG	Einkommensteuergesetz
etc.	et cetera
EU	Europäische Union
EuGH	Europäischer Gerichtshof
EuGRZ	Europäische Grundrechte-Zeitschrift
EuGVVO	Verordnung über die gerichtliche Zuständigkeit und die Anerkennung und Vollstreckung von Entscheidungen in Zivil- und Handelssachen
EuGVÜ	Brüsseler EWG-Übereinkommen über die gerichtliche Zuständigkeit und die Vollstreckung gerichtlicher Entscheidungen in Zivil- und Handelssachen
EuR	Europarecht (Zeitschrift)
EUV	Vertrag über die Europäische Union
EuZW	Europäische Zeitschrift für Wirtschaftsrecht
evtl.	eventuell
EWiR	Entscheidungen zum Wirtschaftsrecht (Zeitschrift)
EWIV-VO	Verordnung über die Schaffung einer Europäischen Wirtschaftlichen Interessenvereinigung
EWR	Europäischer Wirtschaftsraum
EWRA	Abkommen über den Europäischen Wirtschaftsraum
EWS	Europäisches Wirtschafts- und Steuerrecht (Zeitschrift)
f	folgende
ff	fortfolgende
FGG	Gesetz über die Freiwillige Gerichtsbarkeit
FS	Festschrift
GewO	Gewerbeordnung
GmbH	Gesellschaft mit beschränkter Haftung
GmbHG	Gesetz betreffend die Gesellschaften mit beschränkter Haftung
GmbHR	GmbH-Rundschau
HGB	Handelsgesetzbuch
Hrsg.	Herausgeber

IPR	Internationales Privatrecht
IPRax	Praxis des Internationalen Privat- und Verfahrensrechts
IntGesR	Internationales Gesellschaftsrecht
i.S.d.	im Sinne des/der
i.S.v.	im Sinne von
IStR	Internationales Steuerrecht (Zeitschrift)
JBl	Juristische Blätter
JuS	Juristische Schulung (Zeitschrift)
JZ	Juristenzeitung
KG	Kommanditgesellschaft
KStG	Körperschaftssteuergesetz
KWG	Kreditwesengesetz
lit.	litera
LG	Landgericht
Ltd.	Limited
LSA	Ley sobre régimen juridico de sociedades anónimas
LSRL	Ley de sociedades des responsabilidad limitada
MDR	Monatsschrift des Deutschen Rechts
MitbestBeiG	Mitbestimmungs-Beibehaltungsgesetz
MitbestG	Mitbestimmungsgesetz
m.w.N.	mit weiteren Nachweisen
NJW	Neue Juristische Wochenschrift
NVwZ	Neue Zeitschrift für Verwaltungsrecht
NZG	Neue Zeitschrift für Gesellschaftsrecht
OECD	Organisation for Economic Cooperation and Development
OGH	Obergerichtshof
OHG	Offene Handelsgesellschaft
OLG	Oberlandesgericht
RabelsZ	Rabels Zeitschrift für ausländisches und internationales Privatrecht
RdA	Recht der Arbeit (Zeitschrift)
RIW	Recht der Internationalen Wirtschaft (Zeitschrift)
RL	Richtlinie

Rn	Randnummer
Rspr.	Rechtsprechung
S.	Seite
S.A.	Société Europaea
SE	Societas Europaea
SFr	Schweizer Franken
sog.	sogenannte/r
Slg.	Sammlung
SpuRt	Sport und Recht (Zeitschrift)
Tz	Teilziffer
u.a.	unter anderem
Uabs.	Unterabsatz
UmwG	Umwandlungsgesetz
UmwStG	Umwandlungssteuergesetz
USA	United States of America
VAG	Gesetz über die Beaufsichtigung der Versicherungsunternehmen
VersR	Versicherungsrecht (Zeitschrift)
vgl.	vergleiche
Vorbem	Vorbemerkung
WBl	Wirtschaftliche Blätter
WM	Wertpapier-Mitteilungen
WpHG	Wertpapierhandelsgesetz
WpÜG	Wertpapiererwerbs- und Übernahmegesetz
WuV	Wirtschaft und Verwaltung
WÜV	Wiener Übereinkommen über das Recht der Verträge
z.B.	zum Beispiel
ZBB	Zeitschrift für Bankrecht und Bankwirtschaft
ZEuP	Zeitschrift für Europäisches Privatrecht
ZGR	Zeitschrift für Unternehmens- und Gesellschaftsrecht
ZHR	Zeitschrift für das gesamte Handelsrecht und Wirtschaftsrecht
ZIP	Zeitschrift für Wirtschaftsrecht
ZVerglRWiss	Zeitschrift für Vergleichende Rechtswissenschaft

Einleitung

Auf dem Gebiet des Europäischen Gesellschaftsrechts herrscht kein Mangel an Literatur, die sich mit den Rechtsgrundlagen und der Zulässigkeit internationaler Unternehmensverbindungen befaßt. Vor allem in der Frage der grenzüberschreitenden Verlegung des Verwaltungssitzes einer Gesellschaft wird seit langem eine Diskussion über die grundsätzliche Zulässigkeit dieses Vorganges geführt. Ebenfalls umstritten ist, ob eine ausländische Kapitalgesellschaft sich als persönlich haftende Gesellschafterin an einer inländischen Personengesellschaft beteiligen kann. Im jüngeren Schrifttum werden vermehrt Rechtsprobleme der Verschmelzung zweier Unternehmen, auch im Wege der feindlichen Übernahme, erörtert.

Die Frage nach der Zulässigkeit dieser Unternehmensformen berührt stets nationales Internationales Privatrecht und europäisches Primärrecht zugleich. Aus der Perspektive des mitgliedstaatlichen Rechts stellt sich zunächst das Problem, welche Rechtsordnung zur Anwendung kommt. Anschließend bleibt zu prüfen, ob und inwieweit eine bestimmte Unternehmensform nach der jeweils anwendbaren Rechtsordnung zulässig ist. Davon unberührt bleibt die Frage, ob für die jeweilige Unternehmensform europarechtliche Vorgaben bestehen.

Die wissenschaftliche Diskussion schien sich hierüber weitgehend erschöpft zu haben. Der Streit reduzierte sich vorwiegend auf die im Internationalen Gesellschaftsrecht seit Jahrzehnten umstrittene Frage, welcher Rechtsordnung Kapitalgesellschaften, überhaupt juristische Personen, unterliegen. Nach der überwiegend im kontinentaleuropäischen Festland bislang vorherrschenden Sitztheorie ist etwa die Verlegung des Verwaltungssitzes nicht gestattet; der Vorgang führt zum Verlust der Rechtsfähigkeit der Gesellschaft. Anders ist dies hingegen nach der aus dem anglo-amerikanischen Rechtskreis stammenden Gründungstheorie zu beurteilen, wonach der Vorgang zulässig ist.

Von den Befürwortern der Sitztheorie wurde zudem in Anspruch genommen, dass der EuGH sie in der Entscheidung Daily-Mail[1] aus dem Jahre 1988 als mit der Niederlassungsfreiheit anerkannt habe.

Die vorliegende Arbeit soll nicht dazu dienen, sich mit diesen Streitfragen allein ein weiteres Mal auseinanderzusetzen. Eine Befassung mit dem Thema ist aber wieder aktuell geworden, weil der EuGH in der Centros-Entscheidung[2] aus dem

---

[1] EuGH Slg. 1988, 5483ff („Daily Mail").
[2] EuGH Slg. 1999 I, 1459ff („Centros").

Jahre 1999 und zuletzt auch in der Überseering-Entscheidung[3] aus dem Jahre 2002 Anlass gegeben hat, zahlreiche Fragen des Europäischen Gesellschaftsrechts, die mit der Daily-Mail scheinbar als gelöst angesehen wurden, neu zu überdenken.

Das Ziel der vorliegenden Arbeit ist es, die Frage nach der Zulässigkeit verschiedener Unternehmensformen insbesondere anhand von europarechtlichen Vorgaben zu prüfen. Dabei lag das Bemühen zugrunde, die in der Praxis auftretenden internationalen Unternehmensgestaltungen möglichst vollständig zu erfassen. Im Einzelnen wurden die Errichtung von Zweigniederlassungen, die Beteiligung einer ausländischen Kapitalgesellschaft an einer inländischen Personengesellschaft als persönlich haftende Gesellschafterin, verschiedene Varianten der Sitzverlegung und die Fusion/Verschmelzung in den Blick genommen.[4]

Ein weiteres Anliegen der Arbeit liegt darin, den während des Promotionsverfahrens aktuellen Stand des europäischen Gesellschaftsrechts nach der Centros-Entscheidung des EuGH zu bestimmen. Dieses Urteil stellte nach der Daily-Mail-Entscheidung einen Meilenstein im europäischen Gesellschaftsrecht dar, der dazu Anlass gab, eine Reihe von Fragen neu aufzurollen.[5] Es hat inzwischen die Rechtsprechung in den Mitgliedstaaten beeinflußt[6] und in Deutschland Anlass zu zwei weiteren Vorlageverfahren beim EuGH gegeben.[7]

---

[3] EuGH EuZW 2002, 754ff („Überseering“).

[4] *Kreuzer*, S.5ff und *Bühler*, S. 217ff erwähnen auch noch die Einbringung von Unternehmensteilen. Dies wird als „uneigentliche Fusion“ im Kapitel über die Fusion/Verschmelzung erörtert.

[5] Vgl. hierzu *Roth, G. H.*, ZIP 1999, 861ff; *Sedemund/Haussmann*, BB 1999, 810ff; *Höfling*, DB 1999, 1206ff; *Ebke*, JZ 1999, 656ff; *ders.*, JZ 2000, 203ff; *Ulmer*, JZ 1999, 662ff; *Kindler*, NJW 1999, 1993ff; *Leible*, NZG 1999, 300ff; *Freitag*, EuZW 1999, 267ff; *Streinz*, JuS 1999, 810ff; *Neye*, EWiR 1999, 259f; *Meilicke*, DB 1999, 625ff; *Sandrock*, BB 1999, 1337; *Bungert*, DB 1999, 1841ff; *Borges*, RIW 2000, 167ff; *Cascante*, RIW 1999, 450ff; *Timme/Hülk*, JuS 1999, 105ff; *Risse*, MDR 1999, 752ff; *Sonnenberger/Großerichter*, RIW 1999, 721ff; *Steindorff*, JZ 1140ff; *Hammen*, WM 1999, 2487ff; *Kieninger*, ZGR 1999, 724ff; *Geyrhalter*, EWS 1999, 201ff; *Lange*, DNotZ 1999, 599ff; *Zimmer*, ZHR 164 (2000), 23ff; *ders.*, BB 2000, 1361ff; *Forsthoff*, EuR 2000, 167ff; *ders.*, DB 2000, 1109ff; *ders.*, BB 2002, 318ff; *Roth, W.-H.*, ZGR 2000, 311ff; *ders.*, ZIP 2000, 1597ff; *Puszkajler*, IPRax 2000, 79ff; *Behrens*, EuZW 2002, 5; *von Halen*, EWS 2002, 107ff; aus dem deutschen Schrifttum zu den Folgen im Ausland *Korn/Thaler*, Wbl 1999, 247ff; *Höfling*, EuZW 2000, 145ff; *Mäsch*, JZ 2000, 201ff; *Kieninger*, NZG 2000, 39ff; Korn, WBl 2000, 56ff für Österreich, *Werlauff*, ZIP 1999, 867ff für Dänemark; die Auswirkungen in der ausländischen Rechtsprechung zusammenfassend *Behrens*, IPRax 2000, 384ff. Zu den steuerrechtlichen Fragen etwa *Fock*, RIW 2000, 42.

[6] OGH vom 15.07.1999, JZ 2000, 199ff.

[7] AG Heidelberg vom 03.03.2000, EuZW 2000, 414ff, und BGH vom 30.07.2000, EuZW 412ff, vgl. hierzu *Behrens*, EuZW 2002, 5.

In dem vom AG Heidelberg in die Wege geleiteten Vorlageverfahren erklärte sich der EuGH als unzuständig, da das Ausgangsverfahren eine registergerichtliche FGG-Sache darstellte und somit nicht auf eine Entscheidung mit Rechtsprechungscharakter abzielte.[8] In der hier vorliegenden Verlagsversion[9] wurde schließlich auch noch das aus dem vom BGH eingeleiteten Vorlageverfahren resultierende Überseering-Urteil des EuGH vom 05.11.2002 und die sich daran anknüpfende, beginnende Diskussion in der Literatur[10] berücksichtigt.[11]

Schließlich bestand eines der Hauptziele der vorliegenden Arbeiten darin, die Entscheidungen Daily Mail und Centros nicht als widersprüchlich zueinander stehend aufzufassen, sondern – im Gegenteil – nach Möglichkeit eine Synthese zwischen beiden Urteilen herzustellen. Dieser Ansatz liegt gleichsam auf der Hand, da eine Vertiefung der vielfach anzutreffenden These, Daily-Mail sei durch Centros obsolet geworden, erst dann angebracht ist, wenn zuvor feststeht, dass das eine Urteil im Widerspruch zu dem jeweils anderen steht. Solange insbesondere die aus der Daily-Mail-Entscheidung bekannten Vorgaben auch vor dem Hintergrund der Centros-Entscheidung bestehen bleiben können, besteht – abgesehen von den in der wissenschaftlichen Diskussion vorgetragenen Bedenken – für sich genommen kein Bedürfnis, die Aussagen der Daily-Mail-Entscheidung in Frage zu stellen. Aus diesem Grunde soll nachfolgend eine Dogmatik des Europäischen Gesellschaftsrechts entwickelt und begründet werden, die mit dem Aussagegehalt sowohl der einen als auch der anderen Entscheidung im Einklang steht.
Soweit dieser Ansatz und die daraus folgenden resultierenden Lösungvorschläge durch das Überseering-Urteil in einzelnen Punkten einer Ergänzung bedürfen, wird hierzu gesondert Stellung genommen.

Die nachfolgende Arbeit ist in zwei Hauptteile gegliedert:

---

[8] EuGH EuZW 2001, 499, Tz 11 („HSB-Wohnbau"). So auch schon EuGH Slg. 1986, 955, Tz 4 („Greis Unterweger"); Slg. 1995 I, 3361, Tz 9 („Job Centre"); Slg. 1998 I, 7023, Tz 14 („Victoria Film").

[9] Bei der Universität Bayreuth wurde die Promotion unter dem Titel „Niederlassungsfreiheit der Kapitalgesellschaften in der Europäischen Union nach der Centros-Entscheidung des EuGH" eingereicht und absolviert.

[10] *Leible/Hoffmann*, RIW 2002, 925ff; *Eidenmüller*, ZIP 2002, 2233ff; *Behrens*, EuZW 2002, 737; *Forsthoff*, DB 2002, 2471; *Kallmeyer*, DB 2002, 2521f; *Schanze/Jüttner*, AG 2003, 30ff; *Zimmer*, BB 2003, 1ff; *Lutter*, BB 2003, 7ff; *Kindler*, NJW 2003, 1073ff.

[11] Zur Zeit des Promotionsverfahrens lag allerdings bereits der Schlußantrag des Generalanwalts *Colomer* v. 04.12.2001, NZG 2002, 16, vor. Es wurde bereits hier vorgeschlagen, einer im Inland wirksam gegründeten Gesellschaft, deren tatsächlicher Verwaltungssitz im Ausland liegt, jedenfalls die Klagemöglichkeit nicht abzuerkennen. In diesem Punkt kam das Überseering-Urteil in der Sache nicht überraschend. Zu den Schlußanträgen insgesamt *von Halen*, EWS 2002, 109ff.

Im ersten Teil, der auch Allgemeiner Teil genannt werden kann, wird der Schutzbereich der Niederlassungsfreiheit im Allgemeinen dargestellt. Dabei wird zunächst eine Abgrenzung zu den anderen Grundfreiheiten vorgenommen, bevor die Reichweite des Schutzbereichs erörtert wird. Schließlich wird dargestellt, inwieweit die Niederlassungsfreiheit Schranken unterliegt. In einem Annex wird schließlich geprüft, ob für den EWR-Raum gesellschaftsrechtlich relevante Besonderheiten gelten.

Im zweiten Teil werden in vier Kapiteln die schon erwähnten internationalen Betätigungsformen im Einzelnen auf ihre Zulässigkeit hin überprüft. Nacheinander folgen Abhandlungen über
- Zweigniederlassungen/Tochtergesellschaften (Kapitel A)
- „Die ausländische GmbH & Co. KG“ (Kapitel B)
- Sitzverlegung (Kapitel C)
- Fusion/Verschmelzung (Kapitel D).

In jedem dieser Kapitel wird zunächst nach einer kurzen Begriffsbestimmung und Abgrenzung zu anderen Ausübungsformen (jeweils I.) der international-privatrechtliche Meinungsstand vorangestellt (jeweils II.). Anschließend wird erörtert, inwieweit jeweils europarechtliche Vorgaben (jeweils III.) bestehen, wobei in der Regel, wie erwähnt, die Niederlassungsfreiheit in den Blick zu nehmen ist. Zum Schluß wird die Frage gestellt, ob und inwieweit die nationalen Gesetzgeber vor dem Hintergrund der europäischen Rechtsgarantien berechtigt sind, die jeweilige Unternehmensgestaltung Beschränkungen zu unterwerfen. An dieser Stelle sind die jeweiligen nationalen Maßnahmen einem Rechtfertigungstest (jeweils IV.) zu unterziehen.

In einem dritten Teil werden die Ergebnisse in Thesen zusammengefaßt.

Teil 1: Der Inhalt der Niederlassungsfreiheit für Gesellschaften

Gesellschaften, die ihren Geschäftsbereich auf mehrere Mitgliedstaaten erstrecken, bewegen sich im Spannungsfeld mehrerer Freiheitsrechte. Im Mittelpunkt steht dabei die Niederlassungsfreiheit. Sie schützt die Freizügigkeit von Selbständigen und Gesellschaften. Der Schutzbereich erfaßt die Verlegung des Standortes in einen anderen Mitgliedstaat durch Errichtung einer festen Einrichtung von nicht nur vorübergehender Dauer.[12] Jedoch ist es nicht erforderlich, dass die bisherige Niederlassung im Wegzugstaat durch die Gesellschaft aufgegeben wird. Aus diesem Grunde ist neben der Standortverlagerung auch die Standorterweiterung geschützt.

A. Abgrenzung zu anderen Freiheitsrechten

Die unternehmerischen Handlungsmöglichkeiten werden im grenzüberschreitenden Verkehr aber auch noch von anderen Grundfreiheiten berührt. Zunächst geht es also darum, die Reichweite der Niederlassungsfreiheit durch gegenseitige Abgrenzung zu den anderen Grundfreiheiten zu bestimmen. Außerdem bleibt die Frage nach dem Anwendungsbereich der in Art. 294 EGV verankerten Beteiligungsfreiheit für Gesellschaften.

I. Abgrenzung zur Kapitalverkehrsfreiheit

Für die Abgrenzung von Niederlassungsfreiheit und Kapitalverkehrsfreiheit ist zunächst zu klären, ob beide Grundfreiheiten zueinander in einem Exklusivitätsverhältnis stehen oder ein Nebeneinander möglich ist. Probleme bereiten die Verweisungen auf die Vorschriften der jeweils anderen Grundfreiheit in Art. 43 Abs. 2 und Art. 58 Abs. 2 EGV. Bei wörtlicher Auslegung käme man zu einer andauernden Rück- und Weiterverweisung.[13]

Um dieser Verweisungsspirale zu entkommen, spricht sich die überwiegende Auffassung in der Literatur für ein Exklusivitätsverhältnis beider Grundfreiheiten zueinander aus.[14] Ein Vorrang der Kapitalverkehrsfreiheit aufgrund der Re-

---

[12] So etwa *Troberg*, in: *von der Groeben/Thiesing/Ehlermann*, Art. 52 Rn 21; *Calliess-Ruffert-Bröhmer*, Art. 53 Rn 1; *Kimms*, S. 138

[13] *Freitag*, EWS 1997, 190, spricht von einer „Endlosschleife" der Rückverweisung.

[14] *Ohler*, WM 1996, 1802; *Freitag*, EWS 1997, 188. Mißverständlich *Troberg*, in: *von der Groeben/Thiesing/Ehlermann*, Art. 52 Rn 8, wonach sich diese beiden Grundfreiheiten nicht

gelung des Art. 43 Abs. 2 EGV scheide aus, weil die Vorschriften über die Niederlassungsfreiheit unter der bis 1993 geltenden Rechtslage der Art. 67 ff EGV a.F. ansonsten praktisch gegenstandslos gewesen wären.[15] Art. 43 Abs. 2 EGV stelle nur klar, dass die zur Niederlassung notwendigen Investitionen und Kapitaltransfers sich nicht nach den Art. 43 ff, sondern nach Art. 56 ff EGV richten.[16] Nach der gegenteiligen Ansicht ist davon auszugehen, dass beide Grundfreiheiten nebeneinander anwendbar sind. Auf Rechtfertigungsebene sei dann zu unterscheiden, ob eine Maßnahme nach Art. 46, 47 oder Art. 58 EGV gerechtfertigt werden könne.[17]
Eine parallele Anwendbarkeit beider Grundfreiheiten ist indes nicht anzunehmen. Auch bei der Abgrenzung zwischen den übrigen Grundfreiheiten ist anerkannt, dass alle Freiheiten zueinander in einem Exklusivitätsverhältnis stehen. Nur diese Dogmatik vermag Wertungswidersprüche auf Rechtfertigungsebene zu verhindern, etwa wenn spezielle, auf eine bestimmte Grundfreiheit zugeschnittene Rechtfertigungsnormen wie Art. 58 EGV zur Anwendung kommen.[18] Dies schließt allerdings nicht aus, dass eine mitgliedstaatliche Maßnahme zugleich in verschiedene Grundfreiheiten eingreifen kann, wenn sie verschiedene wirtschaftliche Sachverhalte betrifft.[19]

Ausgehend von einem Exklusivitätsverhältnis beider Grundfreiheiten stellt sich die Frage der Abgrenzung zueinander. Zweifelsfälle entstehen, wenn zum Zwecke von Niederlassungen Direktinvestitionen oder Immobilienerwerbe vorgenommen werden. Niederlassungsrechtliche Vorgänge wie etwa die Gründung von Tochtergesellschaften, die Einrichtung einer Betriebsstätte, oder auch der Erwerb von Unternehmensanteilen sind fast immer mit finanziellen Transaktionen verbunden, die wiederum dem Bereich der Kapitalverkehrsfreiheit zugeordnet werden können.[20]

Die Abgrenzung muss sich danach orientieren, auf welcher Seite im Rahmen einer unternehmerischen Investition das Schwergewicht liegt. Bleibt der Investor ein rein passiver Geldgeber, so fällt die niederlassungsrechtliche Komponen-

---

gegenseitig ausschlössen, sondern sich gegenseitig ergänzten. Das Exklusivitätsverhältnis schließt indessen nicht aus, dass beide Grundfreiheiten betroffen sind, wenn eine Regelung verschiedene wirtschaftliche Sachverhalte zugleich betrifft, vgl. *Streinz*, Rn 765.

[15] *Freitag*, EWS 1997, 190.

[16] Dieser Vorrang erstreckt sich auch auf die RL 88/361, *Hinkel*, S. 77.

[17] *Glöckner*, EuR 2000, 608; *Weber*, EuZW 1992, 564f.

[18] *Ohler*, WM 1996, 1803.

[19] *Streinz*, Rn 765; *Ohler*, WM 1996, 1803. Ähnlich wohl auch *Troberg*, in: *von der Groeben/Thiesing/Ehlermann*, Art. 52 Rn 8 und *Kimms*, S. 139f, indem es dort grundsätzlich für möglich gehalten wird, dass eine mitgliedstaatliche Maßnahme beide Grundfreiheiten berührt.

[20] *Kiemel*, in: *von der Groeben/Thiesing/Ehlermann*, Art. 73b Rn 7; *Ohler*, WM 1996, 1804.

te weg und es ist nur die Kapitalverkehrsfreiheit einschlägig. Wird hingegen etwa mit der Investition zugleich unternehmerischer Einfluß ausgeübt oder eine Kontroll- bzw. Leitungsfunktion angestrebt, so beurteilt sich der Vorgang nach der Niederlassungsfreiheit.[21] Anhaltspunkte bietet auch die Tatsache, ob unmittelbar aus dem investierten Kapital Nutzungen gezogen werden, etwa durch Verzinsung oder Dividenden, oder die Ertragsschöpfung nur mittelbar aus der Tätigkeit des erworbenen Unternehmens erfolgen soll. Im letzteren Falle steht die unternehmerische Tätigkeit im Vordergrund, weshalb die Vorschriften über die Niederlassungsfreiheit anwendbar sind.[22]

Zur Bestimmung der Schwelle des niederlassungsrechtlich relevanten unternehmerischen Einflusses ist nach verbreiteter Ansicht auf die Siebente gesellschaftsrechtliche Richtlinie vom 18.07.1983 mit einer Beteiligungsgröße von 20% abzustellen. Vorgänge, die zu Unternehmensbeteiligungen unterhalb dieser Schwelle führen, fielen nicht mehr unter die Niederlassungsfreiheit.[23]
Dies führt jedoch kaum in allen Fällen zu überzeugenden Ergebnissen.
Als dogmatischer Einwand gegen das 20%-Kriterium ist zu erwähnen, dass die auf Art. 44 Abs. 2 lit. g EGV beruhende Richtlinie nicht die Grenzen der Niederlassungsfreiheit absteckt, sondern vielmehr nur innerhalb ihres Anwendungsbereiches Schutzbestimmungen koordiniert. So gesehen müsste die Niederlassungsschwelle tiefer liegen.
Außerdem ist gerade bei Kapitalgesellschaften der unternehmerische Einfluß des Halters eines 20%-Pakets nicht immer gleich zu beurteilen. Bei Gesellschaften mit beschränkter Haftung kann wegen des Mehrheitsprinzips des § 76 GmbHG selbst eine 49%-Beteiligung ohne entscheidenden Einfluß auf die Unternehmensleitung bleiben. Hingegen kann etwa bei großen Aktiengesellschaften mit weit verstreutem Aktienbesitz ein 20%-Paktet eine entscheidende Bestimmungsgröße darstellen.

Im Ergebnis sollte zur Abgrenzung daher nicht auf pauschale Beteiligungsgrößen, sondern auf den unternehmerischen Einfuß im Einzelfall abgestellt werden.

---

[21] *Freitag*, EWS 1997, 190f; *Ohler*, WM 1996, 1804; *Troberg*, in: *von der Groeben/Thiesing/Ehlermann*, Art. 52 Rn 11; *Hinkel*, S. 78; *Grothe*, S.310. *Zimmer*, S.212, hält die Frage jedoch ohnehin für akademisch, weil es nach allen betroffenen Freiheitsrechten unzulässig sei, Gesellschaften anderer Mitgliedstaaten hinsichtlich der Beteiligung an einer inländischem Recht unterliegenden Gesellschaft schlechter zu behandeln als eigenem Recht unterliegende Gesellschaften.
[22] *Freitag*, EWS 1997, 190; *Scherer*, S. 181f.
[23] *Troberg*, in: *von der Groeben/Thiesing/Ehlermann*, Art. 221 Rn 3.

Nach diesen Grundsätzen dürfte im Gesellschaftsrecht meistens Niederlassungsrecht einschlägig sein.[24] Dies gilt jedenfalls dann, wenn mit der Investition die Gründung oder die Übernahme eines Unternehmens angestrebt wird. Die Errichtung von Tochtergesellschaften oder Zweigniederlassungen erfordert regelmäßig unternehmerische Einflußnahme.[25] Ähnliches gilt auch im Falle von Beteiligungen und fusionsähnlichen Gestaltungsmodellen.[26] Der Kapitaleinsatz wird in aller Regel zu dem Zweck erfolgen, aus der dadurch erworbenen Unternehmensbeteiligung Ertrag zu schöpfen.

II. Abgrenzung zur Dienstleistungsfreiheit

Im Verhältnis zur Dienstleistungsfreiheit ist einleitend auf eine in der Literatur vereinzelt vertretene Auffassung einzugehen, nach der die Abgrenzung zur Niederlassungsfreiheit generell entbehrlich sei, wenn beide Grundfreiheiten einheitlich als Diskriminierungsverbot oder Beschränkungsverbot ausgelegt werden. Dann sei von einem einheitlichen Personenverkehrsgrundrecht auszugehen.[27] Dem kann jedoch nicht gefolgt werden. Nur die Niederlassungsfreiheit gehört zur Kategorie der Personenverkehrsgrundrechte, während die Dienstleistungsfreiheit ähnlich wie die Warenverkehrsfreiheit den Austausch von gewerblichen Leistungen liberalisiert. Dies läßt sich aus Art. 3 Abs. 1 lit. c EGV bzw. Art. 14 Abs. 2 EGV entnehmen. Beide Vorschriften legen eine Definition des Binnenmarktes zugrunde, in dem der „freie Verkehr von Waren, Personen, Dienstleistungen und Kapital" zu gewährleisten ist. Die Niederlassungsfreiheit und auch die Arbeitnehmerfreizügigkeit werden in diesen Vorschriften im Gegensatz zur Dienstleistungs-, Waren- und Kapitalverkehrsfreiheit nicht ausdrücklich erwähnt. Stattdessen ist vom „freien Verkehr von Personen" die Rede. Daraus folgt, dass streng genommen nur die Niederlassungsfreiheit und die Arbeitnehmerfreizügigkeit unter die Personenverkehrsfreiheit fallen, nicht jedoch die anderen Grundfreiheiten, welche in Art. 3 Abs. 1 lit. c EGV und Art. 14 Abs. 2 EGV eigenständig erwähnt sind.[28]

Dennoch ist die Dienstleistungsfreiheit zu einem Teil auch den Personenverkehrsfreiheiten zuzurechnen. Denn die Ausübung der von der Dienstleistungs-

---

[24] Zu dieser Einschätzung kommen auch *Freitag*, EWS 1997, 190 und *Ohler*, WM 1996, 1804.
[25] *Freitag*, EWS 1997, 190.
[26] Hierzu unten Teil 2, D.II.2. und D.III.2.
[27] *Schnichels*, S. 34, der die Relevanz der Abgrenzung damit begründet, dass der EuGH zunehmend davon Abstand nehme, aus den Grundfreiheiten dieselben Ansprüche herzuleiten.
[28] *Grüb*, S. 43, mit der Herleitung dieses Ergebnisses aus Art. 3 Abs. 1 lit. c EGV. Zur Einordnung der Niederlassungsfreiheit als Personenverkehrsfreiheit etwa *Troberg*, in: *von der Groeben/Thiesing/Ehlermann*, Vorbem Art. 52 Rn 1.

freiheit geschützten Handlungsformen geht in aller Regel zwangsläufig mit Personenverkehr einher. Unter den Schutzbereich der Art. 49 ff EGV fallen sowohl die Erbringer (aktive Dienstleistungsfreiheit) als auch die Empfänger der Dienstleistung (passive Dienstleistungsfreiheit).[29] Insoweit ist über Art. 49 ff EGV auch der Personenverkehr liberalisiert, was zudem durch zahlreiche sekundärrechtliche Maßnahmen im Berufs- und Gewerberecht untermauert ist.[30] Lediglich bei den gleichermaßen geschützten Korrespondenzdienstleistungen, wenn sowohl Erbringer als auch Empfänger der Dienstleistung an Ort und Stelle verbleiben und nur die Dienstleistung also solche über die Grenze tritt, findet kein gleichzeitiger Personenverkehr statt.[31]

Eine Abgrenzung der beiden Freiheitsrechte ist angesichts der dogmatischen Unterschiede, die in Art. 3 Abs. 1 lit. c EGV und Art. 14 Abs. 2 EGV zum Ausdruck kommen jedoch erforderlich, zumal die Dienstleistungsfreiheit nach Art. 50 Abs. 2 EGV subsidiär zur Niederlassungsfreiheit ist.[32] Es gilt also, beide Grundfreiheiten hinsichtlich ihrer Tatbestandsmerkmale begrifflich voneinander zu trennen, und dabei dem jeweiligen Charakter als Personen- bzw. Gewerbefreiheit Rechnung zu tragen.
Der Vorgang der Niederlassung wird, ohne der nachfolgenden Untersuchung der Reichweite der Art. 43 ff EGV vorgreifen zu wollen, durch die Dauer der Tätigkeit, der Notwendigkeit einer festen Einrichtung und den Umfang der Tätigkeit am Ort der Niederlassung gekennzeichnet.[33] Zu den Dienstleistungen zählen nach der Aufzählung in Art. 50 Abs. 1 EGV gewerbliche, kaufmännische, handwerkliche und freiberufliche Tätigkeiten. Auch diese Vorgänge können auf eine gewisse Dauer angelegt und mit der Schaffung von Betriebsstätten verbunden sein. Die Abgrenzung ist daher für jedes einzelne Merkmal getrennt vorzunehmen.

Das Merkmal „Dauer der Tätigkeit" kennzeichnet einen der wesentlichen Unterschiede zur Dienstleistungsfreiheit, wobei mit diesem Kriterium nicht nur die rein zeitliche Erstreckung, sondern auch die Häufigkeit, regelmäßige Wieder-

---

[29] *Schwarze*, Art. 49 Rn 22ff, 29ff; Geiger, Art. 50 Rn 6f; *Streinz*, Rn 655, 756ff.
[30] Überblick über die Sekundärmaßnahmen bei *Kluth*, in: *Calliess/Ruffert*, Art. 50 Rn 12; *Schwarze*, Art. 50 Rn 21.
[31] *Schwarze*, Art. 49 Rn 52; *Geiger*, Art. 50 Rn 8 bezeichnet diese Erscheinungsform als „produktbezogene Dienstleistungsfreiheit".
[32] *Schnichels*, S. 32 m.w.N.
[33] Zur Abgrenzung zur Dienstleistungsfreiheit anhand dieser Kriterien vgl. etwa *Troberg*, in: *von der Groeben/Thiesing/Ehlermann*, Art. 52 Rn 3ff; *Hinkel*, S. 74; *Kruse*, S. 54; *Schnichels*, S. 35ff.

kehr und Kontinuität gemeint ist.[34] Indes stellt der Begriff „Dauer" das einzige gesetzliche Abgrenzungskriterium dar, indem Art. 50 Abs. 2 EGV von „vorübergehend" ausgeübten Tätigkeiten spricht. Strittig ist lediglich, wann eine Tätigkeit schon nicht mehr als „vorübergehend" einzustufen ist.[35]
Bei Erwerbsvorgängen von natürlichen Personen kann diese Abgrenzung mitunter schwierig sein, im Gesellschaftsrecht liegen hier aber wohl keine Probleme. Die Gründung einer Gesellschaft hat in aller Regel dauerhaften Charakter. Alsbaldige Auflösungen von Unternehmen sind etwa bei unvorhergesehener Marktentwicklung denkbar, was jedoch auf die der Gesellschaft zustehenden Rechte keine Auswirkungen haben kann. Deshalb sollte von einer Niederlassung i.S.d. Art. 43, 48 EGV jedenfalls dann ausgegangen werden, wenn die Gesellschaftsgründung aus ex-ante-Sicht auf Dauer angelegt war, unabhängig davon, wie lange das Unternehmen tatsächlich besteht.
Bei einer so vollzogenen Abgrenzung reduziert sich der Grenzbereich beider Freiheitsrechte auf Fallgestaltungen, in denen die unternehmerische Expansion ins Ausland nur von absehbar kurzer Dauer ist. Für geschäftliche Aktivitäten von begrenzter Dauer mag solchen Fällen möglicherweise praktische Relevanz zukommen. Dafür spricht auch, dass der Anwendungsbereich der sekundären Niederlassungsfreiheit auch auf weniger aufwendigere und entsprechend schnell auf- und abzubauende Niederlassungsvorgänge unterhalb der Agenturschwelle erweitert wurde.[36]
Das Merkmal „Notwendigkeit einer festen Einrichtung" allein genügt für eine Abgrenzung ebenfalls nicht. Zwar ist die Errichtung einer Niederlassung gewöhnlich mit der Schaffung einer „festen Einrichtung" verbunden. Bei dienstleisterischen Tätigkeiten ist dies gleichwohl nicht ausgeschlossen. Es stellt sich daher umgekehrt die Frage, ob der Anwendungsbereich der Dienstleistungsfreiheit schon dann ausscheidet, wenn in einem anderen Mitgliedstaate eine feste Einrichtung errichtet wird.
Dies wird von *Troberg* befürwortet, der die Schaffung und Unterhaltung von festen Einrichtungen für Wesensmerkmale einer Niederlassung hält. Im Übrigen

[34] *Randelzhofer/Forsthoff*, in: *Grabitz/Hilf*, Art. 43 Rn 30; *Hailbronner/Magiera/Klein-Müller-Graff*, Art. 52 Rn 4; *Oppermann*, Rn 1593; *Grüb*, S. 47; *Schnichels*, S. 36; *Kruse*, S.54.
[35] *Schnichels*, S. 36 will hierfür die RL 73/148 über die Aufenthalts- und Reisebeschränkungen heranziehen, wonach von einer Dienstleistung auch dann noch ausgegangen werden kann, wenn die Tätigkeit länger als drei Monate andauert. Dagegen dürften Bedenken angebracht sein, weil das begleitende Aufenthaltsrecht wohl länger andauern muss als die eigentliche Dienstleitung, die häufig durch vorherige und nachherige Anwesenheit im Zuzugstaat organisatorisch vorbereitet und am Ende abgewickelt werden muss.
[36] EuGH Slg. 1986, 3755ff, Tz 23 („Versicherungen").

führe eine solche Abgrenzung auch zu klaren Ergebnissen und diene der Rechtssicherheit.[37]
Der EuGH hingegen wendet flexiblere Maßstäbe an: In der Entscheidung Gebhard befand der Gerichtshof zwar, dass die „stabile und kontinuierliche" Ausübung der Berufstätigkeit im Ausland der Niederlassungsfreiheit unterfalle.[38] Was die Abgrenzung zur Dienstleistungsfreiheit betrifft, schließe der vorübergehende Charakter der Leistung nicht die Möglichkeit aus, „sich im Aufnahmestaat mit einer bestimmten Infrastruktur (einschließlich eines Büros, einer Praxis oder einer Kanzlei) auszustatten, soweit die Infrastruktur für die Erbringung der fraglichen Leistung erforderlich sei".[39]
Die Ansicht der Rechtsprechung ist hier vorzuziehen. Niederlassungs- und Dienstleistungsfreiheit erfassen grundsätzlich verschiedene Ausübungsmodalitäten. Die Niederlassungsfreiheit soll die Eingliederung in die Volkswirtschaft des Zuzugstaates ermöglichen,[40] während die Dienstleistung i.S.d. Art. 49 EGV durch vorübergehend ausgeübte Tätigkeiten geprägt wird. Die Abgrenzung untereinander kann nicht aufgrund rein äußerlicher Faktoren wie der Einrichtung fester Einrichtungen getroffen werden. Der von *Troberg* befürchtete Mangel an Rechtsklarheit würde erst dann akut werden, wenn es durch die rein äußerliche Ausgestaltung der Geschäftsaufnahme im Ausland möglich wäre, in den Anwendungsbereich entweder der einen oder der anderen Grundfreiheit zu gelangen.
Als Zwischenergebnis ist daher festzuhalten, dass die Schaffung von festen Einrichtungen nicht ohne weiteres den Anwendungsbereich der Niederlassungsfreiheit präjudiziert.[41]

---

[37] *Troberg*, in: *von der Groeben/Thiesing/Ehlermann*, Art. 52 Rn 4.
[38] EuGH Slg. 1995 I, 4165ff, 4198, Tz 39, 3. Spiegelstrich („Gebhard").
[39] EuGH, Slg. 1995 I, 4165ff, Tz 27. Hingegen läßt sich diese Auffassung nicht, wie *Troberg*, in: von *der Groeben-Thiesing-Ehlermann*, Art. 52 Rn 4, behauptet, der Entscheidung EuGH Slg. 1992 I, 3351ff („Ramrath") entnehmen. Zunächst hat sich der EuGH nicht im Wortlaut so geäußert, dass „das Unterhalten einer organisatorischen Einrichtung für die Ausführung der Arbeiten trotz ex-Art. 59 (jetzt Art. 49) zur Pflicht gemacht werden dürfe". Zudem ging es in jener Entscheidung vorrangig auch um die Abgrenzung zur Arbeitnehmerfreizügigkeit.
[40] Der EuGH formuliert grundlegend: *„Der Begriff der Niederlassung ist also ein sehr weiter Begriff, der die Möglichkeit für einen Gemeinschaftsangehörigen impliziert, in stabiler und kontinuierlicher Weise am Wirtschaftsleben eines anderen Mitgliedstaates als seines Herkunftsstaates teilzunehmen und daraus Nutzen zu ziehen, wodurch die wirtschaftliche und soziale Verflechtung innerhalb der Gemeinschaft im Bereich der selbständigen Tätigkeiten gefördert wird"*, vgl. EuGH Slg. 1974, 631, Tz 21 („Reyners"); Slg. 1995 I, 4195, Tz 25 („Gebhard").
[41] Noch weitergehender etwa *Bleckmann*, WuV 1987, 130f, der das Vorhandensein einer festen Einrichtung für unwichtig hält.

Das Merkmal „Umfang der Tätigkeit“ bzw. „Schwerpunkt der Tätigkeit“ am Ort der Niederlassung[42] ist allein ebenfalls nicht als taugliches Abgrenzungsmerkmal geeignet. Wenn an verschiedenen Orten Niederlassungen errichtet werden, eine Konstellation, die wegen Art. 43 Abs. 1 S. 2 EGV gerade im Bereich der Niederlassungsfreiheit für Gesellschaften von Bedeutung ist, ist es gar unmöglich, dass jede Niederlassung den Schwerpunkt unternehmerischer Tätigkeit bildet.

Im Ergebnis ist zu sagen, dass die Abgrenzung zwischen Niederlassungs- und Dienstleistungsfreiheit nicht allein an einem bestimmten Tatbestandsmerkmal begrifflich festgemacht werden kann. Erforderlich ist vielmehr eine Gesamtbetrachtung der jeweiligen Ausübungsform. Maßgeblich ist dabei die Einordnung in die Volkswirtschaft. Im Gesellschaftsrecht dürfte der Streit um die richtige Abgrenzung jedoch obsolet sein. Von wenigen Ausnahmefällen abgesehen wird eine Unternehmensgründung immer auf Dauer angelegt sein und somit in den Anwendungsbereich der Niederlassungsfreiheit fallen. Aufgrund ihrer Bedeutungslosigkeit werden die dienstleistungsrechtlich relevanten unternehmerischen Erscheinungsformen nicht weiter vertieft.

III. Abgrenzung zur Arbeitnehmerfreizügigkeit

Die Abgrenzung der Niederlassungsfreiheit von der Arbeitnehmerfreizügigkeit ist relativ einfach vorzunehmen: entscheidend ist, ob die betreffende Tätigkeit selbständig ausgeübt wird.[43] Das Thema wird im Schrifttum nur vereinzelt problematisiert.[44] Für die Niederlassungsfreiheit von Gesellschaften ist es unbedeutend, weil Gesellschaften selbständig agieren und nicht abhängig beschäftigt sein können. Auch bei Konzernverbindungen gilt nichts anderes, da auch beherrschte Unternehmen im rechtlichen Sinne selbständig sind.

IV. Abgrenzung zu Art. 294 EGV

Art. 294 EGV enthält ein Diskriminierungsverbot hinsichtlich Beteiligungen am Kapital von Gesellschaften. Der Begriff „Beteiligung“ ist dabei weit zu verstehen. Er beinhaltet Firmenaufkäufe und Übernahmen ebenso wie langfristige Darlehen, Sacheinlagen, Stimmrechte und joint ventures.[45] Art. 294 EGV ist

---

[42] Ohnehin soll dieses Merkmal nur alternativ, nicht kumulativ neben die beiden anderen Merkmale treten, vgl. *Troberg*, in: *von der Groeben-Thiesing-Ehlermann*, Art. 52 Rn 6.
[43] *Randelzhofer/Forsthoff*, in: *Grabitz/Hilf*, Art. 43 Rn 113; *Kruse*, S.56.
[44] *Randelzhofer/Forsthoff*, in: *Grabitz/Hilf*, Art. 43 Rn 113; *Kruse*, S. 56; *Groß*, AG 1990, 531.
[45] *Lenz*, Art. 294 Rn 4; *Troberg*, in: *von der Groeben/Thiesing/Ehlermann*, Art. 221 Rn 1,11.

nach seinem Wortlaut subsidiär[46] zu anderen Regelungen, die ebenfalls auf Beteiligungsvorgänge Anwendung finden, also insbesondere zu Art. 43, 56 EGV. Da infolgedessen Beteiligungsvorgänge mit Niederlassungscharakter und solche, die sich in reinen Kapitalbewegungen erschöpfen, nicht unter Art 294 EGV fallen, wird der Vorschrift im Allgemeinen eine praktische Bedeutung abgesprochen.[47]
Eine andere Frage ist, ob Art. 294 EGV eigenständige Bedeutung erlangt, wenn man dem Recht auf Beteiligung spiegelbildlich ein Recht auf Aufnahme gegenüberstellt. Muss die Rechtsgarantie, sich kapitalmäßig an einer Gesellschaft zu beteiligen, so weit ausgelegt werden, dass der Gesellschaft ebenfalls das Recht zusteht, Beteiligungen an ihrem Kapital zuzulassen?

Zunächst ist festzustellen, dass ein solches Aufnahmerecht immer nur in den Grenzen eines Diskriminierungsverbotes bestehen kann. In diesem Punkt kann nichts anderes gelten als für das Beteiligungsrecht, welches ebenfalls als Diskriminierungsverbot, nicht als Beschränkungsverbot ausgelegt wird.[48] Legt man die Konstruktion als Spiegelbildrecht zugrunde, so kann dieses jedenfalls nur so weit gehen, als nach nationalen Vorschriften einer Gesellschaft ein Recht auf Aufnahme kapitalmäßiger Beteiligungen zusteht. Eine weitergehende Überprüfung der nationalen Vorschriften über die Aufnahme von Teilhabern nach dem Vorbild eines allgemeinen Beschränkungsverbots findet im Bereich des Art. 294 EGV nicht statt.
In der Sache selbst wird man der Beteiligungsfreiheit des Art. 294 EGV auch ein spiegelbildliches „Aufnahmerecht" entnehmen müssen. Sonst könnte das Beteiligungsrecht allzu leicht ausgehöhlt werden, so etwa, wenn der nationale Gesetzgeber für Gesellschaften nachteilige Bestimmungen vorsehen würde, wenn sie den Bestand ihrer Teilhaber ändern oder erweitern wollen. Blendet man den

---

[46] „Unbeschadet", vgl. *Troberg*, in: *von der Groeben/Thiesing/Ehlermann*, Art. 221 Rn 2.

[47] Bevor mit der Einführung des Art. 56 EGV die Kapitalverkehrsfreiheit weit gefaßt wurde, gaben *Troberg*, in: *von der Groeben/Thiesing/Ehlermann*, Art. 221 Rn 8 und *Hinkel*, S.79, den theoretischen Fall an, dass ein in einem Drittland ansässiger Angehöriger eines EU-Mitgliedstaates eine nicht als Niederlassung zu bezeichnende Beteiligung an einem Unternehmen erwerben wollte. Nach der Reform des Kapitalverkehrsrechts durch den Vertrag von Maastricht spiele Art. 294 jedoch keine Rolle mehr, so auch *Schweitzer*, in: *Grabitz/Hilf*, Art. 294 Rn 4. Sog. Portfolioinvestitionen unterfallen nach *Streinz*, Rn 766, der Kapitalverkehrsfreiheit.

[48] Nach *Schweitzer*, in: *Grabitz/Hilf*, Art. 294 Rn 2; *Geiger*, Art. 294 Rn 1, verwirklicht diese Vorschrift das allgemeine Diskriminierungsverbot des Art. 12 EGV. Eine weitergehende dogmatische Begründung fehlt indes. Grundsätzlich erscheint es nicht abwegig, in Art. 294 EGV auch ein Beschränkungsverbot zu sehen. Die im Bereich der anderen Grundfreiheiten hierfür vorgebrachten Argumente können auch i.R.d. Art. 294 EGV Gültigkeit beanspruchen. Gleichwohl ist diese Frage nur relevant, wenn die Zulässigkeit bestimmter Beteiligungsvorgänge davon abhängt.

in diesen Fällen oft vorrangigen Anwendungsbereich der Art. 43, 56 EGV einmal aus, so könnte Art. 294 EGV durch nationale Maßnahmen ohne weiteres ausgehebelt werden.
Hinzu kommt, dass die Rechtspraxis eine spiegelbildliche Ausweitung auch im Bereich der Grundfreiheiten vollzogen hat. Veranschaulicht wird dies etwa anhand des Rechts auf Freizügigkeit, das sich auf die Dienstleistungs- und Niederlassungsfreiheit sowie die Arbeitnehmerfreizügigkeit zurückführen läßt.[49] Steht dem einzelnen das Recht zu, im Gastland bestimmte Rechte wahrzunehmen, so darf der Heimatstaat seine Angehörigen nicht an der Wahrnehmung dieser Rechte hindern. Übertragen auf Art. 294 EGV bedeutet dies zwar zunächst nur, dass ein Mitgliedstaat seinen eigenen Angehörigen bzw. seinen Gesellschaften die kapitalmäßige Beteiligung an ausländischen Gesellschaften im Gastland nicht verwehren darf. Die hier vorgeschlagene „spiegelbildliche" Erweiterung ist demgegenüber noch weitergehender, da beim Beteiligungsrecht im Gastland ein zweiter, zusätzlicher Rechtsanspruch geschaffen wird.[50] Von der teleologischen Ausrichtung her gleichen sich beide Auslegungen allerdings. Im einen wie im anderen Fall kommt es letztlich darauf an, den Anwendungsbereich der europäischen Vorschriften sicherzustellen, und mögliche, oben erwähnte, nationale Umgehungsmaßnahmen auszuschließen. Insofern kann das effet-utile-Gebot des Art. 10 EGV als weiteres Argument herangezogen werden.

Bleibt die Frage, ob bei der spiegelbildlichen Anwendung des Art. 294 EGV, also beim Aufnahmerecht, ebenfalls Abgrenzungsprobleme zur Kapitalverkehrsfreiheit und insbesondere zur Niederlassungsfreiheit auftreten. Auch insoweit könnte die Vorschrift nur subsidiär anwendbar sein, wenn man annimmt, dass die Niederlassungsfreiheit ebenfalls „spiegelbildlich" das Aufnahmerecht umfaßt. Die beiden Freiheitsrechte unterscheiden sich aber darin, dass bei Beteiligungsvorgängen zwei natürliche oder juristische Personen beteiligt sind. „Beteiligung" auf der einen Seite einer Person setzt ein Beteiligungsobjekt voraus. Niederlassungsvorgänge werden hingegen nur von einer natürlichen oder, im Falle der Niederlassungsfreiheit für Gesellschaften, juristischen Person ausgeübt. Bei der bloßen Standortverlagerung ist im Gastland weiter niemand beteiligt, der sich auf eine spiegelbildlich konstruierte Niederlassungsfreiheit würde berufen können. Die Niederlassung wird im Gastland schlicht errichtet. Die Be-

---

[49] Erstmals für den Bereich der Dienstleistungsfreiheit EuGH Slg. 1984, 377ff („Luisi und Carbone"). Aus der neueren Rechtsprechung zu Freizügigkeitsbeschränkungen etwa EuGH Slg. 1999 I, 21ff („Donatella Calfa"). Zur „passiven Dienstleistungsfreiheit" vgl. auch *Oppermann*, Rn 1594.
[50] Weil mit dem Recht auf Ausreise ohnehin schon ein korrespondierendes Recht zu den Grundfreiheiten anerkannt wurde, könnte man für die hier vorgeschlagene Doktrin anstatt „spiegelbildliche Auslegung" auch „sternförmige Auslegung" des Art. 294 EGV verwenden.

teiligungsfreiheit schützt einen zweiseitigen Vorgang, die Niederlassungsfreiheit nur einen einseitigen.
An dieser systematischen Differenzierung ändert sich auch mit Blick auf die sekundäre Niederlassungsfreiheit nichts. Zwar schützt diese insoweit einen zweiseitigen Vorgang, als dass die Muttergesellschaft eine Sekundärniederlassung gründet, welche konzernmäßig von der Muttergesellschaft „aufgenommen" wird. Aus der Sicht der Tochtergesellschaft bzw. Zweigniederlassung liegt keine niederlassungsrechtlich relevante Standortverlagerung vor. Das bloße „Sich-Aufnehmen-Lassen" in eine Unternehmensverbindung ist ortsneutral und stellt im Unterschied zur „Beteiligung" keinen Niederlassungsvorgang dar. Bei etwaigen mitgliedstaatlichen Restriktionen hinsichtlich der Gründung von Sekundärniederlassungen könnte sich auch nur die Muttergesellschaft auf Art. 43 Abs. 1 S. 2 EGV berufen, nicht aber die Sekundärniederlassung.

Infolgedessen ist der Anwendungsbereich des Art. 294 EGV auf der Spiegelbildebene grundsätzlich weiter. Praktische Auswirkungen hat die gesamte Diskussion etwa auf die „ausländische GmbH & Co. KG" hinsichtlich des subjektiven Rechts der Kommanditgesellschaft, eine ausländische Kapitalgesellschaft als Komplementärin aufzunehmen.[51]

B. Schutzbereich der Niederlassungsfreiheit

Die Voraussetzungen der Niederlassungsfreiheit für Gesellschaften ergeben sich aus Art. 43, 48 EGV. Im Verhältnis zur Niederlassungsfreiheit für natürliche Personen treten bei Gesellschaften gewisse Besonderheiten auf.

I. Primäre und sekundäre Niederlassungsfreiheit

Im Folgenden werden die tatbestandlichen Voraussetzungen der beiden Alternativen der Niederlassungsfreiheit zusammengefaßt. Die Ausführungen beschränken sich an dieser Stelle im Wesentlichen auf grundsätzliche Fragen. Eine weitergehende Darstellung erfolgt in den Bereichen, die speziell für die gesellschaftsrechtliche Niederlassungsfreiheit von Bedeutung sind oder in der jüngeren Rechtsentwicklung, insbesondere nach der Centros-Entscheidung, zu Streitfragen Anlass gegeben haben.

---

[51] Vgl. dazu unten Teil 2, B.III.2.

1. Primäre Niederlassungsfreiheit

a) Anwendungsbereich

Der persönliche Anwendungsbereich umfaßt aufgrund der Gleichstellungsklausel in Art. 48 Abs. 1 EGV alle Gesellschaften, die nach den Rechtsvorschriften eines Mitgliedstaates gegründet wurden, und die ihren satzungsmäßigen Sitz, ihre Hauptverwaltung oder ihre Hauptniederlassung innerhalb der Gemeinschaft haben.
Die Gründung nach den Rechtsvorschriften eines Mitgliedstaates und die Ansiedlung innerhalb der Gemeinschaft müssen kumulativ vorliegen. Hingegen genügt bei den in Art. 48 Abs. 2 EGV aufgezählten Ansiedlungsmerkmalen Alternativität.[52] Die Gesellschaft muss also entweder ihren satzungsmäßigen Sitz, ihre Hauptverwaltung- oder Niederlassung innerhalb der Gemeinschaft haben.

Jede Gesellschaft, die nach der Rechtsordnung eines Mitgliedstaates gegründet wurde, fällt daher in den Anwendungsbereich der Niederlassungsfreiheit, wenn sie wenigstens eine der in Art. 48 Abs. 1 EGV aufgezählten Alternativen erfüllt. Allerdings reicht die Einrichtung eines satzungsmäßigen Sitzes nicht in jedem Falle aus, um von der Niederlassungsfreiheit begünstigt zu werden. Dies ist nur dann der Fall, wenn die betreffende Rechtsordnung den bloßen Satzungssitz für die Verleihung der Rechtsfähigkeit als ausreichend ansieht. Dies ist in Staaten der Fall, die der Gründungstheorie, nicht aber in solchen, die der Sitztheorie folgen.[53]
Der sachliche Anwendungsbereich, wie schon bei der Abgrenzung zur Dienstleistungsfreiheit erwähnt, setzt voraus, dass die Gesellschaft ihre Tätigkeit auf

---

[52] A.A. nur *Audinet*, Clunet 86 (1959), 1016ff, der die alternative Formulierung als Redaktionsversehen bezeichnet. Dies ist jedoch wenig überzeugend, weil dies die in den Schutzbereich der Niederlassungsfreiheit fallenden Gesellschaften verringern würde und somit der liberalen Zielsetzung des EGV widersprechen würde, vgl. *Schnichels*, S. 56. Eine Festlegung auf Gründungs- oder Sitztheorie sollte in der Gleichstellungsklausel gerade vermieden werden, *Hailbronner/Nachbaur*, S. 37. Die Hereinnahme des Begriffes „Hauptniederlassung" in den Gesetzestext neben dem gründungstheoretischen Merkmal „satzungsmäßigen Sitz" und dem sitztheoretischen Pendant „Hauptverwaltung" erklärt *Eyles*, S. 86 mit der kollisionsrechtlichen Situation in Italien, wonach italienisches Gesellschaftsrecht gem. Art. 2505ff Codice Civile bereits dann zur Anwendung komme, wenn eine Gesellschaft eine der drei Alternativen erfülle, vgl. auch *Galli*, CDFI LXXIIa (1987), 369ff (zitiert aus *Eyles*, aaO). Nach *Randelzhofer/Forsthoff*, in: *Grabitz/Hilf*, Art. 48 Rn 20, trägt der Vertrag durch die drei Alternativen „den verschiedenen gesellschaftsrechtlichen Gegebenheiten in den Mitgliedstaaten Rechnung".

[53] *Hailbronner/Klein/Magiera/Müller-Graff*, Art. 58 Rn 7.

Dauer anlegt und gewöhnlich über eine feste Einrichtung verfügt.[54] Außerdem muss sie einen Erwerbszweck verfolgen, wobei es parallel zum Begriff „selbständige Erwerbstätigkeit" bei natürlichen Personen hier auf die Teilnahme am Wirtschaftsleben ankommt. Die Gesellschaft muss die von ihr angebotenen Waren und Dienstleistungen gegen Entgelt anbieten.[55] Weil daran keine hohen Anforderungen gestellt werden, fallen nur solche Gesellschaften aus dem Schutzbereich der Niederlassungsfreiheit heraus, die keinerlei Erwerbszweck verfolgen.[56] Praktische Relevanz kommt diesen Fällen nicht zu.

b) Diskriminierungsverbot oder Beschränkungsverbot

Grundsätzlich muss auch die Frage geklärt werden, ob die Niederlassungsfreiheit als Diskriminierungsverbot oder Beschränkungsverbot aufzufassen ist. Die Reichweite der Niederlassungsfreiheit von Gesellschaften hängt davon ebenfalls ab.

aa) Problemstellung

Dass in Art. 43 EGV zumindest ein Diskriminierungsverbot enthalten ist, wird nicht in Frage gestellt.[57] Insoweit wird gewährleistet, dass sich im Gastland Niederlassende nicht schlechter als Inländer behandelt werden. Dieser Schutzumfang wird indes schon durch Art. 12 EGV erreicht.[58] Vom Diskriminierungsverbot sind auch sog. „versteckte Diskriminierungen" erfaßt. Hierunter zählen Fälle, in denen eine nationale Regelung zwar formal nicht nach der Staatsangehörigkeit unterscheidet, jedoch tatsächlich nur oder zumindest in überwiegendem Maße Ausländer betrifft.

---

[54] *Troberg*, in: *von der Groeben/Thiesing/Ehlermann*, Art. 52 Rn 4; *Bröhmer*, in: *Calliess/Ruffert*, Art. 43 Rn 10; *Hinkel*, S. 74; *Kruse*, S. 54; *Schnichels*, S. 35ff.

[55] *Bröhmer*, in: *Calliess/Ruffert*, Art. 48 Rn 2.

[56] Zuletzt etwa EuGH Slg. 1997 I, 3395ff („Sodemare").

[57] *Eyles*, S.40; *Schnichels*, S.80; *Drinkuth*, S.99; *Classen*, EWS 1995, 97.

[58] Die speziellen Diskriminierungsverbote verdrängen Art. 12 EGV für ihren Anwendungsbereich vollständig. In der Rechtsprechung wurde das allgemeine Diskriminierungsverbot in einigen Fällen jedoch neben den speziellen Grundfreiheiten angewendet, um die Rechtswidrigkeit eines Verhaltens zu begründen, so etwa in EuGH Slg. 1978, 1489; („Kenny"); Slg. 1986, 1283 („Reed"); weitere Nachweise bei *Zuleeg*, in: *von der Groeben/Thiesing/Ehlermann*, Art. 6 Rn 19; *von Bogdandy*, in: *Grabitz/Hilf*, Art. 6 Rn 55ff. An der grundsätzlichen Subsidiarität des in Art. 12 EGV verankerten allgemeinen Diskriminierungsverbotes vermag diese Rechtsprechung indes nichts zu ändern. Art. 12 gewinnt lediglich dann eigenständige Bedeutung, wenn zwischen der jeweiligen Diskriminierung und der betreffenden Grundfreiheit ein spezifischer Bezug fehlt, sich eine mitgliedstaatliche Maßnahme also nicht speziell gegen eine bestimmte Grundfreiheit richtet, *von Bogdandy*, in: *Grabitz/Hilf*, Art. 6 Rn 59f; *Streinz*, Rn 668; *Streinz/Leible*, IPRax, 1998, 162ff.

Ob die Niederlassungsfreiheit darüber hinaus aber noch ein Beschränkungsverbot enthält, ist umstritten. Bei dieser Auslegung müssten sich auch unterschiedslos auf Inländer und Ausländer anwendbare Regelungen an Art. 43 EGV messen.
Die gemeinschaftliche Liberalisierungswirkung von Diskriminierungsverboten ist begrenzt, weil hierdurch die Behinderungen, die sich aus der Unterschiedlichkeit nationaler Rechtssysteme ergeben, bestehen bleiben. Zur Harmonisierung der nationalen Vorschriften gibt es aus gemeinschaftlicher Sicht zwei Möglichkeiten. Die Integrationswirkung des Gemeinsamen Markt und des Binnenmarktes wird nach und nach durch Rechtsangleichungsmaßnahmen nach den jeweiligen Kompetenznormen der Art. 94, 95 EGV erreicht. Als einziges Integrationsinstrument wären diese Maßnahmen wenig effizient, weil das Verfahren der Rechtsangleichung aufgrund der Vielzahl der zu regelnden Bereiche und deren Komplexität nicht gleichmäßig intensiv eingehalten werden kann, infolgedessen weithin Stückwerk bleibt.[59] Eine andere Alternative auf dem Weg zur Harmonisierung besteht in der Einschränkung mitgliedstaatlicher Regelungskompetenzen durch Erweiterung des Wirkungsbereiches europäischer Normen. Mit der Ausweitung der Grundfreiheiten hin zum Beschränkungsverbot wird die handelshemmende Wirkung nationaler Rechtsunterschiede deutlich gemindert.[60]

Die Grundfreiheiten des EG-Vertrages sind ihrem Wortlaut nach als Diskriminierungsverbot formuliert. In Art. 43 Abs. 2 EGV heißt es: „umfaßt die Niederlassungsfreiheit die Aufnahme und Ausübung (...) *nach den Bestimmungen des Aufnahmestaates für seine eigenen Angehörigen.*[61] Für ein bloßes Diskriminierungsverbot spricht auch das historische Argument, dass bei Inkrafttreten des EG-Vertrages die Grundfreiheiten generell nur als Diskriminierungsverbote konzipiert waren.[62]

Die Ansicht, Art. 43 EGV enthalte ein Beschränkungsverbot, wird teilweise ebenfalls mit dem Wortlaut des Art. 43 Abs. 1 S.1 EGV begründet, wonach „Beschränkungen" der freien Niederlassung verboten sind. Art. 43 Abs. 2 EGV erfasse lediglich einen Ausschnitt der Niederlassungsfreiheit und stelle keine abschließende Regelung dar.[63]

---

[59] *Mussler*, S.101, der auf das Binnenmarkt-Weißbuch der Kommission (1985) verweist.
[60] *Behrens*, EuR 1992, 150.
[61] Hervorhebung des Verfasser. Zur Wortlautinterpretation des Art. 28 EGV vgl. *Streinz*, Rn 667.
[62] *Drinkuth*, S.99; *Everling*, DB 1990, 1853f, jeweils m.w.N.
[63] *Zuleeg*, S. 1723f; *Jarass*, S.598; *ders.*, RIW 1993, 5; *Schön*, ZHR 160 (1996), 247; *Bechtel*, S.73.

Würde man die Grundfreiheiten nicht als Beschränkungsverbot auffassen, könnten die Mitgliedstaaten außerdem durch die Anwendung unterschiedslos geltender Vorschriften ausländische Staatsangehörige praktisch benachteiligen.[64]

Weiterhin wird darauf verwiesen, dass bei der Auslegung der Niederlassungsfreiheit insoweit auf die „Parallelität zu anderen Grundfreiheiten" zu achten sei. Wenn die Warenverkehrs- und Dienstleistungsfreiheit, sowie die Arbeitnehmerfreizügigkeit Beschränkungsverbote darstellten, müsse dies auch für die Niederlassungsfreiheit gelten. Denn alle Grundfreiheiten stünden nicht nebeneinander, sondern parallel zueinander, und erfaßten verschiedene Aspekte der Produkt- und Personenmobilität.[65]
Hiergegen wenden sich Teile der Literatur mit dem Einwand, dass die Niederlassungsfreiheit anders konzipiert sei als die anderen Grundfreiheiten, sie deshalb zu Recht eine Sonderstellung verdiene. Warenverkehrsfreiheit und Dienstleistungsfreiheit betreffen nur die Produktmobilität, eine Eingliederung in die Volkswirtschaft des Zuzugstaates sei nicht erforderlich. Wer nur kurzfristig außerhalb des Heimatstaates tätig werde, dürfe nicht vollständig den Regelungen des Gastlandes unterworfen werden, der Niedergelassene im Grundsatz schon.[66] Zu bedenken sei auch, dass die Standortvorteile im Gastland mit strengeren Berufs- und Gewerberegelungen korrespondierten.[67] Der EuGH habe im Urteil Säger/Dennemeyer[68] hervorgehoben, dass die Erbringung einer Dienstleistung nicht von der Einhaltung aller Voraussetzungen abhängig gemacht werden könne, die für die Niederlassungsfreiheit gelten.
Entscheidende Unterschiede beständen auch zwischen Niederlassungsfreiheit und Arbeitnehmerfreizügigkeit, in deren Anwendungsfällen ebenfalls eine Eingliederung des Arbeitnehmers in die Volkswirtschaft des Gastlandes vorliege. Der sich Niederlassende komme jedoch weit mehr mit der Wirtschaftsordnung in Berührung als der Arbeitnehmer, etwa durch Anmietung von Geschäftsräumen, Beschaffung von Produktionsmitteln, Beschäftigung von Mitarbeitern u.ä.m.[69]

---

[64] EuGH Slg. 1991 I, 4221, 4243, Tz 12 („Säger/Dennemeyer") betreffend die Dienstleistungsfreiheit.
[65] *Nachbaur*, S. 159; *Epiney*, S.64ff; *Schnichels*, S.136; *Behrens*, EuR 1992, 145ff; *Classen*, EWS 1995, 97ff.
[66] *Nachbaur*, S.160; *Drasch*, S. 190; *Wägenbaur*, EuZW 1991, 427; *Schön*, ZHR 160 (1996), 247; *Sonnenberger*, ZVerglRWiss 95 (1996), 19.
[67] *Eyles*, S.72.
[68] EuGH Slg. 1991 I, 4221ff, 4243 („Säger/Dennemeyer").
[69] *Nachbaur*, S.162.

Im Übrigen wird nicht selten darauf verwiesen, dass der Binnenmarktgedanke eine extensive Auslegung des Art. 43 EGV gebiete.[70] Das Gebot zur extensiven Auslegung von Bestimmungen in Gründungsverträgen, um ein der Organisation vorgegebenes Vertragsziel zu erreichen, sei auch aus Art. 31 Abs. 1 WÜV zu entnehmen.[71]
Dieser Ansicht wird entgegengehalten, dass dem Binnenmarktziel zwar grundsätzlich die Geltung unterschiedlichen Rechts in den Mitgliedstaaten widerspreche. Dies bedinge aber nicht, Art. 43 EGV als Beschränkungsverbot auszulegen. Die Gleichbehandlung von In- und Ausländern innerhalb eines Mitgliedstaates könne schon durch die Einbeziehung der Inländer in den persönlichen Schutzbereich des Art. 43 EGV erreicht werden. Die Beseitigung jedweden Rechtsgefälles zwischen den Mitgliedstaaten könne aber nicht durch die extensive Auslegung des Art. 43 EGV und der damit einhergehenden Schaffung eines einheitlichen Niederlassungsrechts für alle durchgesetzt werden. Zudem bliebe dann für Rechtsangleichungen nach Art. 47 EGV kein Raum mehr.[72]

bb) Rechtsprechung

Bei der Darstellung der Rechtsprechung zur Frage, ob das Niederlassungsfreiheit ein Diskriminierungsverbot oder ein Beschränkungsverbot darstellt, ist es angebracht, zwischen den, die zeitlich vor und nach dem Gebhard-Urteil[73] liegen, zu differenzieren. In dieser Entscheidung wird nämlich nach überwiegender Auffassung die Hinwendung zum allgemeinen Beschränkungsverbot hin gesehen.[74]

(1) Rechtsprechung bis zur Gebhard-Entscheidung

Die Rechtsprechung hat die Grundfreiheiten nach und nach zu Beschränkungsverboten weiterentwickelt. Bei der Warenverkehrsfreiheit ist seit den Entscheidungen Dassonville[75] und Cassis[76] die Kehrtwende zum Beschränkungsverbot vollzogen. Die dort mitgeteilte Definition für „Maßnahmen gleicher Wirkung" i.S.d. ex-Art. 30 (jetzt Art. 28) EGV umfaßte jede Handelsregelung mit auch nur mittelbaren oder potentiellen Auswirkungen auf den innergemeinschaftlichen Handel. Für die Dienstleistungsfreiheit waren die Entscheidungen van Binsber-

[70] *Behrens*, RabelsZ 1988, 510; *ders.*, EuR 1992, 148; *Knobbe-Keuk*, DB 1990, 1574; *Jarass*, EuR 1995, 214.
[71] *Blumenwitz*, NJW 1989, 622 m.w.N.
[72] *Nachbaur*, S.162.
[73] EuGH Slg. 1995 I, 4165ff („Gebhard").
[74] Zur Auswertung der gesamten Rechtsprechung s. unten B.I.1.b.cc.
[75] EuGH Slg. 1974, 837ff („Dassonville").
[76] EuGH Slg. 1979, 649ff („Rewe").

gen[77] und Webb[78] insoweit maßgebend. Im Bereich der Arbeitnehmerfreizügigkeit stellte das Bosman-Urteil[79] den entscheidenden Durchbruch dar.[80]

Auf dem Gebiet der Niederlassungsfreiheit sind die diesbezüglichen Aussagen noch vergleichsweise zurückhaltend; lange Zeit wurde ihr überkommenes Verständnis als bloßes Gebot zur Inländergleichbehandlung aufrechterhalten.[81]
Die Diskussion um die Frage des Beschränkungsverbotes[82] wurde erstmals durch die Entscheidung Klopp[83] ausgelöst. Französische Behörden wollten einem deutschen Rechtsanwalt die Eröffnung eines Anwaltsbüros in Frankreich untersagen, obwohl er die dortigen Befähigungsnachweise erfüllt hat. Ein Rechtsanwalt dürfe nur eine einzige Kanzlei unterhalten. Der EuGH leitete das Recht auf Einrichtung zweier Kanzleisitze aus der sekundären Niederlassungsfreiheit ab. Fortgeführt wurde diese Rechtsprechung im Urteil Kommission/Frankreich.[84] In diesem Fall sollte die Zulassung eines Arztes ebenfalls davon abhängig gemacht werden, dass die Zulassung im Heimatstaat aufgegeben werde.
Da diese Fälle über die sekundäre Niederlassungsfreiheit gelöst wurden, die schon ihrem Wortlaut nach als Beschränkungsverbot ausgestaltet ist,[85] kann ihnen allein noch nicht entnommen werden, wie die primäre Niederlassungsfreiheit auszulegen ist.[86]

In einigen vom Gerichtshof entschiedenen Fällen lagen Sachverhalte zugrunde, in denen der Zuzugstaat die Berufszulassungen für ausländische Staatsangehörige von der Ablegung inländischer Befähigungsnachweise abhängig machte.
So wurde im Fall Vlassopoulou[87] einer griechischen Staatsangehörigen die Zulassung zur Rechtsanwaltschaft in Deutschland mit dem Argument fehlender

---

[77] EuGH Slg. 1974, 1291ff („Moulijn").
[78] EuGH Slg. 1981, 3305ff („Webb").
[79] EuGH Slg. 1995 I, 4921ff („Bosman").
[80] *Streinz*, Rn 671ff; *Nettesheim*, NVwZ 1996, 342f.
[81] *Nachbaur*, S.144 m.w.N.
[82] Ausführlicher Überblick über die Rechtsprechung etwa bei *Nachbaur*, S.144ff; *Hinkel*, S. 130ff.
[83] EuGH Slg. 1984, 2971ff („Klopp").
[84] EuGH Slg. 1986, 1475ff („Kommission ./. Frankreich").
[85] *Streinz*, Rn 676.
[86] A.A. *Reich*, EuZW 1991, 204; *Steindorff*, EuR 1988, 21, die beide in der Entscheidung Klopp eine Wendung zum Beschränkungsverbot erblicken. Allerdings fehlt insoweit eine Unterscheidung zwischen primärer und sekundärer Niederlassungsfreiheit, die jedenfalls vor der Entscheidung Gebhard (1995) noch angebracht gewesen wäre. Unklar auch *Bröhmer*, in: *Calliess/Ruffert*, Art. 43 Rn 22, der im Urteil Klopp schon den Beginn einer „weitergehenden Entwicklung" erblickt.
[87] EuGH Slg. 1991 I, 2357ff („Vlassopoulou").

Staatsexamina versagt. Der Gerichtshof hielt dies für unzulässig, weil das Erfordernis eines deutschen Prüfzeugnisses von ausländischen Staatsangehörigen in der Regel nicht erfüllt werde. Es liege eine versteckte Diskriminierung vor. Der EuGH verlangte, den im Ausland erworbenen Abschluß lediglich auf seine Gleichwertigkeit hin zu überprüfen und ggf. anzuerkennen.
In der Entscheidung Gebhard[88] wurde einem deutschen Staatsangehörigen in Italien die Berufsbezeichnung „avvocato" untersagt, weil er dort nicht diesem Berufsstand angehörte und nicht bei einem bestimmten Gericht zugelassen war. Der EuGH beschränkte sich nicht nur darauf, die Rechte von Inländern und Ausländern miteinander zu vergleichen, sondern überprüfte die einschlägigen italienischen Berufsstandsregelungen.[89] Darüber hinaus stellte er klar, dass Beeinträchtigungen der Grundfreiheiten zulässigerweise nur auf der Rechtfertigungsebene angebracht werden könnten und verwendete dabei die für alle anderen Grundfreiheiten gängige Formel: *„Maßnahmen (...) müssen in nicht diskriminierender Weise angewandt werden, aus zwingenden Gründen des Allgemeininteresses gerechtfertigt sein, geeignet sein, die Verwirklichung des mit ihnen verfolgten Zieles zu erreichen, und sie dürfen nicht über das hinausgehen, was zur Erreichung dieses Zieles erforderlich ist."*[90]

(2) Rechtsprechung nach der Gebhard-Entscheidung

In den Entscheidungen, die dem Urteil Gebhard folgten, bestand in den meisten Fällen kein Anlass, zur Frage der Reichweite des Beschränkungsverbotes Stellung zu nehmen. In der Regel wurde ein Verstoß gegen die Niederlassungsfreiheit damit begründet, dass Gesellschaften und Niederlassungswillige aus dem Ausland durch die jeweilige Vorschrift, etwa durch deren Anknüpfung an den Inlandssitz, zumindest mittelbar benachteiligt würden.

In der Futura-Entscheidung[91] ging es etwa um eine luxemburgische Rechtsvorschrift, die den Verlustvortrag einer ausländischen Zweigniederlassung von erschwerten Voraussetzungen abhängig machte. In der u.a. erforderlichen Buchführungspflicht sah der EuGH eine versteckte Diskriminierung, weil sie gerade Gesellschaften aus dem Ausland betreffe. Diese Argumentationslinie ist bereits bekannt aus der Entscheidung Wolf,[92] in der es um eine Vorschrift aus dem bel-

[88] EuGH Slg. 1995 I, 4165ff („Gebhard").
[89] EuGH, Slg. 1995 I, 4165ff, Tz 31: *„ Die Zugehörigkeit zu einem Berufsstand unterliegt nämlich den Bedingungen für die Aufnahme und Ausübung der Tätigkeiten und kann daher nicht als konstitutives Element dieser Niederlassung angesehen werden. "*
[90] „Gemeinsame Gebhard-Formel", EuGH Slg. 1995 I, 4165ff, Tz 39, 6.Spiegelstrich („Gebhard").
[91] EuGH Slg. 1997 I, 2471ff („Futura").
[92] EuGH Slg. 1988, 3897ff („Rijksinstituut").

gischen Sozialversicherungsrecht ging, die nicht unmittelbar auf die Staatsangehörigkeit abstellte.

In der Entscheidung ICI[93] ging es um die Europaverträglichkeit einer englischen Vorschrift, die den steuerlichen Verlustabzug von Verlusten, die bei einzelnen Tochtergesellschaften einer Holdinggesellschaft auftraten, davon abhängig machte, dass die Holding ganz oder überwiegend Anteile an Gesellschaften mit Sitz in Großbritannien hielt. Der EuGH sah darin einen Verstoß gegen Art. 43 EGV, wobei es genügte, diesen mit der Sitzanknüpfung des verlustschreibenden Tochterunternehmens zu begründen. Insoweit musste zum Beschränkungsverbot nicht Stellung genommen werden.

Das gleiche Begründungsmuster war in der Entscheidung Riksskatteverket[94] anzutreffen. Nach schwedischen Vorschriften konnten Konzernbeiträge an Tochtergesellschaften nur dann eine steuerliche Begünstigung erfahren, wenn eines der beiden beteiligten schwedischen Unternehmen mehr als 90% der Anteile des anderen Unternehmens hält. Der EuGH hatte den Fall zu entscheiden, in dem mehrere konzerninterne Anteilsverschiebungen vorgenommen werden sollten, wobei die übernehmenden schwedischen Gesellschaften nur Anteile von 85% erwerben sollten, den Rest jeweils eine deutsche bzw. eine niederländische Gesellschaft. Schwedische Behörden versagten die Steuerbegünstigung, da nicht allein eine schwedische Gesellschaft 90% der Anteile einer anderen Gesellschaft übernahm.[95] Auch hier konnte allein mit der in der Vorschrift liegenden Sitzanknüpfung ein Verstoß gegen Art. 43, 48 EGV begründet werden.[96]

In der Entscheidung Société Baxter[97] ging es um eine französische Rechtsvorschrift, die eine Sonderausgabe auf Arzneimittelspezialitäten vorschreibt. Die Höhe der Abgabe bemißt sich nah dem mit dem Arzneimittel erzielten Umsatz abzüglich der Forschungsausgaben, wobei nur in Frankreich getätigte Ausgaben berücksichtigt werden dürfen. Der EuGH sah hierin einen Verstoß gegen Art. 43 EGV, weil Arzneimittelhersteller, deren Laboratorien sich im Ausland befinden,

---

93 EuGH Slg. 1998 I, 4165ff („ICI"), vgl. dazu *Weiß*, EuZW 1999, 493ff.
94 EuGH Slg. 1999 I, 8261ff („Riksskatteverket").
95 In einem Fall sollte eine Tochtergesellschaft mit Sitz in den Niederlanden, im zweiten Fall eine Tochtergesellschaft mit Sitz in Deutschland Anteile einer schwedischen konzerneigenen Schwestergesellschaft übernehmen. Die Gleichbehandlung dieser Fälle mit rein schwedischen Sachverhalten wäre durch die Anwendung des schwedisch-niederländischen bzw. schwedisch-deutschen Doppelbesteuerungsabkommens zu erreichen gewesen, doch ist nach gefestigter schwedischer Rechtsprechung die kumulative Anwendung dieser beiden Doppelbesteuerungsabkommen auf einen Sachverhalt nicht möglich, weil es jeweils nur für Unternehmen aus den Vertragsstaaten gelte, nicht aber für Drittstaaten.
96 EuGH Slg. 1999 I, 8261ff („Riksskatteverket")
97 EuGH Slg. 1999, 4809ff („Société Baxter").

benachteiligt seien. Auch hier reichte es aus, auf die überkommene Rechtsprechung zu den versteckten Diskriminierungen zu verweisen.[98] Die Rechtfertigungsprüfung wird mit abermaliger Bezugnahme auf die Futura-Entscheidung in dem für alle Grundfreiheiten bekannten Schema gehalten.

In der Entscheidung Compagnie des Saint-Gobain[99] ging es um die Regelungen der §§ 2 Abs. 1 Ziff. 2, Abs. 2 KStG, 8 Abs. 1, 49 Abs. 1 Ziff. 2 lit. a EStG i.V.m. § 121 Abs. 2 Ziff. 3 BewG, hinsichtlich der Besteuerung von Dividendeneinkünften aus Beteiligungen an ausländischen Kapitalgesellschaften. Steuervergünstigungen sind nur Gesellschaften vorenthalten, die in Deutschland unbeschränkt steuerpflichtig sind, was für Tochtergesellschaften ausländischer Unternehmen aber nicht der Fall ist. In der darin liegenden Ungleichbehandlung von Zweigniederlassungen ausländischer Gesellschaften und inländischen Gesellschaften sah der EuGH einen Verstoß gegen Art. 43 EGV.[100] Eine klare Stellungnahme, ob die primäre oder die sekundäre Niederlassungsfreiheit einschlägig ist, fehlt jedoch. Aussagen zum Beschränkungsverbot fehlen jedoch, weil die Nichtanwendbarkeit der deutschen Regelung allein mit der hauptsitzbedingten Ungleichbehandlung begründet wird.

Im Urteil Baars[101] ging es um eine niederländische Vorschrift aus dem Vermögenssteuerrecht, wonach unternehmensgebundenes Vermögen bei der Veranlagung außer Betracht bleibt, wenn der Sitz des betreffenden Unternehmens sich in den Niederlanden befindet. Der EuGH bejahte wegen der Beschränkung der Freistellung auf Gesellschaften mit inländischem Sitz einen Verstoß gegen Art. 43 EGV.

Wie schon aus der Entscheidung Klopp bekannt, liegt ein Verstoß gegen die Niederlassungsfreiheit in der Regel auch in Fällen vor, in denen es dem Niederlassungswilligen erschwert wird, seiner Tätigkeit in mehreren Mitgliedstaaten zugleich nachzugehen. Aus dem Zeitraum nach der Gebhard-Entscheidung ist hier vor allem das Urteil Inasti[102] zu nennen. In diesem Urteil wurde weiterhin klargestellt, dass das „Verbot von Doppelregelungen" auch im Bereich der Niederlassungsfreiheit gelte. In der Sache ging es hier um die Verpflichtung, sowohl im Heimat- wie auch im Gaststaat einem sozialen Sicherungssystem anzugehören.

---

[98] EuGH Slg. 1999, 4809ff, Tz 10, mit Verweis auf EuGH Slg. 1993 I, 4017ff, Tz 14 („Commerzbank").
[99] EuGH Slg. 1999 I, 6161ff („Compagnie de Saint-Gobain"), hierzu *Schön*, EWS 2000, 281ff.
[100] EuGH Slg. 1999 I, 6161ff („Compagnie de Saint-Gobain").
[101] EuGH Slg. 2000 I, 2787ff („Baars"), hierzu *Lehner*, JZ 2000, 944ff.
[102] EuGH Slg. 1996 I, 703ff („Inasti").

In einigen Urteilen ließ der EuGH erkennen, die Dogmatik der Niederlassungsfreiheit parallel an die der anderen Grundfreiheiten orientieren zu wollen. So wurde in der bereits erwähnten Entscheidung ICI[103] die Eingriffsrechtfertigung anhand derselben Kriterien geprüft.[104] Im Centros-Urteil wurde ebenfalls bekräftigt, dass beeinträchtigende nationale Regelungen dem aus der Dogmatik der übrigen Grundfreiheiten bekannten Rechtfertigungstest zu unterziehen seien. Für sämtliche Grundfreiheiten wurde insoweit die jeweilige Stammentscheidung zitiert.[105]

Im Urteil Pfeiffer/Löwa schließlich musste der Gerichtshof darüber befinden, dass eine Muttergesellschaft im Gastland ihre Tochtergesellschaft aus markenrechtlichen Gründen der Verwechslungsgefahr nicht unter demselben Namen auftreten lassen darf wie im Heimatstaat.[106] Der EuGH verneinte einen Verstoß gegen die Niederlassungsfreiheit, weil der Schutz von Geschäftsbezeichnungen gegen Verwechslungsgefahren aus zwingenden Allgemeininteressen zum Schutz des gewerblichen kommerziellen Eigentums gerechtfertigt sei. Allerdings bekannte das Gericht, dass jene markenrechtliche Vorschrift die Niederlassungsfreiheit grundsätzlich beeinträchtige, weil die Unternehmen gezwungen werden könnten, das Erscheinungsbild ihrer Geschäfte je nach dem Ort der Niederlassung unterschiedlich zu gestalten.[107]

Unstreitig die sekundäre Niederlassungsfreiheit[108] war in der Entscheidung Piräus[109] betroffen, in der es um die unterschiedliche steuerliche Behandlung von inländischen und Zweigniederlassungen ausländischer Gesellschaften ging. In bezug auf die primäre Niederlassungsfreiheit enthält dieses Urteil indes keine Anhaltspunkte.

cc) Auswertung der Rechtsprechung

Seit der Entscheidung Gebhard wird überwiegend auch die Niederlassungsfreiheit als Beschränkungsverbot aufgefaßt, weil die dortigen Ausführungen nicht mehr als Fortsetzung der Rechtsprechung zu den versteckten Diskriminierungen

---

[103] EuGH Slg. 1998 I, 4695ff („ICI").
[104] Wegen dieser Parallelität sieht *Weiß*, EuZW 1999, 496, die Tendenz zum Beschränkungsverbot bestätigt.
[105] EuGH Slg. 1999 I, 1459ff, TZ 24 („Centros").
[106] EuGH Slg. 1999 I, 2835ff („Pfeiffer/Löwa"), wo es um die Geschäftsbezeichnung „Plus" für das österreichische Tochterunternehmen des gleichnamigen deutschen Mutterunternehmens ging.
[107] EuGH Slg. 1999 I, 2835ff, Tz 20f („Pfeiffer/Löwa").
[108] *Luttermann*, NZG 1999, 706.
[109] EuGH Slg. 1999 I, 8013ff („Piräus").

angesehen werden können.[110] Über die dogmatische Einordnung der übrigen Entscheidungen herrscht jedoch Streit.

Mit Hinweis darauf, dass die Eingriffsrechtfertigung anhand der gleichen Regeln geprüft wird wie bei den anderen Grundfreiheiten, wird weithin die Auffassung vertreten, dass die Niederlassungsfreiheit ebenfalls als Beschränkungsverbot aufzufassen sei.[111]

Hingegen tritt *Nachbaur* dafür ein, die seit Gebhard ergangenen Entscheidungen als Bekenntnis zu einem versteckten Diskriminierungsverbot einzustufen; es genügte in diesem Falle die Feststellung, dass von der fraglichen Vorschrift vorwiegend ausländische Gesellschaften betroffen seien, ohne dass diese ausdrücklich schlechter gestellt worden wären.[112]

Folgt man dieser Ansicht, so könnten auch noch die Urteile Wolf, Vlassopoulou, Société Baxter, ICI, Riksskatteverket, Compagnie de Saint-Gobain und Baars als Beleg hierfür verstanden werden. Auch hier stellte der Gerichtshof auf die Ungleichbehandlung von Gesellschaften hinsichtlich ihres Sitzortes ab.[113]

Im Gegensatz dazu werden insbesondere die Entscheidungen ICI, Compagnie de Saint-Gobain und Baars von einigen Autoren als Ausdruck für ein Beschränkungsverbot gewertet.[114] Im Fall Baars regle nach Ansicht von *Lehner*[115] die betreffende niederländische Steuervorschrift, welche eine Befreiung für unternehmensgebundenes Vermögen vorsieht, die Steuerpflicht nicht am Merkmal der Staatsangehörigkeit, sondern orientiere sich nur an der Ansässigkeit im Inland. Mit Hilfe eines Diskriminierungsverbotes hätte sich demnach die Steuervorschrift nicht beanstanden lassen.

---

[110] *Troberg*, in: *von der Groeben/Thiesing/Ehlermann,* Art. 52 Rn 46ff; *Bröhmer*, in: *Calliess/Ruffert*, Art. 43 Rn 26; *Deininger*, S. 16f; *Fischer, H.-G.*, S.327; *Everling*, in FS Mestmäcker, S.368f; *Roth, W.-H.*, in GS *Knobbe-Keuk*, S.733; *ders.*, ZBB 1997, 380; *Nettesheim*, NVwZ 1996, 342; *Kruse*, S.100; *Drinkuth*, S.102; *Grüb*, S.88. Etwas zurückhaltender *Streinz*, Rn 676. Offengelassen bei *Hinkel*, S.154.

[111] *Everling*, in GS *Knobbe-Keuk*, S.608; *von Borries*, EuZW 1997, 446; *Weiß*, EuZW 1999, 496, der auch EuGH Slg. 1999 I, 4165ff („ICI") insoweit als Beleg anführt; *Schweitzer/Hummer*, Rn 1175, schon seit „Vlassopoulou".

[112] *Nachbaur*, S. 155ff. Im Übrigen läßt er selbst in seinem Resümee, wonach „die Rechtsprechung des EuGH nicht dazu zwinge, die Niederlassungsfreiheit als Beschränkungsverbot zu verstehen", eine klare Stellungnahme zur klassischen Auffassung vermissen. Dieser Aussage läßt sich nicht entnehmen, welcher der beiden Alternativen der Vorzug einzuräumen ist.

[113] *Nachbaurs* Rechtsprechungsrezension endet mit der Futura-Entscheidung, das Schrifttum wurde bis Juli 1998 berücksichtigt, vgl. *Nachbaur*, Vorwort. Die genannten Urteile ergingen später.

[114] *Lehner*, JZ 2000, 945; *Weiß*, EuZW 1999, 20; ohne nähere Begründung vorausgesetzt bei *Schön*, EWS 2000, 281.

[115] *Lehner*, JZ 2000, 945.

Classen schließlich will die Rechtsprechung des EuGH zum Beschränkungsverbot nur auf bestimmte Fallgruppen beschränkt sehen, nämlich auf die der Ausreisefreiheit, des Erwerbes beruflicher Qualifikationen und auf die der „Niederlassungen mit Teilfunktionen". Unter dem letzten Begriff versteht er Fälle, in denen jemand, der in einem Mitgliedstaat bereits niedergelassen ist, in einem anderen Mitgliedstaat Dienstleistungen erbringt, sich dabei aber einer Zweigstelle bedient.[116]

dd) Eigene Stellungnahme

Aus folgenden Gründen verdient das Verständnis der Niederlassungsfreiheit als Beschränkungsverbot den Vorzug:

Nach der Entscheidung Gebhard kann man nun davon ausgehen, dass der EuGH vor allem im Urteil Pfeiffer/Löwa („Geschäftsbezeichnung Plus") einen weiteren Schritt in Richtung Beschränkungsverbot getan hat. Dieses Urteil enthält ebenfalls Aussagen, die über die Auslegungsgrenzen eines versteckten Diskriminierungsverbotes hinausgehen. Die angegriffene Vorschrift wurde erst auf der Ebene der Rechtfertigung als zulässig erachtet. Grundsätzlich hat der EuGH aber zu erkennen gegeben, dass selbst mitgliedstaatliche Restriktionen im Recht auf Führung eines Firmennamens gegen die Niederlassungsfreiheit verstoßen können. Dies läßt sich nicht mehr mit der hergebrachten Dogmatik der versteckten Diskriminierungen erklären, da es nicht spezifisch ausländische Staatsangehörige oder Gesellschaften trifft, wenn sie auf ein prioritätsälteres Markenrecht Rücksicht nehmen müssen.[117]

Auch der Parallelitätsgedanke zu den anderen Grundfreiheiten legt ein Beschränkungsverbot nahe. Zwar zog der EuGH die Parallelen bisher fast immer auf der Ebene der Rechtfertigung, während die Ausführungen zum Schutzbereich der Niederlassungsfreiheit noch Anhaltspunkte für ein verstecktes Diskriminierungsverbot enthielt, etwa in den Entscheidungen Wolf, Vlassopoulou, Futura, ICI, Société Baxter, Compagnie de Saint-Gobain und Baars. Es musste dort aber auch nicht ausdrücklich zu einem Beschränkungsverbot Stellung genommen werden, da die Urteile sich im Ergebnis auch mit der gefestigten Rechtsprechung zu den versteckten Diskriminierungen begründen ließen.
Dass insbesondere auch die Entscheidung Baars, wie von *Lehner* angenommen,[118] zu einem Beschränkungsverbot tendieren soll, erscheint hingegen nicht zwingend. Richtig ist zwar, dass dort eine Steuervorschrift beanstandet wurde,

---

[116] *Classen*, S.103f.
[117] So im Ergebnis jetzt auch *Randelzhofer/Fortsthoff*, in: *Grabitz/Hilf*, Art. 43 Rn 103.
[118] *Lehner* JZ 2000, 944ff, vgl. oben cc.

die nicht anhand der Staatsangehörigkeit, sondern nur anhand des Aufenthaltsortes des Steuerpflichtigen differenzierte.[119] Dass eine Steuervergünstigung nach der fraglichen Vorschrift aber nur erzielt werden konnte, wenn Vermögen in einer Gesellschaft mit Inlandssitz investiert war, kann als versteckte Diskriminierung ausländischer Gesellschaften gewertet werden. Denn es ist anzunehmen, dass der privilegierte Tatbestand des Inlandssitzes in der Regel nur von inländischen Gesellschaften erfüllt wird. Auch die Terminologie des EuGH, der ausdrücklich auf die „Ungleichbehandlung nach Maßgabe des Sitzes“[120] abstellte, legt nahe, dass die Entscheidung auf den Aspekt des versteckten Diskriminierungsverbots gestützt werden sollte.

Hingegen wäre die Entscheidung Gebhard im Ergebnis anders ausgefallen, wenn der Gerichtshof kein Beschränkungsverbot hätte annehmen wollen.
Dann nämlich hätte nicht beanstandet werden dürfen, dass für die Berufsbezeichnung „avvocato“ nur dann geführt werden dürfe, wenn der Anwalt bei einem italienischen Gericht zugelassen ist. Das Gericht überprüfte die Vorschriften vielmehr inhaltlich und erklärte diese Einschränkung als mit der Niederlassungsfreiheit unvereinbar.
Insofern sind auch bei der Entscheidung Vlassopoulou Zweifel angebracht, ob in der darin enthaltenen Anerkennungsverpflichtung gleichwertiger ausländischer Diplome nur das Gebot zur Inländergleichbehandlung zum Ausdruck kommt. Entscheidend ist, dass eine unterschiedslos angewandte Vorschrift, hier die Zulassungsbestimmungen zur Rechtsanwaltschaft, inhaltlich überprüft wird. Den Aspekt der versteckten Diskriminierung noch daraus entnehmen zu wollen, dass nur eine Gleichstellung mit Standards aus einer anderen Rechtsordnung verlangt wird, erscheint zweifelhaft. Gerade wenn an anderer Stelle hervorgehoben wird, der sich Niederlassende habe sich in die Volkswirtschaft des Gastlandes einzugliedern, kann es nicht als Ausfluß des Gebotes zur Inländergleichbehandlung verstanden werden, wenn die Eingliederung in die Volkswirtschaft allein mit im Ausland erworbenen Voraussetzungen erreicht wird. Vielmehr scheint im Urteil Vlassopoulou ein weiteres Bekenntnis zum Herkunftslandprinzip im Bereich der Niederlassungsfreiheit angelegt zu sein.[121] Muss ein Ausländer im Zuzugstaat zusätzliche Anforderungen erfüllen, so wird er bei Anwendung des Herkunftslandprinzipes nicht schlechter gestellt, weil Gleichwertiges anerkannt wird. Eine

---

[119] Legt man diese Auffassung zugrunde, so müsste man konsequenterweise auch die Urteile ICI, Riksskatteverket und Compagnie de Saint-Gobain als Beschränkungsverbote einstufen. In den dort zur Diskussion stehenden Vorschriften wurden ebenfalls Steuervorteile für Dividenden bzw. für Verluste und Konzernbeiträge bei Gesellschaften mit Sitz im Inland gewährt.
[120] EuGH Slg. 2000 I, 2787ff, Tz 31 („Baars“).
[121] *Eilmansberger*, JBl 1999, 367, der auch das ein Jahr später folgende Urteil EuGH Slg. 1992 I, 3003ff („Aguirre“), als Beleg dafür ansieht.

Schlechterstellung läge nur dann vor, wenn die im Herkunftsland erworbenen Fähigkeiten nicht bis zur Gleichwertigkeitsgrenze anerkannt werden würden.[122]
Auch die Entscheidung Inasti kann man als Beleg für ein Beschränkungsverbot auffassen. Eine der wesentlichen Entscheidungsinhalte war, dass das Verbot von Doppelregelungen auch für die Niederlassungsfreiheit gilt. Damit ist aber zwangsläufig eine materielle Prüfung des innerstaatlichen Rechts verbunden, was dogmatisch nur durchzuhalten ist, wenn man ein Beschränkungsverbot annimmt.

Der grundsätzliche Einwand gegen das Parallelitätsargument, die Niederlassungsfreiheit habe innerhalb der Grundfreiheiten insoweit einen Sonderstatus,[123] vermag nicht zu überzeugen. Insbesondere die vermeintlichen Unterschiede zur Arbeitnehmerfreizügigkeit rechtfertigen keine inhaltliche Sonderstellung der Niederlassungsfreiheit. Dass der Arbeitnehmer „nur“ seine Arbeitskraft ins Gastland bringe, der sich Niederlassende über die Anmietung von Geschäftsräumen und Kauf von Büroartikeln weit intensiver mit der mit der Rechts- und Wirtschaftsordnung in Berührung komme, ist nicht mehr als eine vergleichende Beschreibung des Konsumverhaltens von Teilen der Arbeitnehmer und Selbständigen.
Beide Vorgänge sind, jedenfalls bei natürlichen Personen, mit nicht nur vorübergehender Ansiedlung im Gastland verbunden. Dies dürfte im Wesentlichen das bedingen, was man als Eingliederung in die Volkswirtschaft des Gastlandes bezeichnet: öffentlich-rechtliche Verpflichtungen wie etwa Meldepflichten, Krankenversicherung, evtl. Pflichthaftpflichtversicherung für Arbeitnehmer, Gewerkschaftsmitgliedschaften für Arbeitnehmer etc.
Im Übrigen ist nicht erkennbar, warum die graduellen Unterschiede der volkswirtschaftlichen Eingliederung im Gastland die Streitfrage zwischen Diskriminierungsverbot und Beschränkungsverbot sollen beantworten können. Auf die Frage nämlich, ob die Rechte sich im Gastland auf Inländergleichbehandlung beschränken sollen oder nicht, kann dies keinen logischen Einfluß haben.

Auch der Binnenmarktgedanke verlangt möglichst geringe Rechtsunterschiede in den Mitgliedstaaten. Die oben erwähnten Einwände, Art. 47 EGV könne leerlaufen,[124] greifen nicht durch. Die Vorschrift bezieht sich nur auf die gegenseitige Anerkennung von Zeugnissen und Diplomen. Außerdem kann eine auch noch

---

[122] *Eilmansberger*, JBl 1999, 367. Wird der Umfang der Anerkennung von im Ausland erworbenen Fähigkeiten sekundärrechtlich geregelt, so ist umstrtitten, ob dennoch ein primärrechtlicher Rückgriff auf die Vlassopoulou-Grundsätze offen steht, dazu zuletzt *Görlitz*, EWS 2002, 20ff.
[123] *Nachbaur*, S.160; *Drasch*, S. 190; *Wägenbaur*, EuZW 1991, 427; *Schön*, ZHR 160 (1996), 247; *Sonnenberger*, ZVerglRWiss 95 (1996), 19, vgl. oben bb.
[124] *Nachbaur*, S. 162, vgl. oben bb.

so extensive Auslegung eines Freiheitsrechtes nicht Rechtsangleichungsmaßnahmen ersetzen. Maßnahmen etwa zur Errichtung des Binnenmarktes gem. Art. 95 EGV stellen auch im Anwendungsbereich der übrigen Grundfreiheiten, deren Status als Beschränkungsverbot unumstritten ist, noch immer ein tragendes Regelungsinstrument dar. Die Spielräume der Mitgliedstaaten sind bei Harmonisierungsmaßnahmen regelmäßig kleiner als im nicht harmonisierten Bereich. Dort nämlich können nationale Maßnahmen über die Keck- und Cassis-Grundsätze viel eher aufrechterhalten werden als etwa bei Harmonisierungsmaßnahmen nach Art. 95 EGV, wo den Mitgliedstaaten für abweichenden Maßnahmen nur noch der enge Bereich der Art. 95 Abs. 5, 6 verbleibt. Im Bereich des Art. 47 EGV sind nicht einmal geringe Abweichungsmöglichkeiten seitens der Mitgliedstaaten vorgesehen, es gibt bisweilen lediglich Übergangsregelungen.[125]

Geht man grundsätzlich davon aus, dass die Niederlassungsfreiheit ein Beschränkungsverbot enthält, so ist auch die von *Classen* propagierte Einschränkung auf bestimmte Fallgruppen nicht erklärlich.[126] Die als Beleg angeführten Fälle, in denen sich der Anbieter einer Dienstleistung einer Zweigniederlassung bedient, lassen sich schon über Art. 43 Abs. 1 S. 2 EGV lösen. Weiterführende Nachweise, warum die Ausweitung der Niederlassungsfreiheit hin zum Beschränkungsverbot auf bestimmte Fallgruppen beschränkt bleiben soll, ein Ansatz, der im Bereich der anderen Grundfreiheiten ohne Entsprechung ist, sind bei *Classen* nicht enthalten.

Auch wenn das hier abgegebene Votum deutlich zugunsten eines Beschränkungsverbotes ausfällt, muss eingeräumt werden, dass in der Rechtsprechung bislang eine so klare Stellungnahme wie sie in den Entscheidungen Webb und Futura für den Bereich der Dienstleistungsfreiheit getroffen wurde, fehlt. Die Urteile Gebhard und Pfeiffer/Löwa, Vlassopoulou und Inasti reichen noch nicht dazu aus, die Rechtsprechung insoweit als gefestigt zu bezeichnen.[127] Denn umgekehrt ist auch stets der schon erwähnte Hinweis des EuGH zu berücksichtigen, wonach ein Mitgliedstaat die Erbringung von Dienstleistungen in seinem Hoheitsgebiet nicht von der Einhaltung aller Voraussetzungen abhängig machen darf, die für eine Niederlassung gelten,[128] eine Aussage, von der sich der EuGH bislang ersichtlich nicht distanziert hat.
Man wird daher insbesondere angesichts der Urteile Gebahrd und Pfeiffer/Löwa zum Ergebnis kommen müssen, dass die Niederlassungsfreiheit, insoweit im

---

[125] Vgl. dazu *Troberg*, in: *von der Groeben/Thiesing/Ehlermann*, Art. 57 Rn 36f.
[126] *Classen*, S. 103ff, vgl. oben cc.
[127] Anders ausdrücklich *Frowein*, S. 123, wonach die Auslegung der Niederlassungsfreiheit als Beschränkungsverbot schon alleine durch die Entscheidung Gebhard „als gefestigt" angesehen werden könne.
[128] EuGH Slg. 1991 I, 4221ff („Säger/Dennemeyer").

Einklang mit den anderen Grundfreiheiten, ein Beschränkungsverbot darstellt, sie gleichzeitig aber nicht so weitgehende Schutzrechte im Zuzugstaat vermittelt, wie die Dienstleistungsfreiheit. Die Erklärung dafür ist relativ einfach. Bei der Niederlassungsfreiheit ist die Anpassung an die Rechtsordnung im Zuzugstaat systemimmanent.[129] Etwa bei der Gründung von Tochtergesellschaften ist dies unmittelbar in Art. 43 Abs. 1 S. 2 EGV vorgesehen. Bei der Dienstleistungsfreiheit verbieten sich entsprechend intensive Maßnahmen zur Inlandsanpassung aufgrund des nur vorübergehenden Charakters der Erbringung von Dienstleistungen.

Zwischen der Standortverlagerung einerseits und den an den Niederlassungswilligen gestellten Anforderungen im Zuzugstaat andererseits ist daher zu unterscheiden. Da der Niederlassungswillige im Zuzugstaat keine weitergehenden Rechte als die inländischen Marktteilnehmer wird beanspruchen können, ist die Niederlassungsfreiheit, soweit nicht zumindest mittelbar auch die Standortverlegung betroffen ist, als Diskriminierungsverbot zu verstehen. Weil die Integration in das nationale Ordnungssystem[130] des Zuzugstaates ein Wesensmerkmal der Niederlassungsfreiheit ist, wird grundsätzlich auch nicht verlangt werden können, dass die inländischen Vorschriften über die Frage der bloßen Inländergleichbehandlung hinaus zur Disposition stehen. Anders liegt es, wenn die Standortverlagerung als solche in Frage steht. Insoweit enthält Art. 43 EGV ein allgemeines Beschränkungsverbot,[131] wobei dies bereits dann zu gelten hat, wenn – scheinbar unterschiedslos geltende – nationale Vorschriften den Vorgang der Standortverlagerung nur mittelbar behindern.
Die hier geschilderte Differenzierung, wonach trotz dem Bekenntnis zum Beschränkungsverbot der Niederlassungsfreiheit eine geringere Reichweite als der Dienstleistungsfreiheit einzuräumen ist, läßt sich dann auch bei den Schranken einordnen. Nationale Maßnahmen können vor der Niederlassungsfreiheit eher gerechtfertigt werden als bei der Niederlassungsfreiheit.[132]

Da jedoch – wie eingangs erwähnt – die Diskussion um das Verständnis der Niederlassungsfreiheit insgesamt noch nicht endgültig zum Abschluß gekommen ist, erscheint es angebracht, im Gesellschaftsrecht die verschiedenen unternehmerischen Gestaltungsformen noch unter beiden Alternativen zu überprüfen.

---

[129] So auch *Bröhmer*, in: *Calliess/Ruffert*, Art. 48 Rn 29; *Eberhartinger*, EWS 1997, 43ff

[130] Dieser Terminus stammt von *Randelzhofer/Forsthoff*, in: *Grabitz/Hilf*, Art. 43 Rn 89.

[131] *Bröhmer*, in: *Calliess/Ruffert*, Art. 43 Rn 29ff; *Dauses-Roth*, E I Rn 69ff; *Streinz*, Rn 678; *Steinberg*, EuGRZ 2002, 18. Ähnlich auch *Randelzhofer/Forsthoff*, in *Grabitz/Hilf*, Art. 43 Rn 89.

[132] *Streinz*, Rn 678, wonach nationale Maßnahmen im Bereich der Niederlassungsfreiheit um so eher mit dem Grundsatz der Verhältnismäßigkeit zu vereinbaren seien als etwa bei der Dienstleistungsfreiheit.

Inwieweit dies überhaupt zu unterschiedlichen Ergebnissen führt, wird im Rahmen der jeweiligen gesellschaftsrechtlichen Ausübungsformen im Besonderen Teil erörtert.

2. Sekundäre Niederlassungsfreiheit

a) Anwendungsbereich

Wie erwähnt, ist das Recht, gem. Art. 43 Abs. 1 S.2 EGV Tochtergesellschaften, Zweigniederlassungen und Agenturen zu gründen, schon nach seinem Wortlaut als allgemeines Beschränkungsverbot ausgestaltet.[133] Der oben ausgeführte Theorienstreit stellt sich hier nicht.

Tochtergesellschaften sind rechtlich selbständig und nach dem Recht des Mitgliedstaates, in dem sie angesiedelt sind, organisiert. Zweigniederlassungen und Agenturen sind rechtlich unselbständig und haben dieselbe Rechtsform wie die Muttergesellschaft. In den Schutzbereich fallen auch kleinere Niederlassungsformen unterhalb der Agenturschwelle.[134] Grundsätzlich müssen in jedem Mitgliedstaat alle Formen sekundärer Niederlassungen verfügbar sein.[135] Bedeutung erlangt dies bei der „ausländischen GmbH & Co. KG“, deren Zulässigkeit mitunter mit dem Argument verneint wird, die Kapitalgesellschaft könne schließlich eine Tochtergesellschaft anstatt einer Zweigniederlassung gründen.[136]

b) Merkmal der „Ansässigkeit“

Im Unterschied zur primären Niederlassungsfreiheit kommt für die Inanspruchnahme der sekundären Niederlassungsfreiheit gem. Art. 43 Abs. 1 S. 2 EGV das Ansässigkeitsmerkmal hinzu. Durch die Erfüllung der Gleichstellungsvoraussetzungen wird nur das Merkmal der Staatsangehörigkeit bei natürlichen Personen ersetzt. „Ansässigkeit“ muss zusätzlich gegeben sein.[137]
Welchen Inhalt dieser Begriff hat, ist jedoch umstritten. Überwiegend wird verlangt, dass eine „ansässige“ Gesellschaft eine intensive Verbindung mit der

---

[133] *Streinz*, Rn 676, s. auch oben B.I.1.b.bb.
[134] EuGH Slg. 1986, 3755ff („Versicherungen“). Für den Anwendungsbereich des Art. 5 Nr. 5 EuGVVO vgl. auch EuGH Slg. 1981, 831 („Blanckaert“), zur inhaltlich gleichlautenden Vorschrift des Art. 5 LGVÜ. Alle Formen sekundärer Niederlassung zusammenfassend *Troberg*, in: *von der Groeben/Thiesing/Ehlermann*, Art. 52 Rn 15ff. Zum Begriff der Zweigniederlassung siehe auch unten Teil 2, A.III.1.d.
[135] *Troberg*, in: *von der Groeben/Thiesing/Ehlermann*, Art. 52 Rn 22; *Schön*, EWS 2000, 283ff.
[136] Zuletzt wieder *Ulmer* JZ 1999, 663.
[137] *Bröhmer*, in: *Calliess/Ruffert*, Art. 48 Rn 17; *Eyles*, S. 348; *Jähnel*, S. 403.

Volkswirtschaft eines Mitgliedstaates aufweist, wobei Einzelheiten hierzu im Detail umstritten sind. Der Zweck der Vorschrift besteht darin, die Vorzüge der sekundären Niederlassungsfreiheit im Unterschied zu Drittlandgesellschaften nur solchen Unternehmen zukommen zu lassen, welche bei volkswirtschaftlicher Betrachtungsweise der Gemeinschaft zuzurechnen sind.[138]

Einigkeit besteht darin, dass ein rein statuarischer Sitz, also der Satzungssitz allein, hierfür nicht ausreicht.[139] Insoweit gelten hier höhere Anforderungen als bei der Gleichstellungsklausel des Art. 48 Abs. 1 EGV, nach der – in Gründungstheoriestaaten – der Satzungssitz ausreicht.[140] Bei „Briefkastenfirmen" hat dies unterschiedliche Auswirkungen. Sie erfüllen bei sonst wirksamer Gründung zwar die Gleichstellungsvoraussetzungen, gehören aber mangels Ansässigkeit nicht zu den Begünstigten der sekundären Niederlassungsfreiheit.[141]

Eine eindeutige Stellungnahme des EuGH zur Bedeutung des Ansässigkeitsmerkmales liegt nicht vor. In den Entscheidungen Segers[142] und Centros hätte er Gelegenheit gehabt, genauere Voraussetzungen zu bestimmen. Beide Fälle lagen – jedenfalls nach Ansicht des Gerichtshofes – im Anwendungsbereich der sekundären Niederlassungsfreiheit. Ob die sich darauf berufenden Muttergesellschaften jeweils „ansässig" i.S.d. Art. 43 Abs. 1 S. 2 EGV waren, wurde nicht ausgeführt. Allerdings lag keinem der beiden Fälle eine Drittlandkonstellation zugrunde,[143] weshalb man unterstellen darf, dass der Gerichtshof jedenfalls hier das Ansässigkeitsmerkmal als erfüllt ansah.[144]

Gegen die inhaltliche Begründung der Segers-Entscheidung wendet sich *Eyles*.[145] Er vertritt die Auffassung, dass dort die Muttergesellschaft nicht ansässig

---

[138] *Bröhmer*, in: *Calliess/Ruffert*, Art. 48 Rn 7; *Randelzhofer/Forsthoff*, in: *Grabitz/Hilf*, Art. 43 Rn 51.

[139] Allgemeines Programm 1962, Abl, S.36; *Troberg*, in: *von der Groeben/Thiesing/Ehlermann*, Art. 58 Rn 8; *Kieninger*, ZGR 1999, 735ff; *Korn/Thaler*, Wbl 1999. 250.

[140] Für die primäre Niederlassungsfreiheit s. oben B.I.1.a.

[141] *Kruse*, S.66. Nach *Eyles*, S. 102 soll das Ansässigkeitsmerkmal gerade Briefkastengesellschaften von der sekundären Niederlassungsfreiheit ausschließen. Allerdings muss nach *Lenz*, Art. 48 Rn 4, auch in diesen Fällen geprüft werden, ob die „Verbindung" zur Wirtschaft eines Mitgliedstaates gegeben ist. Sie könne bereits darin liegen, dass die Gesellschaft in einem Mitgliedstaat wichtige Investitionen vornimmt oder dort ein wichtiges Absatzgebiet vorfindet.

[142] EuGH Slg. 1986, 2375ff („ Segers").

[143] *Kieninger*, ZGR 1999, 736f; *Korn/Thaler*, Wbl 1999, 250, die vermuten, dass „nicht angenommen werden könne, dass der EuGH gleiches akzeptiert hätte, wenn die Gesellschafter der Centros Ltd. Drittstaatler gewesen wären".

[144] Der Generalanwalt vertrat die Auffassung, dass eine Drittstaatenproblematik nicht gegeben sei, vgl. Tz 12 des Schlußantrages. Der Gerichtshof ging auf diesen Punkt in der Urteilsbegründung nicht weiter ein. Nach *Lang*, S. 79 ist es nicht unüblich, dass sich der Gerichtshof, zu einem Thema kurz faßt, wenn es in den Schlußanträgen ausführlich behandelt wurde, und er die Auffassung der Generalanwälte teilt.

[145] Zeitlich vor der Centros-Entscheidung, *Eyles*, S. 348ff.

gewesen sei. Das Ansässigkeitsmerkmal müsse schon in Gestalt der zuerst vorhandenen Muttergesellschaft vorliegen, bevor eine Sekundärniederlassung eingerichtet werde. Zwar fordere Art. 43 Abs. 1 S. 2 EGV lediglich, dass die Gesellschaft „innerhalb der Gemeinschaft" ansässig ist. Es genüge aber nicht, die Ansässigkeit erst durch die Zweigniederlassung zu erfüllen, durch deren Gründung die sekundäre Niederlassungsfreiheit gerade in Anspruch genommen werden sollte.[146]

Legt man diese Maßstäbe im Fall Centros an, so wäre es europarechtlich nicht zu beanstanden, der Muttergesellschaft die Eröffnung der Zweigniederlassung zu versagen, weil die englische Ltd., solange sie nicht durch mehr als einen Briefkasten vertreten war, nicht als „ansässig" zu bezeichnen wäre.

In Fällen, wo ein Unternehmen nur aus einer Muttergesellschaft besteht, ohne dass weitere Sekundärniederlassungen eingerichtet wären, ergibt dieser Lösungsansatz jedoch keinen Sinn. Besteht die Muttergesellschaft nur „aus *einem* Briefkasten", so müsste man konsequenterweise annehmen, dass die Gesellschaft nirgendwo „ansässig" ist.

Infolgedessen kann die Diskussion nur Fälle zum Gegenstand haben, in denen ein Unternehmen über mehrere Standorte verfügt.[147] Dann kann der Ort der Ansässigkeit in der Tat zweifelhaft sein. Es dürfte dann folgendermaßen zu differenzieren sein:

Ein reiner EU-Konzern, also ein Unternehmen mit Zweigniederlassungen innerhalb der EU, erfüllt das Ansässigkeitsmerkmal ohne weiteres. Denn Art. 43 Abs. 1 S. 2 verlangt nur, dass die Gesellschaft „in der Gemeinschaft" ansässig ist.

Befindet sich ein Standort außerhalb der Europäischen Union, so dürften, damit die Gesellschaft nicht aus dem Schutzbereich der sekundären Niederlassungsfreiheit herausfällt, nicht allein dort die Merkmale der Ansässigkeit erfüllt sein. Die betreffende Gesellschaft dürfte also nicht am intensivsten mit der dortigen Volkswirtschaft verbunden sein. Andernfalls würde es sich um ein Drittlandunternehmen handeln, welches sich nicht auf die sekundäre Niederlassungsfreiheit berufen könnte.[148]

Die hier vorgeschlagene Behandlung des Ansässigkeitsmerkmales führt also zu einem Ergebnis, das auch vom Schutzzweck der Norm her nahe gelegt wird: es sollen nur Gesellschaften mit Eingliederung in die Volkswirtschaft eines Mitgliedstaates geschützt werden.

Im Fall Centros ist daher die Muttergesellschaft, die englische Ltd., bereits deshalb als ansässig i.S.d. Art. 43 Abs. 1 S. 2 EGV anzusehen, weil sie vor der Gründung des Zweigniederlassung in Dänemark innerhalb des Gesamtunter-

---

[146] Die Kritik so zusammenfassend *Kieninger*, ZGR 1999, 736.

[147] Dieser Ansicht scheint auch *Jähnel*, S. 403, zu folgen, da er das Ansässigkeitsmerkmal nur dann problematisiert, wenn innerhalb der Gemeinschaft lediglich der satzungsmäßiger Sitz liegt, die Hauptverwaltung aber in einem Drittland.

[148] Zu Drittlandunternehmen und Gesellschaften mit Drittstaatern s. unten Teil 2, A.III.3.

nehmens die einzige Gesellschaft darstellte. In der Literatur ist angezweifelt worden, ob das Ergebnis im Fall Centros gleichlautend ausgefallen wäre, wenn die Gesellschafter der Centros Ltd. Drittstaatler gewesen wären.[149] Diese Frage wird im Zweigniederlassungskapitel erörtert.[150]

3. Zusammenfassung

Die Gleichstellungsklausel des Art. 48 Abs. 1 EGV bezieht grundsätzlich auch Gesellschaften in den Schutzbereich der Niederlassungsfreiheit ein, wenn sie nach den Rechtsvorschriften eines Mitgliedstaates gegründet wurden und eine der drei in Art. 48 Abs. 2 genannten Ansiedlungsalternativen erfüllen.
Die primäre Niederlassungsfreiheit stellt nicht nur ein Diskriminierungsverbot, sondern ein allgemeines Beschränkungsverbot dar. Hierfür spricht vor allem der Parallelitätsgedanke zu den anderen Grundfreiheiten. Der EuGH hat nach der Entscheidung Gebhard nunmehr mit der Entscheidung Pfeiffer/Löwa diese Tendenz bestätigt. Dort wurde grundsätzlich angenommen, dass bestimmte firmenrechtliche Vorschriften, welche von der Tochtergesellschaft eines ausländischen Unternehmens zu beachten waren, die Niederlassungsfreiheit berühren können, auch wenn die fraglichen Bestimmungen für In- und Ausländer gleichermaßen gelten.
Für die Inanspruchnahme der sekundären Niederlassungsfreiheit muss eine Gesellschaft nach Art. 43 Abs. 1 S. 2 EGV innerhalb der Gemeinschaft „ansässig" sein, was eine Eingliederung in die Volkswirtschaft eines Mitgliedstaates erfordert. Den gesetzlichen Erfordernissen wird jedoch auch dann noch Genüge getan, wenn diese Voraussetzungen erst durch die Errichtung einer Sekundärniederlassung erfüllt werden.

II. Einzelfragen

Nach der Centros-Entscheidung wurde in der Literatur auf zwei Gesichtspunkte hingewiesen, die für die Bestimmung der Reichweite der Niederlassungsfreiheit für Gesellschaften von Bedeutung sind: die Auslegung des Zwischenstaatlichkeitskriteriums und die Frage, ob die Niederlassungsfreiheit eine Rechtswahlfreiheit enthalte.

1. Voraussetzungen der Zwischenstaatlichkeit

Die Vorschriften über die Niederlassungsfreiheit kommen, wie alle EGV-Grundfreiheiten, nur zur Anwendung, wenn ein grenzüberschreitender Sachver-

[149] *Korn/Thaler*, Wbl 1999, 250.
[150] Vgl. Teil 2, A.III.2.

halt vorliegt. Rein inländische Fallgestaltungen werden europarechtlich nicht berührt.[151] Ob die betroffene Person die jeweilige inländische Staatsangehörigkeit besitzt, ist dabei nicht entscheidend. Wesentliches Merkmal ist die Unterwerfung unter die nationale Rechtsordnung, was auch bei einem im Inland ansässigen Ausländer zutreffen kann.[152] Hingegen wurde es im Bereich des Art. 39 EGV für die Annahme der Grenzüberschreitung im Urteil Moser schon für ausreichend gehalten, dass eine Betätigungsabsicht im Ausland für die Zukunft konkret und nachvollziehbar behauptet wird.[153]

Nach der Centros-Entscheidung wurde von einigen Autoren darauf aufmerksam gemacht, dass der dort zugrunde liegende Sachverhalt Anlass gegeben hätte, das grenzüberschreitende Element zu verneinen. Weil dänische Staatsangehörige in Dänemark ihre unternehmerische Tätigkeit ausüben wollten und nicht geleugnet wurde, dass in Großbritannien keine Geschäftstätigkeit nachgegangen werden sollte, habe in Wahrheit eine rein dänische Konstellation zugrunde gelegen.[154]
Der Vorteil einer solch restriktiven Auslegung des Merkmales der Zwischenstaatlichkeit bestehe u.a. darin, dass auf Staaten Rücksicht genommen werde, die der Sitztheorie folgen. Diese müssten dann nicht hinnehmen, dass eine nur in ihrem Gebiet tätige Gesellschaft sich „in das Recht eines anderen Staates kleidet".[155]
Außerdem sei an die Regelung des Art. 4 Abs. 2 lit. a EWIV-VO zu denken, wonach mindestens zwei der Mitgliedsgesellschaften ihre Hauptniederlassung in verschiedenen Mitgliedstaaten haben müssen. Auch das SE-Statut 1991[156] bestimme, dass eine SE als Holding nur gegründet werden könne, wenn mindestens zwei der Mitgliedsgesellschaften in verschiedenen Mitgliedstaaten ihre Niederlassung haben.[157]

---

[151] *Oppermann*, Rn 1584; *Kewenig*, JZ 1990, 21 m.w.N.
[152] *Streinz*, Rn 682; EuGH Slg. 1988, 2029ff, Tz 10, („Bekaert").
[153] Vgl. die grundlegenden Ausführungen in EuGH Slg. 1984, 2539ff, wobei in diesem Fall die künftige Betätigungsabsicht gerade nicht genügend konkret und nachvollziehbar dargelegt wurde. Zur Kritik an der Rechtsprechung des EuGH zur Zwischenstaatlichkeit etwa *Nachbaur*, EuZW 1994, 282; *ders.*, S. 110ff, jeweils m.w.N.: Ein einheitlicher Binnenmarkt sei gerade durch den Wegfall der Binnengrenzen gekennzeichnet, weshalb die Unterscheidung in nationale und gemeinschaftliche Sachverhalte nicht mehr sinnvoll sei.
[154] Dieses Argument wurde auch schön während des Verfahrens von der dänischen Zentralverwaltung vorgebracht, vgl. EuZW Slg. 1999 I, 1459ff, Tz 16 („Centros").
[155] *Steindorff*, JZ 1999, 1141.
[156] Die im Jahre 1991 nochmals geänderte Entwurfsvorlage zur Europäischen Aktiengesellschaft (Societas Europaea- SE) ist inzwischen gegenstandslos, da im Anschluß an den Vertrag von Nizza die Verordnung über die „Europäische Gesellschaft" verabschiedet wurde, vgl. dazu etwa *Schwarz*, ZIP 2001, 1847ff; *Bungert/Beier*, EWS 2002, 1ff.
[157] *Hammen*, WM 1999, 2488.

Gegenüber dieser Ansicht ist jedoch Skepsis angebracht. Sie geht allzu leicht über die Tatsache hinweg, dass sich die Hauptniederlassung im Ausland, nämlich in Großbritannien, befand. Dies allein sollte für die Zwischenstaatlichkeit des Sachverhaltes ausreichen. Geht man von den im Urteil Moser entwickelten Grundsätzen aus, so muss es reichen, dass die Centros Ltd. aus Sicht ihres britischen Hauptunternehmens eine Tätigkeit im Ausland anstrebte. Daran bestehen aber keine Zweifel. Die Vertreter der einschränkenden Auslegung der Zwischenstaatlichkeit wollen offenbar auch im umgekehrten Fall, wenn die Betätigungsabsicht sich nur noch auf das Ausland bezieht, die Zwischenstaatlichkeit ebenfalls verneinen.[158] Dies vermag schon deshalb nicht einzuleuchten, weil die Aufgabe der Tätigkeit und die Verlegung derselben in einen anderen Staat gerade den Normalfalltypus der von der Niederlassungsfreiheit geschützten Betätigungsform darstellen.
Außerdem werden einem Unternehmen, das nach dem Vorbild der Centros Ltd. in zwei Ländern operiert, von beiden betroffenen Mitgliedstaaten Verpflichtungen auferlegt. So musste die später expandierende Gesellschaft zunächst in England nach den dortigen Vorschriften gegründet werden. Öffentlich-rechtliche Verpflichtungen bestehen weiterhin, auch wenn keine Verwaltungstätigkeit mehr aufrechterhalten wird; beispielhaft erwähnt seien nur die Bilanz- und Rechnungslegungspflichten aus der Bilanzrichtlinie bzw. den daraus umgesetzten nationalen Normen.
Die Zweigniederlassung wiederum unterliegt der Zweigniederlassungsrichtlinie und hat den entsprechenden Registrierungs- und Offenlegungspflichten nachzukommen. Wenn der Anwendungsbereich der Zweigniederlassungsrichtlinie gegeben ist, wird dies auch für die primärrechtlichen Vorschriften über die Niederlassungsfreiheit gelten müssen. Denn die Zweigniederlassungsrichtlinie beruht auf der Rechtsgrundlage des auf Art. 44 Abs. 2 lit. g EGV, einer Kompetenznorm, die gerade „der Verwirklichung der Niederlassungsfreiheit“ dient. Konsequenterweise dürften bei Verneinung der Zwischenstaatlichkeit Fälle, die mit der aus Centros bekannten Gestaltung vergleichbar sind, nicht der Zweigniederlassungsrichtlinie unterfallen. Dogmatische Anhaltspunkte für ein solches Ergebnis sind aber weder in der Kompetenznorm noch in der Richtlinie erkennbar. Außerdem würde die mit ihr angestrebte Transparenz und Vereinfachung des Rechtsverkehrs verloren gehen können.
Unklar ist weiterhin, auf welche Weise noch eine befriedigende Lösung gefunden werden kann, wenn eine Gesellschaft die Geschäftstätigkeit ihrer Muttergesellschaft aus wirtschaftlichen Gründen heraus nach und nach auf Briefkastenniveau verringert. Sollen dann die Inhaber der Gesellschaft, nur weil sie – wie im Falle Centros – die Staatsangehörigkeit des Staates haben, in dem sich die

[158] *Steindorff*, JZ 1999, 1141, geht davon aus, dass die Centros Ltd. in Großbritannien überhaupt keine Tätigkeit ausübte, aus dänischer Sicht daher ein reiner Inlandsfall vorlag.

Zweigniederlassung befindet, sich fortan nicht mehr auf die Niederlassungsfreiheit berufen können? Ein solches Ergebnis wäre ebenfalls nicht nachvollziehbar zu begründen.
Die aus der EWIV-VO und dem Statut der geplanten Europäischen Aktiengesellschaft angeführten Normen haben ebenfalls keine Aussagekraft über das Kriterium der Zwischenstaatlichkeit. Diese Vorschriften beziehen sich auf den Zustand vor der Errichtung der supranationalen Gesellschaft. Wird die Europäische Aktiengesellschaft durch Fusion zweier Gesellschaften gegründet,[159] so existiert danach nur noch eine Hauptniederlassung, eben der Sitz der Europäischen Aktiengesellschaft. Notwendigerweise muss eine der Hauptniederlassungen der in das supranationale Unternehmen aufgehenden Gesellschaften auf ihren bisherigen Status verzichten. Ist ein internationales Unternehmen wie im Falle Centros hierarchisch in eine Muttergesellschaft und eine Tochtergesellschaften bzw. Zweigniederlassung aufgebaut, so kann es ihm nicht zum Nachteil gereichen, dass nicht jede Hauptniederlassung von einzelnen Konzerngesellschaften insgesamt in die Konzernverwaltung eingebunden ist. Außerdem war auch im Entwurf des Art. 2 Abs. 1a SE-Statut eine Ausnahme vom Prinzip der Mehrstaatlichkeit vorgesehen, wenn eine zur SE fusionsbereiten Gesellschaft eine Tochtergesellschaft oder eine Niederlassung in einem anderen Mitgliedstaat besitzt.[160]

Der Vorschlag, im Fall Centros die Zwischenstaatlichkeit zu verneinen, kann daher nicht überzeugen.

2. Niederlassungsfreiheit als Rechtswahlrecht

Hinsichtlich der Reichweite der Niederlassungsfreiheit ist im Zusammenhang mit den Entscheidungen Centros und Überseering noch eine weitere Frage neu diskutiert worden: enthält die Niederlassungsfreiheit für Gesellschaften zugleich auch Rechtswahlfreiheit? Mit anderen Worten: kann die Niederlassung in jeder beliebigen der in den Mitgliedstaaten angebotenen Rechtsformen geführt werden oder ist man auf die im Zuzugstaat angebotenen Rechtsformen beschränkt? Die erstgenannte Auffassung hätte weitreichende Folgen für das Internationale Gesellschaftsrecht. Denn es müsste dann hingenommen werden, dass in Deutsch-

---

[159] Das SE-Statut sieht fünf verschiedene Gründungsvorgänge vor: Verschmelzung (Art. 17-30), Errichtung einer Holding (Art. 31-33), Errichtung einer gemeinsamen Tochtergesellschaft (Art. 34, 35), Gründung einer Tochtergesellschaft durch eine SE und Gründung einer SE durch Umwandlung einer nationalen AG, vgl. *Paschke*, S. 537. Dauses E. III Rn 135 unterscheidet nur zwischen den drei erstgenannten Gründungsmodalitäten und ordnet darunter auch die anderen als Unterfälle ein.
[160] *Paschke*, S. 537.

land etwa eine Kapitalgesellschaft französischen oder englischen Rechts gegründet und eingetragen wird.

Diese Ansicht wird im Schrifttum damit begründet, dass im Binnenmarkt der Nachfrager sich Lieferungen und Leistungen an der Stelle aussuchen zu dürfen, „wo dies am günstigsten ist". Die Niederlassungsfreiheit sei nunmehr so auszulegen, dass Gesellschaften den Sitzstaat und die anwendbare Rechtsordnung auswählen dürften.[161] Der Gerichtshof schütze mit der Centros-Entscheidung nicht mehr nur die Standortwahl aus wirtschaftlichen Gründen, sondern interpretiere die Niederlassungsfreiheit als Freiheit des unternehmerisch Tätigen, sich dort rechtlich niederzulassen, wo es aus rechtlichen Gründen vorteilhaft erscheint.[162]
Nach Ansicht von Generalanwalt *La Pergola* gewährt der EG-Vertrag den einzelnen das Recht, sich von den in den Mitgliedstaaten angebotenen Gesellschaftsrechten das Günstigste herauszusuchen. Beim gegenwärtigen Stand der europäischen Integration sei es nicht mehr haltbar, dass ein dänisches Unternehmen hauptsächlich auf dem dänischen Markt tätig werden solle. Sinngemäß könne man ergänzen, dass die Wahl unter den Rechtsformen nicht auf die Rechtsformen dänischen Rechts begrenzt sei.[163]
Eidenmüller ist der Ansicht, dass jedenfalls nach der Überseering-Entscheidung nunmehr von einem Rechtswahlrecht ausgegangen werden müsse. In dieser Entscheidung sei grundsätzlich festgestellt, dass der Zuzugstaat die in einem anderen Mitgliedstaat erfolgte Gründung einer Gesellschaft und deren somit erlangte Rechtsfähigkeit anzuerkennen habe. Im Ergebnis nichts anderes könne gelten, wenn, sofern die Rechtsordnung des Gründungsstaates dies ermöglicht, der tatsächliche Sitz einer Gesellschaft von Anbeginn ihres Bestehens im Ausland genommen werde. Die nachträgliche und die anfängliche Verlegung des Verwaltungssitzes könnten nicht unterschiedlich beurteilt werden.[164]

Dem kann nicht gefolgt werden. Zu differenzieren ist zwischen dem Recht auf Standortverlagerung und dem (insoweit weitergehenden) Recht auf Rechtswahl. Art. 43, 48 EGV verschaffen nur das Recht auf Standortverlagerung oder Schaffung eines zusätzlichen Standortes. Die Gleichstellungsklausel des Art. 48 Abs. 1 EGV erstreckt sich nur auf solche Gesellschaften, die bereits wirksam gegründet sind. Damit steht fest, dass die nationalen Gründungsvorschriften für die Vermittlung der Rechte aus Art. 43, 48 Abs. 2 EGV maßgeblich sind.[165] Man

---

[161] *Steindorff*, JZ 1999, 1142; *Ebke*, JZ 2000, 204.
[162] *Kieninger*, ZGR 1999, 731f.
[163] *Schlußanträge, Tz 20.* Dieser Ansicht scheint auch das AG Heidelberg, EuZW 2000, 414ff, in seinem Vorlagebeschluß zu folgen, *Roth, W.-H.*, ZIP 2000, 1598f.
[164] *Eidenmüller*, ZIP 2002, 2243.
[165] So auch *Forsthoff*, EuR 2000, 173f.

muss bedenken, dass dies auch im Staatsangehörigkeitsrecht gilt. Jeder Mitgliedstaat hat es in der Hand, durch Einbürgerung den Kreis derer, die in den persönlichen Anwendungsbereich der Grundfreiheiten fallen, zu bestimmen, ohne dass dies von anderen Mitgliedstaaten nachprüfbar wäre.[166] Es ist daher nur konsequent, wenn dieser Grundsatz auch im Gesellschaftsrecht gilt. Daher kann es nicht von der Niederlassungsfreiheit umfaßt sein, wenn eine ausländisch inkorporierte Gesellschaft sich im Inland gründen möchte. Inländische Gründungsvoraussetzungen werden nie erfüllt sein.

Davon zu unterscheiden ist der Fall der bloßen Standortverlegung, wenn also der Verwaltungssitz einer ausländisch inkorporierten Gesellschaft, möglicherweise von Anfang an, im Inland genommen werden soll. Ob dies zulässig ist, beurteilt sich danach, ob eine Verlegung des Verwaltungssitzes insgesamt zulässig ist.[167] Mit der weiter gehenden völligen Rechtswahlfreiheit bezüglich aller, im EU-Raum angebotenen Gesellschaftsformen hat dies jedoch nichts zu tun. Die Auswahl ist auch in den von *Eidenmüller* genannten Fällen, in denen die anfängliche und die nachträgliche Verlegung des Verwaltungssitzes gleich behandelt werden, auf jene Gesellschaftsformen beschränkt, die in dem Gründungsstaat, welcher die Sitzverlegung ermöglicht, jeweils zur Verfügung stehen.

Auch aus der Tatsache, dass die Grundfreiheiten durch ihre erweiterte Auslegung immer mehr als Integrationsmechanismus genutzt wurden, ergeben sich keine Anhaltspunkte dafür, dass der Niederlassungsfreiheit eine Rechtswahlfreiheit entnommen werden könnte.[168] Versteht man die Niederlassungsfreiheit als Beschränkungsverbot, so wird zwar der nationale Rechtsstand im Niederlassungsrecht grundsätzlich von einem europäischen Standard überlagert. Die Überlagerung kann aber nicht weiter reichen, als das Primärrecht selbst mit der Gleichstellungsklausel in Art. 48 Abs. 1 EGV und dem daraus folgenden Vorbehalt nationaler Gründungsvorschriften und Rechtsformen, Grenzen zieht.
Das gleiche gilt für die binnenmarktbedingte Ablösung des Bestimmungslandprinzips durch das Herkunftslandprinzip (Ursprungslandprinzip). Dieses bestimmt, dass das Bestimmungsland die Regelungen des Herkunftslandes als gleichwertig anerkennt und insofern seinen Regelungsanspruch zurücknimmt. Daraus ergibt sich im Binnenmarkt die Garantie, dass Waren, Dienstleistungen oder Personen frei zirkulieren können, wenn sie den Standards des Herkunftslandes genügen.[169] Übertragen auf das Gesellschaftsrecht bedeutet dies, dass bei

[166] Vgl. etwa *Oppermann* Rn 1551.
[167] Vgl. unten Teil 2, C.
[168] Zur integrationspolitischen Bedeutung der Grundfreiheiten vgl. etwa *Mussler*, S. 100ff; *Behrens*, EuR 1992, 145ff.
[169] *Mussler*, S.103, ausdrücklich für den Gemeinsamen Markt. Im Binnenmarkt müssen diese Grundsätze erst recht gelten, vgl. Art. 14 Abs. 2 EGV.

optimaler Umsetzung des Herkunftslandprinzips Gesellschaften sich frei im Binnenmarkt bewegen können. Rechtswahlfreiheit wird für Gesellschaften dann aber ebensowenig benötigt, wie natürliche Personen im Rechtsverkehr innerhalb des Binnenmarktes die Staatsangehörigkeit des jeweiligen Aufenthaltslandes annehmen müssen.[170]
Dem Schlußantrag *La Pergolas* ist zwar insoweit zuzustimmen, als dass es beim Stand der gegenwärtigen Integration den Unternehmen nicht vorenthalten werden könne, wie überall in der Gemeinschaft auch auf dem dänischen Markt tätig zu werden. Sofern die Marktteilnahme überhaupt von der Einrichtung einer Niederlassung abhängig ist, was im Unterschied zu natürlichen Personen jedenfalls bei Gesellschaften in einigen Fällen bezweifelt werden kann, wird sie durch die sekundäre Niederlassungsfreiheit gewährleistet. Diesem Recht eine „sinngemäße Ergänzung" beizufügen, nach der die nationalen Gründungsvorschriften und der numerus clausus der Gesellschaftsformen ihren auf das Inlandsterritorium beschränkten Geltungsvorbehalt verlieren sollen, ist indes zu weitgehend.

Nach derzeitiger Rechtslage besteht nur ein faktisches Wahlrecht bezüglich der Rechtsform der Sekundärniederlassung. Dies kann aus der Centros-Entscheidung unmittelbar hergeleitet werden. Jede EU-Gesellschaft kann in einem anderen Mitgliedstaat eine Zweigniederlassung einrichten, die dieselbe Rechtsform wie die Muttergesellschaft hat. Im Fall Centros hätte die Muttergesellschaft auch in jedem beliebigen anderen Mitgliedstaat gegründet werden können mit der Folge, dass nicht englische Gründungsvoraussetzungen, sondern entsprechend andere hätten erfüllt werden müssen. In all diesen Fällen wäre es auch möglich gewesen, am Sitzort der Muttergesellschaft keinerlei Geschäftstätigkeit auszuüben.

Einem Rechtswahlrecht kommt dies aber keineswegs gleich. Die Muttergesellschaft muss nach wie vor in dem Land gegründet werden, deren Rechtsordnung sie angehören soll. Auch ist eine beliebig inkorporierte Zweigniederlassung nicht ohne weiteres mit einem rechtlich selbständigen Unternehmen vergleichbar. Fraglich ist allein, ob aufgrund der Übrseering-Entscheidung nunmehr auch die Ausübungsform der Verwaltungssitzverlegung als zulässig angesehen werden muss, wenngleich diese Entscheidung jedenfalls für den Fall der anfänglichen Verwaltungssitzverlegung keine unmittelbaren Anhaltspunkte enthält.[171]

---

[170] Insoweit dürfte auch die Argumentation von *Eidenmüller*, ZIP 2002, 2233ff, widersprüchlich sein, da der Überseering-Entscheidung einerseits ein Rechtswahlrecht entnommen wird, andererseits aber auch als eine Ausprägung des Herkunftslandprinzips angesehen wird.
[171] *Leible/Hoffmann*, RIW 2002, 932ff; auch *Eidenmüller*, ZIP 2002, 2233ff, leugnet nicht, dass der aus der Überseering-Entscheidung bekannte Sachverhalt insoweit anders liegt.

3. Zusammenfassung

Das für die Anwendbarkeit einer Grundfreiheit erforderliche Merkmal der Zwischenstaatlichkeit des zugrunde liegenden Sachverhaltes liegt auch dann vor, wenn die gesamte Geschäftstätigkeit eines Unternehmens, wie im Fall Centros, am Ort der Zweigniederlassung abgewickelt wird. Die Veränderung des geschäftlichen Standorts, um Zugang zu fremden Märkten zu erlangen, gehört zu den von der Niederlassungsfreiheit geschützten Ausübungsformen. Bei Verneinung des Zwischenstaatlichkeitskriteriums müsste in der Centros-Konstellation zudem auch die Anwendbarkeit der Zweigniederlassungsrichtlinie entfallen.

Aus Art. 48 Abs. 1 EGV ergibt sich der Vorbehalt nationalen Rechts hinsichtlich des rechtlichen Voraussetzungen einer wirksamen Gesellschaftsgründung. Aus diesem Grunde kann bei der Gründung einer Gesellschaft auch nicht eine Rechtsform beansprucht werden, die von der Rechtsordnung des jeweiligen Mitgliedstaats nicht vorgesehen ist. Die Niederlassungsfreiheit erkennt somit den Vorbehalt nationalen Gründungsrechts an und vermittelt keine Rechtswahlfreiheit. Dieses Ergebnis steht im Einklang mit Grundsätzen, die auch für natürliche Personen gelten. Insoweit ist anerkannt, dass das alleinige Recht eines jeden Mitgliedstaates zur Ausgestaltung seines Staatsangehörigkeitsrechts nicht von der Niederlassungsfreiheit berührt wird.

III. Einschränkungen des Tatbestandes

1. Grundsätze der Keck-Rechtsprechung

Im Zusammenhang mit der Frage nach der Reichweite der Niederlassungsfreiheit ist auch das Problem zu erörtern, ob tatbestandliche Einschränkungen nach dem Vorbild der Keck-Rechtsprechung[172] vorzunehmen sind. Die Besonderheit liegt darin, dass diese Diskussion sich bislang fast ausschließlich auf die Warenverkehrsfreiheit beschränkt hat. Bei den anderen Grundfreiheiten ist dieses Thema verhältnismäßig wenig erforscht.[173]
Durch die Keck-Entscheidung begann der EuGH, im Bereich der Warenverkehrsfreiheit die Dassonville-Formel einzuschränken. Nach dieser Definition fällt „jede Handelsregelung der Mitgliedstaaten, die geeignet ist, den innergemeinschaftlichen Handel unmittelbar oder mittelbar, tatsächlich oder potentiell

---

[172] EuGH Slg. 1993 I, 6097ff („Keck und Mithouard"), vgl. dazu *Müller-Graff*, in: *von der Groeben/Thiesing/Ehlermann,* Art. 30 Rn 239 ff, Fn 558 m.w.N.

[173] In der Lehrbuchliteratur ist dieses Defizit angedeutet bei *Streinz*, Rn 681, vgl. auch *Röthel*, EuZW 2000, 379f und wieder *Streinz*, SpuRt 2000, 221ff, im Anschluß an EuGH Slg. 2000 I, 2549ff („Deliege"); Slg. 2000 I, 2681ff („Lehtonen").

zu behindern“[174] als Maßnahme gleicher Wirkung wie eine mengenmäßige Einfuhrbeschränkung in den Schutzbereich des Art. 28 EGV. Durch das Urteil Dassonville, das vor dem Hintergrund der in dieser Zeit noch zahlreich bestehenden nationalen Handelshemmnissen zu betrachten ist,[175] wurde die Warenverkehrsfreiheit gleichzeitig vom Diskriminierungsverbot zum Beschränkungsverbot hin ausgeweitet.[176]
Die Folge davon war jedoch, dass durch den nunmehr fast grenzenlos gefaßten Tatbestand mehr und mehr Regelungen der nationalen Wirtschaftsordnung auf den Prüfstand der Art. 28 ff EGV gestellt wurden. Ein Schulbeispiel ist das Sonntagsverkaufsverbot, das letztlich auch den Warenverkehr, eben sonntags, behindert.[177] Im Fall Keck ging es um das in Frankreich unter Strafe gestellte wettbewerbsrechtliche Verbot des Verkaufs unter Einstandspreis.

Würde man all diese Vorschriften an den Grundfreiheiten messen, so stände letztlich die gesamte Wirtschaftsordnung eines jeden Mitgliedstaates auf dem europarechtlichen Prüfstand. Die damit verbundene Überprüfung dieser nationalen Vorschriften auf ihre sachliche Berechtigung hin[178] kann aber nicht im EG-Vertrag angelegt sein. Zweck des Art. 28 EGV ist nicht eine umfangreiche Deregulierung, sondern eine Liberalisierung des innergemeinschaftlichen Handels.[179] Denn der EG-Vertrag geht davon aus, dass der Gemeinschaft nur punktuelle Kompetenzen zustehen, darüber hinaus die Zuständigkeit der Mitgliedstaaten erhalten bleibt. Die Grundfreiheiten können dann aber nicht so extensiv ausgelegt werden, dass kaum mehr übersehbare Teile des nationalen Rechts an ihren Maßstäben gemessen werden.[180]

Dogmatisch denkbar wäre es etwa, bestimmte Regularien der nationalen Wirtschaftsordnung auf der Ebene der „zwingenden Allgemeininteressen“ gemäß der Cassis-Rechtsprechung[181] zu rechtfertigen, ein Weg, den der EuGH bis zur Keck-Entscheidung zu gehen versuchte.[182] In dieser Entscheidung vollzog der

---

[174] EuGH Slg. 1974, 837ff („Dassonville“).
[175] *Jestaedt/Kästle*, EWS 1994, 27.
[176] *Streinz*, Rn 671.
[177] Vgl. etwa EuGH Slg. 1996 I, 2975ff („Semeraro Casa Uno“); Slg. 1994 I, 2355ff („Punto Casa und PPV"); Slg. 1989 I, 3851, 3888 („Torfaen/B&Q);
[178] So *Streinz*, Rn 681.
[179] *Ackermann*, RIW 1994, 189; *Koenig/Sander*, EuZW 1996, 11.
[180] *Epiney*, in: *Calliess/Ruffert*, Art. 28 Rn 39, denen zufolge die Grundfreiheiten nicht allgemeinen Schutz vor staatlichen Einschränkungen wirtschaftlicher oder sonstiger Tätigkeiten gewährten. Insoweit unterschieden sie sich von „echten“ Grundrechten.
[181] S. unten. C.III.
[182] Die vor Keck ergangene Rechtsprechung des EuGH zusammenfassend etwa *Steindorff*, S.93ff; *Weyer*, S. 352ff, 387ff; *Sack*, EWS 1994, 38ff; *Jestaedt/Kästle*, EWS 1994, 26ff; *Arndt*, ZIP 1994, 188ff; *Ebenroth*, in FS Piper, S. 134ff; *Roth, W.-H.*, S. 931ff, jeweils m.w.N.

Gerichtshof aber eine Kehrtwende und nahm diese als „Verkaufsmodalitäten" bezeichneten, unterschiedslos anwendbaren Regelungen der nationalen Wirtschaftsordnung aus dem Anwendungsbereich der Warenverkehrsfreiheit heraus:
„Demgegenüber ist entgegen der bisherigen Rechtsprechung die Anwendung nationaler Bestimmungen, die bestimmte Verkaufsmodalitäten beschränken oder verbieten (...) nicht geeignet, den Handel zwischen den Mitgliedstaaten (...) zu behindern, sofern diese Bestimmungen für alle betroffenen Wirtschaftsteilnehmer gelten, die ihre Tätigkeit im Inland ausüben, und sofern sie den Absatz der inländischen Erzeugnisse aus anderen Mitgliedstaaten rechtlich wie tatsächlich in der gleichen Weise berühren."[183]
Vor diesem Hintergrund sei zwischen" Verkaufsmodalitäten", die nicht an Art. 28ff EGV gemessen werden, und „produktbezogenen Regelungen", die unter den Schutzbereich dieser Vorschriften fallen, zu unterscheiden.[184]

2. Erweiterung auf andere Grundfreiheiten, insbesondere die Niederlassungsfreiheit

Seit der Keck-Entscheidung hat der EuGH die Rechtsprechung zu den Verkaufsmodalitäten fortgeführt und, insbesondere auf dem Gebiet der Werbung und der Verpackungsvorschriften, präzisiert.[185]

Noch nicht geklärt ist aber, ob die Grundsätze der Keck-Rechtsprechung auch auf die anderen Grundfreiheiten angewendet werden müssen.[186] Hierfür spricht schon, dass die Grundfreiheiten, insoweit gefestigte Rechtsprechung, „auf denselben Grundsätzen" beruhen.[187] Dass die Rechtsprechung insoweit noch keine Aussagen getroffen hat, mag daran liegen, dass die Entwicklung der Grundfreiheiten zum allgemeinen Beschränkungsverbot am schnellsten bei der Warenverkehrsfreiheit, später nach und nach für die Dienstleistungsfreiheit und Arbeitnehmerfreizügigkeit, am Schluß erst und noch immer umstritten[188] für die Niederlassungsfreiheit vorgenommen wurde. Die Ausweitung der Grundfreiheiten als allgemeine Beschränkungsverbote machte aber die Keck-Rechtsprechung

---

[183] EuGH Slg. 1993 I, 6097ff Tz 14, 16, 18 („Keck und Mithouard").
[184] Kritisch v.a. zum vom Gerichtshof offen gelassenen Begriff „Verkaufsmodalitäten", vgl. etwa *Weyer*, S. 352; *Ebenroth* in FS Piper, S. 167ff; Matthies, S.803. Bemängelt wird auch, dass aus der Entscheidung nicht hervorgehe, von welcher Rechtsprechung im einzelnen der EuGH nunmehr abrücken wolle, vgl. etwa *Lang*, S. 83; *Schroeder/Federle*, ZIP 1994, 1428f (speziell zu „Yves Rocher").
[185] Rechtsprechungsübersichten hierzu etwa bei *Lüder*, EuZW 1995, 609ff; *ders.*, EuZW 1996, 615ff.
[186] *Lurger*, S.54ff; *Mülbert*, ZHR 159 (1995), 28f, 33.
[187] Vgl. etwa EuGH Slg. 1992 I, 3351, 3381 („Ramrath").
[188] S. oben B.I.1.b.aa.

gerade notwendig,[189] weil somit für In- und Ausländer gleichsam geltende Bestimmungen grundsätzlich am Maßstab der Grundfreiheiten zu messen sind.

Man kann daher davon ausgehen, dass der EuGH die Keck-Grundsätze unter „semantischer Anpassung"[190] auf die anderen Grundfreiheiten übertragen wird. Auch im Bereich der Niederlassungsfreiheit existiert somit eine Anzahl von nationalen Bestimmungen, die ihrem Charakter nach mit den Verkaufsmodalitäten der Warenverkehrsfreiheit zu vergleichen sind.[191] Für diese Regelungen wurde in der Literatur bereits der Begriff „Aufenthaltsmodalitäten"[192] vorgeschlagen, weshalb dieser Terminus auch hier verwendet wird. Die Vorschriften, die mit den produktbezogenen, unter den Schutzbereich der Grundfreiheit fallenden Regelungen vergleichbar sind, werden nachfolgend als „Zutrittsbeschränkungen" bezeichnet.

Teilweise wird eine Übertragung der Keck-Rechtsprechung auf die Niederlassungsfreiheit im Schrifttum nicht für sinnvoll gehalten, weil es dort nicht um rechtliche Anforderungen an bestimmte Leistungen, sondern viel allgemeiner um organisationsrechtliche Fragen gehe.
Die im Keck-Urteil getroffene Unterscheidung würde dazu führen, den Regelungsgegenstand der Waren- und Dienstleistungsfreiheit mit dem des Niederlassungsrechts zu vermischen.[193] Diese Befürchtungen träfen wohl zu, wenn die Abgrenzung zwischen Aufenthaltsmodalitäten und Zutrittsbeschränkungen sich an den von den niederlassungswilligen Unternehmen dargebotenen Waren und Dienstleistungen orientieren würde. Anders ist es, wenn die nationalen Vor-

---

[189] Dabei kann an dieser Stelle der dogmatische Streit auf sich beruhen, ob durch Keck für den Bereich der Verkaufsmodalitäten die Warenverkehrsfreiheit wieder auf ein Diskriminierungsverbot zurückversetzt wurde. Dagegen wendet sich etwa *Ebenroth*, in FS Piper, S. 136f, Fn 15-17 m.w.N. zum Meinungsstand im Schrifttum, wonach der EuGH nur eine Einschränkung des ex-Art. 30 (jetzt Art. 28) EGV in seiner bisherigen, auf Dassonville beruhenden, Rechtsprechung vorgenommen habe.

[190] So formuliert von *Nettesheim* NVwZ 1996, 344 Fn 22.

[191] Nach *Steinberg*, EuGRZ 2002, 19f sei der Rechtsprechung eine Tendenz, die Keck-Grundsätze auf die anderen Grundfreiheiten auszuweiten gerade nicht zu entnehmen. Insbesondere in EuGH Slg. 1995 I, 1141ff („Alpine Investment") hätte das dort zur Überprüfung stehende Verbot, über Telefon Kunden für ein Finanzdienstleistungsunternehmen anzuwerben, unter die Keck-Grundsätze eingeordnet werden müssen. Stattdessen habe der EuGH aus der (vorher) festgestellten Beschränkung auf das Nichteingreifen der Keck-Formel geschlossen. Es sei auch nicht zu der Frage Stellung genommen worden, dass so gut wie alle Beschränkungen geeignet sind, den Handel zu beschränken, und dies nach der Keck-Rechtsprechung teilweise aber ohne Belang sein soll.

[192] *Nettesheim*, NVwZ 1996, 343f; *Eberhartinger*, EWS 1997, 49ff; *Reichhold*, ZEuP 1998, 448f; *Streinz*, Rn 681.

[193] *Drinkuth*, S.108.

schriften, welche die unternehmerische Tätigkeit insgesamt betreffen, zum Gegenstand der Abgrenzung gemacht werden.

Nachfolgend soll so versucht werden, sachgerechte Kriterien für die Präzisierung der Aufenthaltsmodalitäten im Rahmen der Niederlassungsfreiheit für Gesellschaften aufzustellen. Anschließend können mitgliedstaatliche Maßnahmen, die sich gegen die in den besonderen Kapiteln aufgezählten unternehmerischen Ausübungsformen richten, daran gemessen werden. Zunächst ist jedoch auf einige Unterschiede zwischen der Niederlassungsfreiheit und der Warenverkehrsfreiheit hinsichtlich des Schutzbereichs und der Reichweite der jeweiligen Rechtsgarantien einzugehen.

3. Unterschiede zwischen Niederlassungsfreiheit und Warenverkehrsfreiheit

Für die Anpassung der Niederlassungsfreiheit an die Keck-Rechtsprechung muss zunächst der von der Warenverkehrsfreiheit geschützte Personenkreis und besonders die von ihr liberalisierte wirtschaftliche Betätigung eingegrenzt werden. Dabei ist jeweils ein Vergleich mit der Niederlassungsfreiheit anzustellen. Anschließend ist zu prüfen, inwieweit sich aus der unterschiedlichen Reichweite des Beschränkungsverbotes bei den beiden Grundfreiheiten Anhaltspunkte für die Eingrenzung der Aufenthaltsmodalitäten ergeben.

Art. 28 EGV schützt den freien Warenverkehr gegen einzelstaatliche Bestimmungen.[194] Die Aufteilung in produktbezogene Regelungen und Verkaufsmodalitäten entspringt einer Gesamtschau aller mitgliedstaatlichen Bestimmungen, die den Warenverkehr unmittelbar oder mittelbar, tatsächlich oder potentiell behindern können. Sie können insgesamt als „warenverkehrsbezogene Regelungen“ bezeichnet werden. Sie stellen die Gesamtheit der Vorschriften dar, mit denen die praktischen Ausübungsformen der von der jeweiligen Grundfreiheit liberalisierten wirtschaftlichen Tätigkeit reglementiert werden.
Bei der Bestimmung der Aufenthaltsmodalitäten im Bereich der Niederlassungsfreiheit sind demzufolge sämtliche von ihr liberalisierte Ausübungsformen zusammenzufassen. Die nationalen Vorschriften, die diese Ausübungsformen reglementieren, stellen dann wiederum den Ausgangspunkt für die analog zum Warenverkehr verlaufende Abgrenzung zwischen Aufenthaltsmodalitäten und Zutrittsbeschränkungen dar.

a) Vergleich des persönlichen Schutzbereiches

---

[194] *Müller-Graff*, in: *von der Groeben/Thiesing/Ehlermann*, Art. 30 Rn 2.

Der persönliche Schutzbereich der Niederlassungsfreiheit unterscheidet sich strukturell nicht von dem der Warenverkehrsfreiheit. In beiden Fällen sind die Staatsangehörigen der Mitgliedstaaten, Art. 43 Abs. 1, 48 EGV, bzw. die Gemeinschaftswaren, Art. 23 Abs. 2, 24 EGV, geschützt. Soweit man die Niederlassungsfreiheit für Gesellschaften gesondert betrachtet, kommt man natürlich zu Einschränkungen, da nur die Gesellschaften, welche die Gleichstellungsvoraussetzungen nach Art. 48 Abs. 1 EGV erfüllen, in den persönlichen Schutzbereich fallen.

b) Vergleich der geschützten Ausübungsformen

Ebenfalls nicht schwer ist der sachliche Anwendungsbereich der Warenverkehrsfreiheit und der Niederlassungsfreiheit vergleichend zu bestimmen. Im einen Fall wird der Warenhandel, bei der Niederlassungsfreiheit hingegen die Standortverlagerung[195] geschützt. Beiden Grundfreiheiten ist gemeinsam, dass sie den Marktzutritt ermöglichen sollen.

Dies allein verhilft aber noch zu keinen Ergebnissen. Die analoge Trennlinie zwischen produktbezogenen Regelungen und Verkaufsmodalitäten könnte bei der Niederlassungsfreiheit so noch nicht gezogen werden. Vielmehr muss zuerst die durch die jeweilige Grundfreiheit liberalisierte wirtschaftliche Betätigung in „Tätigkeitsbeschreibungen" umgesetzt werden. Diese stellen sodann den Ausgangspunkt für die nationalen Vorschriften dar, welche die grundfreiheitsrelevanten Betätigungsformen teilweise einschränken.
Die Gesamtheit dieser nationalen Einschränkungen teilt sich auf dem Gebiet der Warenverkehrsfreiheit in produktbezogene und warenbezogene Regelungen auf. Teilt man analog dazu die Gesamtheit der Vorschriften, die sich gegen niederlassungsrechtlich relevante Betätigungsformen richten, in diese Kategorien ein, so lassen sich die entsprechenden nationalen Bestimmungen jeweils den Fallgruppen der Aufenthaltsmodalitäten und der Zutrittsbeschränkungen zuordnen.

Bei der Warenverkehrsfreiheit wird die durch Art.28 EGV garantierte Freiheit des Warenhandels durch sämtliche Warenhandelsmodalitäten ausgeübt. Warenaustausch kommt zwar in der Regel durch Kaufverträge zustande, zwingend ist dies jedoch nicht. Insoweit ist auch der Begriff „Verkaufsmodalitäten" ein wenig zu eng gefaßt; er könnte ebensogut durch „Absatzmodalitäten"[196] ersetzt werden, da alle unterschiedslos angewandten nationalen Regelungen, die sich abstrakt auf den Warenabsatz beziehen, betroffen sind.

---

[195] *Dauses-Roth*, E. I Rn 69.

[196] So auch *Matthies*, S. 810, da Absatz auf die allgemeine Vertriebstätigkeit ziele; *Leible*, in: *Grabitz/Hilf*, Art. 28 Rn 31.

Die hier vorgenommene Unterscheidung zwischen Schutzbereich und typisierter Tätigkeitsbeschreibung setzt sich bei der Warenverkehrsfreiheit fast dem Verdacht der Tautologie aus: die Differenzierung zwischen Marktzutritt durch Warenverkehr und Durchführung desselben durch jede Form des Warenabsatzes erscheint in der Tat wenig einleuchtend. Dies liegt jedoch daran, dass die in Art. 28 EGV geschützte wirtschaftliche Betätigung außer dem Warenabsatz nur wenig verschiedene Handlungsspielräume zuläßt.
Bei der Niederlassungsfreiheit ist dies anders. Die liberalisierte Betätigung, Marktzutritt durch Standortverlagerung, kann durch mannigfaltigere Ausübungsformen genutzt werden als dies im Vergleich bei der Warenverkehrsfreiheit beim Handel mit Waren der Fall ist. Im Unterschied zur Warenverkehrsfreiheit enthält das Kapitel über die Niederlassungsfreiheit eine Vorschrift, welche die Modalitäten der Standortverlagerung gesetzlich festlegt. Art. 43 Abs. 2 EGV lautet: *„... umfaßt die Niederlassungsfreiheit die Aufnahme und Ausübung selbständiger Erwerbstätigkeiten sowie die Gründung und Leitung von Unternehmen, insbesondere von Gesellschaften...“.*[197]

Die Tätigkeitsbeschreibung der Niederlassungsfreiheit umfaßt demnach selbständige Erwerbstätigkeit bzw. Unternehmensgründung oder -leitung. Hier wird der soeben beschriebene Unterschied zwischen Schutzbereich und typisierter Tätigkeitsbeschreibung klarer: nach der Konzeption der Niederlassungsfreiheit wird die niederlassungsrechtlich relevante Standortverlagerung entweder im Wege einer selbständigen Erwerbstätigkeit oder im Gewande einer Handelsgesellschaft durch Unternehmensgründung bzw. -leitung ausgeübt.
Für die analog zu ziehende Trennlinie zwischen waren- und produktbezogenen Regelungen ist daher auf alle nationalen Bestimmungen abzustellen, die genau diese niederlassungstypischen Ausübungsformen beschränken.

c) Unterschiedliche Reichweite des Beschränkungsverbots

Allerdings ist bei einer solchermaßen parallel verlaufenden Abgrenzung zu berücksichtigen, dass die Reichweite der Niederlassungsfreiheit als Beschränkungsverbot nicht in dem Maße ausgeprägt ist wie bei der Warenverkehrsfreiheit. Ein Beschränkungsverbot ist zwar insoweit anzunehmen, als die Standortverlagerung als solche beeinträchtigt wird. Im Zuzugstaat selbst hat der Niederlassungswillige sich jedoch grundsätzlich in das nationale Ordnungssystem zu integrieren; die Niederlassungsfreiheit vermittelt insoweit lediglich ein Diskriminierungsverbot.[198]

---

197 Art. 28 ff EGV enthalten eine solche „Tätigkeitsbeschreibung“ nicht. Dies mag daran liegen, dass die möglichen Ausübungsformen beim Warenhandel ohnehin offensichtlich sind.
198 Vgl. oben B.I.1.dd.

Da jedoch Einschränkungen des Tatbestandes im Sinne der Keck-Rechtsprechung, wie erwähnt, erst dann zu besorgen sind, wenn die Reichweite der jeweiligen Grundfreiheit auch ein Beschränkungsverbot umfaßt, sind die niederlassungsrechtlich relevanten Aufenthaltsmodalitäten lediglich aus dem Kreise derjenigen Vorschriften auszusondern, welche zumindest mittelbare Auswirkungen auf den Vorgang der Standortverlagerung haben. Hingegen kann das nationale Ordnungssystem als solches, solange es sich nicht zumindest mittelbar auf den Zuzug von ausländischen Gesellschaften auswirkt, von vornherein keine Aufenthaltsmodalität darstellen.

Die Begrenzung des niederlassungsrechtlichen Beschränkungsverbots bedingt zudem, dass Kollisionen zwischen dem nationalen Recht im Zuzugstaat und der Schutzgarantie des Art. 43 EGV seltener auftreten werden als etwa im Bereich der Warenverkehrsfreiheit. Art. 28 EGV schützt neben der Einfuhr der Ware in den Zuzugstaat unbeschränkt auch deren Absatz. Bei der Niederlassungsfreiheit ist – im Sinne eines Beschränkungsverbotes – im Unterschied dazu nur die „Einfuhr", also der Zuzug des Niederlassungswilligen bzw. der Gesellschaft geschützt, nicht aber mehr unmittelbar die nachfolgende Geschäftstätigkeit im Zuzugstaat.
Eine Reihe von nationalen Vorschriften, die nach der Keck-Rechtsprechung nicht in den Anwendungsbereich des Art. 28 EGV fallen, weil sie in allgemeiner Weise die Wirtschaftsätigkeit im Inland[199] betreffen, müssen hinsichtlich der Niederlassungsfreiheit schon gar nicht durch die Bildung von Aufenthaltsmodalitäten aus dem Tatbestand des Art. 43 EGV ausgeschieden werden, weil sie, solange es nur um die Integration an das nationale Ordnungssystem geht, schon gar nicht in den Schutzbereich von Art. 43 EGV fallen.

So dürfte nach diesen Grundsätzen etwa auch in dem der Keck-Entscheidung zugrundeliegenden Ausgangsfall im Rahmen der Niederlassungsfreiheit keine Aufenthaltsmodalität angenommen werden können. Das in Frankreich bestehende, unter Strafe gestellte Verbot des Weiterverkaufs von Waren unter dem Einstandspreis vermag in das durch die Niederlassungsfreiheit als Beschränkungsverbot garantierte Recht auf Standortverlagerung nicht einzugreifen. Die betreffende Vorschrift steht also schon gar nicht in Konflikt mit Art. 43, 48 EGV, weshalb es insoweit – im Unterschied zur Warenverkehrsfreiheit – nicht der gedanklichen Bildung von Aufenthaltsmodalitäten bedarf.[200]

---

[199] Dies ist einer der Voraussetzungen für die Anwendung der Keck-Rechtsprechung, vgl. *Leible*, in: *Grabitz/Hilf*, Art. 28 Rn 28.

[200] Zur Einordnung von nationalen Maßnahmen in als Aufenthaltsmodalitäten bzw. Zutrittsbeschränkung vgl. unten B.III.5.

Ähnliches gilt für Ladenschlußregelungen oder Sonntagsverkaufsverbote, zu deren Aufrechterhaltung im Bereich der Warenverkehrsfreiheit auf die Grundsätze der Keck-Rechtsprechung zurückgegriffen werden musste.[201] Der Bildung von tatbestandseinschränkenden Aufenthaltsmodalitäten bedarf es hier nicht.

In anderen Fällen hingegen, in denen im Bereich des Art. 28 EGV die Keck-Rechtsprechung herangezogen wurde, müsste dies auch bei der Niederlassungsfreiheit geschehen. Denn für die grundsätzliche beschränkende Wirkung einer Vorschrift genügt es, wenn der Umzug für eine ausländische Gesellschaft nur mittelbar nachteilige Folgen hat[202] oder von Anforderungen abhängig gemacht wird, die von ausländischen Gesellschaften in aller Regel schwerer zu erfüllen sind.[203] So könnten etwa von der Rechtsprechung als Verkaufsmodalitäten eingeordnete Fälle von Werbebeschränkungen für bestimmte Waren[204] oder Genehmigungserfordernisse für bestimmte Geschäftszweige[205] auch auf den Vorgang der Standortverlagerung eine beschränkende Wirkung ausüben, da derartigen Vorschriften eine abschreckende Wirkung auf Unternehmen, die in den betreffenden Geschäftsfeldern tätig sind, kaum abgesprochen werden kann. Ähnliches dürfte für eine Reihe von gesellschaftsbezogenen nationalen Maßnahmen zum Schutze der Gläubiger, der (Minderheits-) Gesellschafter und der arbeitnehmerischen Mitbestimmung gelten. Besondere Kapitaleinlagevorschriften oder überhaupt alle Regelungen, durch die der Standard des Haftungsregimes des Herkunfts- bzw. Inkorporationsstaats übertroffen wird, haben unmittelbare Auswirkungen auf die Standortverlagerung. Nichts anderes dürfte gelten, wenn besondere Haftungsvorschriften nicht an die Gesellschaft selbst, sondern an das Leitungspersonal angeknüpft werden.[206]

---

[201] Zu Sonntagsverkaufsverboten vgl. B.III.1. m.w.N. zur Rechtsprechung. Für Ladenschlußregelungen im Übrigen etwa EuGH Slg. 1994 I, 2227ff („Tankstation 't Heukske").

[202] In der Rechtsprechung werden Maßnahmen mit beschränkender Wirkung vielfach so umschrieben, dass eine bestimmte Maßnahme den Gebrauch der Freiheit „weniger attraktiv" mache, „zusätzliche Kosten" verursache oder eine „abschreckende Wirkung" auf den Gebrauch der Freiheit ausübe, vgl. *Streinz*, Rn 672a.

[203] Etwa wenn das Ergreifen bestimmter Tätigkeiten von bestimmten Voraussetzungen abhängig gemacht wird, z.B. Wohnsitzerfordernisse, Genehmigungen, im Inland erworbene Qualifikationen etc., vgl. dazu auch *Randelzhofer/Forsthoff*, in: *Grabitz/Hilf*, Art. 43 Rn 92ff mit weiteren Fallgruppen.

[204] Vgl. die Rechtsprechungsübersicht bei *Leible*, in: *Grabitz/Hilf*, Art. 28 Rn 28.

[205] Vgl. etwa EuGH Slg. 1995 I, 4663ff („Banchero").

[206] So ist nach hier vertretener Auffassung auch Vorschriften zur deliktischen oder strafrechtlichen Haftung der Gesellschafter oder Geschäftsführer eine grundsätzlich beschränkende Wirkung zuzumessen. Ausführlicher dazu und insbesondere zur Durchgriffshaftung in Zweigniederlassungsfällen vgl. Teil 2, A.IV.1.b, zum Verhaltenspflichten in Übernahmefällen Teil 2, D.III.2.d.

All diese Vorschriften mit Auswirkung auf die Standortverlagerung von Gesellschaften sind in die Abgrenzung zwischen Aufenthaltsmodalitäten und Zutrittsbeschränkungen einzubeziehen.

d) Fälle notwendiger Anpassung an die inländische Rechtsordnung

Bei der Niederlassungsfreiheit für Gesellschaften ist – im Unterschied zur Warenverkehrsfreiheit – ferner zu berücksichtigen, dass die Standortverlagerung in einigen bestimmten Fällen notwendigerweise mit einer Anpassung an das Gesellschaftssystem im Gastland verbunden ist. So etwa, wenn ein ausländisches Unternehmen eine Tochtergesellschaft im Inland gründet oder wenn im Falle einer Fusion das inländische Unternehmen das übernehmende oder das neu zu gründende dritte ist. Diese Ausübungsformen können von vornherein nur verwirklicht werden, wenn eine im Zuzugstaat zur Verfügung stehende Gesellschaftsform gewählt wird. Anders liegt etwa bei der Gründung einer Zweigniederlassung oder einer Inlandsübernahmefusion stattfindet. Hier erfolgt der Marktzutritt im Gewande der ausländischen Rechtsform.
Solange die Auswirkungen auf den Niederlassungsvorgang lediglich darin liegen, als dass die für die inländisch inkorporierten Unternehmen geltenden Vorschriften befolgt werden müssen, ist der Schutzbereich der Art. 43, 48 EGV nicht berührt. Solche Vorschriften (Gründungsvoraussetzungen, Mindestkapital, Kontrollrechte der Minderheitsgesellschafter u.a.m.) gelten für alle Gesellschaften einer bestimmten Rechtsform. Es kann keinen Unterschied machen, ob eine inländisch inkorporierte Gesellschaft zugleich Tochtergesellschaft eines ausländischen Unternehmens ist oder nicht. Art. 43 Abs. 1 S. 2 EGV gibt nur ein als Beschränkungsverbot ausgestaltetes Recht[207] auf den Gründungsvorgang einer Tochtergesellschaft. Deren rechtliche Ausgestaltung im übrigen sowie deren Stellung im Rechtsverkehr ist damit nicht präjudiziert.
Die Einordnung in das gesellschaftsrechtliche System des Zuzugstaates betrifft nicht den Vorgang der Standortverlagerung als solchen. Das Beschränkungsverbot ist daher nicht tangiert. Solange nur die rechtsformspezifischen Vorschriften im Zuzugstaat zu beachten sind, liegt auch kein Verstoß gegen das Diskriminierungsverbot vor. Bedeutung gewinnt dies in den Fällen der Gründung von Tochtergesellschaften, der formwechselnden Sitzverlegungen[208] und bei Fusionen sowie Übernahmen, bei denen das inländische Unternehmen als Rechtsträger erhalten bleibt.[209] Einschränkungen des Tatbestandes durch die Bildung von Aufenthaltsmodalitäten bedarf es insoweit nicht.

---

[207] S. oben B.I.2.
[208] Zur Begrifflichkeit vgl. Teil 2, C.I.1.
[209] Zu den einzelnen Gestaltungsmöglichkeiten Teil 2, D.I.

e) Merkmal der Unterschiedslosigkeit

Wenn man die Keck-Rechtsprechung auf die Niederlassungsfreiheit übertragen will, stellt sich weiterhin die Frage, wie hier das Merkmal der Unterschiedslosigkeit zu verstehen ist. Im Bereich der Warenverkehrsfreiheit ist insoweit anerkannt, dass die betreffende nationale Regelung „rechtlich wie tatsächlich" die gleiche Wirkung auf den Absatz inländischer und eingeführter Erzeugnisse haben muss.[210] Das Erfordernis der Gleichbehandlung in tatsächlicher Hinsicht nimmt verschleierte Beschränkungen, die nach ihrem Wortlaut zwar allgemein gelten, in Wahrheit aber von Wirtschaftsteilnehmern anderer Mitgliedstaaten wesentlich schwerer erfüllt werden können, von vornherein aus dem Anwendungsfeld der Verkaufsmodalitäten heraus.[211] Nicht darunter fallen daher produktbezogene Regelungen, die sich auf die Merkmale der Erzeugnisse beziehen, etwa Aufmachung, Ausstattung oder Etikettierung.[212]

Eine spiegelbildliche Anwendung dieser Grundsätze auf die Niederlassungsfreiheit ist nicht ohne weiteres möglich. Denn bei Niederlassungswilligen und Gesellschaften stellen sich Probleme der Produktdarbietung nicht.[213]
Eine ähnliche Problematik ergibt sich indes, wenn branchenspezifische Regelungen zur Überprüfung stehen, die sich auf die jeweilige Geschäftstätigkeit von Unternehmen auswirken können. Die Gleichbehandlung in tatsächlicher Hinsicht ist dabei in Frage gestellt. Ebenfalls im Hinblick auf das Merkmal der Unterschiedslosigkeit dürfte problematisch sein, ob nationale Vorschriften, die nur für Gesellschaften, nicht aber für andere Niederlassungswillige gelten, schon deshalb nicht mehr als „unterschiedslos" einzustufen sind. Bei diesen Vorschriften geht es um die Gleichbehandlung in rechtlicher Hinsicht.

aa) Branchenspezifische Regelungen

Warenbezogene Regelungen, die nur den Verkauf von ganz bestimmten Waren regeln, können, da sie nicht unterschiedslos für alle Wirtschaftsgüter gelten,

---

[210] EuGH Slg. 1993 I, 6097ff, Tz 16 („Keck und Mithouard").
[211] Beispielhaft *Leible*, in: *Grabitz/Hilf*, Art. 28 Rn 28.
[212] In diesen Fällen ist die Cassis-de-Dijon-Rechtsprechung anwendbar, EuGH Slg. 1994 I, 3879, 3898 („Meyhui"); zur Abgrenzung im Einzelnen vgl. auch Leible, in: Grabitz/Hilf, Art. 28 Rn 28; *Streinz/Leible*, ZIP 1995, 1236ff; *Lüder*, EuZW 1996, 615ff.
[213] Theoretisch könnte man hier an firmen- oder markenrechtliche Restriktionen bezüglich der Geschäftsbezeichnung denken. Nach hier vertretener Auffassung wird dadurch die Standortverlagerung beeinträchtigt, entsprechende Vorschriften kollidieren also mit dem Beschränkungsverbot des Art. 43 EGV. Vgl. aus der Rechtsprechung insbesondere EuGH Slg. 1999 I, 2835ff („Pfeiffer/Löwa"), dazu auch oben B.I.1.b.bb.

nicht Verkaufsmodalitäten im Rahmen des Art. 28 EGV sein. Einschränkungen des Tatbestandes finden insoweit nicht statt. Es dürfte bei Anwendung dieser Grundsätze auch im Bereich der Niederlassungsfreiheit auf der Hand liegen, dass branchenspezifische Regelungen, die für Gesellschaften, die ihre Tätigkeit auf bestimmte Geschäftszweige erstrecken, keine Aufenthaltsmodalitäten darstellen können. Soweit die Standortverlagerung erschwert oder unmöglich gemacht wird, liegt ohne weiteres ein Verstoß gegen die Niederlassungsfreiheit als Beschränkungsverbot vor, der nur aufgrund Art. 46 EGV oder nach den Grundsätzen der Cassis-de-Dijon-Rechtsprechung überwunden werden könnte.[214] Als Beispiel hierfür können die Sondervorschriften der § 53ff KWG für Zweigniederlassungen ausländischer Kreditinstitute genannt werden.[215]

Davon zu unterscheiden sind wiederum die Fälle, in denen durch branchenspezifische Regelungen zwar die Ausübung einer bestimmten Geschäftstätigkeit erschwert wird, der Vorgang der Standortverlagerung im Unterschied zur vorhergehenden Fallkonstellation jedoch unberührt bleibt. Hier ist etwa an Fälle zu denken, in denen eine bestimmte Verwendung von Waren und Dienstleistungen vorgeschrieben wird. Aus der Judikatur seien hier beispielhaft erwähnt Standards für Schiffsausrüstungen, welche Transportkosten in die Höhe treiben,[216] oder eine Regelung, nach der Ölgroßhändlern vorgeschrieben wird, eine bestimmte Insel zu beliefern.[217]
Der EuGH hat in diesen Entscheidungen die Keck-Rechtsprechung insoweit erweitert, als dass er, obschon keine Verkaufsmodalitäten, mitgliedstaatliche Regelungen, die innerstaatliche Geschäftsaktivitäten ohne spezifischen Bezug zur Warenverkehrsfreiheit betreffen, nicht anhand von Art. 28 EGV prüft.[218] Da in der Entscheidung Esso Española der EuGH eine Regelung unangetastet ließ, die eine bestimmte Verwendung der Ware vorschreibt, kann dieses Urteil auch als Anhaltspunkt dafür gesehen werden, dass die Rechtsprechung zu den Verkaufsmodalitäten auch auf „Verwendungsmodalitäten" ausgedehnt wird, eine Frage, die im Schrifttum schon bald nach Keck gestellt wurde.[219] Die Verpflichtung, eine bestimmte Insel mit Öl zu beliefern, schränkt den Marktteilnehmer zumindest in der Verwendung genau dieser Ölmengen ein.

---

[214] Dazu unten C.I. und C.III.
[215] Hierzu auch Teil 2, A.IV.1.b.aa.
[216] EuGH Slg. 1994 I, 1019 („Peralta").
[217] EuGH Slg. 1995 I, 4223ff, Tz 19 („Esso Española").
[218] *Roth, W.-H.*, S. 938.
[219] *Petschke*, EuZW 1994, 111; schon vor Esso Española bejahend *Becker*, EuR 1994, 174. *Lang*, S. 80, hingegen vermißt auch nach Esso Española eine Klärung zur Frage der Verwendungsbeschränkung, die Entscheidung bleibt a.a.O. unerwähnt.

Die Niederlassungsfreiheit wird durch diese Rechtsprechung aber nicht berührt. In den zitierten Fällen standen warenbezogene, und ausnahmsweise nicht unter Art. 28 EGV fallende, Warenverkehrsregelungen zur Diskussion, während das unternehmerische Auftreten als Schiffsbauer oder Ölgroßhändler als solches nicht beeinträchtigt wurde. Solange die mitgliedstaatlichen Vorgaben für die jeweiligen Tätigkeiten nicht zugleich Marktzugangshindernisse darstellen, liegt kein Verstoß gegen das Beschränkungsverbot vor.[220] Es handelt sich dann insoweit um das nach Art. 43 EGV zulässige Gebot, nach erfolgter Niederlassung sich an das Ordnungssystem des Zuzugstaates anzupassen.

bb) Gesellschaftsspezifische Regelungen

Zu prüfen ist schließlich, wie hinsichtlich des Merkmales der Unterschiedslosigkeit nationale Bestimmungen zu verstehen sind, die Regelungen für eine bestimmte Ausübungsform der Niederlassung vorsehen. So können die hier zu diskutierenden gesellschaftsrechtlichen Maßnahmen zum Schutz der Gläubiger und Gesellschafter sowie Mitbestimmungsregelungen nur dann eingreifen, wenn von der Niederlassungsfreiheit im Gewande einer juristischen Person Gebrauch gemacht wird. Natürliche Personen trifft dies nicht. Allerdings sehen Art. 43, 48 EGV die Errichtung von Niederlassungen durch natürliche und juristische Personen gleichermaßen vor. Man könnte fragen, ob es den unternehmensbezogenen Vorschriften schon allein deshalb an der „unterschiedslosen" Geltung für alle Niederlassungswilligen fehlt.
Eine solche Systematik wirkt aber wohl allzu gekünstelt. Diese Argumentation hätte letztlich zur Folge, dass gesellschaftsspezifische Vorschriften so gut wie nie zum Kreis der Aufenthaltsmodalitäten gerechnet werden könnten, da es identische Regelungen für natürliche Personen weithin nicht geben wird, dies oftmals, etwa bei Einlagepflichten und Mitbestimmungsregelungen, schon theoretisch ausgeschlossen wäre.
Einiges spricht dafür, im Hinblick auf das Merkmal der Unterschiedslosigkeit die Vorschriften für natürliche und juristische Personen getrennt zu betrachten. Es liegt in der Natur der Sache, dass für Unternehmen und selbständige Einzelunternehmer jeweils verschiedene Regelungen gelten.[221]

---

[220] *Randelzhofer/Forsthoff*, in: *Grabitz/Hilf*, Art. 43 Rn 102, wo beispielhaft auch das Preisrecht der BRAGO und der HOAI erwähnt wird.

[221] Allerdings dürfte die Rechtsprechung des EuGH zur Kohärenz im Steuer- und Sozialrecht hier nicht weiterhelfen. Danach sollen einzelne Elemente einer Rechtsmaterie nicht zur Disposition gestellt werden können, wenn ohne sie das gesamte System bedroht wäre, es in seiner Gesamtheit nicht funktionsfähig wäre, vgl. etwa EuGH Slg. 1992 I, 249ff („Bachmann"); Slg. 1998 I, 1831ff („Decker"). Denn die nationalen Gesellschaftssysteme oder die darin mittelbar zum Ausdruck kommenden Abschottungen gegen Gesellschaften aus anderen Mitgliedstaaten

Abgesehen davon ist die Sonderbehandlung der Niederlassungsfreiheit für Gesellschaften auch mit der Dogmatik des EG-Vertrages vereinbar. So nimmt die sekundäre Niederlassungsfreiheit eine Doppelfunktion ein. Das Recht, Tochtergesellschaften zu gründen, gehört nach Art. 43 Abs. 1 S. 2 EGV einerseits zu den niederlassungsrechtlich garantierten Ausübungsformen, andererseits sind Tochtergesellschaften wiederum Trägerinnen der Niederlassungsfreiheit. Gesellschaften nehmen daher eine Zwitterstellung ein. Sie sind nicht nur Subjekt, sondern auch Objekt der Niederlassungsfreiheit.[222] Diese vertragsimmanente Sonderbehandlung von Gesellschaften läßt es gerechtfertigt erscheinen, Unternehmen als Anknüpfungsobjekt nationaler Bestimmungen im Sinne der Keck-Rechtsprechung eine eigenständige Bedeutung zuzuweisen.
Das Merkmal „unterschiedslos" i.S.v. Keck ist daher so zu verstehen, dass die betreffenden Vorschriften wenigstens unterschiedslos auf Gesellschaften, nicht aber zugleich auf natürliche Personen angewendet werden müssen.

4. Einordnung nationaler Maßnahmen als Aufenthaltsmodalitäten bzw. Zutrittsbeschränkungen

Auf der Grundlage der soeben ermittelten Abgrenzungsgrundsätze kann versucht werden, ob nationale Vorschriften des Gesellschaftsrechts als Aufenthaltsmodalitäten bzw. Zutrittsbeschränkungen einzuordnen. Insbesondere sind dabei nationale Vorschriften zum Schutz der Gläubiger bzw. der Gesellschafter sowie der arbeitnehmerischen Mitbestimmung von Interesse.

a) Gesellschaftsbezogene Vorschriften

Bei den Vorschriften, die dem Schutze der Gläubiger und der Gesellschafter, sind überwiegend an eine bestimmte Rechtsform gekoppelt.[223]
Wie oben dargelegt wurde,[224] berühren Vorschriften, die Regelungen für die inländischen Gesellschaftsformen vorsehen, schon nicht den Schutzbereich der Niederlassungsfreiheit, da aus der Sicht der ausländischen, niederlassungswilligen Gesellschaft, wenn sie den Marktzutritt etwa durch Gründung einer ausländisch inkorporierten Tochtergesellschaft durchführen möchte, insoweit nur eine Anpassung an die inländische Rechtsordnung stattfinden muss.
Zweifelsfälle entstehen dann, wenn das nationale Recht Sondervorschriften für ausländische Gesellschaften bereithält, so etwa, wenn das Mindestkapital zu er-

---

sollen gerade in ihren Einzelheiten überprüfbar sein und nicht eine Pauschalgeltung beanspruchen können, dazu auch unten C.III.2.

[222] *Schön*, RabelsZ 64 (2000), 10.

[223] Die Mindestkapitaleinlage hängt etwa davon ab, ob eine AG oder GmbH gegründet werden soll.

[224] B.III.3.d.

höhen oder anderweitig Sicherheit zu leisten ist.[225] Bedeutung hat dies etwa bei Zweigniederlassungen ausländischer Gesellschaften, der „ausländischen GmbH & Co. KG“ sowie bei Auslandsübernahmefusionen.
In diesen Fällen dürfte jedoch der Anwendungsbereich einer Aufenthaltsmodalität ebenfalls zu verneinen sein. Soweit Sonderregelungen für ausländisch korporierte Gesellschaften überhaupt zulässig sind,[226] dürfte es den einzelnen Vorschriften in aller Regel an der Voraussetzung der Unterschiedslosigkeit fehlen. Ebenso wie warenbezogene Regelungen, so sie als Verkaufsmodalitäten im Sinne der Keck-Rechtsprechung eingestuft werden sollen, alle Wirtschaftsteilnehmer rechtlich und tatsächlich in gleicher Weise berühren müssen,[227] wird man im Rahmen der Niederlassungsfreiheit annehmen müssen, dass die betreffenden nationalen Regelungen unterschiedslos für alle Gesellschaften zu gelten haben. Daran dürfte es jedenfalls dann fehlen, wenn die entsprechenden Regelungen lediglich rechtsformbezogen ausgestaltet sind. Verlangt man etwa von der Zweigniederlassung einer ausländischen Aktiengesellschaft die Aufstockung des Mindestkapitals nach deutschem Vorbild auf € 50.000, von einer ausländischen Gesellschaft mit beschränkter Haftung aber nur den entsprechenden Betrag von € 25.000, so wäre die Voraussetzung der Unterschiedslosigkeit nicht mehr gewahrt, da an zwei Ausübungsformen der Niederlassungsfreiheit, die nach der gesetzlichen Tätigkeitsbeschreibung des Art. 43 Abs. 2 EGV als gleichwertig angesehen werden, Niederlassung eines Unternehmens durch Gründung oder Leitung einer Aktiengesellschaft bzw. einer GmbH, jeweils unterschiedliche Anforderungen gestellt werden.
Aufenthaltsmodalitäten können allenfalls dann angenommen werden, wenn Regelungen unterschiedslos an alle Rechtsformen anknüpfen. Insbesondere im Bereich des Übernahmerechts, wo nicht eine bestimmte Rechtsform Regelungsgegenstand ist, sondern der Vorgang der Übernahme bzw. das Übernahmeangebot, sind hier Anwendungsfälle denkbar.[228] Sobald jedoch, was insbesondere im Kapitalerhaltungsrecht so gut wie regelmäßig der Fall sein wird, danach unterschieden wird, ob es eine Aktiengesellschaft oder Gesellschaft mit beschränkter Haftung geht, scheidet das Anwendungsfeld von niederlassungsrechtlichen Aufenthaltsmodalitäten aus.

b) Mitbestimmung

---

[225] Zu entsprechenden Vorschlägen insbesondere in Zweigniederlassungsfällen, Teil 2, A.IV.1.
[226] Dazu im Einzelnen im Besonderen Teil. Vgl. jedoch etwa §§ 53 FF KWG. *Rinne*, S. 90f, hält besondere Einlagepflichten im Rechtsverkehr innerhalb der EU für unzulässig, weil mit der Niederlassungsfreiheit unvereinbar.
[227] Siehe oben B.III.3.e.
[228] Vgl. hierzu Teil 2, D.IV.1. und 2.

Zu einem ähnlichen Ergebnis gelangt man im Mitbestimmungsrecht. Der derzeitige Rechtsstand im Inland ist uneinheitlich. Für Zweigniederlassungen ausländischer Unternehmen gilt deutsches Mitbestimmungsrecht nicht,[229] bei Auslandsübernahmefusionen bleiben nach Maßgabe des Mitbestimmungs-Beibehaltungsgesetzes jedoch auch im verschmolzenen Unternehmen die Mitbestimmungsstrukturen des deutschen Unternehmens erhalten.[230]
Gesetzt, die Mitbestimmungsregeln würden auf nach deutschem Vorbild auf alle ausländische Gesellschafsformen ausgeweitet werden, stellt sich die Frage, ob dann insoweit eine Aufenthaltsmodalität anzuerkennen wäre. Doch dürfte hier das Kriterium der Unterschiedslos aus einem anderen Grunde nicht erfüllt sein. Das MitbestG gilt gem. dessen § 1 nur für Unternehmen ab 2000 Arbeitnehmern. Für zuzugswillige Gesellschaften, die diesen Schwellenwert nicht erreichen, würden diese Anforderungen deshalb nicht gelten, weshalb von einer derartigen Regelung abermals nicht alle Gesellschaften gleichermaßen betroffen wären.[231]

c) Unterscheidung zwischen zwingendem und nachgiebigem Recht

Schließlich ist bei der Eingrenzung des Bereichs der Aufenthaltsmodalitäten noch ein weiterer Punkt zu erörtern: ist es von Bedeutung, ob die fragliche einzelstaatliche Norm zum zwingenden oder zum nachgiebigen Recht gehört?
Roth vertritt die Auffassung, dass nur zwingendes Privatrecht in den Anwendungsbereich der Grundfreiheiten fallen kann. Nur dieses gelte unterschiedslos.[232] *Steindorff* hält dem entgegen, dass auch nachgiebiges Recht beeinträchtigende Wirkungen haben könne, das etwa dann zur Anwendung käme, wenn die Vertragspartner sich auf eine vorrangige vertragliche Bestimmung nicht einigen könnten.[233]
Dem dürfte zuzustimmen sein, wobei gesagt werden muss, dass nachgiebiges Recht nicht erst dann angewendet wird, wenn die Vertragsparteien sich nicht einigen können, sondern auch schon dann, wenn beide bei Vertragsschluß sich

[229] Dazu Teil 2, A.II.3.
[230] S. dazu unten Teil 2, D.
[231] Zur Haltbarkeit solcher Regelungen auf Rechtfertigungsebene, beispielhaft für Zweigniederlassungsfälle, Teil 2, A.IV.1.b.cc. Würde die Schwellengrenze für 2000 Arbeitnehmern für ausländische Gesellschaften nicht gelten, so läge eine Ungleichbehandlung mit den inländischen Gesellschaftsformen vor, weshalb für die Annahme einer Aufenthaltsmodalität abermals kein Raum blieb.
[232] *Roth, W.-H.*, ZEuP 1994, 28, der diese Meinung jedenfalls für den Bereich des Schuldrechts vertritt. Allerdings nimmt *Roth, W.-H.*, a.a.O., nicht ausdrücklich auf die Keck-Entscheidung Bezug, sondern bezieht sich ausdrücklich auf Art. 3 der RL 70/50/EWG, die darauf abstellt, ob die Maßnahmen in ihrer beschränkenden Wirkung „den Rahmen der solchen Handelsregelungen eigentümlichen Wirkungen überschreiten".
[233] *Steindorff*, S. 79.

über die Disponibilität bestimmter Regelungen nicht im Klaren sind. Insofern kann davon ausgegangen werden, dass im Bereich nachgiebigen Rechts zwischen Individualvereinbarungen und den gesetzlichen Bestimmungen ein Stufenverhältnis besteht, wonach letzteres subsidiär zur Anwendung gelangt. Für subsidiär geltende Normen ist indes nicht zu leugnen, dass ihnen grundsätzlich beeinträchtigende Wirkung zukommen kann. Bei der Warenverkehrsfreiheit ergibt sich dies bereits aus der Dassonville-Formel, wonach schon die potentielle Hemmung der Handelsströme ausreicht.

d) Anwendung des Internationalen Privatrechts

Die hier vorgeschlagenen Grundsätze zur Reichweite des niederlassungsrechtlichen Beschränkungsverbots sowie die Abgrenzungskriterien zwischen Aufenthaltsmodalitäten und Zutrittsbeschränkungen ermöglichen auch Lösungsansätze im Konflikt zwischen Gemeinschaftsrecht und Internationalem Privatrecht.
Normen des Internationalen Privatrechts können gegen Gemeinschaftsrecht verstoßen, auch wenn es sich dabei nicht um Sachnormen, sondern um Kollisionsnormen handelt, die lediglich auf eine bestimmte Rechtsordnung verweisen. Denn die Frage der Gemeinschaftswidrigkeit einer Norm beurteilt sich nach dem Ergebnis ihrer Anwendung. Daher kann auch eine Kollisionsnorm, welche den räumlichen Anwendungsbereich einer Vorschrift bestimmt, mit einer Grundfreiheit unvereinbar sein, wenn die territorial bedingte Geltung unterschiedlichen Rechts die Marktfreiheit beschränkt.[234] Aus nationalen Rechtsunterschieden können Beschränkungen der Grundfreiheiten resultieren, wenn die Marktteilnehmer im Binnenmarkt zu Anpassungen an die nationalen Vorschriften gezwungen und daran gehindert werden, gemeinschafsweit einheitlich anzubieten.[235]

Als Beispiel sei die im internationalen Sachenrecht geltende „lex rei sitae-Regel" erwähnt, nach der das Recht am Lageort zur Anwendung kommt.[236] Die in einem Land begründeten mobiliaren Sicherungsrechte können in anderen Ländern verloren gehen oder nur in der dort bekannten Form ausgeübt werden, wenn die dortige Rechtsordnung das nach der ausländischen Rechtsordnung entstandene dingliche Recht nicht kennt. In der Praxis treten solche Probleme häufig im Falle eines nach deutschem Recht wirksam begründeten Eigentumsvor-

---

[234] *Basedow*, RabelsZ 59 (1995), 12; *Pfeiffer*, NJW 1997, 1208. Zur Beschränkung der Grundfreiheiten durch privatrechtliche Regelungen ausführlich *Fetsch*, S. 146ff.
[235] *Steindorff*, S. 79.
[236] *Palandt-Heldrich*, Art. 43 EGBGB Rn 1.

behalts auf, der im internationalen Warenverkehr verloren gehen kann.[237] Das deutsche Recht versucht, diesem warenverkehrsfeindlichen Ergebnis durch die sog. „Transpositionslehre“ zu begegnen. Das nach der ausländischen Rechtsordnung entstandene dingliche Recht besteht nach dem Ortswechsel in seiner Prägung im Recht des Zuzugstaates weiter.[238] Vergleichbare Probleme treten im Wettbewerbsrecht durch das sog. Marktortprinzip auf, wonach immer das am Ort der Werbemaßnahme geltende Wettbewerbsrecht zur Anwendung kommt.[239] Ähnliche Probleme treten zudem bei den zahlreichen kollisionsrechtlichen Sonderanknüpfungen auf.[240]

Seit der Keck-Entscheidung wird die Einordnung von Normen des Privatrechts mit den beschriebenen Auswirkungen auf den Warenverkehr als Verkaufsmodalität gefordert. Die Konturen sind jedoch unklar. Einigkeit besteht insofern, als dass eine weitreichende Überprüfung des nationalen Privatrechts am Maßstab der Grundfreiheiten nicht für wünschenswert erachtet wird.[241]

Während in den genannten Fällen ein Verstoß gegen die Warenverkehrsfreiheit denkbar ist, ist bei der Niederlassungsfreiheit eine andere Einschätzung geboten. Das Recht auf Standortverlagerung wird nicht dadurch berührt, dass die Gesellschaft, je nachdem, an welchem Ort sie im Rechtsverkehr auftritt, zivilrechtlich unterschiedlichen Reglementierungen unterworfen wird. Die bloßen Unterschiede am Unternehmensstandort stellen keinen Eingriff in die Niederlassungsfreiheit dar, weil das standortverlagernde Marktzutrittsrecht insoweit nicht beschränkt wird.
Das der Niederlassungsfreiheit entspringende Recht, sich in einem anderen Mitgliedstaat niederzulassen korrespondiert geradezu mit den standortbedingten Rechtsunterschieden. Der Aspekt des rechtlichen Standortvorteiles gäbe keinen Sinn, wenn die nationalen Rechte völlig angeglichen wären.
Umgekehrt muss nach der hier vertretenen Lösung etwa die Regelung des § 239 BGB, wonach ein tauglicher Bürge einen Gerichtsstand im Inland haben

[237] *Basedow*, NJW 1996, 1922; *Roth, W.-H.*, ZEuP 1994, 24f; *Becker*, EuR 1994, 174, jeweils m.w.N.; weiterführend zur Problematik der schuldrechtlichen Ausgleichsansprüche *Rinne*, S. 230ff.
[238] BGHZ 39, 173; 45, 95; 100, 326; KG NJW 1988, 341; *Roth, W.-H.*, ZEuP 1994, 23.
[239] *Gebauer*, IPRax 1995, 154; *Basedow*, NJW 1996, 1922; *Roth, W.-H.*, ZEuP 1994, 10.
[240] Zu den einzelnen Sonderanknüpfungen im Rechtsverkehr mit Zweigniederlassungen ausführlich *Rinne*, S. 83ff. Ferner *Pfeiffer*, NJW 1997, 1210f, *Roth, W.-H.*, ZEuP 1994, 17ff; *Baetge*, IPRax 1996, 185ff; *Basedow*, NJW 1996, 1922; *ders.*, RabelsZ 95 (1995), 27ff.
[241] Die Rechtsprechung des EuGH läßt aber nach Ansicht von *Mülbert*, ZHR 159 (1995), 29 und *Ehricke*, EWS 1994, 259 in EuGH Slg. 1993 III, 1663ff („Kraus“) eine solche Tendenz erkennen. *Mülbert*, a.a.O., befürchtet langfristig eine gemeinschaftsrechtliche Verhältnismäßigkeitskontrolle sämtlicher zwingender Normen des BGB.

muss,[242] als Zutrittsbeschränkung am Maßstab des Art. 43 EGV gemessen werden. Wenn ein Unternehmen tauglicher Bürge sein will, was im Bank- und Kreditwesen sogar einen wesentlichen Geschäftsbereich darstellen kann, müsste es einen Gerichtsstand im Inland vorweisen können, was, falls nicht Ausnahmevorschriften aus der EuGVVO bzw. § 13ff ZPO eingreifen, nur durch Verlegung des Sitzes ins Inland sichergestellt werden kann. Eine solche Anforderung berührt jedoch den Zuzug[243] und kollidiert deshalb mit dem Beschränkungsverbot. Ausländische Firmen wären selbst dann benachteiligt, wenn sie eine rechtlich unselbständige, und somit nicht sitzfähige Zweigniederlassung im Inland hätten. Nachteilig betroffen sind auch all die inlandsansässigen Firmen, welche sich ins Ausland verlagern wollen, und aus dem Kreis der tauglichen Bürgen nach § 239 BGB fortan herausfallen würden.[244]

5. Zusammenfassung

Im Ergebnis kann nach alledem festgehalten werden, dass zur Abgrenzung zwischen Aufenthaltsmodalitäten und Zutrittsbeschränkung im Bereich der Niederlassungsfreiheit (für Gesellschaften) nur bedingt auf die aus der Warenverkehrsfreiheit bekannten Keck-Grundsätze zurückgegriffen werden kann.

Soweit nur eine Anpassung an die Rechtsordnung im Zuzugstaat zu erfolgen hat, ist der Schutzbereich des Art. 43 EGV nicht tangiert. Dies gilt auch, wenn eine im Zuzugstaat verfügbare Gesellschaftsform gewählt wird.

Die Abgrenzung zwischen Aufenthaltsmodalität und Zutrittsbeschränkung hat erst dann zu erfolgen, wenn eine nationale Regelung zwar unterschiedslos für alle in- und ausländischen Gesellschaften gilt, zugleich aber auch ein zumindest mittelbares Marktzugangshindernis für ausländische Gesellschaften darstellt. So können delikts- und strafrechtliche Sanktionen, sofern sie für alle Gesellschaftsformen gleichermaßen gelten, Aufenthaltsmodalitäten darstellen. Im Übrigen ist es erforderlich, dass die betreffenden nationalen Maßnahmen rechtsformunab-

---

[242] *Ehricke*, EWS 1994, 259; *Mülbert*, ZHR 159 (1995), 29. Nach *Fetsch*, S. 161ff, 188ff können auch Kontrahierungszwänge und zivilrechtliche Formerfordernisse eine Beeinträchtigung der Grundfreiheiten darstellen.

[243] Nach § 23 Abs. 3 Nr. 1 AktG, § 3 Abs. 1 Nr. 1 GmbHG muss hierfür auch die Satzung abgeändert werden.

[244] Wenn festgestellt ist, dass eine Privatrechtsnorm mit Europarecht unvereinbar ist, stellt sich anschließend die Frage, welche Regelung an die Stelle der im innergemeinschaftlichen Verkehr unanwendbar gewordenen Norm tritt. Die Frage ist besonders dann akut, wenn die gemeinschaftswidrige Norm kraft kollisionsrechtlicher Verweisung auf ausländische Marktteilnehmer anwendbar bleibt. Zu diesem Problem *Gebauer*, IPRax, 1995, 153f, der drei verschiedene Lösungsmöglichkeiten diskutiert: entweder Ersetzung der gemeinschaftsrechtlich beschränkten Sachnorm durch eine andere, oder keine Ersetzung und Hinnahme einer Regelungslücke, oder ersatzweise kollisionsrechtliche Verweisung auf eine andere Rechtsordnung und Anwendung der dortigen Sachnorm.

hängige Geltung beanspruchen. Im Gegensatz dazu fallen Regelwerke, die etwa für eine AG und eine GmbH unterschiedlich ausfallen, nicht in den Kreis der Aufenthaltsmodalitäten.

C. Schranken der Niederlassungsfreiheit

Wenn eine nationale Maßnahme den Schutzbereich einer Grundfreiheit berührt, ist dieser Eingriff sodann auf seine Rechtfertigung hin zu überprüfen. Dabei ist zwischen gesetzlichen Rechtfertigungsgründen, Bereichsausnahmen und den von der Rechtsprechung entwickelten tatbestandsimmanenten Schranken zu unterscheiden.[245]

I. Art. 46 EGV

Der gesetzliche Rechtfertigungsgrund des Art. 46 EGV läßt Maßnahmen zu, die eine Sonderregelung für Ausländer vorsehen und aus Gründen der öffentlichen Ordnung, Sicherheit oder Gesundheit gerechtfertigt sind. Nach Art. 46 Abs. 2 EGV erläßt der Rat koordinierende Richtlinien.

Aufgrund der Formulierung „Sonderregelungen für Ausländer" wird teilweise behauptet, dass Art. 46 EGV eine Beschränkung auf das Ausländerpolizeirecht enthalte. Dazu zählen etwa Vorschriften über Ein- und Ausreise, Ausweisungen und das Meldewesen.[246]
Obschon diesbezügliche Vorschriften den Hauptanwendungsfall darstellen,[247] enthält die Vorschrift eine derartige Einschränkung jedoch nicht.[248] Dies ließe sich schon mit dem Wortlaut nicht vereinbaren, der nur von „Sonderregelungen" für Ausländer spricht, im Übrigen das aber Ausländerpolizeirecht nicht zu einem höherrangigen europäischen Rechtsgut erhebt.[249] Da insofern ausländerbezogene Maßnahmen bei Vorliegen der übrigen Schutzgründe generell mit Art. 46 EGV gerechtfertigt werden können, besteht auch die Möglichkeit, über die Gleichstellungsklausel des Art. 48 Abs. 1 EGV Sonderregelungen für ausländisch inkorpo-

---

[245] Beispielhaft *Streinz*, Rn 692ff.
[246] *Lenz*, Art. 46 Rn 1; *Lackhoff*, S.90.
[247] *Drasch*, S. 179, Fn 917 m.w.N.
[248] *Troberg*, in: *von der Groeben/Thiesing/Ehlermann*, Art. 56 Rn 1.
[249] *Schneider*, S. 36; *Jarass*, RIW 1993, 16. Nach *Troberg*, in: *von der Groeben/Thiesing/Ehlermann*, Art. 56 Rn 1, soll nur klargestellt werden, dass die Niederlassungsfreiheit nicht zur Abschaffung allen Ausländerpolizeirechts führen müsse, ähnlich auch *Lackhoff*, S. 91.

rierte Gesellschaften zu erlassen.[250] Diese Möglichkeit wurde vom EuGH u.a. in den Entscheidungen Segers[251] und Centros angedeutet.
Allerdings ließ der Gerichtshof nicht erkennen, in welchen gesellschaftsrechtlich relevanten Fällen hinreichende Gründe „der öffentlichen Ordnung, Sicherheit und Gesundheit" vorliegen könnten. In der Centros-Entscheidung wurde jedenfalls mitgeteilt, dass Erwägungen zum Schutz der Gläubiger vor der Gefahr uneinbringlicher Forderungen oder der Zahlungsunfähigkeit von Gesellschaften mit unzureichendem Anfangskapital „für Art. 46 EGV ohne Belang" sind.[252] Selbst so typische gesellschaftsrechtliche Schutzinteressen wie Gläubigerschutz vor Zahlungsunfähigkeit und unzureichender Kapitalaufbringung vermag der Gerichtshof somit nicht einmal dem Grunde nach unter Art. 46 EGV einzuordnen.
Von den dreien in Art. 46 EGV genannten Schutzgründen könnten allenfalls die Alternativen „öffentliche Ordnung" und „öffentliche Sicherheit" eine Rolle spielen. Da Art. 46 EGV dem allgemeinen Diskriminierungsverbot des Art. 12 EGV und den Systematik der Grundfreiheiten zuwider läuft, ist er als enge Ausnahmevorschrift restriktiv auszulegen.[253] Dem Gerichtshof dürfte daher zuzustimmen sein, wenn er Gläubigerschutzfragen nicht zum Anknüpfungsgegenstand im Rahmen des Art. 46 EGV ausreichen läßt. Für Art. 46 EGV ist im Internationalen Gesellschaftsrecht nach alledem kein praktischer Anwendungsbereich ersichtlich.[254]

II. Bereichsausnahmen

Bereichsausnahmen nehmen einen bestimmten Bereich aus dem Anwendungsbereich der Grundfreiheiten heraus. Die Vorschriften über die Niederlassungsfreiheit enthalten in Art. 45 EGV eine gesetzlich normierte Bereichsausnahme[255] für Tätigkeiten, die dauernd oder zeitweise mit der Ausübung öffentlicher Gewalt verbunden sind. Für die vorliegende Abhandlung ist dies ohne Bedeutung,

---

250 *Lenz*, Art. 46 Rn 5.
251 In EuGH Slg. 1986, 2375, 2387, Tz 17 („Segers") wurde erörtert, ob Krankenversicherungen gegen „Mißbrauch" über ex-Art. 56 (jetzt Art. 46) EGV geschützt werden können.
252 EuGH Slg. 1999 I, 1459ff, Tz 32, 34 („Centros"). Wörtlich heißt es: *„Wie festgestellt, sind diese Gründe für ex-Art. 56 (jetzt Art. 46 EGV) ohne Belang"*. „Feststellungen" zu diesem Thema fehlen in der Entscheidung jedoch, vgl. *Streinz* JuS 1999, 810f. Vermutlich bezog sich der EuGH mit dieser irreführenden Formulierung auf die inhaltlich passende Entscheidung Segers, welche zuvor (Tz 16) bereits zitiert wurde.
253 Grundlegend EuGH Slg. 1975, 297ff („Bonsignore"); *Lenz*, Art. 46 Rn 1; *Bröhmer, in: Calliess/Ruffert*, Art. 46 Rn 1.
254 So im Ergebnis auch *Hammen*, WM 1999, 2494. *Schnichels*, S. 180 geht ebenfalls davon aus, dass ex-Art. 56 (jetzt Art. 46) EGV i.R.d. Rechtfertigung der Sitztheorie „unberücksichtigt bleiben" kann.
255 *Streinz*, Rn 698.

weil nur niederlassungsrechtlich relevantes Gesellschaftsrecht im allgemeinen behandelt, nicht aber zwischen einzelnen Geschäftsbereichen, auf denen Gesellschaften tätig sein können, unterschieden wird.

Bisweilen wird die Auffassung vertreten, dass für das mitgliedstaatliche Internationale Gesellschaftskollisionsrecht insgesamt eine ungeschriebene Bereichsausnahme bestehe. Die Folge davon wäre, dass die Frage nach dem jeweils anzuwendenden Gesellschaftsstatut und die damit einhergehenden sachrechtlichen Implikationen nicht niederlassungsrechtlich überprüfbar wären.[256] Begründet wird dies mit der Daily-Mail-Entscheidung, in deren Urteilsgründen der Gerichtshof geäußert hatte, dass die nationalen Unterschiede in den jeweiligen Gesellschaftsrechtsordnungen nicht durch die Bestimmungen der Niederlassungsfreiheit gelöst werden könnten. Vielmehr bedürfe es multilateraler Übereinkommen nach Art. 293 EGV oder Rechtsangleichungsmaßnahmen nach Art. 44 Abs. 2 lit. g EGV.[257]
Mit der Daily-Mail-Entscheidung läßt sich aber ein gänzlicher Vorbehalt zugunsten des nationalen Gesellschaftskollisionsrechts nicht begründen, da in dieser Entscheidung nur die Verlegung des Verwaltungssitzes zur Diskussion stand.[258] Auch der Verweis auf Art. 293 EGV führt zu keinem anderen Ergebnis, weil dort nur ein kleiner Teil der gesellschaftsrechtlich relevanten Ausübungsmodalitäten aufgeführt ist, insoweit also keine Rückschlüsse auf den Regelungsbereich insgesamt möglich sind. Außerdem gibt es keinen Anlass, von dem anerkannten Grundsatz, dass auch das mitgliedstaatliche Internationale Privatrecht an den Grundfreiheiten zu messen ist,[259] im Bereich des Gesellschaftskollisionsrechts abzuweichen.[260]
Das mitgliedstaatliche Internationale Gesellschaftsrecht genießt nach alledem keinen grundsätzlichen Vorrang vor der Niederlassungsfreiheit.[261]

---

[256] So zusammengefaßt bei *Forsthoff*, EuR 2000, 178f.
[257] Im Gegensatz zu natürlichen Personen werden Gesellschaften aufgrund einer Rechtsordnung, beim gegenwärtigen Stand des Gemeinschaftsrechts aufgrund einer nationalen Rechtsordnung, gegründet. (...) Der ex-EWG (jetzt EG-) Vertrag trägt diesen Unterschieden im nationalen Recht Rechnung. Bei der Definition der Gesellschaften (...) werden der satzungsmäßige Sitz, die Hauptverwaltung und die Hauptniederlassung gleich geachtet. In ex-Art. 220 EGV (jetzt Art. 293 EGV) ist (...) der Abschluß von Übereinkommen unter den Mitgliedstaaten vorgesehen (...). Nach alledem betrachtet der ex-EWG- (jetzt EG-) Vertrag die Unterschiede, die die Rechtsordnungen der Mitgliedstaaten hinsichtlich der für ihre Gesellschaften erforderlichen Anknüpfung (...) aufweisen, als Probleme, die durch die Bestimmungen über die Niederlassungsfreiheit nicht gelöst sind (...), EuGH Slg. 1988, 5483ff („Daily-Mail").
[258] Zu einer Bereichsausnahme insoweit vgl. unten Teil 2, C.III.2.
[259] S. oben B.III.5.c m.w.N..
[260] *Forsthoff*, EuR 2000, 179; *von Wilmowsky*, RabelsZ 62 (1998), 3ff.
[261] Der vorgenannten Argumentation dürfte seit dem Überseering-Urteil nunmehr endgültig der Boden entzogen sein. Der EuGH hob insoweit hervor, dass Gesellschaften, die in einem

Allerdings war die Daily-Mail-Entscheidung so zu verstehen, dass jedenfalls für den Fall der Verlegung des Verwaltungssitzes eine Bereichsausnahme besteht. Diesen Punkt hat der Gerichtshof in seiner Prüfungsreihenfolge der Anwendbarkeit der Niederlassungsfreiheit vorgeschaltet, ihre inhaltliche Prüfung erübrigt sich daher.[262]

III. Tatbestandsimmanente Schranken

Auf der Fallgruppe der tatbestandsimmanenten Schranken liegt in der gesellschaftsrechtlichen Diskussion mit großem Abstand der Schwerpunkt. Solche Schranken ergeben sich aus der Beachtung der „zwingenden Allgemeininteressen" nach den Grundsätzen der Cassis-Rechtsprechung. Danach sind nationale, die Grundfreiheiten beeinträchtigende Maßnahmen gerechtfertigt, wenn sie in nicht diskriminierender Weise angewandt werden, aus zwingenden Gründen des Allgemeininteresses geboten sind und dem Verhältnismäßigkeitsgrundsatz entsprechen. Die Maßnahmen müssen zur Erreichung des Zieles geeignet sein und dürfen nicht über das hinausgehen, was zur Erreichung des Zieles unbedingt erforderlich ist.[263]
Aus dem Prinzip der Erforderlichkeit folgt insbesondere, dass die Verdoppelung einer Beaufsichtigung vermieden werden soll (Verbot von Doppelregelungen). Dies folgt aus dem Herkunftslandprinzip und dem daraus folgenden Prinzip der gegenseitigen Anerkennung, welches die unmittelbare dogmatische Folge der Cassis-Rechtsprechung darstellt.[264] Eine Maßnahme im Tätigkeitsstaat kann nur dann gerechtfertigt werden, wenn im Heimatstaat dem im Allgemeininteresse liegenden Gesichtspunkt noch nicht ausreichend Rechnung getragen wurde.[265]

Die nationalen Gesellschaftsrechte halten eine Reihe von Maßnahmen bereit, die den Gestaltungsspielraum international operierender Unternehmen einschränken. Dabei sind nicht alle diese Vorschriften rein sachrechtlichen Ursprungs. Einige Behinderungen sind nur eine materiellrechtliche Folge der in den jeweiligen Mitgliedstaaten verfolgten kollisionsrechtlichen Anknüpfungstheorien.

Mitgliedstaat wirksam errichtet wurden, grundsätzlich nicht aus dem Anwendungsbereich der Niederlassungsfreiheit herausfallen, EuGH EuZW 2002, 754ff, Tz 52 („Überseering").

262 Die Terminologie ist uneinheitlich: *Forsthoff*, EuR 2000, 177 spricht von „begrenzter Bereichsausnahme". *Roth, W.-H.*, ZGR 2000, 311ff, bleibt beim Begriff „Bereichsausnahme". *Bechtel*, S. 86 und *Klinke*, ZGR 1994, 166 gebrauchen diesen Terminus nicht ausdrücklich, kommen aber gleichwohl zum Ergebnis, dass die Daily-Mail-Entscheidung zu einer Herausnahme der Verwaltungssitzverlegung aus dem Schutzbereich der Niederlassungsfreiheit führe. Ob dies noch aufrechtzuerhalten ist, wird in Teil 2, C.III.2. untersucht.

263 Zuletzt EuGH Slg. 1999 I, 1459ff, Tz 34 („Centros"), m.w.N. zur früheren Rechtsprechung.

264 *Leible*, in: *Grabitz/Hilf*, Art. 28 Rn 26. Dazu auch unten Teil 2, A.IV.1.b.bb.

265 Rechtsprechungsnachweise bei *Dauses-Dauses*, E.I Rn 121, Fn 32; *Korte*, JZ 1996, 139.

Nachfolgend wird der kollisionsrechtliche Theorienstreit unter besonderer Berücksichtigung der Rechtslage in Deutschland kurz dargestellt. Anschließend wird auf die sachrechtlichen Folgen der in Deutschland herrschenden Sitztheorie eingegangen. Schließlich sind die tragenden teleologischen Argumente der jeweiligen Anknüpfungstheorien in den Blick zu nehmen. Auf dieser Grundlage können die mit den jeweiligen Kollisionstheorien verfolgten Schutzinteressen sodann daraufhin überprüft werden, ob sie taugliche Rechtfertigungsgründe im Sinne der Cassis-Rechtsprechung darstellen.

1. Internationalprivatrechtliche Vorgaben

Das deutsche internationale Privatrecht enthält keine Kollisionsnorm über die Bestimmung des Personalstatuts von juristischen Personen. Hier versagen die sonst üblichen Anknüpfungspunkte Staatsangehörigkeit, Wohnsitz oder gewöhnlicher Aufenthalt.[266] Zur Lösung dieses Problems wurden insbesondere die Sitztheorie und die Gründungstheorie entwickelt.[267]

a) Kollisionsrechtliche Lage in Deutschland

Nach der Sitztheorie bestimmt sich die Anknüpfung des Gesellschaftsstatuts nach dem Ort des effektiven Verwaltungssitzes. Nach der Gründungstheorie kommt die Rechtsordnung zur Anwendung, nach der die Gesellschaft gegründet wurde.[268] Als Abwandlung der Gründungstheorie ist von *Sandrock* die sog. Überlagerungstheorie entwickelt worden. Hiernach sollen die Gründung und die Rechtsfähigkeit der Gesellschaft sich nach dem Gründungsstatut beurteilen, im übrigen aber die Vorschriften des zwingenden Rechts am Sitzort gelten und das Gründungsstatut überlagern.[269]
In der deutschen Rechtsordnung ist die Sitztheorie vorherrschend. Sowohl die Rechtsprechung[270] als auch weite Teile der Literatur[271] folgen ihr.

---

[266] *Palandt-Heldrich*, Anh zu Art. 12 EGBGB Rn 1.
[267] Detaillierte Übersichten über die verschiedenen Anknüpfungstheorien bei *Staudinger-Großfeld*, IntGesR Rn 26ff; *Mü-Ko-Kindler*, IntGesR Rn 258ff, jeweils m.w.N.
[268] Vgl. beispielhaft *Palandt-Heldrich*, Anh zu Art. 12 EGBGB Rn 1.
[269] *Sandrock*, S. 169, 191; *ders.*, RIW 1989, 512f; *Mü-Ko-Kindler*, IntGesR Rn 292; *Staudinger-Großfeld*, IntGesR Rn 37.
[270] BGHZ 53, 181; 78, 318; 97, 269, 271f; BayObLGZ 1992, 113ff. Im Vorlagebeschluß in der Rechtssache Überseering vom 30.03.2000, BGH EuZW 2000, 412ff, wird ausgeführt: *„Der Senat erwägt beim derzeitigen Stand des Gemeinschaftsrechts und des Gesellschaftsrechts innerhalb der Europäischen Union, an der Rechtsprechung des Bundesgerichtshofes festzuhalten."*
[271] Beispielhaft etwa *Staudinger-Großfeld*, IntGesR Rn 40; *Mü-Ko-Kindler*, IntGesR Rn 263; *Hoffmann*, § 55 I, S. 493f; *Kegel/Schurig*, § 17 II, S. 502ff; *Ebenroth/Eyles*, DB-Beilage

Vereinzelt wird sogar behauptet, dass die Sitztheorie bereits gesetzlich verankert sei.[272] Wäre dies tatsächlich der Fall, so würde sich der Theorienstreit erübrigen. Gestützt wird diese Meinung auf Art. 2 des Zustimmungsgesetzes vom 18.05.1972[273] zu dem Übereinkommen vom 29.02.1968 über die gegenseitige Anerkennung von Gesellschaften und juristischen Personen, in dem es heißt: *„Das Übereinkommen ist auf diejenigen (...) Gesellschaften und juristischen Personen nicht anzuwenden, deren tatsächlicher Sitz sich außerhalb des Geltungsbereiches des Übereinkommens befindet (...)".*
Der Wortlaut des Zustimmungsgesetzes weist sitztheoretische Züge auf, weil, was die Anwendbarkeit des Abkommens anbelangt, auf den tatsächlichen Sitz einer Gesellschaft abzustellen ist.
Allerdings schreibt das Zustimmungsgesetz nicht die Geltung der Sitztheorie im Allgemeinen fest, sondern regelt lediglich die Anwendbarkeit des Übereinkommens. Der Regelung kann daher allenfalls im Wege der Auslegung die allgemeine Geltung der Sitztheorie im Sachrecht entnommen werden.

Im Ergebnis ist dies jedoch abzulehnen. Dagegen spricht zunächst schon, dass in zahlreichen bilateralen Freundschafts- und Handelsabkommen gründungstheoretische Züge verankert sind.[274] Wer das Zustimmungsgesetz zum EG-Übereinkommen mit seinen sitztheoretischen Ansätzen als gesetzliche Verankerung der Sitztheorie im deutschen IPR ansieht, muss sich fragen lassen, warum man von den verschiedenen bilateralen Abkommen nicht auf die gesetzliche Verankerung der Gründungstheorie sollte schließen können. Zumindest hätte die Absicht des Gesetzgebers, gerade durch die spezielle Vorschrift des Art. 2 des Zustimmungsgesetzes die Sitztheorie im Allgemeinen festzuschreiben, in erkennbarer Weise nach außen treten müssen. Denn es ist nicht naheliegend, dass der Gesetzgeber die seit Jahrzehnten geführte Streitfrage nach der richtigen Kollisionstheorie fast unmerklich in dem Zustimmungsgesetz lösen wollte.[275]
Abgesehen davon ging der Gesetzgeber bei der Novellierung des EGBGB im Jahre 1986 nach wie vor davon aus, dass die kollisionsrechtliche Behandlung juristische Personen nicht kodifiziert sei und er wollte an diesem Zustand auch bewußt nichts ändern, um einer Rechtsvereinheitlichung auf europäischer Ebene

---

2/1988, S. 8ff; *Bogler* DB 1991, 848ff; *Schmidt*, ZGR 1999, 20, 22. Nach *Borges*, RIW 2000, 169, ist der Sitztheorie inzwischen gewohnheitsrechtlicher Charakter zuzusprechen.

[272] *von Bar*, IPR, Bd. II, Rn 620: *Brödermann/Iversen*, Rn 101.

[273] BFH BStBl 1972 II, 369.

[274] Vollständiger Überblick hierzu bei *Mü-Ko-Kindler*, IntGesR Rn 239f. Zum deutsch-spanischen Niederlassungsvertrag unten Teil 2, C.II.3.

[275] Ein ähnliches Begründungsmuster verwendet *Steiger*, RIW 1999, 174 bei der Auslegung des deutsch-spanischen Niederlassungsvertrages vom 23.04.1970, vgl. dazu auch unten Teil 2, C.II.3.

nicht vorzugreifen.[276] Obwohl der Gesetzgebungsvorgang zeitlich nach dem Zustimmungsgesetz erfolgte, kann er dennoch bei der Auslegung des Übereinkommens berücksichtigt werden. Dies ergibt sich aus Art. 31 Abs. 3 Nr. b WÜV, wonach bei der Auslegung eines völkerrechtlichen Vertrages auch *„jede spätere Übung bei der Anwendung des Vertrages, aus der die Übereinstimmung der Vertragsparteien hervorgeht, bei der Auslegung zu berücksichtigen"* ist.

Festzuhalten bleibt nach alledem, dass die deutsche Rechtspraxis zwar der Sitztheorie folgt, gesetzlich verankert ist sie gleichwohl nicht.

b) Materiellrechtliche Auswirkungen der Sitztheorie

Die Sitztheorie führt zu einem Statutenwechsel, wenn Gründungs- und Sitzstaat einer Gesellschaft auseinanderfallen. Verlegt die Gesellschaft etwa ihren Verwaltungssitz ins Ausland, so ist das dort geltende Recht maßgeblich. Das Kollisionsrecht schweigt aber über die Zulässigkeit dieses Vorganges. Diese Frage muss auf sachrechtlicher Ebene beantwortet werden, wobei sowohl das Sachrecht des Wegzug- als auch das des Zuzugstaates zu prüfen ist.[277]
Das deutsche Sachrecht verlangt, dass eine deutsche Gesellschaft im Inland ihren Sitz hat.[278] Eine nach deutschem Recht gegründete Gesellschaft wird nur als rechtsfähig anerkannt, wenn sie im Inland gegründet wurde.[279]
Die kollisionsrechtliche und die sachrechtliche Seite der Problematik sind auseinanderzuhalten. Die Sitztheorie ist bei Licht betrachtet nur eine Kollisionsregel, die noch keine Wertung über die Zulässigkeit von internationalen Unternehmensgestaltungen enthält. Dies hängt vom Sachrecht ab.[280] Dennoch wird insbesondere bei der Frage der Sitzverlegung immer wieder gemeinhin davon gesprochen, dass „die Sitztheorie" dies nicht zulasse.[281] Damit ist streng genommen nur die materiellrechtliche Beurteilung dieses Vorganges gemeint. Geht man allerdings davon aus, dass ein Recht auf Rechtswahlfreiheit nicht besteht, man also im Sitzstaat auf die dort angebotenen Gesellschaftsformen beschränkt ist,[282] so hat dies zur Folge, dass eine Gesellschaft im Sitzstaat auch nach den Gründungsvorschriften dieses Staates gegründet worden sein muss. Aus dieser Prämisse heraus ergeben sich dann wiederum die sachrechtlichen Einschränkungen bei der Gestaltung von internationalen Unternehmensverbindungen. Um der kol-

[276] Vgl. Art. 37 Nr. 2 EGBGB. *Steiger*, S. 45 m.w.N.
[277] *Hoffmann*, ZHR 164 (2000), 45.
[278] Für viele *Mü-Ko-Kindler*, IntGesR Rn 312 m.w.N. *Hoffmann*, ZHR 164 (2000), 47.
[279] *Sandrock*, RIW 1989, 506 m.w.N.
[280] So auch *Schwarz*, Rn 169; *Roth, W.-H*, ZIP 2000, 1599. Ähnlich wohl auch *Forsthoff*, EuR 2000, 169, wonach die Sitztheorie „mittelbar materiell-rechtliche Folgen zeitige".
[281] Vgl. etwa *Schümann*, EuZW 1994, 269ff.
[282] Vgl. oben B.II.2.

lisionsrechtlichen und der sachrechtlichen Seite der Problematik Rechnung zu tragen, wird im folgenden, zumindest an Stellen, wo die Differenzierung angebracht erscheint, nicht von „Sitztheorie“, sondern von den „materiellrechtlichen“ bzw. „sachrechtlichen Auswirkungen“ der Sitztheorie gesprochen.

c) Regelungsziele der jeweiligen Anknüpfungstheorien

Durch die Sitztheorie wird gewährleistet, dass das Recht desjenigen Staates durchgesetzt wird, das von der Tätigkeit der Gesellschaft normalerweise am stärksten betroffen ist. Gerne wird betont, den Schutzinteressen des am meisten betroffenen Staates könne so am wirksamsten Rechnung getragen werden. Insbesondere sollen Gläubiger, Minderheitsgesellschafter und Arbeitnehmer davor geschützt werden, im Rechtsverkehr ausländischen Gesellschaftern gegenüberzustehen.[283]
Die Flucht in den Geltungsbereich einer Rechtsordnung, deren Standard in der Ausgestaltung der Schutzvorschriften geringer ist, soll vermieden werden.[284] Die Sitztheorie wird zudem auch als das wirksamste Mittel[285] gegen die Existenz sog. Scheinauslandsgesellschaften („pseudo-foreign-corporations“) angesehen, also ausländisch inkorporierte Gesellschaften, deren Geschäftstätigkeit sich ausschließlich auf das Inland erstreckt.[286]

Die Vorzüge der Gründungstheorie entsprechen vorwiegend den Schwächen der Sitztheorie.
Ein zentrales Problem liegt in der Aufstellung sachgerechter Kriterien zur Bestimmung des effektiven Verwaltungssitzes.[287] Hier hat sich die Auffassung durchgesetzt, insoweit auf den Ort der tatsächlichen Willensbildung abzustellen. Nach der Rechtsprechung kann hier auf die Grundsätze des § 10 AO hinsichtlich der Merkmale „Geschäftsleitung“ und „geschäftliche Oberleitung“ zurückgegriffen werden.[288] Weiterhin umstritten ist, ob hierfür der Ort der internen Willens-

---

[283] BayObLGZ 1992, 113ff; *Staudinger-Großfeld*, IntGesR Rn 44; *Bechtel*, S. 1ff m.w.N.; *Schümann*, EuZW 1994, 269ff; *Thömmes*, DB 1993, 1024.
[284] *Mü-Ko-Kindler*, IntGesR, Rn 313 m.w.N.; *Steiger*, S.47. Nach *Staudinger-Großfeld*, IntGesR Rn 20, 44 übt sie ein „Wächteramt“ des hauptbeteilgten Staates aus.
[285] OLG Hamburg, NJW 1986, 2199; *Michalski*, NZG 1998, 762.
[286] Diese Definition zuletzt etwa bei *Borges*, RIW 2000, 169. Hierzu auch Teil 2, C.I.3. und C.II.1.d.
[287] *Schnichels*, S. 153. In der Daily-Mail-Entscheidung, EuGH Slg. 1988, 5483ff („Daily Mail“), hob Generalanwalt *Dammon* hervor, dass sich dieses Problem durch die Einführung neuer Telekommunikationsmöglichkeiten noch vergrößern werde.
[288] BGHZ 97,269ff; *Michalski*, NZG 1998, 762.

bildung[289] oder der der effektiven Umsetzung in laufende Geschäftsführungsakte maßgeblich ist.[290]
Unbefriedigend ist manchmal auch die dem Grunde nach beabsichtigte Rechtsfolge der Nichtigkeit einer Gesellschaft. Dies kann die Rechtsunsicherheiten gerade bei der Durchsetzung von Forderungen gegen die Gesellschaft noch verschärfen.[291]

Für die Gründungstheorie spricht weiterhin, dass das Gesellschaftsstatut einfach und schnell ermittelt werden kann.[292] Sie ermöglicht überdies ein höheres Maß an Mobilität, da sachrechtlich etwa der Sitzverlegung keine Bedenken entgegenstehen.[293] Außerdem werde der internationale Entscheidungseinklang gefördert, da sich die Rechtsfähigkeit der Gesellschaft einheitlich nach dem Gründungsstatut bestimme.[294]
Die Gründungstheorie kann aber dazu führen, dass die Gesellschafter bewußt eine Rechtsordnung wählen, die im Vergleich zu derjenigen, die an dem Ort, an dem die Geschäftstätigkeit ausgeübt wird, weniger Schutzvorschriften enthält. Die Gesellschafter könnten sich demnach aussuchen, unter welcher Gesellschaftsform sie unabhängig vom Ort der Geschäftsentfaltung auftreten. Das liberalste Gesellschaftsrecht könnte sich auf Dauer durchsetzen und zu dem aus Amerika bekannten Delaware-Effekt führen.[295]

---

289 BayObLGZ 1985, 272ff; *Travers*, S.10.
290 Sog. „Sandrock'sche Formel", RabelsZ 42 (1978), 222ff. *Mü-Ko-Kindler*, IntGesR Rn 316, Fn 508ff m.w.N.
291 *Staudinger-Großfeld*, Rn 45; *Schnichels*, S. 153; *Fischer, G.*, IPRax 1991, 104. Zivilrechtliche und gesellschaftsrechtliche Folgeprobleme der Sitztheorie im Einzelnen zusammenfassend *Eidenmüller/Rehm*, ZGR 1997, 89ff.
292 *Schnichels*, S. 147; *Michalski*, NZG 1998 , 762.
293 Für viele etwa *Bechtel*, S. 9f; *Schümann*, EuZW 1994, 269f.
294 *Schnichels*, S. 147.
295 *Schümann*, EuZW 1994, 270; *Sack*, JuS 1990, 352. *Merkt*, RabelsZ 59 (1995), 545ff, ist der Ansicht, dass der Delaware-Effekt seinen über 100-jährigen Prozeß in Europa auch bei völlig freigegebenem Wettbewerb der Gesellschaftsrechtsordnungen nicht durchmachen könnte. Einerseits seien sozio-ökonomische und sozialgeographische Faktoren dafür maßgeblich gewesen, etwa die noch stark unterentwickelte, aber sich rasch verbessernde Infrastruktur. Diese Entwicklung habe die Tendenz zum Liberalismus begünstigt. Außerdem gebe es in Europa kein linear bestimmbares „liberalstes" Gesellschaftsrecht. Im Unterschied zu den USA, in deren Gesellschaftsrechten überwiegend die Interessen der Kapitalanleger im Vordergrund stehen, sind europäische Gesellschaftsrechte in ihrer Gesamtheit differenzierter ausgerichtet. So ist etwa in den Niederlanden und in Deutschland das Mitbestimmungsrecht stark verankert. Aufgrund der Differenziertheit der europäischen Gesellschaftssysteme sei daher eine Delawarisierung nach amerikanischem Vorbild nicht zu erwarten.

Gegen die Überlagerungstheorie spricht vor allem der mit ihrer Anwendung einhergehende „Normenmix“ aus Gründungs- und Sitzstatut.[296] Außerdem werden Schwierigkeiten in der praktischen Umsetzung vorgebracht: etwa wenn das deutsche Mitbestimmungsrecht das Gründungsstatut überlagere, in jener Rechtsordnung aber nicht die dazu passende Unternehmensführungsstruktur vorgesehen ist.[297]

Zusammenfassend kann gesagt werden, dass die Motive für die Sitztheorie vorwiegend im Gläubigerschutz, dem Schutz der Gesellschafter und dem der arbeitnehmerischen Mitbestimmung liegen. Berücksichtigt man die der Gründungstheorie zugrunde liegenden Argumente, so ist es als wünschenswert anzusehen, dass den Gesellschaften zugleich ein hohes Maß an Freizügigkeit gewährt wird. Die gegen die Überlagerungstheorie vorgebrachten Bedenken und die Schwierigkeiten bei der Feststellung des Verwaltungssitzes bei der Anwendung der Sitztheorie lassen überdies das Bedürfnis nach Rechtsklarheit erkennen.
Die in Deutschland vorherrschende Sitztheorie kann nicht all diesen Anforderungen gerecht werden. In ihren materiellrechtlichen Auswirkungen führt sie zu erheblichen Einschränkungen in puncto Freizügigkeit. Soweit die Feststellung des effektiven Verwaltungssitzes Schwierigkeiten bereitet, sind auch Einschränkungen bezüglich der Rechtsklarheit hinzunehmen.

Dieses Ergebnis legt es nahe, die Zulässigkeit internationaler Unternehmensverbindungen und nationaler Beschränkungen nicht allein nach den starren sachrechtlichen Vorgaben der verschiedenen Anknüpfungstheorien zu lösen.

2. Europarechtliche Vorgaben

Nunmehr ist zu prüfen, ob und inwieweit nationale Bestimmungen, welche den Schutzbereich der Niederlassungsfreiheit berühren, zulässig sind. Es läge es nahe, derartige mitgliedstaatliche Maßnahmen – sofern es sich nicht um eine Bereichsausnahme handelt oder Art. 46 EGV einschlägig ist – dem aus der Cassis-Rechtsprechung bekannten Rechtfertigungstest zu unterziehen und zu prüfen, ob sie durch zwingende Allgemeininteressen gerechtfertigt werden können.
Im Gesellschaftsrecht hat sich dieser methodische Ansatz bislang nicht allgemein durchsetzen können. Nationale Beschränkungen wurden bisher im Schrifttum nur selten anhand einzelner Rechtfertigungsgründe geprüft, was bei konsequenter Anwendung der Cassis-Rechtsprechung eigentlich geboten wäre. Meist wurde nur die Frage erörtert, ob die internationalprivatrechtlichen Anknüpfungstheorien mit ihren materiellrechtlichen Auswirkungen im Ganzen europaverträg-

[296] *Staudinger-Großfeld*, IntGesR Rn 64; „Mixtur von Normen“, *Kaligin*, DB 1985, 1450.
[297] *Mü-Ko-Kindler*, IntGesR Rn 294f.

lich sind oder nicht.[298] In der wissenschaftlichen Auseinandersetzung in Deutschland führte dies folglich zur Frage, ob die hier geltende Sitztheorie in ihrer Gesamtheit gerechtfertigt werden könne. Diese Frage wurde völlig kontrovers beurteilt.

a) Vorgaben für das Kollisionsrecht

In diesem Streit kann zwischen dem Meinungsstand vor und nach der Centros-Entscheidung unterschieden werden. Eine verbreitete Ansicht lautet nämlich, dass durch diese Entscheidung der EuGH innerhalb der Gemeinschaft der Gründungstheorie gegenüber der Sitztheorie eingeräumt habe.

aa) Meinungsstand vor der Centros-Entscheidung

Die Vertreter der Gründungstheorie vertreten zunächst den Standpunkt, dass Art. 43, 48 EGV eigenständige Kollisionsnormen darstellten.[299] Begründet wurde dies mit dem Argument, dass die in Art. 48 Abs. 1 EGV genannten Gleichstellungsvoraussetzungen den Anknüpfungspunkten entsprechen: Sitz, Hauptverwaltung und Hauptniederlassung. Wenn die Gleichstellungsvoraussetzungen aber den Anknüpfungspunkten entsprächen, so sei Art. 48 Abs. 1 als Kollisionsnorm zu verstehen.[300]
Dagegen spricht, dass die gesetzliche Formulierung der Gleichstellungsklausel aber vornehmlich dazu dient, alle europäischen Gesellschaften in den Schutzbereich der Niederlassungsfreiheit einzubeziehen.[301] Der Begriff „Hauptniederlassung“ nimmt Rücksicht auf das italienische Recht.[302]

Die Anhänger der Sitztheorie beriefen sich vorwiegend auf die Daily-Mail-Entscheidung des EuGH.[303] Eine britische Gesellschaft wollte ihren Verwaltungssitz aus steuerlichen Gründen in die Niederlande verlegen. Der EuGH verneinte den Anwendungsbereich der Art. 43, 48 EGV.
Der Fall wurde im Ergebnis zwar so entschieden, als wäre die Sitztheorie angewendet worden, da man die Sitzverlegung auch insoweit hätte verneinen müssen. Eine Stellungnahme zur Sitztheorie enthielt die Entscheidung jedoch

---

[298] Dieser Ansatz ist erkennbar bei *Zimmer*, S. 212f; *Zimmer*, BB 2000, 861ff.
[299] Vgl. *Grothe*, S. 175ff; *Schümann*, EuZW 1994, 269ff; *Drobnig*, S. 193 m.w.N. Dagegen etwa *Ebenroth/Eyles*, DB-Beilage 2/1988, 13ff; *Eyles*, S. 353ff. Weitere Nachweise zum Meinungsstand im Schrifttum bei *Mü-Ko-Kindler*, IntGesR Rn 358, Fn 670.
[300] So zusammengefaßt von *Schnichels*, S. 170.
[301] *Forsthoff*, EuR 2000, 173; *Brödermann/Iversen*, Rn 111.
[302] Vgl. auch oben B.I.1.a.
[303] EuGH Slg. 1988, 5483ff („Daily Mail“).

nicht.[304] Zum einen wäre dies schon gar nicht naheliegend gewesen, weil sowohl Großbritannien wie auch England der Gründungstheorie folgen. Vor allem aber nahm der EuGH zur Reichweite der Niederlassungsfreiheit gar nicht Stellung. Er ließ diese Frage vielmehr auf sich beruhen und nahm, wie erwähnt, eine Bereichsausnahme für den Fall der Verwaltungssitzverlegung an.[305] Wohl deswegen, weil die Daily-Mail-Entscheidung im Ergebnis nach dem Vorbild der Sitztheorie ausgefallen war, setzte sich in der deutschen Rechtspraxis die Auffassung durch, dass die Sitztheorie europaverträglich sei.[306] Eine weitergehende Prüfung, ob die durch die Sitztheorie materiellrechtlich bedingten Ergebnisse im Einzelfall für sich genommen mit den Vorschriften des EGV vereinbar sind, wurde deshalb in weiten Teilen für nicht erforderlich gehalten.

bb) Meinungsstand nach der Centros- und der Überseering-Entscheidung

Im Zusammenhang mit der Centros-Entscheidung ist die Vereinbarkeit der Sitztheorie mit der Niederlassungsfreiheit erneut in Frage gestellt worden. Ausschlaggebend dafür ist, dass den dänischen Behörden untersagt wurde, der Zweigniederlassung einer britischen, dort aber nicht geschäftstätigen Gesellschaft die Eintragung zu verweigern. Dänemark folgt zwar der Gründungstheorie,[307] und die dänischen Behörden begründeten die Nichteintragung auch mit Mißbrauchsargumenten, dass dänische Gründungsvorschriften so hätten umgangen werden können.[308] Bei konsequenter Anwendung der Sitztheorie hätte es aber ebenfalls zu dem vom EuGH mißbilligten Vorgehen der Behörden kommen müssen: denn die britische Muttergesellschaft, die ihren Verwaltungssitz in Dänemark, jedenfalls aber nicht in Großbritannien hatte, hätte nicht als rechtsfähig angesehen werden dürfen, infolgedessen auch ebenso die Eintragung verweigert werden müssen.

(1) Stellungnahmen in der Literatur

Vielfach wurde daraus der Schluß gezogen, die Sitztheorie sei bereits als Kollisionsregel nunmehr überholt, woraus geschlossen wurde, dass im innergemein-

---

[304] *Hammen*, WM 1999, 2492; *Forsthoff*, EuR 2000, 180.
[305] S. hierzu oben C.III.2. Zur Frage, ob zwischenzeitlich eine Abkehr von dieser Rechtsprechung vonnöten ist, s. unten Teil 2, C.III.2.
[306] Aus der Rechtsprechung zuletzt etwa BayObLGZ, 1998, 195ff. Aus der Literatur für viele *Staudinger-Großfeld*, IntGesR Rn 119ff; *Mü-Ko-Kindler*, IntGesR Rn 264 m.w.N.
[307] *Behrens-Carsten*, DK Rn 51, 59; *Ebke*, JZ 1999, 658; *Lange* DNotZ 1999, 601; *Sonnenberger/Großerichter*, RIW 1999, 722; *Korn*, WBl 2000, 57.
[308] EuGH Slg. 1999 I, 1459ff, Tz 14ff („Centros").

schaftlichen Rechtsverkehr fortan die Anknüpfung nach der Gründungstheorie zu erfolgen habe.[309]
Da der Gerichtshof den Schutzbereich der sekundären Niederlassungsfreiheit als eröffnet ansah, nachdem die Gesellschaft in Großbritannien wirksam gegründet worden war, wurde teilweise auch die Meinung vertreten, innerhalb der EU werde nun der Weg in Richtung Überlagerungstheorie gewiesen.[310]
An anderer Stelle wurde hingegen die Ansicht vertreten, dass die Sitztheorie nicht berührt sei.[311] Lediglich für die Anerkennung der Rechtsfähigkeit von Gesellschaften in Zweigniederlassungsfällen könne sie nicht mehr herangezogen werden, weil dem Urteil ausdrücklich zu entnehmen sei, dass hierfür nicht auf den Ort des Verwaltungssitzes und den der Geschäftstätigkeit abzustellen sei.[312]
Der Weiterbestand der Sitztheorie wird überdies zumindest implizit mit dem Argument gestützt, die Centros-Entscheidung könne nur für die Gründungstheoriestaaten Geltung beanspruchen. Denn nur Gesellschaften, die innerhalb der EU wirksam gegründet wurden, seien Trägerinnen der Niederlassungsfreiheit. In Sitztheoriestaaten könne es aber schon gar nicht zu einer wirksamen Gründung kommen, da dort Gesellschaften, deren Geschäftstätigkeit am Ort der Zweigniederlassung ausgeführt wird, nicht als rechtsfähig angesehen werden könnten.[313]
Unabhängig von der Richtigkeit dieser These ist hervorzuheben, dass die Vertreter dieser Ansicht jedenfalls die Existenz beider Anknüpfungstheorien innerhalb der EU befürworten. Denn die Reduzierung des Geltungsbereiches der Centros-Entscheidung auf die Gründungstheoriestaaten bedingt implizit die dogmatische Anerkennung der Sitztheorie.

Nach der Überseering-Entscheidung spricht sich die Literatur nunmehr vermehrt dafür aus, dass die Vorschriften über die Niederlassungsfreiheit auch kollisionsrechtliche Vorgaben enthalten. Ausgangspunkt hierfür sind die Ausführungen des EuGH in Tz 80 des Urteils:[314] *„Überseering (...) genießt aufgrund der Art. 43 und 48 EGV das Recht, als Gesellschaft niederländischen Rechts in Deutsch-*

---

309 *Roth, G.H.*, ZIP 1999, 861ff; *Sedemund/Hausmann*, BB 1999, 810; *Neye*, EWiR 1999, 259; *Meilicke*, DB 1999, 626f; *Geyrhalter*, EWS 1999, 201ff. Für zumindest teilweise Aufgabe der Sitztheorie *Streinz*, JuS 1999, 811f; *Cascante*, RIW 1999, 450f. Nach *Korn*, WBl 2000, 57, könne der Einwand der dänischen Behörden als „Bestandteil des kollisionsrechtlichen Gesamtkomplexes Gründungstheorie" verstanden werden.
310 *Höfling*, DB 1999 1206ff; *Sandrock*, BB 1999, 1337ff.
311 *Ulmer*, JZ 1999, 662ff; *Bungert*, DB 1999, 1842.
312 So *Leible*, NZG 1999, 299ff und *Freitag*, EuZW 1999, 268, wonach „die deutschen internationalprivatrechtlichen Regelungen zur Bestimmung des auf Gesellschaften anwendbaren Rechts sowie zur Anerkennung ausländischer juristischer Personen in Deutschland aufgrund vorrangigen Gemeinschaftsrechts nicht mehr auf Gesellschaften aus anderen EU-Staaten anwendbar" sind.
313 *Ebke*, JZ 1999, 658; *Kindler*, NJW 1999, 1996f.
314 EuGH EuZW 2002, 754ff, Tz 80 („Überseering").

land von ihrer Niederlassungsfreiheit Gebrauch zu machen.“ Entscheidend hob der Gerichtshof somit hervor, dass der Überseering B.V. das Recht zusteht, eben *als Gesellschaft niederländischen Rechts* in einem anderen Mitgliedstaat ihre Rechte aus der Niederlassungsfreiheit wahrzunehmen.

Diese Aussagen werden weithin so verstanden, dass bereits die Nichtanerkennung der nach niederländischem Recht verliehenen Rechtspersönlichkeit gegen die Niederlassungsfreiheit verstoße. Die Mitgliedstaaten seien nicht lediglich auf sachrechtlicher, sondern bereits auf kollisionsrechtlicher Ebene verpflichtet, die Rechts- und Parteifähigkeit der Auslandsgesellschaft anzuerkennen.[315] Die Anerkennung als Personengesellschaft deutschen Rechts[316] genüge somit nicht.

(2) Eigene Stellungnahme

Die Centros-Entscheidung zwingt zwar dazu, die Sitztheorie nicht mehr in allen Fallgestaltungen aufrechtzuerhalten. Ihre völlige Europarechtswidrigkeit kann mit dieser Entscheidung allein aber nicht begründet werden.

Gegen die „Abschaffung“ der Sitztheorie spricht schon, dass der EuGH die Anknüpfungstheorien in den Entscheidungen, auch nicht in Überseering, nicht erwähnte. Davon abgesehen machte die Vorlagefragen dies auch nicht erforderlich.[317]

Nicht zu leugnen ist, dass die Sitztheorie insoweit aufgegeben werden muss, als es – jedenfalls in Zweigniederlassungsfällen – um die Anerkennung der Rechtsfähigkeit geht.[318] Was daraus im Übrigen zu schließen ist, bleibt nach der Centros-Entscheidung indes völlig unklar. Jedenfalls bietet diese Entscheidung noch keine Anhaltspunkte für eine Kehrtwende zur Allgemeingeltung der Gründungstheorie, nur weil im streitgegenständlichen Fall das Ergebnis sich *auch* mit der Gründungstheorie hätte begründen lassen können.[319] Mit anderen Worten, es ist nicht ersichtlich, warum im Internationalen Gesellschaftsrecht alle Probleme

---

[315] *Leible/Hoffmann*, RIW 2002, 928; *Forsthoff*, BB 2002, 2473f.

[316] dieser Weg wurde unter Aufgabe der bisherigen Rechtsprechung in BGH NJW 2002, 3539.

[317] Im Ausgangsfall der Centros-Entscheidung folgen beide beteiligten Staaten, Dänemark und Großbritannien, der Gründungstheorie, *Schwarz* Rn 181.

[318] Dieser Ansicht von *Leible*, NZG 1999, 299f und *Freitag*, EuZW 1999, 268f zustimmend *Bungert*, DB 1999, 1844; *Cascante*, RIW 1999, 451; *Risse*, MDR 1999, 752ff; *Geyrhalter*, EWS 1999, 203; *Puszkajler*, IPRax 2000, 80; *Thorn*, IPRax 2000, 104.

[319] So auch Generalanwalt *Colomer*, NZG 2002, 22, Tz 64ff, wonach die zweite Vorlagefrage aus BGH EuZW 2000, 412ff („Gebietet es die Niederlassungsfreiheit für Gesellschaften die Rechtsfähigkeit und die Parteifähigkeit nach dem Recht des Gründungsstaats zu beurteilen?“) dahingehend zu beantworten sei, dass „es nicht offensichtlich sei“, welche Auswirkungen das Primärrecht auf die verschiedenen Kollisionsregeln der Mitgliedstaaten hat. Anders *Korn*, WBl 2000, 58.

nur nach der einen oder anderen Anknüpfungstheorie sollen gelöst werden können.

Auch mit der Überseering-Entscheidung kann die Europarechtswidrigkeit der Sitztheorie als Kollisionsregel nicht ohne weiteres begründet werden. Zwar sprechen die Ausführungen in Tz 80 des Urteils, wonach die zuziehende Gesellschaft *als Gesellschaft niederländischen Rechts* anzuerkennen ist, durchaus dafür, dass die Sitzanknüpfung unzulässig ist. Umgekehrt wird an anderer Stelle des Urteils, als Zwischenergebnis, lediglich verlangt, dass vor dem Hintergrund der Niederlassungsfreiheit „die Rechtsfähigkeit" der ausländischen Gesellschaft anzuerkennen ist.[320] Das grundsätzliche Verbot eines Statutenwechsels wird an dieser Stelle jedenfalls nicht formuliert.[321] Davon abgesehen behandelt die Entscheidung Überseering nur den Fall der Anerkennung der Rechts- und Parteifähigkeit im Zivilprozess. Weitergehende Rückschlüsse auf das Kollisionsrecht insgesamt, also auf ein grundsätzliches Verbot des Statutenwechsels als solches, wären allein daraus wohl verfrüht. Dies gilt um so mehr, als dass die Grundfreiheiten im allgemeinen ergebnisbezogen auszulegen sind, es also grundsätzlich den Mitgliedstaaten überlassen bleibt, auf welchem Wege das gemeinschaftskonforme Ergebnis hergestellt wird.[322]
Generelle Vorgaben für das Kollisionsrecht sind den Vorschriften der Niederlassungsfreiheit daher nicht zu entnehmen.

b) Vorgaben für das Sachrecht

Die isolierte Überprüfung der Kollisionstheorien auf ihre niederlassungsrechtliche Rechtfertigungsfähigkeit führt, wie dargelegt, nicht zu allgemein anerkannten Ergebnissen. Abgesehen davon sprechen auch dogmatische Einwände gegen einen derartigen „kollisionsrechtlichen Ansatz" auf dem Gebiet der Niederlassungsfreiheit. Denn die Anwendung der Sitztheorie versperrt die Möglichkeit, den Verhältnismäßigkeitsgrundsatz im Sinne der Cassis-Rechtsprechung zu berücksichtigen. Danach darf zur Erfüllung der jeweiligen Allgemeininteressen keine die betreffende Grundfreiheit weniger berührende Maßnahme denkbar sein.[323]

Die Sitztheorie kann in ihrer materiellrechtlichen Ausprägung als Verbotsnorm angesehen werden, nach der es etwa deutschen Kapitalgesellschaften untersagt ist, ihren Verwaltungssitz ins Ausland zu verlegen. Weiterhin enthält sie eine

[320] EuGH EuZW 2002, 754ff, Tz 83 („Überseering").
[321] *Kindler*, NJW 2003, 1076.
[322] Darauf wird auch von *Leible/Hoffmann*, RIW 2002, 928, hingewiesen.
[323] *Oppermann*, Rn 1300 ausdrücklich für die Warenverkehrsfreiheit; allgemein *Streinz*, Rn 702f.

Fiktion, nach der ein Verlegungsbeschluß als Auflösungsbeschluß zu werten ist.[324]
Würde man die Sitztheorie in einer geschriebenen Norm verankern, so würde auf der Tatbestandsseite die Sitzverlegung bzw. der Verlegungsbeschluß stehen, auf der Rechtsfolgenseite das Verbot der Sitzverlegung bzw. die Fiktion des Auflösungsbeschlusses.
Komplizierter würde diese hypothetische Norm dann formuliert werden müssen, wenn auf der Tatbestandsseite die von der Sitztheorie verfolgten Motive eingebaut wären. Die Norm müsste dann etwa lauten: „wenn eine Gesellschaft durch Verlegung des Verwaltungssitzes ins Ausland die Anwendbarkeit des Mitbestimmungsgesetzes ausschließt, so ist ihr die Sitzverlegung zu untersagen". Oder etwa: „Erschwert eine Gesellschaft durch Verlegung des Sitzes ins Ausland die Durchsetzung der Forderungen ihrer Gläubiger, so ist der Wegzug zu untersagen".
Auf diese Weise läßt sich eine pauschale Verbotsnorm entwickeln, auf deren Tatbestandsseite in subjektiver und objektiver Hinsicht alle Handlungen stehen, die durch die Anwendung der Sitztheorie untersagt werden sollen.

Nach dem Verhältnismäßigkeitsgrundsatz müsste jeder einzelne Verlegungsgrund die Nichtigkeit bzw. Auflösung der Gesellschaft rechtfertigen können. Die deutsche Rechtsordnung bietet aber durch die Anwendung der Sitztheorie keine Möglichkeiten, dem Verhältnismäßigkeitsgrundsatz durch eine abgestufte, sachverhaltsbezogene Rechtsfolgenbemessung Rechnung zu tragen. Der Auflösungszwang ist ein Dogma als materiellrechtliche Folge der hier befolgten Kollisionstheorie. Dies erlaubt schon dem Grunde nach nicht die Frage nach einer weniger einschneidenderen Rechtsfolge als die Auflösung. Die Sitztheorie basiert daher nicht auf einer gesetzgeberisch vorgenommenen Verhältnismäßigkeitsprüfung. Sie bestimmt vielmehr im Vorhinein als pauschales Ergebnis die Rechtsfolge der Nichtigkeit und des Auflösungszwangs.

Angezeigt ist dagegen eine sachverhaltsbezogene Rechtsfolgenbemessung, welche auf einzelnen Rechtfertigungsgründen beruht. Die Anwendung der Cassis-Rechtsprechung vermag im Ansatz genau dies zu leisten. Die von der Sitztheorie verfolgten ordnungspolitischen Schutzinteressen sind am Maßstab der Cassis-Rechtsprechung zu messen.[325] Dieser rein europarechtlich geprägte Ansatz nimmt auch dem alten Streit zwischen Sitz- und Gründungstheorie viel von seiner bisherigen Bedeutung.
Soweit die Prüfung dabei ergibt, dass einzelne in der Sitztheorie liegende nationale Interessen sich mit europäischem Recht nicht vereinbaren lassen, wird die

[324] Zu diesem Thema vgl. den IPR-Teil im Sitzverlegungskapitel.
[325] *Zimmer*, S.212f.

Sitztheorie einen beschränkten Anwendungsbereich[326] für innerstaatliche Sachverhalte und für echte Drittstaatenfälle haben.

3. Sitztheoretisch geprägte Allgemeininteressen

Das Erfordernis der sachverhaltsbezogenen Rechtsfolgenbemessung führt zur Frage, ob die von der Sitztheorie verfolgten Schutzziele dem Grunde nach als Rechtfertigungsgründe angesehen werden können. So kann der europarechtlich gebotene mitgliedstaatliche Handlungsspielraum abgesteckt werden. Zwar ist es nach den OECD-Leitsätzen grundsätzlich jedem Staat vorbehalten, unter Beachtung des Völkerrechtes und der von ihm unterzeichneten internationalen Abkommen die Bedingungen festzusetzen, unter denen multinationale Unternehmen im Rahmen einer nationalen Rechtsordnung tätig werden.[327] Der Vorbehalt zugunsten der von dem betreffenden Staate unterzeichneten Abkommen schließt jedoch den EG-Vertrag mit ein.

Eine Reihe von Rechtfertigungsgründen ergeben sich unmittelbar aus dem Gesetz. Nach Art. 30 EGV stehen Bestimmungen, die etwa der öffentlichen Sicherheit und Ordnung, der öffentlichen Sittlichkeit, der Gesundheit, dem Schutzes von Tieren und Pflanzen, dem Schutz nationalen Kulturgutes von künstlerischem, geschichtlichem oder archäologischen Wert sowie dem Schutz geistigen und kommerziellen Eigentums dienen, der Warenverkehrsfreiheit nicht entgegen. In der Rechtsprechung wurde dieser Katalog noch um einige Punkte erweitert. So hat der EuGH etwa[328] den Umweltschutz,[329] den Schutz des geistigen Eigentums,[330] die Aufrechterhaltung der Medienvielfalt,[331] die Lauterkeit des Handelsverkehrs[332] und den Verbraucherschutz,[333] die Kohärenz des Steuersys-

326 *Gebauer*, IPRax 1995, 154.
327 Nr. 7 der Leitsätze der OECD, vgl. *Großfeld/Erlinghagen*, JZ 1993, 221.
328 Vgl. etwa die Zusammenstellungen bei *Leible*, in: *Grabitz/Hilf*, Art. 28 Rn 19; *Müller-Graff*, in: *von der Groeben/Thiesing/Ehlermann*, Art. 30 Rn 203ff, 223ff; *Lenz*, Art. 28 Rn 31; *Dauses-Roth*, E. I Rn 119; *Oppermann*, Rn 1302ff.
329 Seit EuGH Slg. 1988, 4607ff („Kommission/Dänemark"), Pfand für Getränkeverpackungen.
330 Vgl. etwa EuGH Slg. 1980, 881ff („Coditel"). Im Übrigen werden als weitere Allgemeininteressen die Belange des Gesundheitsschutzes erwähnt, welche jedoch inzwischen i.R.d. des Art. 30 EGV geprüft werden, so *Streinz*, Rn 738. Hierzu aber EuGH Slg. 1998 I, 1815ff („Brillenkauf").
331 EuGH Slg. 1997 I, 3689, 3715 („Familiapress").
332 EuGH Slg. 1979, 643ff („Rewe"); EuGH Slg. 1990, 4285ff („Kommission ./. Italien").
333 St. Rspr. seit EuGH Slg. 1986, 3663ff („Kommission ./. Frankreich"); Slg. 1986, 3713ff („Kommission ./. Dänemark"); Slg. 1986, 3755ff („Versicherungen").

tems[334] sowie das finanzielle Gleichgewicht des Krankenversicherungssystems[335] als Rechtfertigungsgründe anerkannt.

Der Katalog ist aber, im Unterschied zu Art. 46 EGV, nicht abschließend. Abgesehen von rein protektionistischen Maßnahmen, welche schon gemäß Art. 30 S. 2 EGV verboten sind, können grundsätzlich beliebige Allgemeinwohlbelange verfolgt werden.[336]
In gesellschaftsrechtlicher Hinsicht kommt es darauf an, ob die Belange des Gläubigerschutzes, des Schutzes der Gesellschafter und der arbeitnehmerischen Mitbestimmung als zwingende Allgemeininteressen angesehen werden können.[337] Diese Schutzinteressen werden vorrangig zur dogmatischen Rechtfertigung der Sitztheorie herangezogen.[338]

a) Gläubigerschutz

Die Frage, ob die Belange des Gläubigerschutzes zu den zwingenden Allgemeininteressen zählen, dürfte verhältnismäßig leicht zu beantworten sein. In der Literatur wird sie einhellig bejaht.[339]
Die Rechtsprechung hat zum Thema Gläubigerschutz bislang zwar nicht ausdrücklich Stellung genommen. Zumindest mittelbare Hinweise dürfte aber die Centros-Entscheidung enthalten.[340] Dort wurde den Mitgliedstaaten eingeräumt, *„ alle geeigneten Maßnahmen zu treffen, um Betrügereien zu verhindern oder zu verfolgen"*. Dies gelte gegenüber der Gesellschaft und den Gesellschaftern gleichermaßen, wenn diese versuchten, sich durch Errichtung einer Zweigniederlassung ihren Verpflichtungen gegenüber *„privaten oder öffentlichen Gläubigern zu entziehen"*. Der EuGH ordnete damit den Schutz der Gläubiger zwar nicht ausdrücklich als Rechtfertigungsgrund ein. Er schloss diese Ausführungen aber

---

[334] EuGH Slg. 1992 I, 249 („Bachmann"); Slg. 1992 I, 305 („Kommission ./. Belgien").
[335] EuGH Slg. 1984, 523ff („Duphar BV").
[336] Vgl. etwa *Oppermann*, Rn 1306; *Streinz*, Rn 702
[337] In der Entscheidung EuGH EuZW 2002, 754ff, Tz 92 („Überseering"), hat der EuGH nunmehr auch für den Bereich des Gesellschaftsrechts ausdrücklich anerkannt, dass die Belange des Gläubigerschutzes, des Schutzes der (Minderheits-) Gesellschafter sowie der arbeitnehmerischen Mitbestimmung grundsätzlich zwingende Allgemeininteressen darstellen.
[338] *Roth, W.-H.*, ZGR 2000, 331. Vgl. die Prüfungen der Sitztheorie auf ihre Vereinbarkeit mit der Niederlassungsfreiheit zuletzt bei *Kruse*, S. 158ff; *Bechtel*, S. 142ff. Nach *Großfeld/Erlinghagen*, JZ 1993, 221, fallen auch die Rechte der Arbeitnehmer unter den durch die OECD-Leitsätze geschützten nationalen Regelungsvorbehalt.
[339] Aus dem neueren Schrifttum etwa *Kruse*, S. 165ff; *Bechtel*, S. 146ff; *Zimmer*, BB 2000, 1365; *Forsthoff*, EuR 2000, 192ff; *Roth, W.-H.*, ZGR 2000, 331ff; *Kindler*, RIW 2000, 652; *Ulmer*, JZ 1999, 662f; *Ebke*, JZ 1999, 659; *Kieninger*, ZGR 1999, 740f; *Streinz*, JuS 1999, 811; *Neye*, EWiR 1999, 260; *Bungert*, DB 1999, 1844.
[340] EuGH Slg. 1999 I, 1459ff, Tz 38 („Centros").

mit dem Ergebnis, dass die Nichteintragung einer Zweigniederlassung jedenfalls unzulässig, da unverhältnismäßig,[341] sei. Ohne stillschweigende Annahme des Gläubigerschutzes als grundsätzlich tauglichen Rechtfertigungsgrund wären Ausführungen zur Verhältnismäßigkeit der Nichteintragung indes sinnlos gewesen.[342] In der Überseering-Entscheidung wird der Gläubigerschutz dem Grunde nach als Rechtfertigungsgrund anerkannt.[343]
Man kann daher annehmen, dass auch die Rechtsprechung grundsätzlich davon ausgeht, dass zu den zwingenden Allgemeininteressen auch der Gläubigerschutz fällt. Hierfür lassen sich weiterhin die Entscheidungen Rewe[344] und Kommission/Italien[345] anführen, in denen im Hinblick auf den Rechtfertigungsgrund der „Lauterkeit des Handelsverkehrs" auch Maßnahmen gegen betrügerische Praktiken grundsätzlich gebilligt wurden.

Es ist daher davon auszugehen, dass der Gläubigerschutz einen Rechtfertigungsgrund im Sinne der Cassis-Rechtsprechung darstellt.

b) Schutz der Gesellschafter[346]

Der Schutz der Gesellschafter ist, soweit ersichtlich, bislang nicht ausdrücklich als Rechtfertigungsgrund anerkannt worden.[347] Es sind jedoch keine Gründe ersichtlich, warum nicht die für den Schutz der Gläubiger geltenden Grundsätze herangezogen werden können. Maßnahmen der Gläubiger dienen indirekt auch dem Schutz der Gesellschafter, etwa wenn sie sich aufgrund Bilanz- und Offenlegungspflichten seitens der Gesellschaft von ihr ein Bild machen können.[348] Auch in wirtschaftlicher Hinsicht besteht kein qualitativer Unterschied zwischen den Schutzinteressen der Gläubiger und der Gesellschafter, die letztlich ebenfalls vor wirtschaftlichen Nachteilen geschützt werden sollen.

c) Mitbestimmung

In einigen wenigen Fällen hat sich der Gerichtshof mit der Frage befaßt, inwieweit der Schutz der Arbeitnehmer als tauglicher Rechtfertigungsgrund anzuse-

---

[341] Vgl. etwa *Streinz*, JuS 1999, 811 m.w.N. zur Rechtsprechung.
[342] Zweifelnd *Kieninger*, ZGR 1999, 728.
[343] EuGH EuZW 2002, 754ff, Tz 92 („Überseering").
[344] S. oben EuGH Slg. 1979, 643ff („Rewe").
[345] S. oben EuGH Slg. 1990 I, 4285ff.
[346] Durch solche Vorschriften sollen in erster Linie die Minderheitsgesellschafter geschützt werden, weshalb in der Literatur das Thema häufig auch unter dem Stichwort des Schutzes von Minderheitsgesellschaftern behandelt wird, vgl. etwa *Kruse*, S. 177; *Bechtel*, S. 149.
[347] Zuletzt jedoch EuGH EuZW 2002, 754ff, Tz 92 („Überseering").
[348] *Eyles*, S. 362; *Schnichels*, S. 185.

hen ist. Bei den zugrundeliegenden Entscheidungen handelte es sich etwa um Genehmigungsvorbehalte bei Arbeitnehmerüberlassungsverträgen,[349] sowie die Allgemeinverbindlichkeit von Mindestlohnregelungen in Tarifverträgen.[350] Aufgrund dessen ist auch in der Literatur unumstritten, dass der Schutz der Arbeitnehmerrechte grundsätzlich ein Allgemeininteresse ist, mit dem Beschränkungen der Niederlassungsfreiheit gerechtfertigt werden können.[351] Ob weiterhin auch die Beteiligung der Arbeitnehmer an der Unternehmensleitung nach dem Vorbild des Mitbestimmungsgesetzes zu den zwingenden Allgemeininteressen zählt, wird hingegen unterschiedlich beurteilt.

Die Mehrheit der Autoren sieht die arbeitnehmerische Mitbestimmung als tauglichen Rechtfertigungsgrund an. Meist wird dies für so selbstverständlich gehalten, dass diese Frage nicht weiter problematisiert wird.[352] Teilweise wird die Erwägung vorgetragen, man könne die Wichtigkeit dieses Problemkreises an der Anzahl der immer wieder versuchten Rechtsangleichungsmaßnahmen ermessen, die letztlich meist am deutschen Widerstand scheiterten, da man nicht bereit war, auf den hiesigen Mitbestimmungsstandard zu verzichten.[353]
Im neueren Schrifttum finden sich jedoch Stimmen, die eine Einordnung der deutschen Mitbestimmungsregeln unter die Kategorie der tauglichen Rechtfertigungsgründe ablehnen. *Hammen* trägt dazu vor, dass es dem deutschen Mitbestimmungsrecht an der „europarechtlichen Dimension" fehle. Ein Mitgliedstaat könne die Grundfreiheiten nicht über den Umweg eines autonom gesetzten Allgemeininteresses aushebeln. Vielmehr müssten die Allgemeininteressen im europäischen Licht betrachtet werden. Das Scheitern zahlreicher Rechtsangleichungsvorhaben an der Mitbestimmungsfrage zeige aber gerade, dass es an der europarechtlichen Dimension fehle. Rechtsangleichungsmaßnahmen nach Art. 137 Abs. 3 EGV seien ebenfalls nicht erfolgt. Im übrigen würden auch weder die Europäische Sozialcharta von 1961[354] noch die Europäische Gemeinschaftscharta der sozialen Grundrechte der Arbeitnehmer von 1989 (Gemeinschaftscharta),[355] deren Ziele durch die Rechtsangleichungsnorm des Art. 137 Abs. 3

[349] EuGH Slg. 1981, 3305ff („Webb).
[350] EuGH Slg. 1982, 223ff („Seco"); EuGH Slg. 1990, 1417ff („Rush Portugesa"). Zuletzt auch EuGH EuZW 2002, 754ff, Tz 92 („Überseering").
[351] *Schnichels*, S. 191; *Dauses-Roth*, E I Rn 119;hinsichtlich Aktiengesellschaften und Gesellschaften mit beschränkter Haftung differenzierend *Eyles*, S. 364, 368.
[352] *Bechtel*, S. 158; *Schnichels*, S. 191; *Kruse*, S. 178, wonach wegen der Rechtsunterschiede im Mitbestimmungsrecht der sitztheoretisch bedingte Auflösungszwang in Wegzugsfällen erforderlich sei. Nach dem Centros-Urteil vgl. etwa *Roth, W.-H.*, ZGR 2000, 332; *Ulmer*, JZ 1999, 663; *Roth*, G. H, ZIP 1999, 864; *Höfling*, DB 1999, 1208.
[353] So *Kieninger*, ZGR 1999, 744.
[354] Abgedruckt in Sartorius II Nr. 115.
[355] Abgedruckt in Sartorius II Nr. 190.

EGV verwirklicht werden sollen,[356] die Mitbestimmung der Arbeitnehmer im Leitungsorgan des Unternehmens fordern.[357]
Zimmer bezweifelt ebenfalls die Rechtfertigungsfähigkeit von Mitbestimmungsregeln nach deutschem Vorbild. Angesichts der Außenseiterstellung, die Deutschland in diesem Punkt einnehme, und der fortwährenden Schwierigkeiten bei der Rechtsangleichung sei hier nicht unbedingt von einem zwingenden Allgemeininteresse auszugehen.[358]

Die ablehnenden Meinungen können indes nicht überzeugen. Regelungen zum Erhalt des arbeitnehmerischen Einflusses auf der unternehmerischen Leitungsebene sind in mehreren EU-Mitgliedstaaten vorhanden.[359] In den Niederlanden etwa ist ähnlich dem deutschen Modell bei der Überschreitung bestimmter Schwellengrenzen die Bildung eines Aufsichtsrates vorgesehen.[360] Im französischen und im österreichischen Recht ist die Entsendung von Arbeitnehmervertretern mit beratender Funktion vorgesehen.[361] Ähnliches gilt in Schweden, wo tarifgebundene Gewerkschaften Vertreter entsenden können.[362] Die bereits erwähnte Rechtsprechung des EuGH läßt zudem erkennen, dass der kollektive Arbeitnehmerschutz zu den zwingenden Allgemeininteressen zählt. Wenn die Belange des Tarifrechts und der Schutz der Gesamtheit der Arbeitnehmer bei Arbeitnehmerüberlassungsverträgen schützenswert ist, so liegt es wertungsmäßig nicht fern, den kollektiven Schutz der Arbeitnehmer bei der unternehmerischen Mitbestimmung jedenfalls dem Grunde nach als zwingendes Allgemeininteresse anzuerkennen. Welche Maßnahmen dabei im Einzelnen zulässig sein sollen, mithin ob das deutsche Mitbestimmungsrecht in seiner Intensität gerechtfertigt werden kann, ist demnach eine Frage der Verhältnismäßigkeit.
Insbesondere vermögen auch die im Schrifttum jüngst vorgebrachten Einwände gegen diese Auffassung nicht zu überzeugen.
Mit der von *Hammen* verfolgten Heranziehung der Europäischen Sozialcharta und der Gemeinschaftscharta sowie der auf diese beiden Abkommen verweisenden Vorschrift des Art. 136 EGV läßt sich nicht begründen, dass die Mitbestimmung aus der Kategorie der zwingenden Allgemeininteressen herausfallen soll. Insoweit kann schon der Ausgangshypothese nicht gefolgt werden, dass die

---

[356] Art. 136 Abs. 1 EGV.
[357] *Hammen*, WM 1999, 2494f.
[358] *Zimmer*, BB 2000, 1365f, wobei die dortigen Formulierungen das Ergebnis letztlich offenlassen.
[359] Einführende Übersichten zu den Mitbestimmungsrechten in Europa bei Niedenhoff, Mitbestimmung in den Staaten der Europäischen Union, 2.Aufl., Köln 1995; *Zimmer*, S. 137ff.
[360] *Zimmer*, S. 138, Fn 8 m.w.N.
[361] *Zimmer*, S. 137f, Fn 2 und 9ff m.w.N.
[362] *Zimmer*, S. 173, Fn 4 m.w.N.

beiden Chartas die Mitbestimmung im Unternehmensorgan nicht forderten.[363] Ziff. 17, 18 der Gemeinschaftscharta sehen nämlich eine Mitwirkung der Arbeitnehmer vor. Da auch die Begriffe „Unterrichtung" und „Anhörung" eigens aufgeführt sind,[364] ist anzunehmen, dass mit dem Begriff „Mitwirkung" nicht nur eine rein beratende Tätigkeit gemeint ist.[365] Zu bemerken ist auch, dass in Art. 27 der Grundrechte-Charta der Europäischen Union[366] die Unterrichtung und Anhörung der Arbeitnehmer auf Leitungsebene geschützt ist. Zwar erwähnt diese Vorschrift nicht ausdrücklich auch die „Mitwirkung", sie soll aber nach den Erläuterungen des Präsidiums mit Ziff. 17 der Gemeinschaftscharta inhaltsgleich sein.[367]

Im Übrigen überlassen die Vorschriften im Europäischen Sozialrecht den Mitgliedstaaten einen großen Gestaltungsspielraum. Dies kommt sowohl in den Chartas als auch im EG-Vertrag zum Ausdruck. Der Sozialcharta und der Gemeinschaftscharta allein kommt keine unmittelbare Rechtswirkung zu. Auch der Vertrag von Amsterdam änderte daran nichts, weil der EG-Vertrag auf diese

---

363 So *Hammen*, WM 1999, 2495, vgl. oben.

364 Ziff. 17 der Gemeinschaftscharta lautet: *„Unterrichtung, Anhörung und Mitwirkung der Arbeitnehmer müssen in geeigneter Weise unter Berücksichtigung der in den verschiedenen Mitgliedstaaten herrschenden Gepflogenheiten weiterentwickelt werden..."*.

365 Für eine Verankerung des Mit*bestimmungs*rechts in Ziff. 17f der Gemeinschaftscharta *Dauses-Eichenhofer*, D III Rn 83. Auch ein Sprachvergleich legt die hier vertretene Auslegung des Begriffs nahe. In der englischen Fassung ist „Mitwirkung" mit dem Begriff „participation" wiedergegeben, die Worte Unterrichtung und Anhörung lauten „information" und „consultation". Unter participation versteht man Beteiligung, Teilnahme, jedenfalls eine Mitwirkungsform, die über die bloße Beratung („consultation") hinausgeht. Die Arbeitnehmermitbestimmung etwa wird mit „workers participation" bzw. „participation of employment" übersetzt, was ein Anhaltspunkt dafür ist, dass mit „participation„ bzw. „Mitwirkung" jeweils das Mitbestimmungsrecht in landestypischer Ausgestaltung gemeint ist. In der italienischen Fassung ist „Mitwirkung" mit „partecipazione" gleichgestellt, Anhörung mit „consultazione". Die Wendung „partecipazione" spiegelt ebenso wie in der englischen Bedeutung eine Mitwirkungshandlung im aktiven Sinne wieder, meint nicht nur Tätigkeiten, die sich auf rein passive Tätigkeiten beschränkt. Selbst das italienische Synonym für „Anhörung" („consultazione") enthält eine auf eher aktive Beteiligung gerichtete Bedeutung; Volksabstimmung wird etwa mit „consultazione populare" übersetzt. Eine ähnliche Auslegung der Begriffe Anhörung und Mitwirkung ergibt sich im Vergleich mit der französischen („consultacion" und „participacion") und spanischen („consulta" und „participación") Fassung, in denen die Worte jeweils den gleichen romanischen Ursprung aufweisen.

366 Der Textentwurf der Grundrechte-Charta wurde auf dem EU-Gipfel in Nizza 2000 „begrüßt". Nach den Schlußfolgerungen des Europäischen Rates, Rn 2, werde die Frage der Tragweite der Charta zu einem späteren Zeitpunkt geprüft, *Fischer, K.*, S. 62.

367 EuGRZ 2000, 564. Allerdings kommt den Erläuterungen des Präsidiums ausweislich des einleitenden Vermerks keine Rechtswirkung zu. Zum Verhältnis der Grundrechte-Charta zum nationalen Recht etwa *Zuleeg*, EuGRZ 2000, 511ff.

Abkommen nur Bezug nimmt, nicht jedoch deren Vorschriften integriert.[368] Zahlreiche Normen der Gemeinschaftscharta schreiben zudem eine Weiterentwicklung „nach den herrschenden Gepflogenheiten in den verschiedenen Mitgliedstaaten" fest, darunter auch Ziff. 17 der Gemeinschaftscharta. Art. 137 Abs. 5 EGV enthält eine Öffnungsklausel, die strengere nationale Maßnahmen auch noch nach etwaigen Harmonisierungsmaßnahmen gestattet.[369]
Dass die weitgehende Kompetenzerhaltung auf nationaler Ebene nach Ansicht von *Hammen* ein Indiz dafür sein soll, dass es den Belangen der Mitbestimmung an der „europarechtlichen Dimension" fehle, die Mitgliedstaaten diese deshalb nicht als zwingendes Allgemeininteresse sollen bewerten können,[370] ist nicht nachvollziehbar. Im Gegenteil, der weite mitgliedstaatliche Gestaltungsspielraum lassen sogar auf entsprechend umfassende Kompetenzen zur Durchsetzung des jeweiligen Standards schließen. Dass die jeweils vorgebrachten zwingenden Allgemeininteressen europarechtlich überprüfbar sind, ist unbestritten.[371] Wie sich aus Art. 137 Abs. 5 EGV ergibt, können die Mitgliedstaaten grundsätzlich strengere Maßnahmen treffen, solange sie mit dem EG-Vertrag vereinbar sind. Auch wenn man mit *Hammen* annimmt, dass Art. 137 Abs. 3 EGV, die Sozialcharta und die Gemeinschaftscharta einen Einfluß auf der Entscheidungsebene des Unternehmens nicht vorsehen, wären diesbezügliche nationale Maßnahmen nicht per se unzulässig.
Der Einwand von *Zimmer*, wonach das andauernde Scheitern der Rechtsangleichungsbemühungen an deutschem Widerstand gegen eine Einordnung der Mitbestimmung als zwingendes Allgemeininteresse spricht,[372] ist ebenfalls nicht überzeugend. Ebensogut können die umfangreichen Harmonisierungsbestrebungen gerade als Indiz dafür gewertet werden, dass ein europäisches Interesse an dieser Frage besteht. Hierfür spricht auch, dass die Mitbestimmung auch in neuen Gesetzeswerken, wie etwa der Gemeinschaftscharta oder der Grundrechte-Charta der Europäischen Union Einzug gehalten hat.
Es ist nach alledem davon auszugehen, dass die Mitbestimmung grundsätzlich ein zwingendes Allgemeininteresse darstellt. Einwände gegen die Intensität des deutschen Schutzniveaus berühren die Frage der Verhältnismäßigkeit.[373]

---

[368] *Schulte*, in: *von der Groeben/Thiesing/Ehlermann*, Vorbem Art 117 Rn 2; *Streinz*, Rn 922; *Oppermann*, Rn 1633.
[369] Im Unterschied zu Art. 95 Abs. 4 und 5 EGV, wo strengere nationale Maßnahmen im Bereich einer Harmonisierungsmaßnahme nur in Ausnahmefällen zulässig ist. Vgl. dazu auch unten 4.b.
[370] *Hammen*, WM 1999, 2495.
[371] Die Rechtsprechung behält sich eine Prüfung anhand allgemeiner Rechtsgrundsätze und der Grundrechte vor, EuGH Slg. 1997 I, 3689, 3717 („Familiapress"); Slg. 1991 I, 2925 („ERT").
[372] *Zimmer*, BB 2000, 1365f.
[373] Zu Maßnahmen gegen Zweigniederlassungen ausländischer Firmen im Inland Teil 2, A.IV.1.b.cc.

Als vor die Klammer gezogenes Zwischenergebnis kann daher festgestellt werden, dass die drei Hauptargumente der Sitztheorie, Gläubigerschutz, Schutz der Gesellschafter und der arbeitnehmerischen Mitbestimmung, jeweils als zwingende Allgemeininteressesen i.S.d. Cassis-Rechtsprechung angesehen werden können. Ob die materiellrechtlichen Sanktionswirkungen der Sitztheorie in europarechtlicher Hinsicht aufrechterhalten werden können, wird daher vorrangig auf der Ebene der Verhältnismäßigkeitsprüfung zu entscheiden sein.

4. Bindungswirkung von Harmonisierungsmaßnahmen aufgrund Art. 44 Abs. 2 lit. g EGV

Im Zusammenhang mit der Rechtmäßigkeit nationaler Maßnahmen ist auf bereits erfolgte Harmonisierungsmaßnahmen einzugehen, die zur Folge haben können, dass den Mitgliedstaaten die Kompetenz zu eigenständigen Regelungen überhaupt fehlt. Vor diesem Hintergrund ist eine Bezugnahme auf die im Gesellschaftsrecht bislang ergangenen Richtlinien erforderlich.
Die gesellschaftsrechtlichen Richtlinien nach Art. 44 Abs. 2 lit. g EGV dienen dazu, die Schutzbestimmungen zugunsten „der Gesellschafter sowie Dritter" zu koordinieren. Die Richtlinien sind gem. Art. 249 Abs. 3 EGV ihrem Inhalt nach verbindlich, lassen nationale Abweichungen nicht zu. Wenn ein Mitgliedstaat aus anderen Schutzgründen, etwa im Interesse der unternehmerischen Mitbestimmung, Bestimmungen der Richtlinie umgehen will, so ist dies nur möglich, wenn der jeweilige Schutzgrund nicht mehr von der Regelungskompetenz der Gemeinschaft umfaßt ist.

a) Strengeres nationales Recht

Eine Berufung auf zwingende Allgemeininteressen ist den Mitgliedstaaten im Bereich von Harmonisierungsmaßnahmen nach Art. 44 Abs. 2 lit. g EGV verwehrt.[374] Dies ergibt sich im Umkehrschluß aus Art. 95 Abs. 4, 5 EGV. In dieser Kompetenznorm ist der nationale Alleingang geregelt. Umgekehrt muss gelten, dass nationale Alleingänge unzulässig sind, wenn die entsprechende Harmonisierungsgrundlage einen solchen Vorbehalt nicht enthält.
Als weiteres Argument dafür läßt sich die Entstehungsgeschichte des Art. 95 EGV anführen. Der Vorbehalt zugunsten nationaler Vorschriften stellte eine Kompromißlösung dar. Nur so konnte erreicht werden, dass eine Rechtsangleichungsnorm in den EG-Vertrag aufgenommen wurde, die nicht auf dem Einstimmigkeitsprinzip basiert.[375]

[374] *Oppermann*, Rn 1307.
[375] *Bleckmann*, Rn 2172ff.

b) Abschließende Regelung oder Mindeststandard

Richtlinien verbieten abweichende strengere Maßnahmen grundsätzlich aber nur dann, soweit sie selbst eine abschließende Regelung darstellen. Wann dies bei den gesellschaftsrechtlichen Richtlinien nach Art. 44 Abs. 2 lit. g EGV der Fall ist, ist strittig.

Aus dem Wortlaut des Art. 44 Abs. 2 lit. g EGV, wonach die Schutzbestimmungen *„gleichwertig"* zu koordinieren sind, wird teilweise der Schluß gezogen, dass gerade damit erreicht werden soll, jegliche nationalen Rechtsunterschiede einzuebnen. Die gesellschaftsrechtlichen Richtlinien enthielten nach dieser Auffassung deshalb generell abschließende Regelungen.[376]
Dagegen spricht aber schon, dass es für die Rechtsangleichung überhaupt kennzeichnend ist, dass nur eine qualitative Gleichwertigkeit der Bestimmungen angestrebt wird und Unterschiede nach Möglichkeit aufrechterhalten werden.[377] Der Wortlaut spricht konsequenterweise auch nicht von *„gleich* gestalten".[378] Es soll nur materiell gleichwertiges Recht geschaffen werden, die Zielsetzung liegt nicht in der Rechtsvereinheitlichung.[379] Die Richtlinien nach Art. 44 Abs. 2 lit. g EGV enthalten daher nicht sämtlichst abschließende Regelungen.

Die Gegenmeinung tritt mit dem Hinweis auf das Günstigkeitsprinzip dafür ein, dass in den gesellschaftsrechtlichen Richtlinien jeweils nur Mindestvorschriften enthalten seien.[380] Auch der Terminus *„soweit erforderlich"* in Art. 44 Abs. 2 lit. g EGV lasse darauf schließen, dass die darauf beruhenden Richtlinien nur Mindestvorschriften enthielten.[381]
Dies ist jedoch ebenfalls nicht überzeugend. Die teilweise sehr unterschiedlichen Formulierungen in den Richtlinien beweisen das Gegenteil. Manche Vorschriften sind ausdrücklich als Höchstregelungen ausgestaltet. Der Ermächtigungsnorm des Art. 44 Abs. 2 lit. g EGV kann nicht pauschal eine Aussage zu Mindest- oder Höchstregelung entnommen werden.[382]

Richtig dürfte es sein, die Frage, ob eine abschließende Regelung oder nur ein Mindeststandard geschaffen werden sollte, im Einzelfall zu entscheiden. In einigen Fällen bestimmt schon der Wortlaut, dass strengere nationale Regelungen

---

[376] *Meilicke*, S.99.
[377] *Lutter*, ZGR 1996, Sonderheft 1, S.24.
[378] *Troberg*, in: *von der Groeben/Thiesing/Ehlermann*, Art. 54 Rn 27; *Wagner, M.*, Teil 3, B I.
[379] *Schmitz*, S. 3.
[380] *Wiedemann*, DB 1993, 142.
[381] *Wagner, M.*, a.a.O., Fn 186 m.w.N.
[382] *Habersack*, Rn 42.

unzulässig sind.[383] Ebenso können die Fälle gelöst werden, in denen umgekehrt nach dem Wortlaut ausdrücklich nur eine Mindestregelung eingeführt werden sollte.[384] Unproblematisch ist die Rechtslage auch, wenn die Richtlinie eine sog. Öffnungsklausel enthält, den Mitgliedstaaten also allgemein das Recht eingeräumt wird, strengere Vorschriften zu erlassen.[385]
Manche Richtlinie enthalten wiederum Wahlrechte zwischen mehreren in der Richtlinie vorgeschlagenen Alternativen, oder zwischen Optionen, in einem bestimmten Bereich überhaupt Regelungen zu treffen. Hier gilt: Die mitgliedstaatliche Gesetzgebung muss sich grundsätzlich innerhalb des jeweiligen Alternativ- oder Optionsmodelles bewegen.[386] Etwas anderes gilt freilich, wenn im Rahmen dieser Modelle wiederum Tatbestände mit Wortlautmindestregelungen oder Öffnungsklauseln verankert sind.[387] Zu erwähnen ist noch die Fallgruppe, in der den Mitgliedstaaten die Option eingeräumt wird, eine bestimmte Regelung, die in der Richtlinie vorgesehen ist, nicht anzuwenden. Diese Fallgruppe wird im Folgenden als „Einschränkungsoption" bezeichnet. Nach *Lutter* soll dem insoweit indizielle Bedeutung zukommen, als dass Abweichungen nur innerhalb des Wahlrechts zulässig, im Übrigen aber unzulässig sind.[388]

Die Mehrzahl der Richtlinien enthalten solche ausdrücklichen Hinweise jedoch nicht. Hier ist durch Auslegung zu ermitteln, ob eine abschließende Regelung getroffen, oder nur ein Mindeststandard geschaffen werden sollte, der auf nationaler Ebene erhöht werden kann.
Für diese Auslegung kann auf den Wortlaut und die Erwägungsgründe, sowie auf die Entstehungsgeschichte der Richtlinie zurückgegriffen werden.[389] An dieser Stelle dürfte es auch zulässig sein, aus der Detailgenauigkeit der Bestimmungen, etwa bei den Buchführungspflichten im Bilanzrecht, Rückschlüsse auf eine abschließende Regelung zu ziehen. Denn je präziser eine Norm hinsichtlich der Verleihung von Rechten und Zuweisung von Pflichten an den einzelnen ausgestaltet ist, desto weniger liegt es nahe, dass den Mitgliedstaaten ein eigenständiger Gestaltungsspielraum verbleiben soll.

---

[383] So etwa in Art. 11 der RL 68/151/EWG („Publizitäts-RL").
[384] So etwa in Art. 6 der RL 77/91/EWG („Kapital-RL"), wonach das Stammkapital einer Aktiengesellschaft *mindestens* ECU 25.000 betragen muss. A.A. *Kruse*, S. 169ff; *Steindorff*, EuZW 1990, 252, hierzu auch Teil 2, IV.1.b.aa.
[385] *Lutter*, in FS Everling, S. 768, der als Beispiel Art. 6 der RL 89/592/EWG („Insiderrichtlinie") anführt, die lautet: *„Jeder Mitgliedstaat kann strengere Vorschriften als in dieser Richtlinie vorgesehen oder zusätzliche Vorschriften erlassen, sofern diese Vorschriften allgemein gelten. Insbesondere kann er ...".*
[386] *Lutter*, in FS Everling, S. 769.
[387] Mindestregelungen innerhalb von Optionsmodellen finden sich etwa in Art. 19, 36 der Kapitalrichtlinie.
[388] *Lutter*, in FS Everling, S. 770.
[389] *Lutter*, ZGR 1996, Sonderheft 1, S. 25f; *Habersack*, Rn 37; *Wagner, M.*, Teil 3, B I.

5. Zusammenfassung

Die mit der Sitztheorie verfolgten Schutzinteressen sind im Rahmen der Cassis-Rechtsprechung einzeln auf ihre Rechtfertigungsfähigkeit hin zu überprüfen. Würde man die Sitztheorie als Gesamtregelung dem Rechtfertigungstest unterziehen, bliebe für eine angemessene Verhältnismäßigkeitsprüfung kein Raum. Nach den Cassis-Grundsätzen ist die Sitztheorie mit ihrer Rechtswirkung der Nichtanerkennung von Gesellschaften nur dann haltbar, wenn jeder einzelne Schutzgrund für sich allein genommen diese Sanktion rechtfertigen kann.
Dem Grunde nach stellen die Belange des Gläubigerschutzes, des Gesellschafterschutzes und des Schutzes der arbeitnehmerischen Mitbestimmung taugliche Rechtfertigungsgründe dar. Ob die von der Sitztheorie implizierte Rechtsfolge deshalb in allen Fällen insbesondere den Erfordernissen der Geeignetheit und der Verhältnismäßigkeit im engeren Sinne entspricht, ist damit nicht beantwortet.

IV. Besonderheiten in den EWR-Ländern

Für die nunmehr noch drei dem EWR angehörigen Staaten Island, Liechtenstein und Norwegen stellt sich die Frage, ob die EG-Mitgliedstaaten im Verhältnis zu ihnen zu weitergehenden nationalen Maßnahmen berechtigt sind.

1. Grundsätzlich keine Unterscheidungen

Die im Gesellschaftsrecht einschlägigen Freiheitsrechte sind auch im EWR-Raum gewährleistet.
Die Niederlassungsfreiheit ist in Art. 31 EWRA geregelt, welcher mit Art. 43 S.2 EGV bzw. der Gleichstellungsklausel in Art. 43 Abs. 2 EGV wortgleich ist. Nun ist zwar anerkannt, dass von der wörtlichen Übernahme von EGV-Formulierungen alleine noch nicht auf eine inhaltsgleiche Rechtslage geschlossen werden darf. Dies liegt daran, dass das EWRA nur als völkerrechtliches Assoziationsabkommen einzustufen ist, dessen Willensbildung von dem Votum der Mitglieder abhängig ist, während für die EU eine zumindest teilweise gemeinschaftliche Willensbildung mit nationaler Kompetenzabgabe an supranationale Organe kennzeichnend ist.[390] Dennoch führt die unterschiedliche völkerrechtliche Einordnung von EU und EWR zu keinen grundsätzlichen Unterschieden im Anwendungsbereich der Grundfreiheiten. Insoweit gelten die EU-Regeln grundsätzlich ohne Abstriche auch in den EWR-Staaten.[391] Die wichtigsten Ausnahmen bestehen darin, dass im EWR-Raum keine gemeinsame Handelspolitik

[390] *Stupp*, S. 38.
[391] *Burtscher*, S.31f.

nach dem Vorbild der Art. 131 ff EGV und keine gemeinsame Agrarpolitik existiert, auch keine gemeinsame Zollunion.[392]
Im Übrigen zeigt aber die Konzeption des Streitbeilegungsverfahrens gem. Art. 111 EWRA, dass die gleichlautenden Vorschriften im EGV und EWRA inhaltsgleich angewendet werden sollen. Das Streitbeilegungsverfahren vor dem EWR-Ausschuss unterliegt der richterlichen Überprüfung beim EuGH, um eine einheitliche Rechtsprechung bei der Auslegung der gleichlautenden Vorschriften sicherzustellen. In seinem Gutachten vom 10.04.1992 betonte der EuGH ausdrücklich, dass die Entscheidungen des Gemischten Ausschusses der EuGH-Rechtsprechung nicht zuwiderlaufen dürften.[393]
Obschon bislang nicht entschieden, ist daher davon auszugehen, dass die bisherige Ausgestaltung der primären Niederlassungsfreiheit als allgemeines Beschränkungsverbot auch im Bereich des EWR Platz greift.[394]

2. Schutzmaßnahmen nach Art. 112 ff EWRA

Es stellt sich die Frage, ob seitens der EU-Mitgliedstaaten gegenüber Gesellschaften, die in einem EWR-Land ansässig sind, Schutzmaßnahmen gemäß Art. 112 ff EWRA ergriffen werden können. Praktische Bedeutung kann diese Frage insbesondere im Falle inländischer Sekundärniederlassungen liechtensteinischer Briefkastenfirmen erlangen, ein Problem, das nach der Centros-Entscheidung ins Blickfeld gerückt ist.[395]

a) Kreis der Berechtigten

Das Recht, Schutzmaßnahmen zu ergreifen, steht gem. Art. 112 Abs. 1 EWRA jeder Vertragspartei zu. Hierunter fallen, wie sich aus der Präambel des EWRA ergibt, die EU-Mitgliedstaaten, sowie die einzelnen Mitgliedstaaten des EWR. Die in Art. 2 lit. c enthaltene Bestimmung des Begriffes „Vertragsparteien" paßt nur, wenn dieser Begriff im Zusammenhang mit der Gemeinschaft und ihren Mitgliedstaaten fällt. Dann läßt es die Legaldefinition in Art. 2 lit. c EWRA offen, ob die Gemeinschaft und die Mitgliedstaaten kumulativ oder alternativ gemeint sind, und stellt jeweils auf eine einzelfallbezogene Auslegung ab.

---

[392] *Streit*, NJW 1994, 555.
[393] *Stupp*, S. 38.
[394] Anders noch Stupp, S. 38, der jedoch auch in der EGV-Niederlassungsfreiheit nur ein Diskriminierungsverbot sieht. Bei der Würdigung dieser Auffassung ist zu beachten, dass sie vor der richtungsweisenden Entscheidung des EuGH Slg. 1995 I, 4165 („Gebhard") geäußert wurde.
[395] *Meilicke*, DB 1999, 627; *Leible*, NZG 1999, 301. Schon vor Centros auf die Einbeziehung von EWR-Gesellschaften hinweisend etwa *Bungert* AG 1995, 498.

Zunächst ergibt sich aus der Verwendung des Begriffes „Vertragsparteien“, dass die EU-Mitgliedstaaten, die EU und die EWR-Staaten berechtigt sind, Schutzmaßnahmen zu ergreifen. Eine Einschränkung ergibt sich aber aus Art. 113 Abs. 3 Uabs. 2, wonach auf Seiten der Gemeinschaft die Schutzmaßnahmen von der Kommission getroffen werden. Damit werden die einzelnen Mitgliedstaaten aus dem Kreis der Berechtigten ausgeschlossen. Andernfalls wäre die Vorschrift gänzlich überflüssig, denn die Kompetenz der Kommission auf Seiten der EU ergibt sich schon daraus, dass die EU eine der Vertragsparteien des EWRA ist.[396]

Hingegen ist auf Seiten der EWR-Staaten jeder von ihnen zur Ergreifung von Schutzmaßnahmen berechtigt. Einer gemeinsamen Entscheidungsgewalt steht schon entgegen, dass der EWR kein Staatenbund mit zwischenstaatlichen Kompetenzorganen ist.[397]

b) Anwendungsbereich im Verhältnis zum Überwachungs- und Streitbeilegungsverfahren

Weiterhin stellt sich die Frage, ob Schutzmaßnahmen nach Art. 112 EWRA nur ergriffen werden können, wenn zuvor ein Streitbeilegungsverfahren vor dem Gemeinsamen EWR-Ausschuss nach Maßgabe des Art. 111 EWRA durchgeführt wurde. Gestützt werden könnte diese Auffassung durch Art. 111 Abs. 3 Uabs. 1 Spiegelstrich Nr. 1 EWRA, wonach bei Scheitern der Streitbeilegungsbemühungen des Gemeinsamen EWR-Ausschusses Schutzmaßnahmen nach Art. 112 Abs. 2 EWRA ergriffen werden können.

Schon die isolierte Verweisung lediglich auf Absatz 2 des Art. 112 EWRA zeigt, dass es sich dabei jedoch um unterschiedliche Komplexe handelt. Bei Art. 111 EWRA handelt es sich um eine Streitsache über die Auslegung oder Anwendung des EWRA. Meist wird ein Überwachungsverfahren nach Art. 108 ff EWRA vorausgegangen sein. Durch diese abgestuften Schlichtungsverfahren soll letztlich dem schon in der Präambel und in Art. 6, 105 Abs. 1 EWRA festgeschriebenen Gleichauslegungsgrundsatz Genüge getan werden. Art. 111 Abs. 3 EWRA gestattet es den Vertragsparteien dabei, im Verlaufe einer noch nicht beigelegten Streitigkeit Schutzmaßnahmen durchzuführen. Der Verweis auf Art. 112 Abs. 2 EWRA stellt lediglich sicher, dass es der Verhältnismäßigkeitsgrundsatz gewahrt wird.[398]

[396] So im Ergebnis auch *Gemperle*, S. 88.
[397] *Gemperle*, S. 88.
[398] *Bright*, S.7., weist darauf hin, dass die Ergreifung von Schutzmaßnahmen nach Art. 112, 114 EWRA allenfalls eine verzögernde Regulierung bewirke, die legislative Funktion des gemeinsamen EWR-Ausschusses nach Art. 92 EWRA aber gehemmt sei.

Weil eine Bezugnahme auf Art. 112 Abs. 1 EWRA fehlt, zeigt es sich, dass die dort genannten Tatbestandsvoraussetzungen für das Ergreifen von Schutzmaßnahmen etwas anderes regeln. Art. 111 Abs. 3, 112 Abs. 2 EWR und Art. 112 EWR sind daher verschiedene Rechtsgrundlagen.
Gesetzestechnisch käme man nur zu einer anderen Auslegung, wenn man den Verweis nur auf Abs. 2 des Art. 112 EWRA als überflüssig ansehen, also in Wirklichkeit eine Komplettverweisung auf Art. 112 EWRA annehmen wollte. Dem steht jedoch entgegen, dass die in Art. 112 Abs. 1 EWRA genannten Voraussetzungen dann als zusätzliche Tatbestandsvoraussetzungen für das Ergreifen von Schutzmaßnahmen nach einem erfolglos durchgeführten Streitbeilegungsverfahren hinzutreten würden. Dies ergäbe keinen Sinn. Außerdem wäre Art. 111 Abs. 4 EWRA, der von Schutzmaßnahmen nach Art. 111 Abs. 3 *oder* 112 EWRA spricht, sinnentleert.
Als Ergebnis kann daher insoweit festgehalten werden, dass Schutzmaßnahmen ohne vorheriges Streitbeilegungsverfahren ergriffen werden können, wenn die Voraussetzungen des Art. 112 Abs. 1 EWRA gegeben sind.[399]

c) Tatbestandliche Voraussetzungen

Zum Tatbestand des Art. 112 EWRA gehören „*ernstliche* wirtschaftliche, gesellschaftliche oder ökologische Schwierigkeiten *sektoraler oder regionaler Natur*".

Die in der Vorschrift verwendeten unbestimmten Rechtsbegriffe sind kaum in handhabbare Formeln einzuteilen. Auf praktische Erfahrungen im Umgang mit der EWR-Schutzklausel kann, soweit ersichtlich, nicht zurückgegriffen werden. Die Staaten Island, Liechtenstein und Norwegen[400] gaben in den Beitrittserklärungen lediglich einseitige Erklärungen ab, in welchen Fällen die Ergreifung von Schutzmaßnahmen denkbar sei.[401]

Als Auslegungshilfe dürfte es zulässig sein, zum Vergleich gleichlautende Vorschriften aus dem EG-Vertrag heranzuziehen. Ähnlichen Charakter weist aber

---

[399] Insoweit mißverständlich *Gößl*, S. 68: „Bezieht sich ein Streitfall auf eine Schutz- oder Ausgleichsmaßnahme (Art. 112 – 114 EWRA). Wie dargelegt, genügt für Art. 111 Abs. 3 ein Streit über die Auslegung einer Vertragsbestimmung. Die Voraussetzungen des Art. 112 Abs. 1 (EWRA) und korrespondierende Ausgleichsmaßnahmen nach Art. 114 EWRA („rebalancing measures) bleiben davon unberührt.
[400] Einseitige Vorbehalte wurden auch von der Schweiz geäußert. Sie bezogen sich auf Störungen auf dem Immobilienmarkt und demographische Ungleichgewichte. Nach dem ablehnenden Plebiszit wurde dies jedoch gegenstandslos, vgl. hierzu *Gemperle*, S.89.
[401] Vornehmlich im Immobiliensektor, wenn der Ausverkauf von Immobilien an Ausländer zu besorgen gewesen wäre. Derartige Vorbehalte wurden auch von der Schweiz vorgesehen.

nur der Terminus „wirtschaftliche Schwierigkeiten“ in der handelspolitischen Schutzklausel des Art. 134 EGV auf.[402] Obschon von dieser Vorschrift des öfteren Gebrauch gemacht wurde,[403] ist es gleichwohl nicht gelungen, diesem Begriff genaue Konturen zu verleihen.[404] Einigkeit besteht darüber, dass er dort den Ausnahmecharakter der Norm verdeutlichen soll; jedenfalls i.R.d. Art. 134 EGV sollen nur schwerwiegende wirtschaftliche Schwierigkeiten Schutzmaßnahmen auslösen können.[405] Im Übrigen solle zur weiteren Eingrenzung des Begriffes auf die Schädigungskriterien des Antidumpingrechts zurückgegriffen werden.[406]

Als normativ geprägtes Zwischenergebnis läßt sich damit feststellen, dass, dem Charakter einer Schutzklausel entsprechend, der Begriff „wirtschaftliche Schwierigkeiten“ nur eng begrenzte Ausnahmen umfaßt.
Im Verhältnis zu Art. 134 EGV ist der Anwendungsbereich des Art. 112 EWRA noch weiter eingeschränkt, weil dort sogar „ernstliche“ Schwierigkeiten vorausgesetzt sind. Ein vergleichbar strenger Maßstab muss im Hinblick auf eine einheitliche Auslegung der Tatbestandsvoraussetzungen auch für die beiden anderen Merkmale „gesellschaftliche und ökologische Schwierigkeiten“ gelten. Allerdings dürften diese beiden Alternativen für das Gesellschaftsrecht auch schon begrifflich keine Bedeutung haben.

Von seiner gesetzestechnischen Konzeption her wurde Art. 112 EWRA dem Art. 226 EGV a.F. nachgebildet.[407] Weiterführende Auslegungshilfen ergeben sich daraus aber ebenfalls nicht. Allein die Tatsache, dass nach dem Vertrag von Amsterdam Art. 226 EGV a.F. nicht mehr in die konsolidierte Fassung des EGV mit aufgenommen wurde, läßt zwar nicht den Schluß zu, dass Art. 112 EWRA mittlerweile als gegenstandslos angesehen werden könne. Denn Art. 226 EGV a.F. galt nur während der Übergangszeit,[408] während die EWR-Schutzklausel eine solche zeitliche Beschränkung nicht enthält. Im Gegenteil, nach Ablauf der

[402] Nach *Oppermann*, Rn 1777, hat Art. 134 EGV mit der Vergemeinschaftung des EG-Einfuhrregimes seine Bedeutung verloren und bleibt unanwendbar. Die Frage des heutigen Anwendungsbereiches kann jedoch im Rahmen der Begriffsbestimmung der „wirtschaftlichen Schwierigkeiten“ dahingestellt bleiben.
[403] Weitere Hinweise dazu bei *Hahn*, in: *Calliess/Ruffert*, Art. 134 Rn 2, Fn 8,9.
[404] Die Hauptanwendungsfälle liegen in Konstellationen, in denen zwischen Mitgliedstaaten im Verhältnis zu Drittstaaten Einfuhrbeschränkungen galten, die durch Umwege über andere Mitgliedstaaten ausgehebelt wurden, dazu *Hahn*, in: *Calliess/Ruffert*, Art. 134 Rn 2, und in Substitutionsfällen, dazu *Weber*, EuR 1979, 36.
[405] *Hahn*, in: *Calliess/Ruffert*, Art. 134 Rn 12.
[406] *Burgeois*, in: *von der Groeben/Thiesing/Ehlermann*, Art. 115 Rn 21; *Lenz*, Art. 134 Rn 6.
[407] *Burtscher*, S. 44.
[408] Bis 31.12.1969, Art. 7 Abs. 1 EGV a.F.

Übergangsregelungen in den einzelnen Beitrittsabkommen stellt sie sogar die einzige noch verbleibende allgemeine Schutzklausel dar.[409]

Etwas mehr Rückschlüsse auf den Anwendungsbereich der Art. 112 ff EWRA können aus seiner Entstehungsgeschichte gezogen werden. Vor Einführung des EWR-Abkommens waren in den Rechtsordnungen der EFTA-Staaten üblicherweise ausländerdiskriminierende Vorschriften enthalten, besonders auf den Gebieten des Immobilienerwerbes und der kapitalmäßigen ausländischen Beteiligung an inländischen Unternehmen. Die EFTA-Staaten mahnten in den EWR-Verhandlungen zunächst die Beibehaltung dieser Vorschriften durch die Schaffung dauernder Ausnahmevorschriften an, ein Wunsch, der von der EU mit dem Verweis auf die teilweise ähnliche Ausgangssituation in einigen EU-Staaten abgelehnt wurde.
Schließlich einigte man sich auf einen Kompromiß, nach dem die EWR-Staaten sich bereit erklärten, nach Ablauf einer Übergangszeit und Schaffung einer allgemeiner Schutzklausel, eben Art. 112 ff EWRA, im Bereich der Grundfreiheiten den EU-Standard zu übernehmen.[410]

Die Entstehungsgeschichte gibt somit zwei Hinweise:
Die Schutzklausel war in erster Linie zur Handhabung von Fällen wirtschaftlichen Störungen wegen Überfremdung und demographischen Ungleichgewichten durch Grundstücksausverkauf oder wegen übermäßigen Fremdkapitalzuflusses gedacht. Außerdem ging man offenbar davon aus, dass die EWR-Staaten eher zu Schutzmaßnahmen greifen würden als umgekehrt die EU-Staaten. Dass vor diesem Hintergrund Maßnahmen gegen eine bestimmte Gesellschaftsform oder sogar gegen Gesellschaften eines EWR-Staates insgesamt ergriffen werden können, liegt nicht nahe.

Zu beachten ist weiterhin, dass zwischen den „Störungen" i.S.d. Art. 112 EWRA und dem ausländischen Einfluß Kausalität bestehen muss.[411] Will die EU-Kommission etwa gegen bestimmte liechtensteinische Gesellschaftsformen vorgehen, so müsste feststehen,[412] dass diese Gesellschaften ursächlich für die Störungen in einem EU-Staat sind. Solange Störungen etwa nur durch das Geschäftsgebaren einzelner Gesellschaften verursacht werden, man stelle die Suche nach praktischen Fällen einmal zurück, sind Maßnahmen gegen eine bestimmte Gesellschaftsform oder gegen Gesellschaften eines EWR-Staates insgesamt unzulässig, da es am Kausalzusammenhang fehlt. Er könnte nur bejaht werden,

---

[409] *Hammermann*, S.66. Art. 43 EWRA ist eine spezielle Kapitalverkehrsschutzklausel.
[410] *Burtscher*, S. 31f.
[411] Rechtsprechungshinweise hierzu bei *Hahn*, in: *Calliess/Ruffert*, Art. 134 Rn 12.
[412] Schutzmaßnahmen sind justiziabel, Art. 111 Abs. 4 EWRA.

wenn die Störung gerade auf das Bestehen einer bestimmten Gesellschaftsform zurückzuführen ist. Dies kann nur bei institutionellen Mängeln gedacht werden, etwa wenn die rechtliche Ausgestaltung einer Gesellschaft derart unzureichend ist, dass sie Störungen im EU-Ausland hervorruft.
Es ist unschwer zu erkennen, dass es sich hierbei um akademische Sonderfälle handelt. Dass ernstliche wirtschaftliche Schwierigkeiten infolge der bloßen Existenz einer ausländischen Gesellschaftsform auftreten können, ist wohl nur schwerlich vorstellbar, auch dann nicht, wenn EU-Länder von Gesellschaften aus einem EWR-Staat „überschwemmt" werden würden. Denkbar wäre, dass in Extremfällen durch eine völlig unzureichende Haftungsstruktur eine ausländische Gesellschaftsform, wenn sie über Art. 31 Abs. 1 S. 2 EWRA Zweigniederlassungen im Inland gründet, die inländische Wirtschaft, etwa durch Gläubigerbenachteiligung, in Schwierigkeiten gerät.
Legt man zum Vergleich etwa die wesentlichen Gläubigerschutzvorschriften des liechtensteinischen Gesellschaftsrechts zugrunde, so zeigt sich, dass derartiges nicht zu besorgen ist.
Das Gründungskapital der liechtensteinischen Aktiengesellschaft beträgt SFr 50.000, bei der Rechtsform der Anstalt SFr 30.000.[413] Diese Summen erreichen zwar nicht die Mindeststammeinlagen im deutschen Kapitalgesellschaftsrecht. Andere europäische Kapitalgesellschaften sehen aber bisweilen niedrigere Einlagesummen vor.[414]
Entscheidend ist, dass das Gesellschaftssystem durch die Verpflichtung zur Kapitalaufbringung dem Gläubigerschutz allgemein, wenn auch auf niedrigerem Standard, dient.

Noch eher sind im Hinblick auf die Einlagensicherung im Falle der liechtensteinischen Anstalt Zweifel an der effektiven Verankerung des Gläubigerschutzgedankens angebracht. Denn nach Eintragung in das Öffentlichkeitsregister kann das eingezahlte Mindestkapital vom Gründer beliebig weiterverwendet werden.[415] Dies kann bei unseriöser Geschäftsführung zwar ohne weiteres dazu führen, dass die Gläubiger infolge alsbald ausgehöhlter Stammeinlagen rechtlos gestellt werden, doch lägen solche Fälle schon außerhalb der oben angesprochenen Kausalität. Denn die Ursache für die Benachteiligung der möglicherweise auch im EU-Ausland betroffenen Gläubiger läge nicht direkt im liechtensteinischen Gesellschaftsrecht, sondern im Geschäftsgebaren der verantwortlichen Lenkungsorgane. EU-Maßnahmen könnten sich daher nicht pauschal gegen liechtensteinische Gesellschaften richten, sondern nur Einzelfälle unterbinden.

---

413 *Wagner, J.*, S.71ff.
414 S. oben C.III.5.
415 *Wagner, J.*, S. 72.

3. Zusammenfassung

Als Ergebnis kann daher festgehalten werden, dass der Anwendungsbereich der Art. 112 ff EWRA nicht pauschale Maßnahmen gegen Gesellschaften aus dem EWR-Ausland umfaßt.
Abgesehen davon, dass in der Praxis kaum ein Fall konstruiert werden kann, indem die Kausalität zwischen der bloßen Existenz einer unzureichenden Gesellschaftsform und „ernstlichen wirtschaftlichen Schwierigkeiten“ wird bejaht werden können, spricht auch das inzwischen erreichte Integrationsniveau im Verhältnis der EU zu den EWR-Staaten gegen die Zulässigkeit von Schutzmaßnahmen.[416] Je höher der Integrationsstandard, desto weniger Raum verbleibt für Schutzklauseln. Da jedoch auf dem Gebiet der Niederlassungsfreiheit der EU-Standard gilt, ist grundsätzlich nicht davon auszugehen, dass sich die EU-Kommission oder einzelne EWR-Staaten durch die Hintertür der Schutzklausel von den Harmonisierungswirkungen befreien können.

[416] *Hahn*, in: *Calliess/Ruffert*, Art. 134 Rn 4.

Teil 2: Einzelne Gestaltungsmodelle

Nachfolgend werden einzelne Gestaltungsmodelle internationaler Unternehmensverbindungen dargestellt. Im einzelnen konzentrieren sich die Ausführungen auf Zweigniederlassungen ausländischer Gesellschaften (Kapitel A), typenverschmelzende Beteiligungen ausländischer Kapitalgesellschaften an inländischen Personengesellschaften (Kapitel B), Sitzverlegungen (Kapitel C) und Fusionen/Verschmelzungen (Kapitel D).
Der Gang der Darstellung orientiert sich für jede Unternehmensform an derselben Systematik: nach einer kurzen Begriffsbestimmung wird zunächst jeweils der Meinungsstand zur international-privatrechtlichen Zulässigkeit erörtert. Anschließend wird erörtert, ob und inwieweit die Unternehmensformen europarechtlich verankert sind, insbesondere in den Schutzbereich der Niederlassungsfreiheit fallen. Sofern dies bejaht wird, wird am Ende schließlich die Frage gestellt, ob für bestimmte nationale Maßnahmen zwingende Rechtfertigungsgründe im Sinne der Cassis-Rechtsprechung bestehen.

A. Zweigniederlassungen

I. Erscheinungsformen und Abgrenzungen

Im Recht der Zweigniederlassungen und Tochtergesellschaften hat der Einfluß des Internationalen Privatrechts eine verhältnismäßig geringe Bedeutung. Zu sehr ist dieser Bereich von der Vorschrift des Art. 43 Abs. 1 S. 2 EGV überlagert, die das Recht zur Gründung von Sekundärniederlassungen vermittelt.

1. Begriff der Zweigniederlassung

Zweigniederlassungen sind rechtlich unselbständig. Sie weisen daher die Rechtsform der Hauptgesellschaft auf. Der Begriff taucht auch in Art. 5 Nr. 5 EuGVVO auf. Eine Legaldefinition ist keiner dieser Normen enthalten.

Den bisherigen in der Rechtsprechung und Literatur vorgenommenen Definitionen liegt die Gemeinsamkeit zugrunde, dass sie auf ein Abhängigkeits- oder Subordinationsverhältnis zur Hauptniederlassung abstellen.
Art. 43 Abs. 1 S. 2 EGV regelt die sekundären Niederlassungsformen, die dadurch gekennzeichnet sind, dass sie von einem Haupthause abhängig sind. Dies gilt für beide im Gesetz verwendeten Niederlassungsformen der Zweigniederlas-

sung und der Agentur, die sich im Übrigen nicht genau voneinander abgrenzen lassen.[417] Die Rechtsprechung hat den Schutzbereich ohnehin auch auf periphere, im Rang unter der Agentur stehende Niederlassungsformen, etwa Repräsentanzen oder Vertreterbüros, ausgedehnt.[418]
Das Merkmal des Über-Unterordnungsverhältnisses zur Hauptniederlassung ist in der Definition des EuGH für den Zweigniederlassungsbegriff in Art. 5 Nr. 5 EuGVVO enthalten. Demnach sei mit Zweigniederlassung, Agentur oder sonstigen Niederlassung *„ein Mittelpunkt geschäftlicher Tätigkeit gemeint, der auf Dauer als Außenstelle eines Stammhauses hervortritt...".*[419]
Die Definitionen der Zweigniederlassungsbegriffe aus dem EG-Vertrag und der EuGVVO sind nicht miteinander identisch, da es im Geltungsbereich der EuGVVO[420] auch möglich ist, dass die Zweigniederlassung sämtliche wirtschaftliche Aktivitäten der Gesellschaft übernimmt.[421] Dies erklärt sich durch die unterschiedlichen Zielsetzungen der jeweiligen Vorschriften. Während die EuGVVO eine prozeßökonomische Ausrichtung hat, dienen die Grundfreiheiten zur Verwirklichung des gemeinsamen Marktes und des Binnenmarktes. Im einen Fall wird an den Begriff lediglich eine Gerichtszuständigkeit geknüpft, ohne dass das materielle Recht weitergehend impliziert wäre. Im anderen Falle ist ein subjektives Recht, nämlich die sekundäre Niederlassungsfreiheit, berührt, welches über den Umweg begrifflicher Einschränkungen nicht ausgehebelt werden darf.[422]

2. Grundsätzliches zur Behandlung von Tochtergesellschaften

Im Falle der Gründung von Tochtergesellschaften werden grundsätzlich keine spezifischen international-privatrechtlichen und europarechtlichen Probleme aufgeworfen. Ausländische Personen und Gesellschaften sind grundsätzlich frei, Tochtergesellschaften im Inland zu gründen.[423] Sowohl hinsichtlich der Gründung wie auch der rechtlichen Ausgestaltung im Übrigen unterliegt die Tochtergesellschaft den für den jeweiligen Gesellschaftstyp geltenden inländischen Vorschriften. Es macht grundsätzlich keinen Unterschied, ob eine inländische Gesellschaft wirtschaftlich selbständig ist oder nur als Tochterunternehmen ei-

[417] *Troberg*, in: *von der Groeben/Thiesing/Ehlermann*, Art. 52 Rn 15ff.
[418] EuGH Slg. 1986, 3755ff („Versicherungen").
[419] EuGH Slg. 1978, 2183ff („Somafer").
[420] Art. 68 EuGVVO
[421] EuGH Slg. 1978, 2183, 2193, Tz 12 („Somafer").
[422] Eine ähnliche Begründung gibt *Leible*, NZG 1999, 300 wonach die unterschiedlichen Begriffsbestimmungen zugunsten einer Effektuierung des Gemeinschaftsrechts hingenommen werden müssten.
[423] *Behrens-Behrens*, IPR Rn 90.

ner ausländischen Gesellschaft fungiert.[424] Sonderfragen entstehen lediglich in der steuerrechtlichen Behandlung[425] der Tochtergesellschaft oder im Falle der Bildung eines internationalen Konzerns.[426]

II. Rechtslage nach Internationalem Privatrecht

Im Hinblick auf die Zulässigkeit der Gründung von Zweigniederlassungen ist zu unterscheiden zwischen Sekundärniederlassungen ausländischer Gesellschaften im Inland und solchen von inländischen Gesellschaften im Ausland.

1. Sekundärniederlassungen ausländischer Gesellschaften im Inland

Ausländische Gesellschaften können im Inland unselbständige Zweigniederlassungen gründen. Eine ausdrückliche gesetzliche Regelung fehlt, die §§ 13d ff HGB, welche die Vorgaben der Zweigniederlassungsrichlinie erfüllen, jedoch unterschiedslos für alle ausländischen Unternehmen gelten,[427] regeln nur das registergerichtliche Eintragungsverfahren.[428] Dennoch ist die Gründung von Zweigniederlassungen ausländischer Unternehmen, sofern das der Muttergesellschaft unterliegende Recht keine Restriktionen aufweist, unbestritten. Dies läßt sich auch im Umkehrschluß den versicherungs- und bankenaufsichtlichen Vorschriften entnehmen, die in Sonderfällen die Errichtung einer Zweigniederlassung unter einen Genehmigungsvorbehalt stellen, §§ 105ff VAG, §§ 8, i.V.m. 2, 7; 15ff AuslInvestmG, §§ 32, 53 KWG.[429] Einen weiteren Anhaltspunkt für die uneingeschränkte Zulässigkeit[430] von Zweigniederlassungen geben §§ 12, 12a

[424] Die bei der Gründung einer Tochtergesellschaft zu erfüllenden Modalitäten berühren aus Sicht der Muttergesellschaft grundsätzlich nicht die Niederlassungsfreiheit, Teil 1, B.III.3.d.
[425] Vgl. insbesondere §§ 14ff KStG.
[426] Grundsätzlich ergeben sich auch keine Bedenken, wenn das Tochterunternehmen in einen internationalen Konzern eingebunden ist. Da kollisionsrechtlich hinsichtlich des Verhältnisses des abhängigen zum herrschenden Unternehmens auf das Gesellschaftsstatut des abhängigen Unternehmens abzustellen ist, vgl. etwa *Mü-Ko-Kindler*, IntGesR Rn 549; *Staudinger-Großfeld*, IntGesR Rn 557; *Behrens-Behrens*, IPR Rn 47, jeweils m.w.N., richtet sich die Frage nach der Zulässigkeit grenzüberschreitender Gewinnabführungs- und Beherrschungsverträge im Falle einer inländischen Tochtergesellschaft eines ausländischen Unternehmens nach deutschem Recht. Diese wird vereinzelt bestritten, vgl. die einzelnen Nachweise bei *Mü-Ko-Kindler*, IntGesR Rn 568ff, nach überwiegender Ansicht aber befürwortet.
[427] Vgl. *Baumbach/Hopt*, § 13 d Rn 3.
[428] *Mü-Hdb-GesR IV-Wiesner*, § 10 Rn 13. Entgegen *Großfeld/Erlinghagen*, JZ 1993, 218 enthielt auch § 44 AktG a.F. keine materiellrechtliche Rechtsgrundlage. Dabei handelte es sich ebenfalls um eine registerrechtliche Vorschrift, die nach Einführung der § 13 d ff HGB aufgehoben wurde.
[429] *Mü-Ko-Kindler*, IntGesR Rn 763ff, 768ff; *Mü-Hdb-GesR IV-Wiesner*, § 10 Rn 15.
[430] *Scholz*, GmbHG Rn *119*; *Behrens-Behrens*, IPR Rn 92; *Mü-Ko-Kindler*, IntGesR Rn 760.

GewO a.F., die bis zu ihrer Abschaffung im Jahre 1984[431] noch einen Genehmigungsvorbehalt vorsahen, um durch eine Kapitalnachweisregelung die inländischen Geschäftspartner und Gläubiger vor kapitalschwachen Unternehmen zu schützen.[432]

Zweigniederlassungen ausländischer Unternehmen haben indes der registergerichtlichen Eintragungspflicht nach § 13 d ff HGB nachzukommen.
Neben einigen formalen Voraussetzungen, etwa der Einhaltung der Formvorschriften des § 12 HGB,[433] hängt die Eintragung davon ab, ob die im Ausland erlangte Rechtsfähigkeit der Hauptgesellschaft im Inland anerkannt wird, da die Zweigniederlassung selbst nicht rechtsfähig ist. Zwar entscheidet über die Wirksamkeit des Gründungsvorganges das jeweilige ausländische Gesellschaftsstatut. Die hiermit erlangte Rechtsfähigkeit der Hauptgesellschaft ist durch das deutsche Sachrecht nicht überprüfbar.[434] Voraussetzung für die Eintragung ist aber, dass die im Ausland erlangte Rechtsfähigkeit *im Inland* anerkannt wird. Dies richtet sich nach den am Ort der Zweigniederlassung geltenden Vorschriften. Bei inländischen Zweigniederlassungen ausländischer Unternehmen kommt es insoweit auf die Sitztheorie an.[435]
Die Rechtsfähigkeit der Hauptgesellschaft wird nur dann anerkannt, wenn der effektive Verwaltungssitz des ausländischen Unternehmens im dortigen Ausland belegen ist. Andernfalls ist die Rechtsfähigkeit im Inland nicht anzuerkennen, und die Eintragung der Zweigniederlassung abzulehnen.[436]

2. Sekundärniederlassungen inländischer Gesellschaften im Ausland

Umgekehrt steht deutschen Unternehmen grundsätzlich das Recht zu, im Ausland Zweigniederlassungen zu errichten. Auch für den Bereich außerhalb der EU ist dies anerkannt. Inländische Gerichte sind jedoch nicht in der Lage, für die registergerichtliche Eintragung deutscher Zweigniederlassungen im Ausland zu sorgen.[437]

---

431 Gesetz zur Änderung des Titels 3 und anderer gewerberechtlicher Vorschriften vom 25.07.1984, BGBl I, 1008.
432 *Behrens*, ZGR 1978, 503f m.w.N. zur Rspr.
433 Zu den formalen Anmeldungs- und Eintragungsvoraussetzungen im übrigen *Mü-Ko-AktG-Pentz/Doralt*, § 45 Anh Rn 11ff; *Mü-Ko-Kindler*, IntGesR Rn 808 ff.
434 *Rinne*, S. 88; *Ensthaler-Achilles*, § 13 d Rn 5.
435 *Ensthaler-Achilles*, § 13 d Rn 5; *Baumbach/Hopt*, § 13 d Rn 3; *Eyles*, S.96.
436 Aus der Rechtsprechung etwa BayObLGZ 1985, 278ff; BayObLGZ 1998, 195ff.
437 *Mü-Ko-Kindler*, IntGesR Rn 799 m.w.N.

3. Sonderfragen bei mitbestimmten Unternehmen

Die materiellrechtlichen Rechtsverhältnisse der ausländischen Gesellschaft richten sich grundsätzlich nach dem jeweiligen Gesellschaftsstatut.[438] Infolgedessen greift auch bei einer inländischen Zweigniederlassung deutsches Mitbestimmungsrecht nicht ein, auch wenn die Arbeitnehmerzahl die Mitbestimmungsschwelle erreicht.[439] In Teilen der Literatur werden deshalb verschiedene Lösungswege zur Erhaltung der deutschen Mitbestimmungsregeln vorgeschlagen:[440]

Analog § 106 VAG solle ein Hauptbevollmächtigter für die inländischen Betriebe bestellt werden.[441] Nach einem anderen Vorschlag soll die inländische Zweigniederlassung sich in eine Tochtergesellschaft umgründen müssen, die ggf. mitbestimmungspflichtig ist.[442] An anderer Stelle wird gefordert, die deutschen Mitbestimmungsregeln in analoger Anwendung des Art. 34 EGBGB bzw. Art. 6 EGBGB durchzusetzen.[443]

Die Aufrechterhaltung der Mitbestimmungsregeln führt zu Problemen bei der Anpassung an die Verwaltungsstruktur des ausländischen Unternehmens.[444] *Großfeld/Erlinghagen* wollen dem wiederum mit der Durchführung eines Statusverfahrens gem. § 6 Abs. 2 S. 1 MitbestG, §§ 98, 99 AktG begegnen. In Zweifelsfällen könne die Zusammenstellung des Aufsichtsrates gerichtlich bestimmt werden.[445] *Zimmer* schlägt vor, Gesellschaften mit monistischer Verwaltungsstruktur die Einrichtung einer Arbeitnehmerrepräsentation in dem Umfang aufzuerlegen, in dem sie nach deutschem Vorbild für die Gründung eines Aufsichtsrates vorgesehen ist.[446]

4. Zusammenfassung

Die Gründung von Zweigniederlassungen ist grundsätzlich zulässig, sowohl aus Sicht der inländischen Hauptgesellschaft für Niederlassungen im Ausland als auch umgekehrt. Dass dabei deutsches Recht mitunter nicht zur Anwendung

---

[438] *Kölner Kommentar-Kronstein, § 44 Rn 10*; *Mü-Hdb-GesR IV-Wiesner*, § 10 Rn 15.

[439] *Zimmer*, BB 2000, 1366; *Roth, W.-H.*, ZGR 2000, 333; *Ulmer*, JZ 1999, 663; *Kallmeyer*, ZIP 1996, 537; *Großfeld/Erlinghagen*, JZ 1993, 221; *Knobbe-Keuk*, ZHR 154 (1990), 349 m.w.N..

[440] Sofern nicht die Beibehaltung der Mitbestimmung durch vertragliche Vereinbarungen geregelt und sichergestellt wird, *Hanau*, ZGR 2001, 102.

[441] *Rinne*, S. 201 im Anschluß an Grasmann, ZGR 1973, 317ff.

[442] *Däubler*, RabelsZ 39 (1975), 474f.

[443] Diesbezüglicher Meinungsstand vorwiegend aus dem älteren Schrifttum zusammengefaßt bei *Großfeld/Erlinghagen*, JZ 1993, 222, Fn 65ff.

[444] Vgl. etwa *Heinze*, ZGR 1994, 58.

[445] *Großfeld/Erlinghagen*, JZ 1993, 222f.

[446] *Zimmer*, S. 168f. Vgl. hierzu auch unten IV.1.c.

kommt, etwa in Fragen der Mitbestimmung, ändert daran nichts. Die wichtigste Einschränkung besteht jedoch darin, dass als Folge der Sitztheorie die ausländische Hauptgesellschaft, um im Inland als rechtsfähig und somit „sekundärniederlassungsfähig“ angesehen zu werden, ihren Verwaltungssitz im Gründungsstaat haben muss. Insbesondere diese Praxis ist auf ihre Europaverträglichkeit hin zu überprüfen.

III. Europarechtliche Vorgaben

Im Rechtsverkehr innerhalb der Europäischen Union folgt das Recht auf Gründung einer Zweigniederlassung grundsätzlich aus der sekundären Niederlassungsfreiheit, Art. 43 Abs. 1 S. 2 EGV, welche als Beschränkungsverbot ausgestaltet ist.[447]

1. Sekundäre Niederlassungsfreiheit

Im Rahmen des Schutzbereichs des Art. 43 Abs. 1 S. 2 EGV ist zunächst zu prüfen, ob zwischen Ein- und Auswanderungsfällen unterschieden werden muss, und ob für die Inanspruchnahme der sekundären Niederlassungsfreiheit die betreffende Gesellschaft am Ort der Hauptniederlassung einer Geschäftstätigkeit nachgehen muss.

a) Keine Unterscheidung zwischen Aus- und Einwanderungsfällen

Soweit es nur um die Frage des Schutzbereiches der sekundären Niederlassungsfreiheit geht, besteht im Unterschied zur international-privatrechtlichen Betrachtungsweise zwischen Zweigniederlassungen ausländischer Unternehmen in Deutschland und Zweigniederlassungen deutscher Unternehmen im Ausland kein Unterschied. Beide Fälle genießen den gleichen Schutz. Art. 43 Abs. 1 S. 2 EGV vermittelt das Recht zur Gründung von Sekundärniederlassungen im Rechtsverkehr innerhalb der EU. Die Frage, in welcher Rechtsordnung die Gesellschaft inkorporiert ist, muss unbeachtlich bleiben. *Leible*[448] ist zwar zuzustimmen, dass die Centros-Entscheidung nur den Fall betreffe, dass ein Mitgliedstaat gegenüber Zweigniederlassungen ausländischer Gesellschaften Maßnahmen erlassen wolle, nicht aber den umgekehrten Fall, dass ein Mitgliedstaat gegen die Gründung von Zweigniederlassungen im Ausland einschreite. Den Schutzbereich der sekundären Niederlassungsfreiheit berührt dies jedoch nicht. Die Rechtmäßigkeit mitgliedstaatlicher Maßnahmen ist auf der Rechtfertigungs-

[447] S. oben Teil 1, B.I.1.b.bb.
[448] *Leible* NZG 1999, 301.

ebene zu prüfen, ebenso kommt der Unterscheidung zwischen Ein- und Auswanderungsfällen allenfalls dort Bedeutung zu.[449]

b) Geschäftstätigkeit am Ort der Hauptniederlassung erforderlich?

Von entscheidender Bedeutung ist indes, ob die Gründung bzw. die Eintragung einer inländischen Zweigniederlassung davon abhängig gemacht werden kann, ob die Muttergesellschaft am Ort der Hauptniederlassung einer Geschäftstätigkeit nachgeht oder nicht. Wie dargelegt, kommt es im Internationalen Privatrecht gerade hierauf an.[450] Zu prüfen ist, ob die Rechtsgarantie des Art. 43 Abs. 1 S. 2 EGV die sitztheoretisch gebotenen Einschränkungen zu überwinden vermag. Einige Monate, bevor der EuGH den Fall Centros entscheiden hatte, ist dies vom BayObLG, ohne dass eine Vorlage an den Gerichtshof für erforderlich erachtet worden wäre, noch bejaht worden.[451]

aa) Centros-Entscheidung

Der Centros-Entscheidung lag folgende Fallgestaltung zugrunde: ein dänisches Ehepaar gründete in Großbritannien eine Gesellschaft britischen Rechts, um in Dänemark eine Zweigniederlassung der allein zu diesem Zweck gegründeten britischen Gesellschaft errichten zu können. Es war unstreitig, dass die Gesellschaft in Großbritannien keinerlei Geschäftstätigkeit nachging.
Die dänischen Behörden verweigerten die Eintragung der Zweigniederlassung, weil mit dieser Konstellation unter Mißbrauch die dänischen Vorschriften über die Gesellschaftsgründung, insbesondere die Mindestkapitalisierung umgangen werden könnten.[452] Auf eine entsprechende Vorlage [453] eines dänischen Gerichts wies der EuGH diesen Einwand jedoch zurück. Er führte dabei aus:
„Dass die Gesellschaft im ersten Mitgliedstaat nur errichtet wurde, um sich in dem zweiten Mitgliedstaat niederzulassen, in dem die Geschäftstätigkeit im wesentlichen oder ausschließlich ausgeübt werden soll, ist dabei ohne Belang. Dass die Eheleute Bryde *die Centros im Vereinigten Königreich nur zu dem*

---

449 Auch *Forsthoff*, EuR 2000, 183ff,196 hält eine derartige Differenzierung nur in Sitzverlegungsfällen für angebracht.
450 S. oben A.II.1.
451 BayObLGZ 1998, 195ff, vgl. dazu auch *Leible*, NZG 1999, 300.
452 EuGH Slg. 1999 I, 1459ff, Tz 16 („Centros").
453 EuGH Slg. 1999 I, 1459ff, Tz 14 („Centros"): *„Die Frage (...) geht dahin, ob ein Mitgliedstaat, der die Eintragung der Zweigniederlassung einer Gesellschaft verweigert, die in einem anderen Mitgliedstaat, in dem sie ihren Sitz hat, rechtmäßig errichtet worden ist, aber keine Gesellschaftstätigkeit entfaltet, gegen ex-Art. 52, 58 (jetzt Art. 43, 48) EGV verstößt, wenn die Zweigniederlassung es der Gesellschaft ermöglichen soll, ihre gesamte Geschäftstätigkeit in dem Staat auszuüben, in dem diese Zweigniederlassung errichtet wird,... ".*

*Zweck gegründet haben, das dänische Recht über die Einzahlung eines Mindestgesellschaftskapitals zu umgehen (...), ändert ebenfalls nichts daran, dass die Gründung einer Zweigniederlassung in Dänemark durch diese britische Gesellschaft unter die Niederlassungsfreiheit i.S.d. ex-Art. 52 und 58 (*jetzt Art. 43 und 48*) EGV fällt.*"[454]

bb) Interpretationen im Schrifttum

Von einigen Autoren wurde die Entscheidung so aufgefaßt, als bestehe im Anwendungsbereich der Art. 43, 48 EGV kein Raum mehr für die Sitztheorie, vielmehr sei gemeinschaftsweit die Gründungstheorie heranzuziehen. Dies wurde bereits im Allgemeinen Teil erörtert, als es um die Frage ging, ob der EG-Vertrag zur Anwendung der einen oder anderen kollisionsrechtlichen Anknüpfungstheorie zwinge. Dies wurde verneint.[455] Hier geht es um die umgekehrte Frage, inwieweit die sachrechtlichen Folgen der Sitztheorie mit der Niederlassungsfreiheit vereinbart werden können.

An anderer Stelle wird die Auffassung vertreten, dass die Sitztheorie fortan nur dann unanwendbar sein soll, wenn es um die nationalen Regeln über die Anerkennung ausländischer Gesellschaften geht.[456] Auswirkungen auf das Recht der Zweigniederlassungen sind aber auch nach dieser Ansicht zu besorgen: einem Mitgliedstaat ist es demnach nämlich – unabhängig vom Ort des Verwaltungssitzes – verwehrt, über den Umweg seiner bisherigen, sitztheoretisch geprägten Anerkennungspraxis einer in einem anderen Mitgliedstaate inkorporierten Gesellschaft die Errichtung einer Zweigniederlassung zu verbieten.[457]

Eine wesentlich restriktivere Haltung zur Centros-Entscheidung nehmen diejenigen Kreise ein, welche ihr nur für Fälle Bedeutung beimessen, in denen zwei Staaten beteiligt sind, die beide der Gründungstheorie folgen. Denn nur Gesellschaften, die in der EU wirksam gegründet wurden, seien Trägerinnen der Niederlassungsfreiheit. An einer wirksamen Gründung fehle es aber in Sitztheoriestaaten, wenn am Ort der Hauptniederlassung nicht der effektive Verwaltungssitz liege.[458] Die am Ort der Zweigniederlassung geltende Rechtsordnung könne

---

[454] EuGH Slg. 1999 I, 1459ff, Tz. 17f („Centros").
[455] Vgl. oben Teil 1, C.III.2.a.bb.
[456] *Höfling*. DB 1999, 1206; *Leible*, NZG 1999, 301; *Freitag*, EuZW 1999, 267ff; *Streinz*, JuS 1999, 812; *Neye*, EWiR 1999, 260; *Cascante* RIW 1999, 451; *Geyrhalter*, EWS 1999, 20; *Risse*, MDR 1999, 752ff.
[457] *Leible*, NZG 1999, 301. Ähnlich auch *Bungert*, BB 1999, 1843; *Steindorff*, JZ 1999, 1141.
[458] *Ebke*, JZ 1999, 658; *Kindler*, NJW 1999, 1996f; *Sonnenberger/Großerichter*, RIW 1999, 726; *Lange*, DNotZ 1999, 606f. *Mäsch*, JZ 2000, 201 bezeichnet diese Auffassung sogar als

daher der Gesellschaft die Rechtsfähigkeit absprechen und somit die Eintragung der Zweigniederlassung verweigern.
Zur weiteren Begründung wird auf die Grundsätze der Daily-Mail-Entscheidung verwiesen: das Gemeinschaftsrecht bestimme nicht, nach welcher Rechtsordnung die Rechtsfähigkeit der Gesellschaft beurteilt werden müsse, vielmehr würde der EG-Vertrag den nationalen Unterschieden im Gesellschaftsrecht „Rechnung tragen". Deshalb seien auch die sowohl sitz- als auch gründungstheoretisch geprägten Anknüpfungskriterien in Art. 48 Abs. 1 EGV verankert, um allen nach einer mitgliedstaatlichen Rechtsordnung gegründeten Gesellschaften die gleichen Rechte einzuräumen.[459]

cc) Eigene Stellungnahme

(1) Geltung nur für Gründungstheoriestaaten?

Zunächst muss man sich mit der Meinung auseinandersetzten, die Centros-Entscheidung gelte nur für die Gründungstheoriestaaten. Bejaht man dies, so erübrigt sich die Frage nach der Überlagerung des deutschen, sitztheoretisch geprägten Rechts.

Indes ist diese Ansicht kaum haltbar.
Hiergegen spricht jedoch schon die Allgemeinheit der vom Gerichtshof formulierten Urteilsbegründung.[460] Die Entscheidung stützt sich ausschließlich auf die sekundäre Niederlassungsfreiheit des Art. 43 Abs. 1 S. 2 EGV. An keiner Stelle wird differenziert, welcher kollisionsrechtlichen Anknüpfungstheorie Dänemark und Großbritannien folgen.[461] Auch der Rechtfertigungstest nach dem Vorbild der Cassis-Rechtsprechung[462] vollzieht sich nach den allgemeinen, bekannten Grundsätzen und läßt nicht erkennen, dass je nach Sitz- oder Gründungstheorie ein unterschiedliches Ergebnis soll gerechtfertigt sein. Auch der Leitsatz beginnt mit der Formel „ein Mitgliedstaat". Dies läßt es ebenfalls als fernliegend erscheinen, dass zwischen dem mitgliedstaatlichen Kollisionsrecht unterschieden werden sollte.[463]

„die h. M in Deutschland", was angesichts der zahlreichen anderslautenden, teilweise gegenteiligen Auffassungen nicht gerechtfertigt sein dürfte.
[459] *Kindler*, NJW 1999, 1996f; *Sonnenberger/Großerichter*, RIW 1999, 726f.
[460] *Ulmer*, JZ 1999, 662; *Forsthoff*, EuR 2000, 32.
[461] *Kieninger*, ZGR 1999, 725.
[462] EuGH Slg. 1999 I, 1459ff, Tz 34ff („Centros"). Zur Cassis-Rechtsprechung allgemein s. oben Teil 1 , C.III.
[463] Auf diesen Gesichtspunkt weist *Forsthoff*, EuR 2000, 32, hin.

Die Centros-Entscheidung ist daher so zu verstehen, dass sie auch für die der Sitztheorie folgenden Mitgliedstaaten Geltung gilt. Dieser Auffassung scheinen auch die nationalen Gerichte zuzuneigen, weshalb mitunter sogar auf weitere Vorlageverfahren nach Art. 234 EGV verzichtet wird. So verfuhr etwa der österreichische OGH,[464] wohlgemerkt in Verkennung des eigentlichen Problems, weil er fälschlicherweise davon ausging, dass Dänemark der Sitztheorie folge.[465] In der deutschen Rechtsprechung wurden entsprechende Fälle ebenfalls als Vorabentscheidungsverfahren dem EuGH vorgelegt.[466]

(2) Unzulässigkeit der bisherigen Anerkennungspraxis

Die Inanspruchnahme der sekundären Niederlassungsfreiheit setzt voraus, dass die Zweigniederlassung einer Gesellschaft im Zuzugstaat anerkannt wird.[467] Nach dem Inhalt des Urteiles ist es den Mitgliedstaaten verwehrt, noch darauf abzustellen, wo sich der Verwaltungssitz der Hauptgesellschaft befindet. Die Rechtsfähigkeit einer Gesellschaft ist bereits dann anzuerkennen, wenn sie im EU-Ausland wirksam gegründet wurde. Keine weitergehenden Anforderungen als lediglich die wirksame Gründung bestehen folglich auch für die Inanspruchnahme der sekundären Niederlassungsfreiheit.
Der oben zitierte Auffassung, wonach mit der Centros-Entscheidung feststehe, dass die bisherigen international-privatrechtlichen Regeln über die Anerkennung ausländischer juristischer Personen in Zweigniederlassungsfällen nicht mehr anzuwenden sind, ist daher zuzustimmen.[468]

---

[464] OGH vom 15.07.1999, WBl 2000, 85ff. Vgl. dazu *Mäsch*, JZ 2000, 201f; *Kieninger*, NZG 2000, 39ff; *Höfling*, EuZW 2000, 145ff.
[465] *Mäsch*, JZ 2000, 201f; scharfe Kritik bei *Kieninger* NZG 2000, 40.
[466] BGH v. 30.03.2000, EuZW 2000, 412ff; AG Heidelberg vom 03.03.2000, EuZW 2000, 414ff. Anders LG Potsdam RIW 2000, 145, allerdings für die Frage der Rechts- und Parteifähigkeit einer im Ausland niedergelassenen Gesellschaft. Ein der Centros-Konstellation vergleichbarer Zweigniederlassungsfall ohne Geschäftstätigkeit am Ort der Hauptniederlassung lag insoweit nicht vor. Vgl. auch LG München I, RIW 2000, 146. Die Rechtsprechung der deutschen Gerichte zusammenfassend *Thorn*, IPRax 2000, 102ff.
[467] *Roth, G.H.*, ZIP 1999, 862 m.w.N..
[468] *Freitag*, EuZW 1999, 268; *Neye*, EWiR 1999, 259ff; *Leible*, NZG 1999, 300f. *Bungert*, DB 1999, 1843.

(3) Generelle Abkehr von der Sitztheorie?[469]

Eine weitergehende Frage ist aber, ob für Fragen außerhalb der Anerkennung von der Sitztheorie ebenfalls Abstand genommen werden muss.

Dagegen spricht zunächst, dass im Urteil auf die Kollisionstheorien und den darüber geführten Streit nicht eingegangen wird. Insofern verfolgte der EuGH den gleichen Ansatz wie in der Daily-Mail-Entscheidung, in der eine Auseinandersetzung mit den Kollisionstheorien ebenfalls fehlte.[470] Gleichwohl hätte der Gerichtshof in beiden Entscheidungen die Möglichkeit gehabt, zu den Theorien Stellung zu nehmen; die Daily-Mail-Entscheidung hätte sich mit dem selben Ergebnis auch mit der Sitztheorie begründen lassen, in der Centros-Entscheidung hätte umgekehrt die Erlaubnis zur Errichtung der Zweigniederlassung in Dänemark auch mit der Gründungstheorie begründet werden können. Die Tatsache, dass solche „Gelegenheiten" ausgelassen werden, spricht nicht dafür, dass eine diesbezügliche Stellungnahme beabsichtigt war, zumal man wohl davon ausgehen kann, dass der seit Jahrzehnten mit Heftigkeit geführte Streit über die kollisionsrechtlichen Anknüpfungstheorien nicht gleichsam „zwischen den Zeilen" gelöst werden sollte.
Hinzu kommt, dass beide beteiligten Mitgliedstaaten, Dänemark und Großbritannien, der Gründungstheorie folgen. Es bestand daher zwar die Möglichkeit, gewiß aber kein zwingendes dogmatisches Bedürfnis, die Sitztheorie auf ihre Europaverträglichkeit hin zu überprüfen. Hinzu kommt, dass die Einwände Dänemarks gegen das beabsichtigte Gestaltungsmodell auf Mißbrauchserwägungen, also auf dem Sachrecht beruhten, nicht auf dem Kollisionsrecht. Einmal mehr war es daher nicht geboten, den Theorienstreit zu entscheiden. Dass die Entscheidung, was die Frage der Anerkennung betrifft, dennoch als Rechtswidrigkeitserklärung der Sitztheorie in ihrer deutschen Ausprägung zu verstehen ist, liegt daran, dass die bisherige Anerkennungspraxis nicht unmittelbar kollisionsrechtlich geboten ist – insoweit würde nur feststehen, dass die Hauptgesellschaft dem Statut am Ort der Zweigniederlassung unterliegt – sondern nur eine materiellrechtliche Folge der Sitztheorie ist.[471]

---

[469] Auch an dieser Stelle sei darauf hingewiesen, dass inhaltlich keine Überschneidungen zu den Ausführungen in Teil 1, C.III.2.a.bb. bestehen. Dort ging es darum, ob durch den EG-Vertrag entweder die Sitz- oder die Gründungstheorie zwingend vorgegeben ist, was nach hier vertretener Auffassung verneint wird. Hier ist zu klären, ob die Sitztheorie allgemein und in Fragen der Anerkennung mit der Niederlassungsfreiheit vereinbar ist, ohne dass es im Übrigen darauf ankommt, ob die Gründungstheorie anzuwenden ist.
[470] Vgl. Teil 1, C.III.2.a.aa.
[471] Zu dieser Unterscheidung s. oben Teil 1, C. III.1.c.

Die Sitztheorie ist nach alledem durch die Centros-Entscheidung allein nicht als überholt anzusehen.[472]

(4) Unvereinbarkeit mit dem bisherigen Zweigniederlassungsbegriff

Durch die Centros-Entscheidung und die damit verbundene Akzeptanz einer „geschäftslosen Hauptniederlassung" sind die bisherigen Begriffsbestimmungen für die Haupt- bzw. Zweigniederlassung in Frage gestellt worden, da insoweit immer ein Subordinationsverhältnis zur Hauptniederlassung als wesentlich erachtet wurde.[473] Mit dem bisherigen Definitionsstand lassen sich jedoch die Ausführungen im Urteil, wonach es unerheblich sei, ob die Geschäftstätigkeit ganz oder überwiegend am Ort der Zweigniederlassung ausgeführt wird, nicht vereinbaren. Denn im Ergebnis wird die Zweigniederlassung wie eine Hauptniederlassung behandelt.[474]
Der bisherigen wissenschaftlichen Auseinandersetzung zur Begriffsbestimmung und Reichweite des Zweigniederlassungsbegriffs lag vorwiegend die Frage zugrunde, die Zweigniederlassung „nach unten" abzugrenzen. Die Schwierigkeit bestand darin, eine begriffliche Unterscheidung zu allzu bedeutungslosen und untergeordneten Betriebseinrichtungen zu schaffen.[475]
In der Centros-Konstellation war es umgekehrt. Die Fragestellung lautete hier, die Zweigniederlassung „nach oben" von der Hauptniederlassung abzugrenzen, wenn ein Subordinationsverhältnis zur Hauptniederlassung zumindest im quantitativen Vergleich der jeweiligen Geschäftstätigkeit nicht mehr ersichtlich ist, oder – im Extremfall Centros – die Hauptniederlassung insoweit sogar eine untergeordnete Rolle spielt, welche nach herkömmlichen Verständnis der Bedeutung einer Zweigniederlassung zu entsprechen hätte.

Das Urteil räumt allen EU-Gesellschaften – unabhängig welche Geschäftsumfang sie am Ort der Hauptniederlassung besitzen – die Rechtsgarantie des Art. 43 Abs.1 S. 2 EGV ein.
Über den Umfang der am Ort der Zweigniederlassung erforderlichen Geschäftstätigkeit äußern sich die Entscheidungsgründe nicht. Hierzu bestand auch kein Bedürfnis, da im betreffenden Fall außer Frage stand, dass jedenfalls am Ort der Zweigniederlassung ein gewöhnlicher Geschäftsbetrieb aufrechterhalten werden sollte. Es ist aber nicht anzunehmen, dass die Inanspruchnahme der sekundären Niederlassungsfreiheit davon abhängig sein soll, dass am Ort der Zweignieder-

---

[472] *„Ob der EuGH über diesen engen Bereich hinaus* (erg.: Frage der Anerkennung) *der Gründungstheorie zum Durchbruch verhelfen möchte, ist offen und kann nur durch neue Vorlageverfahren geklärt werden", Leible*, NZG 1998, 302.
[473] Zum den Begriffsbestimmungen s. oben A.I.1.
[474] *Leible*, NZG 1999, 301 sieht hierin die „große Schwäche" der Entscheidung.
[475] Vgl. oben, insbesondere EuGH 1986, 3755ff („Versicherungen").

lassung ein bestimmter Geschäftsumfang betrieben wird. Dies stünde bereits im Widerspruch zu den Anforderungen an die Hauptniederlassung. Außerdem war es schon vor Centros anerkannt, dass auch subsidiäre Betriebsteile, welche keinen Anteil an der Unternehmensverwaltung haben, Zweigniederlassungen i.S.d. Art. 43 Abs. 1 S. 2 EGV darstellen können.[476]

Diese Grundsätze lassen sich in der Zusammenschau mit der Centros-Entscheidung wohl dahingehend verallgemeinern, als dass die unternehmensinterne Aufteilung der Geschäftstätigkeit und Verwaltung auf verschiedene Standorte nicht Gegenstand der Anknüpfung besonderer Rechtsfolgen sein darf, jedenfalls nicht zu Einschränkungen im Bereich der sekundären Niederlassungsfreiheit führen darf.

Zwar führt dieser Ansatz letztlich zur Notwendigkeit, die bisherigen Definitionen zur „Zweigniederlassung" i.S.d. Art. 43 EGV zu revidieren.[477] Trotzdem ist dem aus folgenden Erwägungen heraus zuzustimmen:
Würde man darauf bestehen, dass das Schwergewicht der Verwaltungstätigkeit am Ort der Hauptniederlassung liegt, so käme dies einem Verbot gleich, im Rahmen einer unternehmensinternen Aufgabenverteilung den Ort der Zweigniederlassung zum Zentrum zu machen. Die Folge davon wäre, dass ein grenzüberschreitend tätiges Unternehmen immer bestrebt sein müsste, die Zweigniederlassung im Verhältnis zur Hauptniederlassung nicht „zu groß" werden zu lassen, das Schwergewicht ihrer administrativen Tätigkeiten eben dort zu belassen. Andernfalls würde sich das Unternehmen seiner Rechte aus Art. 43 Abs. 1 S. 2 EGV begeben.
Solche restriktiven Anforderungen an die interne Verwaltungsstruktur sind den Art. 43 ff EGV nicht zu entnehmen. Letztlich würde dies zu einer erheblichen Einschränkung der sekundären Niederlassungsfreiheit führen, weil immer das Größenverhältnis zwischen Haupt- und Zweigniederlassung zu beachten wäre, was weder mit dem Binnenmarktkonzept noch mit der wortlautmäßigen Ausgestaltung der sekundären Niederlassungsfreiheit als Beschränkungsverbot zu vereinbaren ist.

Bei der Diskussion, ob die Reduzierung der Hauptniederlassung bis hin zum bloßen Briefkasten[478] zulässig sein soll, darf nicht übersehen werden, dass für solche Unternehmenskonstruktionen mitunter ein nachvollziehbares Bedürfnis besteht. Darauf hat *Wenckstern* namentlich in Fällen einer uneigentlichen Fusi-

---

[476] Vgl. oben. Zusammenfassend *Troberg*, in: *von der Groeben/Thiesing/Ehlermann*, Art. 52 Rn 17ff.
[477] Dazu unten A.III.3.
[478] Zur Definition s. unten C.I.3.

on/Verschmelzung[479] hingewiesen. Aus der Sicht ausländischer Unternehmen sei es oft einfacher und unbürokratischer, anstatt der Gründung einer Zweigniederlassung mit den aufwendigen formalen Voraussetzungen der § 13d ff HGB sich für die Übernahme einer bereits bestehenden, möglicherweise zuvor eigens gegründeten Gesellschaft zu entscheiden.[480] In der Übernahmephase behalte die übergehende deutsche Gesellschaft zur Abwicklung der Formalitäten mit den deutschen Behörden oft nur eine Briefkastenadresse im Inland, während der Geschäftsverkehr im wesentlichen bereits von der übernehmenden Gesellschaft im Ausland her gesteuert werde. Ähnliches gelte für den Fall, dass ein ausländisches Unternehmen mit seiner Tochtergesellschaft vom inländischen Markt sich zurückzuziehen beginne, die Einleitung des Liquidations- bzw. Abwicklungsverfahrens, etwa wegen des nur temporären Rückzuges vom Markt, aber verfrüht wäre.[481]

Davon abgesehen wäre die daraus resultierende Rechtsunsicherheit untragbar, da es unmöglich ist, den Grad der Verwaltungstätigkeit am Ort der Zweigniederlassung im Verhältnis zur Hauptniederlassung zu kontrollieren bzw. bei der Eintragung zu ermessen.

Schließlich betrifft der Grad des Verwaltungscharakters einer Niederlassung immer die Niederlassungsfreiheit direkt. Denn das im Unterschied zur Dienstleistungsfreiheit erforderliche Merkmal der dauerhaften Einrichtung[482] kann auch durch die Ausgestaltung eines Niederlassungsortes als reinen Hauptverwaltungssitzort erfüllt werden. Der Umfang der verwaltenden Tätigkeit kann somit kennzeichnend für eine „Niederlassung" i.S.d. Art. 43, 48 EGV sein. Dem EGV ist aber in der Tat nicht zu entnehmen, dass am Ort der Hauptniederlassung die Merkmale einer Niederlassung im Vergleich zu den Sekundärniederlassungen vermehrt gegeben sein müssen. Vielmehr muss man davon ausgehen, dass die unternehmensinterne Organisationsstruktur auch im Hinblick auf die Rechtsgarantien der Art. 43, 48 EGV in das Ermessen der Lenkungsorgane des Unternehmens gestellt werden sollte.

---

[479] Unter diesen Begriff werden Unternehmenszusammenschlüsse außerhalb des Anwendungsbereiches des Umwandlungsgesetzes zusammengefaßt, vgl. dazu unten D. II. 2. *Wenckstern,* S. 476f, spricht von „Übernahmefällen".

[480] Dieser Weg wird in der Praxis mitunter deshalb vorgezogen, weil für den Existenznachweis des ausländischen Unternehmens und des Nachweises über die Vertretungsbefugnis der handelnden Personen Bescheinigungen ausländischer Registergerichte und Notare im Freibeweisverfahren nach § 12 FGG ausreichen. Im Vergleich dazu ist das Verfahren nach § 13 d ff HGB deutlich formalisierter, vgl. *Wenckstern*, S. 476f.

[481] *Wenckstern*, S. 477 Fn. 53.

[482] *Eyles*, S. 46.

Als Zwischenergebnis ist daher festzuhalten, dass es gegen Art. 43 Abs. 1 S. 2 EGV verstoßen würde, an die interne Aufteilung der Verwaltungstätigkeit und Geschäftstätigkeit zwischen den verschiedenen Niederlassungsorten besondere Rechtsfolgen zu knüpfen. Dies muss auch gelten, wenn, wie im Centros-Fall, am Ort der Hauptniederlassung das Ausmaß der Geschäftstätigkeit auf Null reduziert wird. Denn es muss grundsätzlich der Entscheidung der unternehmerischen Lenkungsorgane überlassen bleiben, über die interne Aufgabenverteilung an den verschiedenen Niederlassungspunkten zu befinden.

c) Neubestimmung des Zweigniederlassungsbegriffs

Der Begriff der Zweigniederlassung ist daher neu zu definieren. Eine genaue Begriffsbestimmung und eine Abgrenzung zur „Hauptniederlassung" ist erforderlich, weil sonst nicht nachprüfbar wäre, welche Gesellschaften sich einerseits als Subjekt und welche Ausübungsformen andererseits als Objekt der sekundären Niederlassungsfreiheit geschützt sind. Wenn ein bestimmter Unternehmensstandort nicht in wirtschaftlicher Verbindung zum Hauptunternehmen steht oder über einen anderen Gesellschafterbestand verfügt, so wird schwerlich eine Zweigniederlassung vorliegen. Mit anderen Worten: eine veränderte Definition des Begriffs Zweigniederlassung muss sicherstellen, dass nicht ein in Wahrheit unternehmensfremdes Gebilde sich als Zweigniederlassung gerieren und in den Schutzbereich des Art. 43 Abs. 1 S. 2 EGV fallen kann.

Diesen Anforderungen könnte indes schon Genüge getan werden, wenn man sich auf das für die Abgrenzung von Zweigniederlassung und Tochtergesellschaft[483] kennzeichnende Merkmal der rechtlichen Unselbständigkeit rückbesinnt. Dieses wird wohl bereits dann gegeben sein, wenn die Zweigniederlassung dieselbe Rechtsform und denselben Gesellschafterbestand wie das Hauptunternehmen hat, und ihre rechtliche Existenz von diesem ableitet. Wenn man allein auf diese Voraussetzungen abstellt, so kann den Grundsätzen der Centros-Entscheidung ohne weiteres Rechnung getragen werden: Das Erfordernis derselben Rechtsform und desselben Gesellschafterbestandes dient lediglich dazu, zu gewährleisten, dass zwischen der Muttergesellschaft und der Zweigniederlassung Unternehmensidentität besteht.
Die weitere Voraussetzung, dass die Zweigniederlassung seine rechtliche Existenz vom Hauptunternehmen ableiten muss, wird benötigt, um die Begriffe Haupt- und Zweigniederlassung nicht zu zwei völlig austauschbaren Formeln werden zu lassen.[484] Hauptniederlassung ist demzufolge der für die Gründung

---

[483] S. oben Teil 1, B.II.2.a.
[484] Davor im Anschluß an die Centros-Entscheidung warnend *Leible*, NZG 1999, 302: *„Fragwürdig ist vor allem die Behandlung einer faktischen Haupt- als Zweigniederlassung."*

bzw. für die Erlangung der Rechtsfähigkeit erforderliche Sitz des Mutterunternehmens. Jeder weiterer Standort kann, wenn nicht eine rechtlich selbständige Tochtergesellschaft vorliegt, Zweigniederlassung i.S.d. Art. 43 Abs. 1 S. 2 EGV sein. Vor diesem Hintergrund wird auch die Bedeutung des in Großbritannien belegenen Sitzes der Centros Ltd. deutlich: die Existenz der Centros ist nur möglich, wenn nach dem gründungstheoretisch geprägten britischen Recht der Satzungssitz im Inland belegen ist. Die Existenz der Centros Ltd. ist wiederum Voraussetzung für die Inanspruchnahme des Art. 43 Abs. 1 S. 2 EGV und die Errichtung der Zweigniederlassung in Dänemark.
Auf alle weiteren Merkmale, welche auf die Verteilung der Geschäftstätigkeit innerhalb der Niederlassungen abstellen, ist zu verzichten. Zwar wickelt ein Unternehmen im Normalfall wohl seine hauptsächliche Geschäftstätigkeit am Ort der Hauptniederlassung ab. Eine zwingende Notwendigkeit besteht dazu jedoch nicht, und es wäre, wie erörtert, auch nicht mit der sekundären Niederlassungsfreiheit des Art. 43 Abs. 1 S.2 EGV vereinbar.
Zu erwähnen ist, dass der hier vorgeschlagene weite Zweigniederlassungsbegriff auch mit dem von der Kommission in der „Studie über die Verlegung des Sitzes einer Gesellschaft von einem Mitgliedstaat in einen anderen Mitgliedstaat“ in Einklang gebracht werden kann. Im Rahmen der Begriffsbestimmungen heißt es dort bei Zweigniederlassung: *„ Niederlassung einer Gesellschaft in einem anderen Staat als dem Mitgliedstaat, in dem die Gesellschaft ihren Sitz hat. “*[485] Auf Kriterien der internen Aufgabenverteilung wird auch in dieser Definition verzichtet.

2. Besonderheiten für Drittlandfälle

Angesichts der Centros-Entscheidung muss weiterhin erörtert werden, wie sog. Drittlandfälle zu behandeln sind. Dabei sind drei verschiedene Konstellationen auseinanderzuhalten:
Zum einen kann der Fall auftreten, dass EU-Gesellschaften von Gesellschaftern gehalten werden, die Staatsangehörige eines Drittlandes sind. Für diesen Fall ist es von *Korn/Thaler* angezweifelt worden, dass der EuGH die sekundäre Niederlassungsfreiheit ebenso liberal ausgelegt hätte wie in der Centros-Entscheidung.[486]
Zum anderen kann eine in einem Drittland korporierte Gesellschaft (sog. Drittlandgesellschaft) zwar eine Zweigniederlassung innerhalb der EU haben, ihren Verwaltungssitz aber am Ort der Hauptgesellschaft haben. Mitgliedstaaten, die der Sitztheorie folgen, könnten die Anerkennung der Rechtsfähigkeit der Mut-

[485] K.P.M.G. European Business Centre, S. 1.
[486] *Korn/Thaler*, Wbl 1999, 250.

tergesellschaft und die Eintragung der Zweigniederlassung verweigern.[487] Dann stellt sich die Frage, ob solchen Gesellschaften die sekundäre Niederlassungsfreiheit in ebenso weiter Auslegung wie in der Centros-Entscheidung zugute kommt.
Schließlich besteht die Möglichkeit, dass eine EU-Gesellschaft ihre Geschäftstätigkeit ausschließlich über eine Zweigniederlassung in einem Drittland abwickelt. Bezüglich der Reichweite der sekundären Niederlassungsfreiheit kommt es hier darauf an, welche Rolle das Ansässigkeitsmerkmal des Art. 43 Abs. 1 S. 2 EGV spielt.

a) Gesellschaften mit Leitungspersonal aus Drittstaaten

Wenn das Leitungspersonal einer in der EU wirksam gegründeten Gesellschaft aus Personen besteht, die Staatsangehörige eines Drittlandes sind, führt dies grundsätzlich zu keiner besonderen rechtlichen Beurteilung. Wie sich aus dem Wortlaut der Art. 43, 49 EGV ergibt, fallen zwar grundsätzlich nur EU-Staatsangehörige in den Schutzbereich der Personenverkehrsfreiheiten, nach Art. 43, 48 EGV sind jedoch die Gesellschaften unmittelbar selbst begünstigt. Dass auf diesem Wege auch Drittstaatangehörige, nämlich Gesellschafter von EU-Gesellschaften, in den Genuss eines Ausschnittes der Niederlassungsfreiheit fallen, muss hingenommen werden.[488] Auch bei natürlichen Personen haben es die Mitgliedstaaten in der Hand, durch Verleihung der Staatsangehörigkeit mittelbar darüber zu entscheiden, ob jemand in den Schutzbereich der Grundfreiheiten gelangt.[489]
Eine gesetzliche Grundlage, bei Gesellschaften mit Leitungspersonal aus Drittstaaten bereits den Schutzbereich einzuschränken, ist im EGV nicht enthalten. Eine Bezugnahme auf die Staatsangehörigkeit ist nur nach der sog. Kontrolltheorie möglich. Danach richtet sich das Gesellschaftsstatut nach der Staatsangehörigkeit der Gesellschafter.[490] Wie die Formulierung der Gleichstellungsklausel des Art. 48 EGV zeigt, wurde diesem Ansatz jedoch eine Absage erteilt: es kommt insoweit nur auf die wirksame Gründung der Gesellschaft an, nicht aber darauf, dass die Gründung von Staatsangehörigen eines Mitgliedstaates durchgeführt werden muss.[491]

---

[487] Im Verhältnis zu Drittstaaten ist der mitgliedstaatliche Spielraum insoweit nicht beeinträchtigt.
[488] *Hailbronner/Klein/Magiera/Müller-Graff*, Art. 52 Rn 25.
[489] *Forsthoff*, EuR 2000, 173ff.
[490] *Mü-Ko-Kindler*, IntGesR Rn 259 ff.
[491] Dies gilt auch für den EWR-Bereich, *Hailbronner/Nachbaur*, S. 86.

In einem Exkurs[492] kann noch die weitere Frage gestellt werden, ob auf der Ebene der Rechtfertigung gegen Gesellschaften mit Leitungspersonal aus einem Drittland besondere Maßnahmen gerechtfertigt werden können. Grundsätzlich dürfte davon nicht auszugehen sein, da es für Gläubiger und Gesellschafter nicht von Belang ist, welche Staatsangehörigkeit die (Mit-) Gesellschafter und Geschäftsführer besitzen. Es haftet die Gesellschaft als eigene Rechtspersönlichkeit mit eigener Haftungsmasse. Auch Mitbestimmungsfragen orientieren sich an der Rechtsform der Gesellschaft.

Ausnahmen könnten allenfalls in den Sonderfällen gelten, in denen Ansprüche gegen die Gesellschafter oder Geschäftsführer persönlich im Raum stehen. Dann könnte die Durchsetzung der Forderungen möglicherweise erschwert sein, wenn die betreffenden Personen Staatsangehörige eines Drittlandes sind. Verfahrenserleichterungen wie etwa eine Vollstreckung nach der EuGVVO[493] kommen nicht in Betracht. Ansprüche gegen Leitungspersonal aus Drittländern können nicht vor Gerichten innerhalb der EU geltend gemacht werden. Art. 5 Nr. 5 EuGVVO ist nicht anwendbar bei Klagen gegen den Inhaber, wenn dieser seinen Wohnsitz nicht im Geltungsbereich der EuGVVO hat.[494] Den daraus resultierenden Grundsatz, dass mangels Sondervorschrift immer am Wohnsitz geklagt werden muss, wird man auch bei Ansprüchen gegen den Geschäftsführer anwenden müssen. Eine Ausnahme gilt lediglich für Versicherungsunternehmen gem. Art. 8, 9 Abs. 2 EuGVVO.[495]

Deshalb bleibt nur der Weg über § 21 ZPO, der auch auf Zweigniederlassungen anwendbar ist. Ein inländischer Gerichtsstand steht somit grundsätzlich auch für Drittlandfälle offen, davon unberührt bleibt aber das Problem der Vollstreckung. Wenn die EuGVVO[496] nicht anwendbar ist, muss auf §§ 199ff ZPO zurückgegriffen werden, was insbesondere im Verhältnis zu Staaten, mit denen keine staatsvertraglichen Vollstreckungsübereinkommen bestehen, sehr umständlich sein kann.

Von alledem abgesehen handelt es sich bei diesen Schwierigkeiten jedoch nicht um ein spezifisch europarechtliches Problem. Sowohl § 21 ZPO als auch Art. 8, 9 Abs. 2 EuGVVO stellen nicht auf die Staatsangehörigkeit, sondern auf den Wohnsitz des Beklagten ab. Es treten also genau dieselben Vollstreckungserschwernisse auf, wenn als Gesellschafter oder Geschäftsführer EU-

---

[492] Dem eigentlichen Aufbau folgend hätte müsste dieser Punkt unter A.IV. (Rechtfertigung) abgehandelt werden, was jedoch aus Gründen der Übersichtlichkeit unterblieb.

[493] Die EuGVVO gilt als VO gem. Art. 249 Art. 2 EGV ab dem 01.03.2002 in allen Mitgliedstaaten, mit Ausnahme von Dänemark, Art. 69 EuGVVO, ohne dass es einer Umsetzung in das nationale Recht bedarf, *Hüßtege*, in: *Thomas/Putzo*, Vorbem EuGVVO, Rn 1f.

[494] *Hüßtege*, in: *Thomas/Putzo*, Art. 5 EuGVVO Rn 23.

[495] Vgl. dazu auch *Hüßtege*, in: *Thomas/Putzo*, Art. 9 EuGVVO Rn 4; *Mü-Ko-Gottwald*, Art. 5 Rn 49ff, zu der inhaltlich gleichlautenden Vorschrift des Art. 8 Abs. 2 EuGVÜ.

[496] Zur Fortgeltung des EuGVÜ, vgl. Art. 68 EuGVVO.

Staatsangehörige im Klagewege persönlich in Anspruch genommen werden müssen, deren Wohnsitz in einem Drittland belegen ist. In bezug auf das Leitungspersonal gibt es daher keine Drittlandproblematik, sondern nur eine – niederlassungsrechtlich unbeachtliche – „Drittland*wohnsitz*problematik“.
Der Schutzbereich der Art. 43, 48 EGV hat daher auch uneingeschränkt Gesellschaften zu erfassen, deren Leitungspersonal einem Drittstaat angehört oder in einem solchen Wohnsitz nimmt. Es erscheint weiterhin nicht angebracht, bei solchen Gesellschaften das Ansässigkeitskriterium des Art. 43 Abs. 1 S. 2 EGV in Frage zu stellen.[497]

b) Drittlandgesellschaften

Wenn Drittlandgesellschaften in einem EU-Mitgliedstaat Zweigniederlassungen errichten möchten, so müssen sie, um in den Schutzbereich der sekundären Niederlassungsfreiheit zu gelangen, die Gleichstellungsvoraussetzungen des Art. 48 Abs. 1 EGV erfüllen. Insoweit besteht kein Unterschied zu EU-Gesellschaften, da eine wirksame Gründung nach Art. 48 Abs. 1 EGV stets Voraussetzung für die Einbeziehung von Gesellschaften in den Schutzbereich der Niederlassungsfreiheit ist.[498]
Daraus folgt, dass Drittlandgesellschaften nur über die Gründung von europäischen Sekundärniederlassungen in den Genuss der Niederlassungsfreiheit gelangen können. Mit der Errichtung einer Zweigniederlassung werden die Gleichstellungsvoraussetzung nicht erfüllt, weil diese rechtlich unselbständig ist, und insofern keine nach Art. 48 Abs. 1 EGV wirksame Gesellschaftsgründung vorliegt. Zweigniederlassungen von Drittlandgesellschaften können die Mitgliedstaaten daher uneingeschränkt ihren nationalen Regeln unterstellen.
Anders läge es lediglich bei der Gründung von Tochtergesellschaften. Dann knüpft die Niederlassungsfreiheit an dieser rechtlich selbständigen EU-Gesellschaft an; ein Unterschied zu den gewöhnlichen Fällen ohne Drittlandbeteiligung besteht insofern nicht mehr.

c) EU-Gesellschaften mit Zweigniederlassungen in einem Drittland

Zweifelsfälle entstehen jedoch, wenn eine EU-Gesellschaft etwa nur ihren Satzungssitz innerhalb der EU hat, ihre Geschäfte aber von einer in einem Drittland belegenen Zweigniederlassung aus steuert. Solche Gesellschaften können nach Ansicht von *Kieninger* nicht in den Schutzbereich der sekundären Niederlas-

---

497 Dieser Vorschlag läßt sich *Korn/Thaler*, Wbl 1999, 250 entnehmen.
498 Teil 1, B.I.1.a.

sungsfreiheit fallen, weil das Ansässigkeitskriterium des Art. 43 Abs. 1 S. 2 EGV nicht erfüllt sei.[499]

Wie im Allgemeinen Teil dargelegt wurde, ist eine intensive Verbindung der Gesellschaft mit der Volkswirtschaft des Mitgliedstaates erforderlich, damit „Ansässigkeit" gegeben ist. Ein bloßer Satzungssitz reicht nicht aus.[500] Nach diesen Grundsätzen ist es in dogmatischer Hinsicht nicht zu beanstanden, der Ansicht von *Kieninger* zu folgen, und solchen Gesellschaften nicht die sekundäre Niederlassungsfreiheit zu gewähren.

Fraglich ist aber, ob für diese Auslegung des Ansässigkeitsmerkmales aufgrund möglicher Gefahren für den Rechtsverkehr ein rechtliches Interesse besteht, oder ob sie sich lediglich auf protektionistische Gesichtspunkte stützen läßt. Mit diesen beiden Gesichtspunkten wird das Ansässigkeitsmerkmal nämlich allgemein gerechtfertigt: einerseits soll die Kontrolldichte gegenüber der Gesellschaft nach europäischem Standard gewahrt werden, andererseits soll sichergestellt werden, dass nur Binnenmarktangehörige in den Genuss dieses Ausschnittes der Niederlassungsfreiheit kommen.[501]
Im Folgenden ist zu prüfen, ob eine rechtliche Komponente überhaupt erforderlich ist. Dies setzt voraus, dass EU-Gesellschaften, die ihre Geschäftstätigkeit überwiegend oder vollständig über eine in einem Drittland belegene Zweigniederlassung abwickeln, für den Rechtsverkehr eine Gefahr darstellen können. Ist dies nicht der Fall, so kommt dem Ansässigkeitsmerkmal nur eine protektionistische Bedeutung zu.
Gefahren für den Rechtsverkehr könnten im Wesentlichen darin liegen, dass auf Drittlandzweigniederlassungen die Zweigniederlassungsrichtlinie nicht anwendbar ist. Damit entfallen die Registrierungs- und Offenlegungspflichten, welche innerhalb der EU dazu führen, dass die Zweigniederlassung der Tochtergesellschaft angenähert wird. Dass dem Rechtsverkehr aufgrund dieser erschwerten Informationsmöglichkeiten möglicherweise Nachteile entstehen können, vermag nicht geleugnet zu werden. Da die Zweigniederlassung rechtlich unselbständig ist, können etwa finanzielle Sicherheiten des Mutterunternehmens innerhalb der EU, auf die der Rechtsverkehr möglicherweise vertraut, durch Verbindlichkeiten am Ort der Zweigniederlassung aufgebraucht werden, ohne dass dies durch einheitliche Rechnungslegungsvorschriften, wie sie in der Zweigniederlassungsrichtlinie enthalten sind, hinreichend bekannt gemacht würde.

---

499 *Kieninger*, ZGR 1999, 736f; ähnlich auch *Korn/Thaler*, Wbl 1999, 250.
500 Teil 1, B.II.2.b.
501 *Hailbronner/Klein/Magiera/Müller-Graff*, Art. 52 Rn 25.

Allerdings besteht eine solche Gefahr grundsätzlich auch dann, wenn die Hauptniederlassung die Ansässigkeitsanforderungen in jeder Hinsicht erfüllt, also mit der Volkswirtschaft des betreffenden Mitgliedstaates in intensiver Verbindung steht, darüber hinaus aber noch Zweigniederlassungen in einem Drittland unterhält.
Die Gefahren aus Zweigniederlassungen in Drittländern bestehen demnach unabhängig davon, an welchem Ort das Unternehmen seine Geschäftstätigkeit ausübt. In eine ähnliche Richtung geht auch der Hinweis Gerichtshofes im Centros-Urteil, wonach die Gefahr der Umgehung dänischer Mindestkapitalvorschriften genauso auch dann besteht, wenn die Centros Ltd. in Großbritannien einer Geschäftstätigkeit nachgegangen wäre und unzweifelhaft aufgrund Art. 43 Abs. 1 S. 2 EGV in Dänemark eine Zweigniederlassung eingerichtet hätte.[502]
Zusammenfassend kann daher festgestellt werden, dass für das Ansässigkeitsmerkmal nur eine wirtschaftsprotektionistische teleologische Begründung ersichtlich ist, nicht aber eine präventiv-rechtliche.

3. Zusammenfassung

Die Rechtsgarantie des Art. 43 Abs. 1 S. 2 EGV verbietet Regelungen, die nachteilig an die interne Verwaltungsstruktur eines Unternehmens anknüpfen. Somit ist auch die sachrechtliche Komponente der Sitztheorie im Bereich der Anerkennung mit europäischem Recht unvereinbar. Der Zweigniederlassungsbegriff sollte daher in seinem Abhängigkeitskriterium zur Hauptniederlassung auf eine rein rechtliche Komponente reduziert werden.

IV. Rechtfertigung

An dieser Stelle kommt es darauf an, zwischen Zweigniederlassungen ausländischer Unternehmen im Inland und Zweigniederlassungen deutscher Unternehmen im EU-Ausland zu unterscheiden. Der dogmatische Unterschied besteht darin, dass sich nationale Maßnahmen entweder gegen die inländisch inkorporierte Muttergesellschaft oder gegen die Zweigniederlassung, mithin gegen das ausländische Statut der Hauptgesellschaft, richten. Bemerkt sei, dass die Centros-Entscheidung nur letztere Fallkonstellation betraf.

1. Maßnahmen gegen Zweigniederlassungen ausländischer Unternehmen im Inland

Nach der in der vorliegenden Arbeit verfolgten Arbeitshypothese sind nicht allein die Sitztheorie und deren materiellrechtlichen Auswirkungen als pauschale

[502] EuGH Slg. 1999 I, 1459ff, Tz 35 („Centros").

Rechtsfolge in ihrer Gesamtheit auf ihre Europaverträglichkeit hin zu überprüfen. Vielmehr sind die einzelnen, mit der Sitztheorie verfolgten Schutzinteressen dem allgemeinen, aus der Cassis-Rechtsprechung bekannten Rechtfertigungstest zu unterziehen.[503] Demnach ist eine mitgliedstaatliche Maßnahme gerechtfertigt, wenn sie vier Voraussetzungen erfüllt: sie muss durch zwingende Gründe des Allgemeininteresses gerechtfertigt sein, sie muss für in- und ausländische Gesellschaften gleichermaßen gelten, der Schutz darf nicht schon durch das Recht des Gründungsstaates gewährleistet sein und nicht durch weniger einschneidendere Maßnahmen realisiert werden können.[504]
Bei allen nationalen Maßnahmen ist zudem immer daran zu denken, ob sie nicht in Anlehnung an die Keck-Rechtsprechung niederlassungsrechtliche Aufenthaltsmodalitäten darstellen können und somit schon gar nicht unter den Schutzbereich der Art. 43 ff EGV fallen.[505]

a) Anknüpfung an den Verwaltungssitz

Vor der Prüfung der einzelnen Rechtfertigungsgründe kann die Frage vorangestellt werden, ob nationale Maßnahmen gegen Zweigniederlassungen von Auslandsgesellschaften grundsätzlich zulässig sind, wenn der Anwendungsbereich solcher Vorschriften von der Sitztheorie bestimmt wird. Zweigniederlassungen werden nur dann mit der Sanktion der Nichtanerkennung bzw. der Nichteintragung belegt, wenn der Verwaltungssitz des Gesamtunternehmens sich nicht im Staat der Inkorporation befindet. Hierauf ist der Anwendungsbereich dieser Regelungen beschränkt. Ob ein solches Vorgehen etwa aus Gründen des Gläubigerschutzes oder des Schutzes der Gesellschafter und der arbeitnehmerischen Mitbestimmung gerechtfertigt ist, ist erst an zweiter Stelle zu prüfen. Zuvor stellt sich die Frage, ob es überhaupt zulässig ist, mitgliedstaatliche Sanktionen, gleich welche, davon abhängig zu machen, wo sich der Verwaltungssitz des Gesamtunternehmens befindet. Dass insoweit ein Verstoß gegen den Schutzbereich des Art. 43 Abs. 1 S. 2 EGV vorliegt, wurde bereits geklärt.[506] Es bleibt die Frage, ob eine derartige Differenzierung zur Durchsetzung von Allgemeininteressen geeignet ist und im Sinne von Cassis gerechtfertigt werden kann.

In der Literatur und in der deutschen Rechtsprechung wird, sofern der auf den Ort des Verwaltungssitzes abstellende Anwendungsbereich problematisiert wird, die Geeignetheit der Sitztheorie zur Durchsetzung der mit ihr verfolgten Schutz-

---

503 Hierzu Teil 1, C.III.3 m.w.N. zu dieser Vorgehensweise.
504 So die Cassis-Formel auf das Gesellschaftsrecht beziehend bereits *Ebke*, ZGR 1987, 258f; *ders.*, JZ 1999, 659; *Zimmer*, S. 207; *ders.*, BB 2000, 1365; *Roth, W.-H.*, ZGR 2000, 325f.
505 Hierzu Teil 1, B.III.5.
506 S. oben B.III.1.b.cc.4.

interessen überwiegend bejaht, auch wenn sie im übrigen vielfach für unverhältnismäßig erachtet wird.[507]
Im Wesentlichen wird dazu vorgebracht, dass die Sitztheorie als Kollisionsregel sich in ihrer sachrechtlichen Ausgestaltung auf den Gedanken zurückführen ließe, dass Gesellschaften nach dem Gesellschaftsstatut beurteilt werden sollen, mit dem sie die engste Verbindung aufweisen. Es spiegele sich darin lediglich der Kontrollanspruch des Sitzstaates wieder, der es anstrebe, alle Gesellschaften mit Sitz auf seinem Territorium zu regulieren.[508] Die damit verbundene Durchsetzung deutschen Gesellschaftsrechts gegenüber Gesellschaften mit inländischem Verwaltungssitz stelle weiterhin auch eine angemessene Verteilung der Informations- und Transaktionskosten sicher, da Schwierigkeiten vermieden werden, wenn der inländische Rechtsverkehr sich über die Rechtsverhältnisse einer ausländisch inkorporierten, aber im Inland tätigen Gesellschaft informieren wolle.[509]
Die Rechtsprechung des EuGH hat in der Centros-Entscheidung wohl erkennen lassen, dass nationale Vorschriften, deren Anwendung vom Ort des Verwaltungssitzes der Muttergesellschaft abhängt, generell unzulässig sind. Auf den während des Verfahrens vorgebrachten dänischen Einwand hin, dass durch die von den Eheleuten *Bryde* gewählte Konstruktion dänische Gläubiger gefährdet werden könnten, entgegnete der Gerichtshof in den Urteilsgründen: „... *ist das dänische Vorgehen nicht geeignet, das mit ihm verfolgte Ziel des Gläubigerschutzes zu erreichen, da die Zweigniederlassung in Dänemark eingetragen worden wäre, wenn die Gesellschaft eine Geschäftstätigkeit im Vereinigten Königreich ausgeübt hätte, obwohl die dänischen Gläubiger in diesem Fall ebenso gefährdet gewesen wären.*“[510]
Der Gerichtshof stellt demnach darauf ab, dass mögliche Gefahren für den Rechtsverkehr im Land der Zweigniederlassung auch dann bestehen, wenn Eintragungshindernisse nicht bestehen, etwa weil die Gesellschaft ihre Geschäftstätigkeit im besten Sinne der Sitztheorie „korrekt“ am Ort der Hauptniederlassung ausübt.
Der Gerichtshof scheint damit entsprechenden sitztheoretisch geprägten nationalen Vorschriften schon die Geeignetheit absprechen zu wollen.[511] Im Ergebnis führt diese Ansicht dazu, sämtliche sachrechtlichen Regelungen, die eine Folge der Sitztheorie sind, als unzulässig zu beurteilen. Es bliebe dann nur noch zu

---

[507] Entsprechende Differenzierungen etwa bei *Niebel*, S. 148ff; *Knobbe-Keuk*, ZHR 154 (1990), 354f.
[508] Vgl. BayObLGZ 1992, 113; zustimmend *Niebel*, S. 148f; *Thömmes*, DB 1993, 1032ff. Zuletzt *Roth, W.-H.*, ZGR 2000, 333, 335; *Höfling*, DB 1999, 1208.
[509] *Roth, W.-H.*, ZGR 2000, 333f.
[510] EuGH Slg. 1999 I, 1459ff, Tz 35 („Centros“). Vgl. auch *Zimmer*, S.353.
[511] A.A. *Kieninger*, ZGR 1999, 728, wonach der EuGH insoweit nur die Unverhältnismäßigkeit der Nichteintragung einer Zweigniederlassung habe hervorheben wollen.

überprüfen, welchen Spielraum die Mitgliedstaaten haben, für inländische Zweigniederlassungen allgemein geltende Regeln vorzusehen, die unabhängig davon, von welchem Ort aus das ausländische Mutterunternehmen geleitet wird, eingreifen.

Diese vom Gerichtshof zumindest inzident mitgeteilte Auffassung erscheint vorzugswürdig. Die Argumentation bezog sich im Urteil zwar ausdrücklich nur auf Belange des Gläubigerschutze, sie ist jedoch verallgemeinerungsfähig. Mit der Sitztheorie soll grundsätzlich verhindert werden, dass der inländische Rechtsverkehr im Zusammentreffen mit ausländischen Gesellschaftsformen Gefahren ausgesetzt ist.[512] Dieses Problem läßt sich aber bereits dann nicht vermeiden, wenn nach Art. 43 Abs. 1 S. 2 EGV eine Zweigniederlassung gegründet wird, der Verwaltungssitz sich aber – nach der Sitztheorie unbeanstandet – im Inkorporationsstaat der Muttergesellschaft befindet.
Dass die Sitztheorie in erster Linie eine Kollisionsnorm darstellt, die den Anwendungsbereich des jeweiligen Gesellschaftsstatuts regelt, steht ihrer mangelnden Geeignetheit zur Durchsetzung der Schutzinteressen nicht entgegen. Es ist anerkannt, dass auch international-privatrechtliche Kollisionsnormen gegen Grundfreiheiten verstoßen können, wenn ihre Anwendung im Ergebnis zu einer Freiheitsbeschränkung führt.[513] Da kein Grund ersichtlich ist, warum diese zum Schutzbereich der Grundfreiheiten entwickelten Grundsätze nicht auch auf Rechtfertigungsebene anzuwenden sind, sind die Merkmale Geeignetheit, Erforderlichkeit und Verhältnismäßigkeit im engeren Sinne ebenfalls an der Wirkung der Norm im Ergebnis ihrer Anwendung zu messen.
Die kollisionsrechtliche Seite der Sitztheorie hat aber nicht zur Folge, dass alle Gesellschaften mit Verwaltungssitz im Inland nach deutschem Recht gegründet sein müssen. Dies zeigt das Centros-Urteil, hätte es deutschen Bezug gehabt. Eine Berührung des inländischen Rechtsverkehrs mit ausländisch inkorporierten Zweigniederlassungen wird sogar im Regelfall durch die Sitztheorie als Kollisionsregel nicht verhindert. So bleibt etwa das deutsche Mitbestimmungsrecht auch bei Erreichen der Arbeitnehmerschwelle unanwendbar,[514] die Innenverhältnisse der Gesellschaft richten sich nach ausländischem Recht und werden nur in Sonderfällen, etwa im Vertretungsrecht, vom deutschen Recht überlagert.[515] Ähnliches gilt auch für das von *W.-H. Roth* am Rande erwähnte Transak-

---

[512] BayObLGZ 1992, 113; *Staudinger-Großfeld* Rn 44 m.w.N. Hierzu auch Teil 1, C.III.1.d.
[513] *Basedow*, RabelsZ 59 (1995), 12; Pfeiffer, NJW 1997, 1208. Zur Einordnung von international-privatrechtlichen Kollisionsnormen als Aufenthaltsmodalitäten, Teil , B.III.5.c.
[514] *Zimmer*, BB 2000, 1366; *Kallmeyer*, ZIP 1996, 537; *Großfeld/Erlinghagen*, JZ 1993, 221; *Knobbe-Keuk*, ZHR 154 (1990), 349 m.w.N..
[515] Zu diesem Thema ausführlich *Rinne*, S. 123ff.

tionskostenargument.[516] Solche Kosten können im Umgang mit Zweigniederlassungen unabhängig davon entstehen, wo sich der Verwaltungssitz befindet.

Als Zwischenergebnis kann demnach festgehalten werden, dass nationale Maßnahmen, die sich allein gegen die Verlegung des Verwaltungssitzes an den Ort einer Zweigniederlassung richten, gegen Art.43 Abs. 1 S. 2 EGV verstoßen und auch nicht im Sinne der Cassis-Rechtsprechung gerechtfertigt werden können. Solche Regelungen sind, auch im Gewande einer Kollisionsnorm, nicht geeignet, den jeweiligen Schutzinteressen gerecht zu werden. Die Sitztheorie ist daher insoweit mit der Niederlassungsfreiheit unvereinbar, als dass sie kollisionsrechtlich auf den Verwaltungssitz abstellt.

b) Einzelne Rechtfertigungsgründe

Die nachfolgende Erörterung der mit der Sitztheorie dem Grunde nach intendierten Zwecke als Rechtfertigungsgründe steht demnach unter dem Vorbehalt, dass die betreffenden nationalen Maßnahmen sich gegen im Inland belegene ausländische Zweigniederlassungen *im Allgemeinen* zu richten haben. Der Anwendung dieser Regeln darf nicht vom Ort des Verwaltungssitzes des Gesamtunternehmens abhängen.

Wie im Allgemeinen Teil dargelegt wurde, kommen als zwingende Allgemeininteressen vor allem Gesichtspunkte des Gläubigerschutzes, des Schutzes der (Minderheits-) Gesellschafter und der arbeitnehmerischen Mitbestimmung in Betracht.[517]

aa) Gläubigerschutz

Als Gläubigerschutzmaßnahmen gegenüber Zweigniederlassungen ausländischer Gesellschaften werden im Schrifttum vorwiegend die Angleichung des Mindestkapitals sowie die Durchgriffshaftung gegenüber den Gesellschaftern oder dem Leitungspersonal genannt.[518]

---

[516] Im übrigen spielen derartige Erwägungen vorrangig nur im Bereich der ökonomischen Analyse des Rechts eine Rolle, die sich als allgemein anerkannte Auslegungsmethode aber gegenüber der Wertungsjurisprudenz jedenfalls bisher nicht durchzusetzen vermochte, *Palandt-Heinrichs*, Einleitung Rn 32 m.w.N.

[517] Einleitend schon Teil 1, C.III.3.

[518] Vgl. etwa *Kruse*, S.165ff; *Bechtel*, S. 146ff; *Zimmer*, S. 326ff; *Forsthoff*, EuR 2000, 189ff; *Roth, W.-H.*, ZGR 2000, 331ff; *Zimmer*, BB 2000, 1365ff; *Ulmer*, JZ 1999, 662ff; *Kieninger*, ZGR 1999, 724ff; *von Halen*, EWS 2002, 115.

(1) Nachschusspflichten beim Mindestkapital

In Deutschland beträgt die Mindestkapitaleinlage für die Aktiengesellschaft € 50.000 für die GmbH € 25.000, § 7 Akt G, § 5 GmbHG. In einigen europäischen Ländern sind geringere Einlagesummen zu leisten, [519] in Großbritannien und Irland bestehen keine Mindestkapitalvorschriften.[520]
Fraglich ist, ob zum Zwecke des Gläubigerschutzes besondere Mindesteinlagevorschriften an die inländischen Zweigniederlassungen ausländischer Unternehmen gestellt werden können. Nach derzeit geltendem Recht existieren für Zweigniederlassungen von Auslandsunternehmen keine Nachschusspflichten.[521] Sonderregelungen gelten nur gem. § 53 Abs. 2 Nr. 4 S. 1 KWG im Bankenrecht, wo die Zweigniederlassung gem. § 10 Abs. 1 S. 1 KWG selbst über Eigenkapital verfügen muss.[522] Die Diskussion darüber, entsprechende Regelungen einzuführen, ist insbesondere nach der Centros-Entscheidung entflammt, als sich abzeichnete, dass die sitztheoretisch bedingten Restriktionen gegenüber Auslandsgesellschaften nicht in der bisherigen Form aufrechterhalten werden können, und man künftig mit einer zunehmenden Zahl von Zweigniederlassungen ausländischer Unternehmen im Inland zu rechnen haben wird.[523]

(a) Meinungsstand in der Literatur

In der Literatur wird seitdem vermehrt die Frage diskutiert, ob und inwieweit auf Rechtfertigungsebene Nachschusspflichten aufgestellt werden könnten. Die Antworten sind uneinheitlich. Verschiedentlich wird die Frage auch im Zusammenhang von Zuzugsfällen bei Sitzverlegungen diskutiert, wenn dies für zulässig und niederlassungsrechtlich geboten gehalten wird.[524] Die Probleme in Zuzugsfällen bei der Gründung einer Zweigniederlassung und der Sitzverlegung sind insoweit miteinander vergleichbar, als dass der inländische Rechtsverkehr gleichermaßen mit ausländischen Gesellschaftsstatuten konfrontiert wird. Es erscheint daher naheliegend, bei der Darstellung des Meinungsstandes insoweit auch die zur Sitzverlegung vorhandene Literatur zu berücksichtigen.

---

[519] Einen Überblick im GmbH-Recht bietet etwa *Behrens*, Die Gesellschaft mit beschränkter Haftung im internationalen und europäischen Vergleich, Berlin 1997.
[520] *Behrens-Behrens*, GB/NI/EI, Rn 15.
[521] *Rinne*, S. 90.
[522] *Rinne*, S. 90, der eine analoge Anwendung für unmöglich hält, weil im Banken- und Kreditwesenrecht ersichtlich eine Sonderregelung habe geschaffen werden sollen.
[523] Nach *Leible*, NZG 1999, 300f, etwa wird die Gründung von Zweigniederlassungen englischer Gesellschaften „ sicherlich an Attraktivität gewinnen".
[524] Im Unterschied zur hier vertretenen Auffassung. Literaturhinweise unter C.III.2.

Im einschlägigen Schrifttum wird die Frage der Nachschusspflichten nicht immer vertieft, an manchen Stellen wird der Rechtfertigungstest gar nicht erst durchgeführt und etwaige Nachschusspflichten werden mit Verweis auf die Niederlassungsfreiheit für unzulässig gehalten.[525]

Sofern die Frage näher erörtert wird, versuchen einige Autoren das Problem im Bereich der Aktiengesellschaften mit Hilfe der insoweit anwendbaren[526] Kapitalrichtlinie zu lösen. Nach überwiegender Auffassung stellt Art. 6 der Richtlinie aufgrund des Wortlautes[527] jedoch nur einen Mindeststandard dar, der durch strengeres nationales Recht überschritten werden kann.[528] Danach könnte im Ergebnis das Problem weder für Aktiengesellschaften noch für Gesellschaften mit beschränkter Haftung mit Hilfe der Kapitalrichtlinie gelöst werden.
Nach anderer Auffassung soll hier trotz des Wortlautes eine abschließende Regelung vorliegen.[529] Eine Mindestregelung überlasse den Mitgliedstaaten Spielraum und könne über den Umweg der Stammkapitalvorschriften zu einer Behinderung des Zuzuges von Gesellschaften führen, was mit der Niederlassungsfreiheit, die ein umfassendes Recht zur Standortwahl[530] gebe, jedoch unvereinbar sei. Im Anwendungsbereich der Art. 43 ff EGV sei deshalb entgegen des Wortlautes von einer Maximalregelung auszugehen, strengere Nachschusspflichten für ausländische Unternehmen seien daher unzulässig.[531]

Im jüngeren Schrifttum wird zunehmend versucht, das Problem unter dem Gesichtspunkt des Verbotes von Doppelregelungen zu behandeln. Ausgangspunkt ist der in der Cassis-Rechtsprechung anerkannte Grundsatz, dass ein Mitglied-

---

[525] *Rinne*, S. 90 m.w.N. zum älteren Schrifttum.
[526] Für eine schnelle Ausdehnung auf Kapitalgesellschaften mit beschränkter Haftung *Lutter*, ZGR 2000, 10, 13.
[527] Art. 6 Abs. 1 der RL 77/91/EWG („Kapitalrichtlinie") vom 13.12.1976 lautet: *„Die Rechtsvorschriften der Mitgliedstaaten fordern für die Gründung der Gesellschaft oder für die Erteilung der Genehmigung zur Aufnahme ihrer Geschäftstätigkeit die Zeichnung eines Mindestkapitals, dessen Betrag **nicht auf weniger als** 25.000 Europäische Rechnungseinheiten festgesetzt werden darf."*
[528] *Habersack*, S. 21; *Lutter*, ZGR 1996, Sonderheft 1, S. 24ff; *Lutter*, in FS Everling, S. 765ff. Zu diesem Thema auch oben Teil 1, C.III.4.a.
[529] *Kruse*, S. 172; *Schnichels*, S. 187f; wohl auch *Bechtel*, S. 147.
[530] *Kruse*, S. 172, äußert diese Ansicht ausdrücklich für den Fall der Sitzverlegung, den sie, entgegen der hier vertretenen Ansicht, von der Niederlassungsfreiheit umfaßt sieht. Da jedoch die Möglichkeit des Zuzuges von Zweigniederlassungen wegen der Vorschrift des Art. 43 Abs. 1 S. 2 EGV entgegen der Variante der Sitzverlegung nicht in Zweifel steht, erscheint es gerechtfertigt, diese Literaturmeinung, die auf der Anwendbarkeit der Vorschriften über die Niederlassungsfreiheit aufbaut, auch hier zu berücksichtigen.
[531] So zur Auslegung der Kapital-RL *Steindorff*, EuZW 1990, 252; *Knobbe-Keuk*, DB 1990, 2584. Die Folgerungen für Maßnahmen gegenüber ausländischen Gesellschaften zieht *Kruse*, S. 169ff ausdrücklich für den Fall der formwechselnden Sitzverlegung.

staat ein Allgemeininteresse nicht mehr regeln dürfe, wenn dem jeweiligen Schutzinteresse bereits im Herkunftsland ausreichend Rechnung getragen wurde.[532] Die doppelte Kontrolle durch Regelungen des Herkunfts- und Zuzugstaates gilt als unverhältnismäßige Beschränkung.[533] Daher sei darauf abzustellen, ob der mit einer mitgliedstaatlichen Maßnahme bezweckte Schutz nicht schon durch das Recht des Gründungsstaates gewährleistet sei. Dies hat zur Folge, dass ein Rechtsvergleich mit dem Statut der Muttergesellschaft durchgeführt werden muss.[534] Erst wenn diese Prüfung ergibt, dass die Regelungen des Gründungsstaates hinsichtlich des vom Staat der Zweigniederlassung verfolgten Schutzinteresses nicht gleichwertig sind, sind Anpassungsregeln an nationale Vorschriften zulässig.[535]

(b) Eigene Stellungnahme

Unter den verschiedenen Lösungsansätzen verdient die Berücksichtigung der Schutzvorschriften des Gründungsstatuts nach den Grundsätzen des Verbotes von Doppelregelungen entschieden den Vorzug.
Der Rückgriff auf die Kapitalrichtlinie vermag mangels Anwendbarkeit derselben schon keine Antworten im Bereich des GmbH-Rechts zu geben. Auch das Aktienrecht wird nicht berührt, weil Art. 6 Abs. 1 der Richtlinie nur eine Mindestnorm darstellt, strengere nationale Maßnahmen demnach bis zur Verhältnismäßigkeitsgrenze zuläßt. Die Gegenansicht, die auf Beschränkungen des Schutzbereiches der Niederlassungsfreiheit abstellt, ist mit dem Wortlaut unvereinbar und unterliegt zudem einem Zirkelschluß, da jede auf Rechtfertigungsebene zu prüfende Maßnahme die Reichweite einer Grundfreiheit beschränkt, nur dass eine solche Beschränkung ausnahmsweise, nach Cassis-Grundsätzen, gerechtfertigt und demnach zulässig ist. Im Übrigen haben Vertreter der Gegenansicht bisher nicht erkennen lassen, ob nicht bereits § 7 AktG, wonach ein Stammkapital von € 50.000 erforderlich ist, mit Europarecht unvereinbar ist, eine Folgerung, die man konsequenterweise treffen müsste.

Überzeugende Ergebnisse lassen sich nur mit der Heranziehung der Regelungen im Gründungsstaat erzielen, ein Ansatz, welcher auch mit der Dogmatik zu den

---

[532] Grundsätzlich auf dem Gebiet der Warenverkehrsfreiheit vgl. etwa *Dauses-Dauses*, C. I. Rn 104a m.w.N., *Oppermann*, Rn 1300. Im Bereich der Niederlassungsfreiheit für Gesellschaften etwa *Zimmer*, BB 2000, 1365, *Roth, W.-H.*, ZGR 2000, 331ff; *Ebke*, JZ 1999, 659; *Kieninger*, ZGR 1999, 742.
[533] EuGH 1992 I, 3351ff („Ramrath"); Slg. 1982, 2349ff („Robertson Prägestempel"); Slg. 1981, 3305ff („Webb").
[534] *Zimmer*, BB 2000, 1365; *Roth, W.-H.*, ZGR 2000, 332.
[535] *Roth, W.-H.*, ZGR 2000, 332.

anderen Grundfreiheiten im Einklang steht.[536] Hervorzuheben ist, dass diese Grundsätze auch im sekundärrechtlich vereinheitlichten Bankenrecht gelten. Sofern im Staat der Zweigniederlassung, dem Aufnahmestaat, in Umfang und Höhe der Deckung höhere Anforderungen gelten als in dem Mitgliedstaat, in dem das Kreditinstitut zugelassen ist, so hat gem. Art. 4 Abs. 2 der Einlagensicherungsrichtlinie[537] der Aufnahmestaat ein ergänzendes Sicherungssystem zur Verfügung zu stellen, das auf die Vorschriften des Heimatstaates zugeschnitten ist (sog. „Topping up“).[538]

Wenn die Zulässigkeit von Sondervorschriften für inländische Zweigniederlassungen von den jeweiligen Bestimmungen des Herkunftslandes abhängt, so muss insoweit das ausländische Gesellschaftsstatut mit dem inländischen qualitativ verglichen werden. Hierin liegen schwierige Probleme. Es muss an dieser Stelle eine Antwort auf die Frage gefunden werden, ob die Kapitalerhaltungsregeln des Herkunftslandes im Vergleich zu denen des Zweigniederlassungsstaates gleichwertig sind. Der bloße Vergleich des jeweiligen Gründungskapitals reicht hierfür nicht aus. Entscheidend ist, ob die Kapitalerhaltung insgesamt in qualitativ gleichwertiger Weise sichergestellt ist, weshalb die Vorschriften über das Mindestkapital in untrennbarem Zusammenhang mit denen über die Kapitalerhaltung betrachtet werden müssen.[539] Es ist daher zu prüfen, ob das Kapitalerhaltungssystem des Gründungsstaates einen gleichwertigen Gläubigerschutz gewährleistet wie das des Zweigniederlassungsstaates. Nur wenn dort ein höherer Schutzstandard herrscht, sind strengere Sonderregelungen zulässig.

Unternimmt man nun den Versuch eines Vergleiches der Kapitalerhaltungssysteme der Gesellschaftsrechte in den EU-Mitgliedstaaten, so ergibt sich, dass eine lineare Zuordnung zu den allgemeinen Belangen des Gläubigerschutzes nicht möglich ist. Die Gesellschaftsrechte sind in ihren systematischen Grundlagen zu unterschiedlich, als dass nachvollziehbar begründet werden könnte, warum das eine Rechtssystem den Belangen der Kapitalsicherung in höherem Maße Beachtung schenkt als ein anderes. Die folgenden Beispiele mögen dies verdeutlichen:[540]

---

[536] Weitere Nachweise im Bereich der Warenverkehrsfreiheit bei *Dauses-Dauses*, C. I. Rn 104c.

[537] RL 94/19/EG vom 30.05.1994.

[538] *Kohlhaussen*, WM 1993, 2000; *Lutter*, ZGR 1996, Sonderheft 1, S. 437f.

[539] *Roth, W.-H.*, ZGR 2000, 332; *Zimmer*, S. 276; *ders.*, BB 2000.

[540] Ein kurzer rechtsvergleichender Überblick zu den Kapitalerhaltungsregeln in den Gesellschaftsformen der EU-Mitgliedstaaten und der USA findet sich bei *Zimmer*, S. 273ff. Zum GmbH-Recht in den einzelnen EU-Mitgliedstaaten die jeweiligen Länderübersichten in *Behrens*, Die Gesellschaft mit beschränkter Haftung im internationalen und europäischen Ver-

Im Hinblick auf die Kapitalaufbringung sieht das deutsche Recht mit € 50.000 bzw. 25.000 zwar vergleichsweise hohe Einlagesummen vor. Sofern es sich dabei um Bareinlagen handelt, müssen diese bei der Gründung erst zu 25 % eingezahlt werden.[541] Die spanischen, französischen und italienischen GmbH-Rechte beispielsweise sehen dagegen eine Einzahlungspflicht von Anfang an in voller Höhe vor.[542] Werden Sacheinlagen geleistet, so müssen diese in Belgien, Dänemark, Frankreich, Griechenland, Italien, den Niederlanden und Portugal durch einen externen Prüfer begutachtet werden.[543] Im deutschen GmbH-Recht wird darauf verzichtet.[544] Im spanischen GmbH-Recht ist eine gesamtschuldnerische Haftung der Gesellschafter und der Verwalter im Zusammenhang mit der Echtheit und der Bewertung der Sacheinlagen vorgesehen.[545] Dies ermöglicht einen Zugriff auf das Privatvermögen des Lenkungspersonals in manchen Fällen der Überbewertung.
Auch im Bereich der Kapitalerhaltungsregeln sind die Anforderungen der übrigen EU-Gesellschaftsrechte nicht selten strenger als in Deutschland. Während der Zwang zur Bildung von Rücklagen hierzulande nur für Aktiengesellschaften gilt,[546] bestehen solche Anforderungen in Griechenland und Portugal schon im GmbH-Recht.[547]
Im britischen Recht ist eine Verteilung von Gesellschaftsvermögen nur aus realisierten Gewinnen möglich.[548] Im deutschen Aktienrecht darf hingegen der Bilanzgewinn ausgeschüttet werden.[549] Im GmbH-Recht gilt keine Beschränkung der Gewinnverteilung auf den Bilanzgewinn. Nur das zur Erhaltung des Stammkapitales erforderliche Vermögen darf gem. § 30 Abs. 1 GmbHG nicht an die Gesellschafter ausgezahlt werden, womit insbesondere verdeckte Gewinnaus-

---

gleich, Berlin 1997 und *Centrale für GmbH Dr. Otto Schmidt (Hrsg.)*, Die GmbH-Rechte in den EG-Staaten, Köln 1993.

541 Sacheinlagen müssen hingegen voll erbracht werden, *Lutter/Hommelhoff*, § 7 Rn 4f.

542 *Behrens-Keil*, Rn E1; *Fischer, A.K.*, RIW 1996, 13; *Behrens-Kronke*, Rn I 12; *Behrens-Behrens*, Rn F 11.

543 *Zimmer*, S. 276f, Fn 30-38 m.w.N. zu den jeweiligen Ländern.

544 § 5 Abs. 4 S. 2 GmbHG sieht lediglich einen von den Gesellschaftern zu erstellenden Sachgründungsbericht vor. Anders im Aktienrecht, wo gem. § 33 Abs. 2 Nr. 4 bei der Gründung mit Sacheinlagen eine Prüfung stattzufinden hat. Zu den Haftungsfolgen bei Prüfungsmängeln *Hüffer*, § 33 Rn 3.

545 *Fischer, A.K.*, RIW 1996, 13.

546 § 150 AktG, §§ 242, 264 HGB. Dies dient zur Schaffung von gebundenem Vermögen, das dem zur Deckung des Grundkapitals erforderlichen Vermögen als Pufferzone vorgelagert ist, *Hüffer*, § 150 Rn 1.

547 *Behrens-Rau*, Rn P43; *Soufleros*, S. 125; *Driesen*, S. 240.

548 § 263 des Companies Act 1985, Beispiel von *Zimmer*, BB 2000, 1365.

549 Bei entsprechendem Beschluß der Hauptversammlung, § 174 Abs. 1 Akt G. An etwaige Vorstandsbeschlüsse zur Bildung von Rücklagen ist die Hauptversammlung gem. § 58 Abs. 2 Akt G gebunden, *Schmidt*, § 29 IV 3.

schüttungen und eigenkapitalersetzende Gesellschafterdarlehen bis zur Grenze der Stammkapitalerhaltung möglich sind.[550]
Das britische Recht kennt ferner zwar keine Mindestkapitalvorschriften, sieht aber im Unterschied zum deutschen Recht ein öffentlich-rechtliches Überwachungssystem vor. Das Departement of Trade and Industry kann jederzeit das Geschäftsgebaren von Gesellschaften untersuchen lassen.[551]

Schon diese Auswahl von Beispielen aus den Rechtsordnungen der größeren EU-Mitgliedstaaten zeigt, dass die Kapitalerhaltungsregeln nicht eindimensional verglichen werden können. Die im Verhältnis zum deutschen Standard häufig geringe Mindestkapitalausstattung wird durch strengere Kapitalerhaltungs- und Gewinnverteilungsregeln, der sachverständigen Begutachtung von Sacheinlagen, der vollen Einzahlung der Bareinlagen schon im Gründungsstadium, oder auch durch das öffentlich-rechtliche Überwachungssystem nach angloamerikanischem Vorbild kompensiert. Dass der deutschen GmbH eine besondere Kapitalfestigkeit nicht innewohnt, folgt schon daraus, dass sie im Inland die insolvenzträchtigste Gesellschaftsform darstellt.[552] Man muss daher grundsätzlich unterstellen, dass die Kapitalerhaltungskonzepte der mitgliedstaatlichen Gesellschaftsrechte in ihrer Gesamtheit grundsätzlich gleichwertig sind.
Angesichts dessen wäre es nicht zu rechtfertigen, wenn im Staate der Zweigniederlassung die Hauptgesellschaft zusätzliche Nachschusspflichten zu erfüllen hätte. Die Anforderungen der jeweiligen Kapitalerhaltungsregeln würden sich dann kumulieren, etwa wenn zusätzlich zur Erhöhung des Mindestkapitals Sacheinlagen schon bei Gründung in voller Höhe erbracht oder gesetzliche Rücklagen gebildet werden müssen. Im Ergebnis würden ausländisch inkorporierte Gesellschaften und deren inländische Zweigniederlassungen strenger behandelt werden als inländisch inkorporierte Gesellschaften.

Besondere Nachschusspflichten für ausländisch inkorporierte inländische Zweigniederlassungen könnten nur dann als zulässig erachtet werden, wenn es aufgrund des Geltungsverlustes des inländischen Kapitalerhaltungssystems im Staate der Zweigniederlassung nicht zu einer Kumulationswirkung kommt, sondern ohne die Einführung von Sonderregelungen vielmehr Regelungslücken und Kontrolldefizite zurückbleiben würden.[553] Ein solcher Fall könnte etwa im Verhältnis zu Großbritannien angenommen werden, da man davon ausgehen muss,

---

[550] *Lutter/Hommelhoff*, § 30 Rn 4; *Zimmer*, S. 274.
[551] Beispiel bei *Kruse*, S.175 und *Eyles*, S. 366f. Zusammenfassend *Zimmer*, S. 290f.
[552] *Ulmer*, JZ 1999, 664.
[553] So grundsätzlich auch *Kieninger*, ZGR 1999, 742.

dass das dortige öffentlich-rechtliche Aufsichtssystem mangels Hoheitsrechten im Ausland nicht durchgesetzt werden kann.[554]
Höfling plädiert deshalb in Zweigniederlassungsfällen für eine Überlagerung mit deutschem Recht, ein Ansatz, der grundsätzlich auch Nachschusspflichten mit einschließt.[555] *Kieninger* ist dagegen der Ansicht, dass auch das Fehlen der Staatsaufsicht im Ausland die Gleichwertigkeit der Kapitalerhaltungssysteme nicht grundsätzlich beeinflußt, da Mindestkapitalvorschriften ohnehin nur eine relativ geringe Sicherheit bieten könnten.[556]
Ob durch den Wegfall der administrativen Kontrolle das britische Kapitalerhaltungssystem noch innerhalb der mitgliedstaatlichen Gleichwertigkeitsgrenze verbleibt, dürfte nur schwer zu beurteilen sein. Letztlich ist es eine Wertungsfrage, welcher Stellenwert der Staatsaufsicht in einer rechtsvergleichenden Untersuchung zukommen soll. Doch auch wenn man im Staat der Zweigniederlassung einen grundsätzlichen Handlungsbedarf anerkennt, dürfte es dennoch nicht gerechtfertigt sein, Mindestkapitalregelungen nach deutschem Vorbild zu stellen. Dagegen spricht schon, dass englische Gesellschaften dann hinsichtlich der Gewinnverteilungsregeln[557] schlechter gestellt würden.
Das mildere und gleichzeitig dogmatisch logischere Mittel wäre hier wohl, für die Durchsetzung des englischen Aufsichtssystems im Inland zu sorgen. Dies könnte durch nationale Vorschriften geschehen, welche eine bilaterale Zusammenarbeit anordnen und dem britischen Aufsichtssystem so zur Durchsetzung verhelfen. Im Bereich der Warenverkehrsfreiheit ist ebenfalls anerkannt, dass unverhältnismäßige Doppelregelungen auch durch Zusammenarbeit zwischen den jeweiligen Mitgliedstaaten zu vermeiden sind.[558] In einer bislang kaum beachteten Urteilspassage ist auch in der Centros-Entscheidung ein entsprechender Hinweis enthalten, indem nationale Maßnahmen *„gegebenenfalls im Zusammenwirken mit dem Mitgliedstaat, in dem die Zweigniederlassung errichtet wurde"*, getroffen werden könnten.[559]

(2) Durchgriffshaftung

Als weitere nationale Maßnahme zur Durchsetzung von Gläubigerschutzbelangen ist im Anschluß an die Centros-Entscheidung mehrfach die Durchgriffshaf-

---

[554] *Höfling*, DB 1999, 1207; *Kieninger*, ZGR 1999, 742; *Ebenroth/Eyles*, DB 1988, Beilage 2, S. 14ff.
[555] *Höfling*, DB 1999, 1208.
[556] *Kieninger*, ZGR 1999, 743.
[557] Vgl. oben *Zimmer*, BB 2000. 1365.
[558] *Leible*, in: *Grabitz/Hilf*, Art. 28 Rn 26.
[559] EuGH Slg. 1999 I, 1459ff, Tz 38 („Centros").

tung diskutiert worden.[560] Die Diskussion steht im Zusammenhang mit der übergeordneten Frage, ob und inwieweit bei Verstößen gegen die gläubigerschützenden Kapitaleinlage- und Kapitalerhaltungsvorschriften die Gesellschafter einer ausländischen Gesellschaft, die im Inland eine Zweigniederlassung errichtet hat, persönlich in Anspruch genommen werden können.
Das deutsche Kapitalgesellschaftsrecht kennt nur einige wenige Möglichkeiten, Ansprüche direkt an die Gesellschafter zu richten. Hierunter fallen in erster Linie Ansprüche aus §§ 823 Abs. 2 BGB, 263 StGB und § 826 BGB.[561] Im Übrigen kann aus cic gegen die Geschäftsführer vorgegangen werden, wenn besonderes Vertrauen in Anspruch genommen wird.[562] Mit Hilfe dieser Anspruchsgrundlagen kann jedoch in einer Reihe von Fällen keine Abhilfe geschaffen werden. Denn gerade die subjektiven Voraussetzungen strafbaren Handelns bzw. einer sittenwidrigen Schädigung werden oft nicht nachweisbar sein.[563] Es herrscht daher in zusätzlichen Fallgruppen ein grundsätzlicher Bedarf für eine persönliche Haftung der Gesellschafter unter Durchbrechung der Haftungsordnung. Denn die gesetzgeberische Zweckentscheidung, die Gesellschafter von der Haftung freizustellen, reicht nur so weit, wie der Zweck dies im Einzelfall gebietet.[564]
Kollisionsrechtlich richtet sich die Durchgriffshaftung nach dem jeweiligen Statut der Gesellschaft.[565] Dahinter steht der Gedanke, dass über die Aufhebung der haftungsrechtlichen Trennung zwischen der juristischen Person und der hinter ihr stehenden Gesellschafter nur diejenige Rechtsordnung entscheiden kann, die das Trennungsprinzip aufstellt.[566]

Im Anschluß an die Centros-Entscheidung ist nunmehr die Frage aktuell geworden, ob die Rechtsordnung am Ort der Zweigniederlassung einen Haftungsdurchgriff auf die Gesellschafter der ausländischen Muttergesellschaft vorsehen kann. Dies wirft zwei Probleme auf. Zum einen wäre ein Haftungsdurchgriff für ein ausländisches Gesellschaftsstatut nach inländischen Vorschriften ein international-privatrechtliches Novum. Zum anderen geht es darum, inwieweit derartige Maßnahmen auf Rechtfertigungsebene mit der Niederlassungsfreiheit vereinbar sind.

---

[560] *Forsthoff*, EuR 2000, 192ff; *Höfling*, DB 1999, 1208; *Kieninger*, ZGR 1999, 742; *Leible*, NZG 1999, 301; ausführlich *Ulmer*, JZ 1999, 664f; *Cascante*, RIW 1999, 451.
[561] *Hachenberg/Ulmer*, Anh. § 30 Rn 49.
[562] *Ulmer*, JZ 1999, 664f, Fn 25 m.w.N. Vgl. dazu auch *Hachenberg/Ulmer*, Anh § 30 Rn 26.
[563] *Ulmer*, JZ 1999, 664f.
[564] *Lutter/Hommelhoff*, § 13 Rn 5. Zur dogmatischen Herleitung auch *Roth/Altmeppen*, § 13 Rn 15.
[565] BGHZ 78, 334ff; *Mü-Ko-Kindler*, IntGesR Rn 486ff; *Staudinger-Großfeld*, IntGesR Rn 353ff, jeweils m.w.N., zuletzt wieder *Forsthoff*, EuR 2000, 193.
[566] So formuliert von *Mü-Ko-Kindler*, IntGesR Rn 487 m.w.N. zur Rechtsprechung.

(a) Meinungsstand in der Literatur

In der Regel beschränken sich die Stimmen in der Literatur darauf, die Zulässigkeit der Durchgriffshaftung grundsätzlich zu unterstellen. Dies lasse sich bereits aus der Wendung im Centros-Urteil entnehmen, dass ein Mitgliedstaat geeignete Maßnahmen treffen könne, um Betrügereien zu verhindern;[567] hiermit habe der Gerichtshof wohl auch die Durchgriffshaftung gemeint.[568] Weitere Einzelheiten zu ihrer europarechtlichen Zulässigkeit sind insbesondere bei *Ulmer* und *Forsthoff* angesprochen:
Nach *Ulmer* führt die Durchgriffshaftung in Fällen, wo die Kapitalerhaltungsvorschriften des jeweiligen Gesellschaftsstatuts verletzt werden, grundsätzlich zu sachgerechten Ergebnissen. Sie sei erforderlich und geeignet im Sinne der Cassis-Rechtsprechung, weil über die persönliche Haftung der Gesellschafter die Einhaltung der kapitalschützenden Vorschriften sichergestellt werde.[569]
Forsthoff ist der Ansicht, dass die kollisionsrechtliche Anknüpfung der Durchgriffshaftung nicht europarechtlich vorgegeben sei. Mit Centros sei bereits bei der Frage der Anerkennung der Rechtsfähigkeit im Inland die Sitzanknüpfung aufgegeben worden, weshalb die Frage nach der Anknüpfung in den übrigen Fällen offen bleibe. Dogmatisch könne die Durchgriffshaftung nur auf den ordre-public-Vorbehalt des Art. 6 EGBGB gestützt und so die entsprechende ausländische Norm, welche die persönliche Haftung der Gesellschafter ausschließt, ausgeschaltet werden. Voraussetzung wäre hierfür weiterhin, dass das ausländische Recht selbst die Durchgriffshaftung nicht regelt. Dann könne die so entstandene Lücke über Art. 6 EGBGB ausgefüllt werden. Im Übrigen gebe das Centros-Urteil keine bestimmten inhaltlichen Voraussetzungen für die Durchgriffshaftung vor.[570]

(b) Eigene Stellungnahme

Der Annahme, dass die Durchgriffshaftung grundsätzlich zulässig sei, ist zuzustimmen. Dies läßt sich zumindest mittelbar auch der Centros-Entscheidung entnehmen, wenn ausdrücklich hervorgehoben wird, dass nicht nur missbrauchsunterbindende Maßnahmen gegen die Gesellschaft, sondern auch gegen die Gesellschafter zulässig seien. Hierfür ist die Durchgriffshaftung gerade ein Paradebei-

[567] Singgemäß EuGH Slg. 1999 I, 1459ff, Tz 38 („Centros").
[568] *Höfling*, DB 1999, 1208; *Leible*, NZG 1999, 301; ähnlich auch *Randelzhofer/Forsthoff*, in: *Grabitz/Hilf*, Art. 48 Rn 77. Nach *Werlauff*, ZIP 1999, 875 stehen vorausgehender Kapitalschutz und nachfolgende Haftung in untrennbarem Zusammenhang, es bestehe daher ein systematischer Bedarf für die Durchgriffshaftung, wobei eine gesetzliche Regelung auf europäischer Ebene wünschenswert sei.
[569] *Ulmer*, JZ 1999, 665.
[570] *Forsthoff*, EuR 2000, 194.

spiel. Es ist nicht anzunehmen, dass der Gerichtshof mit seinen generalklauselartigen Ausführungen zur Bekämpfung des Mißbrauchs gerade diesen Bereich ausklammern wollte.
Allerdings schweigt sich das Urteil über weitere Einzelheiten aus. Es wird nicht deutlich, unter welchen Voraussetzungen Maßnahmen gegen Mißbrauch zulässig sein sollen, auch der Begriff Mißbrauch selbst wird nicht näher definiert.[571]
Auch die dogmatische Verankerung bleibt unklar. Mit Maßnahmen zur Verhinderung von Betrügereien schien der EuGH jedenfalls nicht nur Maßnahmen auf Rechtfertigungsebene im Auge gehabt zu haben, sonst wären die Ausführungen hierzu wohl nicht in so auffälliger Weise erst nach dem Rechtfertigungstest mitgeteilt worden. Die Rechtfertigungsprüfung wird im Urteil in Tz 34-37 durchgeführt, mit dem Ergebnis, dass die Nichteintragung der Zweigniederlassung der britischen Gesellschaft in Dänemark nicht gerechtfertigt sei. Die Ausführungen in Tz 38 fassen dieses Ergebnis zunächst noch einmal zusammen und wenden sich dann, ohne dass es für eine ausreichende Begründung des Urteiles hierzu noch bedurft hätte, den Mißbrauchsfällen zu.[572]

(aa) Einordnung als Aufenthaltsmodalität

Es drängt sich daher der Eindruck auf, dass mitgliedstaatliche Maßnahmen gegen Gesellschafter nicht nur dann als zulässig angesehen werden sollen, wenn sie den Rechtfertigungstest bestehen, sondern noch weitere Fälle gedacht werden können, in denen nationale Maßnahmen gegen die Gesellschafter persönlich zulässigerweise ergriffen werden können. Dieses Ergebnis steht wiederum in Einklang mit der schon eingangs erwähnten Bezugnahme auf Aufenthaltsmodalitäten im Sinne der auf die Niederlassungsfreiheit ausgedehnten Keck-Rechtsprechung.[573]
Die strafrechtlichen und deliktsrechtlichen Haftungsgrundlagen aus §§ 823 Abs. 2 BGB, 263 StGB stellen nach der im Allgemeinen Teil getroffenen Abgrenzungslinie lediglich Aufenthaltsmodalitäten dar, welche nicht unter den Schutzbereich der Art. 43, 48 ff EGV fallen. Die Gefahr haftungsrechtlicher Inanspruchnahme kann zwar Auswirkungen auf den Marktzutritt als solches haben. Es handelt sich aber lediglich um allgemein deliktsrechtliche und unterschiedslos geltende Vorschriften, aufgrund derer die Gesellschafter, ähnlich wie bei

---

571 „Ähnlich blaß bleibt der Hinweis, der Staat der Zweigniederlassung könne (...) alle geeigneten Maßnahmen treffen, um Betrügereien zu verhindern oder zu verfolgen", *Leible*, NZG 1999, 301.
572 Tz 38 lautet: *„Kann somit* (Anm. des Verfassers: nach dem Rechtfertigungstest der Tz 34-37) *ein Mitgliedstaat die Eintragung der Zweigniederlassung einer nach dem Recht eines anderen Mitgliedstaates, in der sie ihren Sitz hat, errichteten Gesellschaft nicht verweigern, so kann er doch alle geeigneten Maßnahmen treffen...* "
573 Dazu Teil 1, B.II.4.

Körperverletzungen oder Verkehrsunfällen, in Haftung genommen werden können.[574]

(bb) Einordnung als Zutrittsbeschränkung

Anders liegt es beim Haftungsdurchgriff im eigentlichen Sinne, wenn als Ausnahmeregelung die gesellschaftsrechtliche Haftungsverteilung durchbrochen wird. Ein solcher Durchgriff nach den Vorschriften des Staates der Zweigniederlassung, stellt aus Sicht der Muttergesellschaft eine an Art. 43, 48 EGV zu messende Zutrittsbeschränkung dar, weil damit ein Eingriff in die Haftungsverteilung des jeweiligen Gesellschaftsstatuts verbunden ist.

An welche Rechtsordnung der Haftungsdurchgriff kollisionsrechtlich angeknüpft wird, erscheint in europarechtlicher Hinsicht unbeachtlich.[575] Bei allen Grundfreiheiten kommt es, unabhängig vom Kollisionsrecht, allein darauf an, ob die nationale Vorschrift in ihrer Wirkung europaverträglich ist oder nicht.[576] Es dürfte daher jedenfalls in Zweigniederlassungsfällen nicht zu beanstanden sein, wenn, entgegen der bisherigen international-privatrechtlichen Dogmatik, die Vorschriften und Regelungen zur Durchgriffshaftung von der Rechtsordnung am Ort der Zweigniederlassung bestimmt werden.

Schwieriger hingegen ist die Frage nach den sachrechtlichen Voraussetzungen der Durchgriffshaftung zu beantworten. Dabei ist zwischen den tatbestandlichen Voraussetzungen einerseits und den Rechtsfolgen andererseits zu unterscheiden:

Bezüglich der tatbestandlichen Voraussetzungen dürfte sich verallgemeinern lassen, dass stets ein Verstoß gegen das gesellschaftsrechtliche Kapitalerhaltungssystem vorliegen muss. Auch im deutschen Gesellschaftsrecht wird ein Haftungsgrund nur dann anerkannt, wenn Pflichtverletzungen in bezug auf das Gesellschaftskapital zu besorgen sind.[577] Wenn die Kapitalschutzvorschriften beachtet werden, haben die Gesellschafter auch keine Durchgriffshaftung zu befürchten.[578] Insofern können wohl auch die Befürchtungen *Zimmers* nicht geteilt werden, wonach durch den Haftungsdurchgriff in das Gläubigerschutzsystem einer fremden Rechtsordnung eingegriffen werde.[579] Dies genau geschieht nicht.

[574] Hierzu Teil 1, B.III.3.d.
[575] So auch *Forsthoff*, EuR 2000, 193f.
[576] *Leible*, in: *Grabitz/Hilf*, Art. 28 Rn 43, hierzu auch Teil 1, B.II.5.c.
[577] Vgl. etwa *Roth/Altmeppen*, § 13 Rn 26. Davon zu unterscheiden sind Fälle verschuldensunabhängiger Haftung im Bereich der Unterkapitalisierung und der Konkursverschleppung, hierzu etwa *Schmidt*, § 37 IV m.w.N. aus der Rechtsprechung.
[578] Vgl. etwa *Schmidt*, § 9 IV 2.
[579] *Zimmer*, S. 354.

Die Mechanismen, welche die jeweilige Rechtsordnung für die Kapitalaufbringung und Kapitalerhaltung vorsieht, bleiben unberührt. Die Durchgriffshaftung stellt lediglich eine auf das den Staat der Zweigniederlassung territorial begrenzte Sanktionierung von Verstößen gegen das Kapitalschutzsystem des Gesellschaftsstatuts der Muttergesellschaft dar.

Die tatbestandliche Beschränkung auf Rechtsverstöße gibt wiederum einen Maßstab für die Ausgestaltung der Durchgriffshaftung auf der Rechtsfolgenseite vor. Im Unterschied zu etwaigen Nachschusspflichten beim Mindestkapital, welche präventiven Charakter haben, geht es hier um den Umgang mit Verstößen gegen Normen, die von einer fremden Rechtsordnung, nämlich dem jeweiligen Statut der Muttergesellschaft, aufgestellt wurden.
Der Maßstab, mit dessen Hilfe die Zulässigkeit nationaler Maßnahmen wie die Durchgriffshaftung bestimmt werden kann, dürfte dem Herkunftslandprinzip[580] entnommen werden können. Denn ist liegt nicht fern, bezüglich der verschiedenen Unternehmensstandorte den Inkorporationsstaat der Muttergesellschaft als Herkunftsland, den der Zweigniederlassung als Bestimmungsland anzusehen. Das Herkunftslandprinzip findet grundsätzlich auch im Bereich der Niederlassungsfreiheit Anwendung.[581] Dies folgt bereits aus der inhaltsgleichen Übernahme des Rechtfertigungstests aus der Cassis-de-Dijon-Rechtsprechung, welche das „Prinzip der gegenseitigen Anerkennung" als Instrument zur Beseitigung von Beschränkungen impliziert.[582] Auch im Rahmen der Nachschusspflichten bezüglich des Mindestkapitals wurde der Grundsatz entwickelt, dass die jeweiligen Kapitalerhaltungssysteme der Mitgliedstaaten als grundsätzlich gleichwertig anzusehen sind, zusätzliche Maßnahmen am Ort der Zweigniederlassung daher unzulässig sind.[583]
Ist einerseits ein Mitgliedstaat gehalten, die zweckentsprechenden Bestimmungen des Herkunftslandes bis zur Gleichwertigkeitsgrenze[584] anzuerkennen, so muss ihm umgekehrt auch das Recht zustehen, zu überprüfen, ob die Regelungen des Herkunftslandes beachtet wurden.[585] Dieser Grundsatz ist in der Dogmatik der anderen Grundfreiheiten unbestritten, Zweifelsfälle entstehen, beispielsweise auf dem Gebiet der Warenverkehrsfreiheit, lediglich bei einzelnen ein-

[580] Eine Hinwendung zum Herkunftslandprinzip im Bereich der Niederlassungsfreiheit durch die Centros-Entscheidung wird ausdrücklich von *Puszkaijler*, IPRax 2000, 80, angenommen.
[581] Dies legt EuGH Slg. 1991 I, 2357ff („Vlassopoulou") nahe, *Eilmansberger*, JBl 1999, 367. Hierzu auch Teil 1, B.I.1.dd.
[582] *Leible*,in: *Grabitz/Hilf*, Art. 28 Rn 26.
[583] S. oben (1) „Mindestkapital".
[584] Beispiele aus dem Niederlassungsrecht bei *Eilmansberger*, JBl 1999, 367.
[585] Insoweit etwa EuGH Slg. 1997 I, 2971, 3013f („Celestini").

fuhrbedingten Maßnahmen zur Überprüfung der Gleichwertigkeit.[586] Man wird daher auch im Bereich der Niederlassungsfreiheit annehmen müssen, dass der Staat der Zweigniederlassung grundsätzlich berechtigt ist, die Einhaltung der kapitalschützenden Vorschriften des Herkunftslandes vorzuschreiben, und bei Nichtbeachtung entsprechende Gegenmaßnahmen zu ergreifen.
Ob die Befugnisse des Staates, in dem die Zweigniederlassung belegen ist, dabei so weitgehend sind, dass die Eintragung der Zweigniederlassung abgelehnt oder die Löschung einer schon eingetragenen Zweigniederlassung veranlasst werden kann, mag dahingestellt bleiben. Solche Schritte sind auf dem Gebiet der Warenverkehrsfreiheit mit Einfuhrverboten vergleichbar, was im Hinblick auf den Verhältnismäßigkeitsgrundsatz bedenklich wäre.[587] Auch im Centros-Urteil hat der EuGH den Hinweis gegeben, dass die Nichteintragung von Zweigniederlassungen ausländischer Gesellschaften in jedem Falle unzulässig, weil unverhältnismäßig, sei.[588]
Entscheidend ist, dass selbst die Nichteintragung oder die Löschung der Zweigniederlassung den Belangen des Gläubigerschutzes nicht entsprechen würde. Sind infolge Unterkapitalisierung oder anderweitiger Verstöße gegen das Kapitalerhaltungssystem des jeweiligen Gesellschaftsrechts auf Seiten der Gläubiger Forderungsausfälle und Schäden entstanden, können diese durch Verkehrsverbote nicht ersetzt werden. Stattdessen müssen den Gläubigern durch geeignete Maßnahmen Ersatzansprüche verschafft werden, wenn die Forderungen gegen die Gesellschaft uneinbringlich sind.
Ausgehend von diesen Erwägungen erscheint es naheliegend, die den Gesellschaftern zurechenbaren Schäden aus Verstößen gegen das Kapitalschutzsystem des jeweiligen Gesellschaftsstatuts auf die Gesellschafter abzuwälzen, soweit die Gesellschaft bei ordnungsgemäßem Handeln ersatzpflichtig wäre. Insofern ist der Einschätzung von *Werlauff* zuzustimmen, dass vorausgehende Schutzvorschriften und nachfolgende Haftung für eine umfassende Gewährleistung des Gläubigerschutzes erforderlich sind.[589]

[586] Im Bereich der Warenverkehrsfreiheit etwa bei Produktionskontrollen, technischen Untersuchungen, Zertifizierungen etc., vgl. *Leible*, in: *Grabitz/Hilf*, Art. 28 Rn 26, 33.
[587] Zu den Grenzen mitgliedstaatlicher Kontrollbefugnisse *Leible*, in: *Grabitz/Hilf*, Art. 28 Rn 26.
[588] *„Jedoch kann die Bekämpfung von Betrügereien nicht rechtfertigen, die Eintragung einer Zweigniederlassung einer in einem anderen Mitgliedstaat niedergelassenen Gesellschaft zu verweigern“*, EuGH Slg. 1999 I, 1459ff, Tz 38 a.E. („Centros“). In Tz 37 heißt es im Zusammenhang mit der Verhältnismäßigkeit nationalen Maßnahmen: *„außerdem können entgegen dem Vorbringen der dänischen Behörden mildere Maßnahmen getroffen werden, die die Grundfreiheiten weniger beeinträchtigen“*. Ebenfalls auf den Verhältnismäßigkeitsgrundsatz abstellend *Streinz*, JuS 1999, 811 m.w.N. zur Rechtsprechung.
[589] *Werlauff*, ZIP 1999, 875, formuliert es so: *„Da die Frage vorausgehenden Kapitalschutzes und nachfolgender Haftung dem Prinzip kommunizierender Röhren vergleichbar ist...“*.

Im Hinblick auf die rechtsfolgenmäßige Ausgestaltung der Durchgriffshaftung wäre es erforderlich, zur Befriedigung der Gläubiger aber auch ausreichend, die im deutschen Gesellschaftsrecht geltenden Grundsätze zur Haftungshöhe anzuwenden, wonach die Gesellschafter persönlich den Gläubigern gegenüber entsprechend § 128 HGB haften, was zu einer unbeschränkten Einstandspflicht für Gesellschaftsschulden führt.[590]

Was die weitere Ausgestaltung der tatbestandlichen Voraussetzungen der Durchgriffshaftung betrifft, können die Grundsätze des deutschen Gesellschaftsrechts nicht ohne weiteres angewendet werden. Der Haftungsdurchgriff wird nämlich nur in Ausnahmefällen angewendet, um das Prinzip der Haftungsbeschränkung nicht grundsätzlich aufzuweichen.[591] Die insoweit von der Rechtsprechung vorgenommenen Abgrenzungslinien und die daraus folgende Bildung von Fallgruppen[592] dürfte sich nicht ohne weiteres in die Dogmatik einer ausländischen Rechtsordnung einfügen. Vor der Entwicklung möglicher Abgrenzungslinien kann aber die Frage vorangestellt werden, ob eine Durchgriffshaftung, die *ausnahmslos* bei jedem Verstoß gegen kapitalschützende Normen fremden Rechts eingreifen würde, in europarechtlicher Hinsicht zulässig wäre. Wenn eine solche maximale Ausgestaltung auf der Tatbestandsseite zulässig wäre, hätten der nationale Gesetzgeber und die nationalen Gerichte einen zumindest europarechtlich nicht einschränkbaren Gestaltungsspielraum hinsichtlich der tatbestandlichen Ausgestaltung der Durchgriffshaftung.
Mit dem zwingenden Allgemeininteresse des Gläubigerschutzes[593] ließen sich auch solch strenge Tatbestandsvoraussetzungen begründen. Eine derartige Regelung wäre auch zur umfassenden Bekämpfung von Schadensfällen geeignet; sie wäre auch insofern erforderlich, wenn die Gläubiger von jedem Schaden, der infolge eines Verstoßes gegen das Kapitalschutzsystem entsteht, freigestellt werden sollen. Bedenken könnten insbesondere im Hinblick auf die Verhältnismäßigkeit im engeren Sinne vorgebracht werden, da die Gesellschafter einer ausländischen Zweigniederlassung für jede noch so kleine Pflichtverletzung in Anspruch genommen werden könnten.
Dagegen spricht jedoch, dass die Schadenersatzpflicht analog § 128 HGB auf die Gesellschaftsschuld beschränkt bleibt, die Gesellschafter also keine Verpflichtungen zu befürchten hätten, die den Umfang des von ihnen verursachten Schadens übersteigen. Im Übrigen gilt der Grundsatz, dass unter Geltung des

---

[590] Zur den Rechtsfolgen im deutschen Recht *Lutter/Hommelhoff*, § 13 Rn 7 m.w.N..
[591] Für viele *Schmidt*, § 9 IV, wonach es keinen allgemeinen Grundsatz gebe, nach dem die Herbeiführung einer Haftungsbeschränkung durch gesellschaftsrechtliche Formenwahl per se unerwünscht ist.
[592] Übersicht über die Fallgruppen bei *Lutter/Hommelhoff*, § 13 Rn 10ff; *Roth/Altmeppen*, § 13 Rn 18ff. Speziell zur Unterkapitalisierung ausführlich *Hachenberg/Ulmer*, Anh § 30.
[593] Teil 1, C.III.3.

Herkunftslandprinzips ein Mitgliedstaat berechtigt ist, die Einhaltung der Regelungen des Herkunftslandes im Inland einzufordern.[594] Fehlt es daran, so wird man eine Gesellschaft bzw. deren verantwortliche Gesellschafter, wenn diese den gesetzlichen Anforderungen nicht nachkommen, im Hinblick auf die Haftung für dadurch verursachte Schäden nicht als schützenswert ansehen können.

Im Ergebnis ist daher festzuhalten, dass es europarechtlich nicht zu beanstanden wäre, die Durchgriffshaftung bei sämtlichen Verstößen gegen das ausländische Kapitalschutzsystem anzuwenden. Einschränkungen bei den tatbestandlichen Voraussetzungen, wie sie aus dem deutschen Recht bekannt sind, können auch im Hinblick auf den Verhältnismäßigkeitsgrundsatz nicht als zwingend geboten angesehen werden.

bb) Schutz der Gesellschafter

Zu prüfen ist weiterhin, ob am Ort der Zweigniederlassung Bestimmungen zum Schutz der Gesellschafter bestehen sollen.[595]
Im Schrifttum ist diese Problematik jedoch meistens in Sitzverlegungs-Wegzugsfällen erörtert worden, wenn es darum ging – die Zulässigkeit dieser Gestaltungsform unterstellt – insoweit das deutsche Schutzniveau auch nach dem Wegzug zu erhalten.[596] Hier liegt der Fall anders, es stellt sich die Frage, ob zum Schutz der Gesellschafter einer ausländischen Gesellschaft, welche im Inland eine Zweigniederlassung errichtet hat, das ausländische Gesellschaftsstatut durch nationale Vorschriften ergänzt werden soll. Dieser Fall ist, soweit ersichtlich, von *Ulmer* und *Kieninger* angesprochen worden. Beide vertreten die Ansicht, dass derartige Schutzvorschriften nicht erforderlich seien, weil die Gesellschafter bei Gründung der Gesellschaft sich das jeweilige Statut und auch eine bestimmte Gesellschaftsform aussuchen könnten. Es bestehe daher kein Bedarf, die insoweit frei gewählten Schutzvorschriften zum Schutz der Gesellschafter im Innenverhältnis durch einen anderen Standard zu ersetzen.[597]

Dem ist zuzustimmen. Es ist anerkannt, dass ein Mitgliedstaat eine im Sinne der Cassis-Rechtsprechung zu rechtfertigende Regelung auf sein Hoheitsgebiet beschränken muss.[598] Schutzvorschriften, welche dem Rechtsverkehr auf fremden Hoheitsgebiet zugute kommen, können nicht mit zwingenden Allgemeininteres-

---

[594] Kontrolle der Regelungen des Herkunftslandes, s. oben.
[595] Zur Einordnung als zwingendes Allgemeininteresse Teil 1, C.III.3.b.
[596] Vgl. etwa *Kruse*, S. 156; *Bechtel*, S. 142.
[597] *Ulmer*, JZ 1999, 662; *Kieninger*, ZGR 1999, 745.
[598] *Leible*, in: *Grabitz/Hilf*, Art. 28 Rn 19.

sen gerechtfertigt werden.[599] Es ist nicht ersichtlich, warum diese Grundsätze sinngemäß nicht auch im Bereich der Niederlassungsfreiheit für Gesellschaften gelten sollen. Maßnahmen zugunsten der Gesellschafter können daher nur vom jeweiligen Inkorporationsstaat getroffen werden. Vorschriften des Zweigniederlassungsstaates, welche die Gesellschafter untereinander und ihr Verhältnis zur Gesellschafter betreffen, sind daher unzulässig.

cc) Mitbestimmung

Problematisch ist ferner, ob für ausländische Zweigniederlassungen auch die inländischen Mitbestimmungsregeln angewendet werden könnten. Die derzeitige Rechtslage sieht dies nicht vor.[600] Vor der Centros-Entscheidung war davon auszugehen, dass Gesellschaften mit inländischem Verwaltungssitz ohnehin inländisch inkorporiert sein müssen, und auf diese Weise auch deutsches Mitbestimmungsrecht zur Anwendung gelange.[601] Seit der Centros-Entscheidung wird vermehrt darüber diskutiert, ob inländisches Mitbestimmungsrecht durch eine Sonderanknüpfung auch auf ausländische Gesellschaftsformen angewendet werden sollte.[602] Indes war die Tatsache, dass mit einer Zweigniederlassungskonstruktion deutsches Mitbestimmungsrecht umgangen werden konnte, schon zuvor bekannt.[603]

(1) Meinungsstand in der Literatur

Gelegentlich wird die Ansicht vertreten, dass bei Überschreitung des mitbestimmungsrelevanten Schwellenwerts die Errichtung einer Zweigniederlassung untersagt, stattdessen auf die Gründung einer Tochtergesellschaft verwiesen werden sollte.[604]

Im Übrigen scheint die Auffassung vorzuherrschen, dass die Umgehung deutschen Mitbestimmungsrechts in Zweigniederlassungsfällen jedenfalls nicht zum

---

[599] Diese Grundsätze gelten auch im Bereich des Art. 30 EGV, *Epiney*, in: *Calliess/Ruffert*, Art. 30 Rn 16.
[600] Vgl. oben A.II.3.
[601] *Roth, W.-H.*, ZGR 2000, 333.
[602] *Meilicke*, GmbHR 2000, 695; *Roth, W.-H.*, ZGR 2000, 333; *Zimmer*, BB 2000, 1365f; *Roth, G. H.*, ZIP 1999, 864; *Ulmer*, JZ 1999, 663; *Hammen*, WM 1999, 2493ff; *Kieninger*, ZGR 1999, 744f; *Höfling*, DB 1999, 1208. Vor Centros stammen entsprechende Vorschläge von *Zimmer*, S. 137ff und *Knobbe-Keuk*, ZHR 1990 (154), 348.
[603] Zuletzt etwa *Zimmer*, BB 2000, 1366 m.w.N., vgl. auch A.II.3.
[604] *Staudinger-Großfeld*, IntGesR Rn 518ff; *Großfeld/Erlinghagen*, JZ 1993, 221f; weitere Nachweise bei *Zimmer*, S. 163, Fn 131; als Diskussionsgrundlage erwähnt auch bei *Ulmer*, JZ 1999, 663.

Verbot der Errichtung führen dürfe.[605] Zugleich wird meist nicht geleugnet, dass nationale Maßnahmen zur Durchsetzung des Mitbestimmungsrechts, würde man sie einführen, grundsätzlich zulässig sein sollen.[606]
Detailvorschläge zur möglichen Ausgestaltung eines Mitbestimmungsrechts für ausländisch inkorporierte Zweigniederlassungen sind im Schrifttum nach der Centros-Entscheidung nicht enthalten.[607] Es werden lediglich grundsätzliche Bedenken für den Fall erhoben, dass der Geltungsbereich des deutschen Mitbestimmungsrechts auf ausländisch inkorporierte Zweigniederlassungen ausgedehnt werden sollte.
So wird zum einen darauf hingewiesen, dass die inländische Rechtslage nicht auf das dualistische Verwaltungssystem mit Vorstand und Aufsichtsrat zugeschnitten ist, welches nicht auf Gesellschaften übertragen werden könne, die nach monistischem System gesteuert werden.[608] Zum anderen ist der Einwand zu hören, dass der deutsche Gesetzgeber ausländisch inkorporierte Zweigniederlassungen vom Anwendungsbereich des Mitbestimmungsrechts ausklammert; da die Belange der arbeitnehmerischen Mitbestimmung deshalb in inkonsequenter Weise verfolgt würden, könne hier nicht ein zwingendes Allgemeininteresse geltend gemacht werden.[609]

(2) Eigene Stellungnahme

Eine Regelung, welche die Errichtung einer Zweigniederlassung zum Erhalt der deutschen Mitbestimmungsregeln grundsätzlich untersagt, kommt nicht in Betracht. Eine derartige Regelung ist schon im Hinblick auf den beabsichtigten Schutz unzweckmäßig. Sie betrifft nämlich nur Zweigniederlassungen, die schon zur Zeit der Errichtung den mitbestimmungsrelevanten Schwellenwert an Arbeitnehmern überschreiten. Von den Befürwortern dieser Regelung ist jedoch nicht erläutert worden, wie zu verfahren ist, wenn dieser Schwellenwert erst später überschritten wird. Vor allem aber wäre ein solches Vorgehen mit Art. 43 Abs. 1 S. 2 EGV unvereinbar, wonach einer Gesellschaft grundsätzlich beide Ausübungsformen sekundärer Niederlassungsfreiheit offenstehen müssen, eine

---

[605] *Meilicke*, GmbHR 2000, 695; *Roth, W.-H.*, ZGR 2000, 333; *Höfling*, DB 1999, 1208; im Ergebnis wohl auch *Ulmer*, JZ 1999, 663.
[606] *Roth, W.-H.*, ZGR 2000, 333; *Kieninger*, ZGR 1999, 745; *Roth, G. H.*, ZIP 1999, 864; zweifelnd *Meilicke*, GmbHR 2000, 695f.
[607] *Hammen*, WM 1999, 2494 verweist insoweit auf *Zimmer*, S. 168, der ein Modell entwirft, das vom dualistischen System geprägte Mitbestimmungsrecht auf das monistische System zu übertragen, im übrigen aber ebenfalls keine Vorschläge de lege ferenda zum Mitbestimmungsrecht unterbreitet.
[608] *Roth, W.-H*, ZGR 2000, 333; *Hammen*, WM 1999, 2493ff; vgl. auch oben II.3. und unten D.II.4.
[609] *Meilicke*, GmbHR 2000, 695f; *Zimmer*, BB 2000, 1366.

Gesellschaft gerade nicht auf die Gründung einer Zweigniederlassung verwiesen werden kann.[610]
Es ist daher davon auszugehen, dass das Mitbestimmungsrecht das Verbot einer Zweigniederlassung, mithin auch deren Nichteintragung, nicht rechtfertigen kann.

Im Übrigen sind die Einwände gegen die Übertragung deutscher Mitbestimmungsregeln auf inländische Zweigniederlassungen ausländischer Gesellschaften nur teilweise überzeugend.
Würde der Anwendungsbereich des deutschen Mitbestimmungsrechts entsprechend erweitert werden, so könnte dem nationalen Gesetzgeber nicht eine inkonsequente Zielverfolgung entgegengehalten werden, da von diesem Moment an sämtliche Arbeitnehmer, die bei einer im Inland belegenen Niederlassung, gleich nach welcher Rechtsordnung sie inkorporiert ist, beschäftigt sind, unter die Mitbestimmungsregeln fallen würden.

Eine andere Frage ist, ob das Mitbestimmungsrecht auch auf Gesellschaften mit monistischer Führungsstruktur angewendet werden kann. Anpassungsschwierigkeiten können sich aber auch dann ergeben, wenn das betreffende ausländische Unternehmen dualistisch geführt wird und einen Aufsichtsrat bilden kann, dieser aber von den Anteilseignern zu wählen ist.[611]
Regelungen, die zu Anpassungsproblemen an die Organisationsstruktur einer fremden Gesellschaftsform führen, dürften allgemein wohl unter dem Gesichtspunkt der Geeignetheit zu diskutieren sein. Wenn eine ausländische Gesellschaft inländische Mitbestimmungsvorschriften aus organisatorischen Gründen nicht befolgen kann, andererseits der Gesellschaft die Errichtung einer Zweigniederlassung nicht grundsätzlich untersagt werden kann, so würde der nationale Mitbestimmungsstandard im Ergebnis nicht wie beabsichtigt durchgesetzt werden können.
Es besteht daher bereits eine niederlassungsrechtliche Verpflichtung des betreffenden Mitgliedstaates,[612] etwaige Mitbestimmungsregeln so auszugestalten, dass sie mit der internen Verwaltungsstruktur ausländischer Gesellschaftsformen in Einklang zu bringen sind. Die bloße Ausdehnung des Anwendungsbereiches

---

[610] *Troberg*, in: *von der Groeben/Thiesing/Ehlermann*, Art. 52 Rn 22; *Hammen*, WM 1999, 2494; *Schön*, EWS 2000, 283ff. Vgl. auch Teil 1, B.I.2.a.

[611] Beispiel von *Zimmer*, S. 167, der hier eine „Angleichung" vorschlägt, indem die zu wählenden Vertreter zunächst von den Arbeitnehmern und Gewerkschaftsvertretern vorgeschlagen, und anschließend von den Anteilseignern nach den Wahlvorschriften des entsprechenden Gesellschaftsstatuts gewählt werden.

[612] Die Wahl geeigneter Maßnahmen ist grundsätzlich Sache des jeweiligen Mitgliedstaates, *Müller-Graff*, in: *von der Groeben/Thiesing/Ehlermann*, Art. 36 Rn 131; *ders.*, Art. 30 Rn 231.

des deutschen Mitbestimmungsrechts genügt daher nicht. Es muss vielmehr eine organisationsneutrale Regelung geschaffen werden, deren Befolgung insbesondere auch Gesellschaften, deren Statut die Gründung eines Aufsichtsrates nicht vorsieht, möglich ist.
Diese Voraussetzungen wären wohl erfüllt, wenn der ausländischen Gesellschaft auferlegt wird, in der Führungsebene Arbeitnehmervertreter aufzunehmen, welche Entscheidungsbefugnisse haben, die zu denen des Aufsichtsrates im deutschen Mitbestimmungsrecht kongruent sind.[613] Allerdings sollten solche Maßnahmen, einmal mehr im Hinblick auf das Prinzip der gegenseitigen Anerkennung, nur dann ergriffen werden dürfen, soweit das Mitbestimmungsrecht im Herkunftsland keine entsprechenden Anforderungen an die Zweigniederlassung stellt. Eine grundsätzliche Gleichwertigkeit der Mitbestimmungsregeln im Rechtsvergleich innerhalb der EU dürfte jedoch, im Unterschied etwa zu den Kapitalerhaltungsregeln,[614] nicht anzunehmen sein, da das deutsche Mitbestimmungsrecht vor allem hinsichtlich der Einflussnahmemöglichkeiten in den Entscheidungsablauf innerhalb der unternehmerischen Lenkungsorgane einen vergleichsweisen hohen Standard aufweist.[615]

Im Ergebnis kann daher festgehalten werden, dass die Aufrechterhaltung des nationalen Mitbestimmungsstandard grundsätzlich gerechtfertigt ist, nicht jedoch das Verbot der Errichtung einer Zweigniederlassung. Anhaltspunkte dafür, dass die Schwellengrenze von 2000 Arbeitnehmern aus Gründen der Verhältnismäßigkeit beanstandet werden könnte, sind nicht in Sicht. Etwaige nationale Regelungen müssen in organisatorischer Hinsicht aber so neutral gestaltet werden, dass ihre Befolgung allen EU-Gesellschaften möglich ist.

2. Zweigniederlassungen inländischer Unternehmen im Ausland

Es bleibt die Frage, ob der nationale Gesetzgeber auch dafür Sorge tragen kann, dass seine Schutzinteressen von Zweigniederlassungen inländisch Unternehmen im Ausland eingehalten werden. Zu diesem Zweck wäre es erforderlich, Regelungen für die inländisch inkorporierten Muttergesellschaften aufzustellen. Inwieweit derartige Maßnahmen vor dem Hintergrund der sekundären Niederlassungsfreiheit gerechtfertigt werden können, wurde mit der Centros-Entscheidung jedenfalls nicht beantwortet. Die dortigen Ausführungen beziehen sich nur auf die Befugnisse des Zweigniederlassungsstaates.[616]

---

[613] Ein entsprechender Vorschlag stammt bereits von *Zimmer*, S. 168. Auch bei *Grothe*, S. 124, 175ff wird eine Arbeitnehmerrepräsentation nach deutschem Vorbild in einer monistischen Verwaltungsstruktur für möglich gehalten.
[614] Dazu oben A.IV.1.b.aa.
[615] *Kieninger*, ZGR 2000, 744.
[616] *Leible*, NZG 1999, 301.

Es dürfte davon auszugehen sein, dass sich die Frage nach nationalen Schutzmaßnahmen im Zusammenhang mit der Errichtung von Zweigniederlassungen im Ausland allenfalls im Mitbestimmungsrecht stellt. Im Übrigen ist mit dieser Gestaltungsform kein Gefahrenpotential verbunden, das über das mit dem Bestand der Hauptgesellschaft im Inland verbundene Risiko hinausgeht. Eine besondere Gefährdung der Gläubiger und der Gesellschafter ist nicht erkennbar.
Die Gläubiger der Gesellschaft bedürfen infolge der Errichtung einer Zweigniederlassung einer Gesellschaft keines besonderen Schutzes, da die Hauptgesellschaft im Inland als Haftungsschuldner weiterbesteht.[617] Auch die Rechte der Gesellschafter und Aktionäre werden durch die Gründung einer Sekundärniederlassung im Ausland nicht beeinträchtigt. Hierin liegt ein Unterschied zu Sitzverlegungsfällen, wenn eine deutsche Gesellschaft, möglicherweise formwechselnd, ins Ausland umziehen will; die Muttergesellschaft bleibt dann in ihrer bisherigen Ausgestaltung nicht erhalten, wodurch ein Gefahrenpotential für den Rechtsverkehr entsteht.[618]

Im Mitbestimmungsrecht gilt der Grundsatz, dass im Ausland beschäftigte Arbeitnehmer eines deutschen Unternehmens nicht in die Mitbestimmungsregeln einzubeziehen sind.[619] In der Literatur wird überwiegend eine Ausweitung der Mitbestimmung auch auf die im Ausland beschäftigten Arbeitnehmer gefordert.[620]

In europarechtlicher Hinsicht könnte eine derartige Regelung kaum beanstandet werden. Es ist schon kein Eingriff in den Schutzbereich des Art. 43 Abs. 1 S. 2 EGV erkennbar, wenn ein Unternehmen, auch im Falle der Errichtung einer Zweigniederlassung, die unternehmensbezogenen Vorschriften des Inkorporationsstaates zu befolgen hat. Dies ergibt sich aus der Reichweite der Rechtsgarantie des Art. 43 Abs. 1 S. 2 Alt. 2 EGV: eine Zweigniederlassung ist rechtlich unselbständig und nach dem Statut und der Rechtsform der Muttergesellschaft organisiert.[621] Hieraus kann wiederum entnommen werden, dass mit dem Recht auf Errichtung einer Zweigniederlassung nicht weitergehende Recht verbunden ist, von der Befolgung inländischer Vorschriften suspendiert zu werden.
Die Ausdehnung deutschen Mitbestimmungsrechts auch auf Arbeitnehmer, die im Ausland über die Zweigniederlassung beschäftigt werden, würde aber ledig-

[617] *Roth, G.-H.*, ZIP 1999, 863; für den Fall der GmbH-Gründung mit Auslandssitz *Behrens-Behrens*, IPR Rn 30.
[618] *Bechtel*, S. 142ff; *Kruse*, S. 158ff; *Schnichels*, S. 179ff. In Zweigniederlassungsfällen werden Schutzmaßnahmen gegen die inländische Muttergesellschaft zugunsten der Gläubiger und Gesellschafter, soweit ersichtlich, nicht diskutiert.
[619] *Reuter*, S. 95ff m.w.N.; *Zimmer*, S. 169.
[620] *Zimmer*, S. 169 Fn 154 m.w.N.; zuletzt *Meilicke*, GmbHR 2000, 695f.
[621] Vgl. Teil 1, B.II.2.

lich die Beibehaltung des inländischen Schutzniveaus bedeuten. Es würde insoweit nur der Zustand hergestellt werden, der hinsichtlich des Schutzes der Gläubiger und der Gesellschafter ohnehin gilt; etwa die Mindestkapitalvorschriften oder die Kontrollrechte der Minderheitsgesellschafter werden durch die Errichtung einer Zweigniederlassung nicht berührt. Es wäre nur konsequent, wenn gleiches auch im Mitbestimmungsrecht gelten würde. Nach derzeitiger Rechtslage, ohne die Einbeziehung der im Ausland beschäftigten Arbeitnehmer in die Mitbestimmungsregeln, kann sich ein Unternehmen durch die Errichtung einer Zweigniederlassung im Vergleich zu einem rein inländisch operierenden Unternehmen mit gleicher Arbeitnehmerzahl sogar einen Vorteil verschaffen.
Im Ergebnis ist festzuhalten, dass die bloße Erstreckung des Mitbestimmungsrechts auf ausländische Arbeitnehmer des inländisch inkorporierten Unternehmens nicht zu beanstanden wäre.[622]

3. Zusammenfassung

Nationale Maßnamen gegen ausländisch inkorporierte Zweigniederlassungen zum Schutze der Gläubiger, der Gesellschafter und der arbeitnehmerischen Mitbestimmung können nur ergriffen werden, wenn alle Zweigniederlassungen insgesamt betroffen sind. Die sitztheoretische Differenzierung nach dem Verwaltungssitz des Gesamtunternehmens ist zur effektiven Durchsetzung der Schutzziele ungeeignet.
Im Übrigen ist zu beachten, dass gleichwertige Regelungen des Mitgliedstaates, in dem die Muttergesellschaft inkorporiert ist, im Zweigniederlassungsstaat anzuerkennen sind. Hinsichtlich der Kapitalerhaltungssysteme ist eine grundsätzliche Gleichwertigkeit innerhalb der EU-Rechtsordnungen anzunehmen.

---

[622] Da, wie erwähnt, insoweit nicht einmal der Schutzbereich des Art. 43 Abs. 1 S. 2 EGV berührt ist, hätte diese Frage bei systematischer Betrachtung im Kapitel III („Europarechtliche Vorgaben") abgehandelt werden müssen. Es erschien jedoch aus Gründen der Übersichtlichkeit angebracht, mitgliedstaatliche Maßnahmen gegen ausländisch inkorporierte Zweigniederlassungen und gegen inländisch inkorporierte Hauptgesellschaften im Zusammenhang darzustellen.

B. Typenverschmelzende Beteiligung ausländischer Kapitalgesellschaften an deutscher Personengesellschaft („Die ausländische GmbH & Co. KG")

I. Erscheinungsformen und Abgrenzungen

Die Beteiligung einer ausländischen Kapitalgesellschaft an einer deutschen Kommanditgesellschaft führt zu einer Typenverschmelzung zweier verschiedenen Rechtsordnungen unterliegenden Gesellschaftsformen[623].
Für diese Gesellschaftsform hat sich weithin der Begriff „ausländische GmbH & Co. KG" herausgebildet[624], da in der Praxis die Typenverschmelzung noch am häufigsten in der Weise anzutreffen ist, dass sich eine ausländische Kapitalgesellschaft, deren Haftung beschränkt ist und deshalb der deutschen GmbH vergleichbar ist, an einer deutschen Kommanditgesellschaft als Komplementärin beteiligt. Aus diesem Grunde wird der Begriff „ausländische GmbH & Co. KG" auch nachfolgend verwendet, obwohl mit dieser Bezeichnung etwa auch die Beteiligung einer ausländischen Kapitalgesellschaft an einer deutschen OHG umfaßt sein soll, da insoweit im wesentlichen die gleichen Rechtsprobleme auftreten.

II. Rechtslage nach Internationalem Privatrecht

Im deutschen Recht ist die Gesellschaftsform der ausländischen GmbH & Co. KG nicht ausdrücklich geregelt.[625] Die Rechtsprechung hat keine grundsätzlichen Bedenken. Im Schrifttum ist die Frage sehr umstritten.

1. Ansicht der Rechtsprechung

a) „Landshuter-Druckhaus-Entscheidung"

Die Rechtsprechung sieht die ausländische GmbH & Co. KG grundsätzlich als zulässig an. Die Grundsatzentscheidung hierzu ist die sog. „Landshuter-Druckhaus-Entscheidung" des BayObLG aus dem Jahre 1986.[626]

Das Gericht nahm zum Ausgangspunkt, dass die „inländische" GmbH & Co. KG" mit der ausländischen GmbH & Co. KG grundsätzlich gleichzustellen sei.

---

[623] *Staudinger-Großfeld*, IntGesR Rn 536.
[624] vgl. etwa die gleichnamigen Dissertationen von *Grothe* und *Haidinger*.
[625] *Heinrich*, S.12ff, 211ff mit Hinweisen zu indirekten Regelungen im MitbestG und KStG.
[626] BayObLGZ 1986, 54ff.

Wenn – was inzwischen anerkannt ist[627] – gegen die Rechtsform der GmbH & Co. KG keine Bedenken erhoben werden, so müsse dies grundsätzlich auch für die ausländische GmbH & Co. KG gelten. Die Fähigkeit, sich an einer inländischen KG zu beteiligen, müssten inländischen wie ausländischen juristischen Personen gleichermaßen zugestanden werden. Für die Beteiligungsfähigkeit ausländischer juristischer Personen sei es aber von Bedeutung, ob deren Rechtsfähigkeit im Inland anerkannt werde[628] und ob deren Gesellschaftsstatut eine Beteiligung an Personengesellschaften ermögliche.

aa) Anerkennung der Rechtsfähigkeit der ausländischen Kapitalgesellschaft

Die Frage der Anerkennung der Rechtsfähigkeit der ausländischen Kapitalgesellschaft im Inland richte sich nach der Sitztheorie. Deshalb sei die Rechtsfähigkeit der Gesellschaft anzuerkennen, wenn der Verwaltungssitz der Komplementärgesellschaft sich in dem Staate befindet, nach dessen Recht diese inkorporiert ist.
Insoweit kommen hier dieselben Grundsätze zur Anwendung wie bei der Anerkennung der Inlandsrechtsfähigkeit der ausländischen Muttergesellschaft einer inländischen Zweigniederlassung.[629]

bb) Besondere Beteiligungsfähigkeit

Die besondere Rechtsfähigkeit, sich an einer inländischen KG als Komplementärin zu beteiligen, setze voraus, dass sowohl das Gesellschaftsstatut der Auslandsgesellschaft[630] als auch inländisches Recht für den Beteiligungsvorgang keine Ausschlußgründe enthalten. Im deutschen Sachrecht gebe es hierfür kein Verbot nach § 134 BGB. In dem der damaligen Entscheidung zugrundeliegenden Fall ging es um die Komplementärsstellung einer nach britischem Recht gegründeten „Ltd.". Es kam daher darauf an, ob britisches Sachrecht die Beteiligung juristischer Personen an Personengesellschaften ermöglicht. Für die „unlimited partnership", welche einer OHG entspreche, und der Beteiligung als „ge-

---

[627] Das BayObLG verweist in diesem Zusammenhang auf §§ 19 Abs. 5 a.F., 125a, 129a, 172 Abs. 4 a.F., 172a, 177a HGB.
[628] Das BayObLG stützte sich dabei auf BGH WM 1979, 692ff.
[629] S. hierzu oben A.II.
[630] BayObLGZ 1986, 54ff m.w.N.. A.A. nur *Grothe*, S. 204. Nach *Ebenroth/Eyles*, DB 1988, Beilage S, S.18, stellt diese Voraussetzung einen dogmatischen Lösungsansatz zur Bekämpfung der „untragbaren Ergebnisse" der Typenverschmelzung dar. Insoweit wurde auch die Anerkennungslehre und die Anwendung des ordre-public-Vorbehaltes des Art. 6 EGBGB diskutiert.

neral partner" einer „limited partnership", welche einer KG entspreche, sei dies der Fall.[631]
Die „britische Ltd. & Co. KG" wurde deshalb als zulässig erachtet.[632]

b) Nachfolgende Entscheidungen

Das OLG Saarbrücken[633] hat die Zulässigkeit der ausländischen GmbH & Co. KG ebenfalls anerkannt, wobei es im Wesentlichen der Entscheidung des BayObLG gefolgt ist. Ein europarechtlicher Bezug fehlt im zugrundeliegenden Sachverhalt, weil es um die Beteiligungsfähigkeit einer schweizerischen Kapitalgesellschaft ging.[634]

Ein positives Votum zur Typenverschmelzung enthält auch eine Entscheidung des LG Stuttgart.[635] Abgesehen von der mehrmaligen Bezugnahme auf die Stammentscheidung des BayObLG weist das Gericht darauf hin, dass ausländische Gesellschaften auch sonst als Rechtsträger anerkannt würden, etwa bei „gewöhnlichen" Beteiligungen. Auch aus diesem Grunde sei es daher verfehlt, ihnen die „besondere Rechtsfähigkeit" abzusprechen, Komplementärin einer inländischen KG zu sein. Eine diesbezügliche Beschränkung stünde im Widerspruch mit „zunehmender internationaler Verflechtung". Weiterhin widerspräche ein Verbot der Typenverschmelzung den „Zielen" des EG-Vertrages.

In der Berufungsinstanz wurde die Entscheidung dann zwar aufgehoben.[636] Allerdings waren dafür aber nicht Ausführungen des LG zur Typenverschmelzung maßgeblich.[637] Insoweit schloss sich das OLG den Ausführungen des LG ausdrücklich an.

2. Meinungsstand in der Literatur

In der Literatur ist die Frage der Zulässigkeit der ausländischen GmbH & Co. KG umstritten.

---

[631] BayObLGZ 1986, 54ff.
[632] Ausgangspunkt des Verfahrens war die Frage, ob die Gesellschaft der Firmenwahrheit nach 18 II HGB a.F. entspreche. Die Vorschrift hatte folgenden Wortlaut: „ *Der Firma darf kein Zusatz beigefügt werden, der ein Gesellschaftsverhältnis andeutet oder sonst geeignet ist, ein Täuschung über die Art oder den Umfang des Geschäfts oder die Verhältnisse des Geschäftsinhabers herbeizuführen.* "
[633] OLG Saarbrücken, JZ 1989, 904ff.b
[634] vgl. hierzu *Großfeld/Strotmann*, IPRax 1990, 298ff.
[635] LG Stuttgart RIW 1993, 848ff.
[636] OLG Stuttgart, WM 1995, 928ff.
[637] *Schmidt-Hermesdorf*, RIW 1990, 710.

a) Einwände gegen die Zulässigkeit

Die Einwände gegen diese Rechtsform lassen sich in zwei Kategorien zusammenfassen. Einerseits wird auf zu befürchtende Rechtsmißbräuche hingewiesen, andererseits soll ein Verstoß gegen die Sitztheorie vorliegen.

aa) Rechtsmißbrauch

Im Hinblick auf Mißbrauchserwägungen wird gegen die Zulässigkeit einer Typenverschmelzung zunächst vorgebracht, dass die komplizierte Struktur der GmbH & Co. KG noch undurchsichtiger gemacht werde, wenn zusätzlich zur Typenvermischung auch noch eine Rechtsnormvermischung käme.[638] Es träfen nämlich nicht nur wie bei der GmbH & Co. KG zwei Gesellschaftsformen, sondern auch zwei Rechte zusammen.[639]

Außerdem würden die Vertretungsverhältnisse nicht klar genug offengelegt werden, weil die ausländische Gesellschaft, wenn nicht zugleich eine nach § 13 d ff HGB einzutragende Zweigniederlassung besteht, nicht in ein deutsches Register einzutragen sei. Dass aus § 9 HGB Einsicht in die Details der Gesellschafterliste, des Kapitals und der Vertretungsbefugnisse genommen werden könne, sei wenig hilfreich. Mit einer Eintragung ins Handelsregister, durch die wegen § 15 HGB und den Grundsätzen der Rechtscheinshaftung auch ein Vertrauenstatbestand geschaffen werde, sei dies nicht vergleichbar.[640]

Im Übrigen seien die Kapitalaufbringung und dessen Erhaltung nur unzureichend gewährleistet, da die ausländische Gesellschaft insoweit nicht den möglicherweise strengen deutschen Vorschriften unterliege.[641]

Schließlich sei der inländische Standard arbeitnehmerischer Mitbestimmung nicht gewährleistet. Die Kommanditgesellschaft falle gem. § 1 I Nr.1 MitbestG nicht unter dessen Anwendungsbereich. Zwar treffe § 4 MitbestG eine Sonderregelung für Kommanditgesellschaften, doch seien die Arbeitnehmer der KG als solche der Komplementärgesellschaft zu betrachten.[642] Die Komplementärgesellschaft unterfällt wiederum als ausländisch inkorporiertes Unternehmen nicht dem Mitbestimmungsgesetz.[643]

---

[638] *Staudinger-Großfeld*, IntGesR Rn 541.
[639] So die Kritik zusammenfassend BayObLGZ 1986, 54ff.
[640] *Ebenroth/Eyles*, DB 1988, Beilage 2, S. 17.
[641] *Ebenroth/Hopp*, JZ 1989, 883; *Ebenroth/Eyles*, DB 1988, Beilage 2, S. 17.
[642] *Großfeld/Erlinghagen*, JZ 1993, 218; *Ebenroth/Hopp*, JZ 1989, 888.
[643] Aus diesem Grunde ist auch § 5 Abs. 2 MitbestG unanwendbar, *ErfK/Oetker*, § 1 Rn 4f m.w.N.; *Kasseler Handbuch/Klinkhammer* 7.1. Rn 47.

bb) Verstoß gegen Sitztheorie

Für den Fall, dass der effektive Verwaltungssitz sich im Ausland befindet, was nicht selten der Fall sein dürfte, wenn die ausländische Kapitalgesellschaft die einzige Komplementärin ist, müsse die KG nach dem der Sitztheorie folgenden deutschen Recht ihre Rechtsfähigkeit verlieren bzw. könnte gar nicht wirksam gegründet werden, wenn der Verwaltungssitz von Anfang an im Ausland belegen ist.[644] Die ausländische GmbH & Co. KG sei daher, wenn überhaupt, nur möglich, wenn mehrere Komplementäre vorhanden sind, und die interne Aufgabenverteilung der Leitungsgesellschaften ergibt, dass der effektive Verwaltungssitz in Deutschland liegt.[645]

b) Argumente für die Zulässigkeit

Die Befürworter unterstellen die Zulässigkeit der ausländischen GmbH & Co. KG teilweise ohne weitere Begründung.[646]

Im Übrigen wird den oben genannten Einwänden im Wesentlichen mit folgenden Argumenten entgegengetreten:

Rechtsanwendungsprobleme beim Übereinandergreifen zweier verschiedener Rechtsordnungen seien zwar nicht zu leugnen, müssten aber letztlich hingenommen werden. Solche Schwierigkeiten könnten auch auftreten, wenn an einer KG etwa ein minderjähriger Ausländer beteiligt ist.[647]

Gefahren für die Gläubiger durch geringere Kapitalausstattung der Komplementärgesellschaft seien nicht zu besorgen. Dem könne allein schon mit entsprechenden Firmierungspflichten begegnet werden.[648]

Hinsichtlich der angeblichen Umgehung des Mitbestimmungsrechts wird der Standpunkt vertreten, dass der Gesetzgeber bereits bei Erlaß des MitbestG 1976 die ausländische GmbH & Co. KG in seine Überlegungen mit einbezogen habe. Dies ergebe sich aus den Beratungen im Gesetzgebungsverfahren. Der Bericht des Ausschusses für Arbeit und Sozialordnung führt hierzu aus: *„Im Ausschuß habe Einmütigkeit darüber bestanden, dass der Geltungsbereich des Entwurfes sich auf Unternehmen und Konzernobergesellschaften beschränke, die ihren Sitz im Inland haben.“*[649] Im Übrigen könne das deutsche Mitbestimmungsrecht nö-

---

[644] *Staudinger-Großfeld*, IntGesR Rn 544; *Schmidt-Hermesdorf*, RIW 1990, 709; jeweils m.w.N.; *Großfeld*, WM 1992, 2126.
[645] *Ebenroth/Eyles*, DB 1988, Beilage 2, S.19.
[646] *Schmidt-Hermesdorf*, RIW 1990, 709.
[647] so auch BayObLGZ 1986, 54ff.
[648] *Bungert*, AG 1995, 503.
[649] BT-Drucks. 7/4845, S. 3f. Vgl. hierzu auch BayObLGZ 1986, 54ff.

tigenfalls über den ordre-public-Vorbehalt des Art. 6 EGBGB durchgesetzt werden.[650]
Ein Verstoß gegen die Sitztheorie läge ebenfalls nicht vor. Die nach ihren Grundsätzen erfolgende Anerkennung der ausländischen Kapitalgesellschaft im Inland verlange ja gerade, dass sich ihr Verwaltungssitz im Inkorporationsstaat befindet, nicht aber im Inland befindet.[651]

Im übrigen wird die Ansicht vertreten, dass der Gesetzgeber mit der Einführung von modernen „GmbH & Co. KG-Vorschriften" wie etwa §§ 19 Abs. 5 a.F., 125a, 129a, 130a, 130b, 172a, 177a HGB die Zulässigkeit der ausländischen GmbH & Co. KG indirekt bestätigt habe. Denn diese Vorschriften setzten nur voraus, dass „kein persönlicher Gesellschafter eine natürliche Person ist". Dies eröffne die Möglichkeit der komplementärmäßigen Beteiligung sowohl einer inländischen als auch einer ausländischen Kapitalgesellschaft.[652]

3. Zusammenfassung

Nach der Darstellung des Meinungsstandes kann gesagt werden, dass bislang nicht vollständig geklärt ist, wie eine Typenverschmelzung nach deutschem Recht zu beurteilen ist.
Die Rechtsprechung tendiert im Ergebnis dazu, die Zulässigkeit zu bejahen. Allerdings werden nicht immer dieselben Begründungsmuster herangezogen, was darauf schießen läßt, dass noch nicht einmal die Judikatur gefestigt ist.
Dies gilt besonders für die oben zitierte Entscheidung des LG Stuttgart,[653] in der es um die komplementärmäßige Beteiligung einer Schweizer Gesellschaft an einer deutschen KG ging. Soweit das Gericht als Argumentationshilfe auf die „Ziele des EGV" verwies, ist dies umso erstaunlicher, als dass die Schweiz nicht Mitglied der EU ist.[654] Unter Berücksichtigung dessen kann der Beschluß wohl nur so verstanden werden, dass die Typenverschmelzung zur ausländischen GmbH & Co. KG ohne Rücksicht auf das Gesellschaftsstatut der Komplementärgesellschaft als zulässig angesehen werden sollte. Dies ließe sich – obwohl die Stammentscheidung des BayObLG zitiert wurde[655] - wiederum nicht in Einklang bringen mit der vom BayObLG geforderten Voraussetzung der „besonderen Beteiligungsfähigkeit", in deren Rahmen es auf die Gestattung des Beteili-

[650] *Staudinger-Großfeld*, IntGesR Rn 553.
[651] *Schmidt-Hermesdorf*, RIW 1990, S.709, Fn. 26 m.w.N.
[652] *Zimmer*, S. 208.
[653] LG Stuttgart RIW 1993, 848ff.
[654] Die Bezugnahme auf die „Ziele des EG-Vertrages" ist unvollständig, als diese nicht weiter ausgeführt werden. Zu denken wäre zwar an Art. 293 EGV, erwähnt ist diese Vorschrift jedoch nicht.
[655] LG Stuttgart RIW 1993, 850.

gungsvorganges durch das vom Gesellschaftsstatut der Komplementärgesellschaft berufene Sachrecht ankommen soll.
Für die nicht stark ausgeprägte Festigung der Rechtsprechung spricht auch, dass die betreffenden Entscheidungen zumeist ohne ausführlichere Begründung im Ergebnis die Entscheidung des BayObLG übernehmen, und dass, soweit ersichtlich, höchstrichterliche Rechtsprechung zu diesem Thema fehlt.[656]
Im Übrigen wird die Diskussion um die Typenverschmelzung auch in der Literatur teilweise mit widersprüchlichen Argumenten geführt. So wird die angebliche Nichtrechtsfähigkeit der Kommanditgesellschaft bei ausländischem Verwaltungssitz mancherorts mit der Sitztheorie begründet.[657] In letzter Konsequenz soll ihre Anwendung umgekehrt aber gerade verlangen, dass die ausländische Kapitalgesellschaft in ihrem Heimatstaat den Verwaltungssitz beibehält.[658] Die Sitztheorie läßt sich also für beide Auffassungen heranziehen, je nachdem, ob bezüglich mit ihr die Rechtsfähigkeit nur der Komplementärgesellschaft, oder der Kommanditgesellschaft insgesamt begründet werden soll.
Die Frage der Zulässigkeit der ausländischen GmbH & Co. KG wird daher umstritten bleiben. Es kommt entscheidend darauf an, ob die ausländischen Kapitalgesellschaft & Co. KG eine Grundlage im EG-Vertrag findet.

III. Europarechtliche Vorgaben

Nachfolgend ist zu prüfen, ob das Gestaltungsmodell der ausländischen GmbH & Co. KG im EG-Vertrag eine Grundlage findet. Dabei ist zunächst zu unterscheiden, welche der beiden beteiligten Gesellschaften geschützt ist, die ausländische Kapitalgesellschaft oder die deutsche Personengesellschaft. Im Schrifttum wurde in dieser Hinsicht, soweit ersichtlich, nicht differenziert. Die einschlägigen Abhandlungen lassen erkennen, dass im Ergebnis immer nur auf die ausländische Kapitalgesellschaft abgestellt wird.[659]

1. Ausländische Komplementärgesellschaft als Rechtsträgerin

In europarechtlicher Hinsicht kann es keinen Unterschied machen, ob eine ausländische GmbH & Co. KG vorliegt, oder der umgekehrte Fall, dass eine deutsche Kapitalgesellschaft sich an einer ausländischen Personengesellschaft als

[656] Dies dürfte daran liegen, dass die Frage der Zulässigkeit der ausländischen GmbH & Co. KG meistens schon bei der Eintragung ins Handelsregister gem. § 125 FGG als FGG-Verfahren vor den Gerichten ausgetragen wird. Diese Streitigkeiten können aber im Wege der weiteren Beschwerde gem. § 27 FGG „nur“ bis zu den Oberlandesgerichten gelangen.
[657] S. oben 2.a.bb.
[658] S. oben 2.b.
[659] Vgl. etwa *Grothe*, S. 307ff; *Haidinger*, S. 154ff; *Zimmer*, S. 210ff; *Ebenroth/Eyles*, DB 1988, Beilage 2, 18; *Schmidt-Hermesdorf*, RIW 1990, 711ff; *Bungert*, AG 1995, 502f.

persönlich haftende Gesellschafterin beteiligt. Insoweit gilt nichts anderes wie in Zweigniederlassungsfällen, wo ebenfalls zwischen Ein- und Auswanderungsfällen, was den Schutzbereich betrifft, nicht zu differenzieren ist.[660] In anderen europäischen Gesellschaftsrechtsordnungen ist eine der GmbH & Co. KG vergleichbare Gesellschaftsform jedoch wenig verbreitet.[661]

a) Betroffene Freiheitsrechte

Die ausländische Kapitalgesellschaft nimmt, wie allgemein bei der GmbH & Co. KG, innerhalb der KG die Stellung eines Komplementärs ein. Die Gesellschaft kann, im Falle der OHG ist dies sogar zwingend, ohne weiteres mehrere persönlich haftende Gesellschafter besitzen. Als anwendbare Grundfreiheiten kommen neben der Niederlassungsfreiheit auch die Kapitalverkehrsfreiheit, und subsidiär[662] die Beteiligungsfreiheit nach Art. 294 EGV in Betracht.[663]
Bei der Abgrenzung zwischen Niederlassungsfreiheit und Kapitalverkehrsfreiheit kommt es darauf an, ob mit der Unternehmensbeteiligung unternehmerischer Einfluß ausgeübt wird.[664]
Wenn die ausländische Kapitalgesellschaft innerhalb der KG als einzige Kommanditistin fungiert, so ergibt sich die unternehmerische Einfluß schon aus §§ 161 Abs. 2, 114 Abs. 1 HGB. Auch wenn mehrere persönlich haftende Gesellschafter bestehen, dürfte das Merkmal des unternehmerischen Einflusses nicht zu leugnen sein, weil jeder von ihnen nach §§ 161 Abs. 2, 114 Abs.1 HGB an der Geschäftsführung beteiligt ist. Der Anwendungsbereich der Kapitalgesellschaft könnte allenfalls dann eröffnet sein, wenn die ausländische Kapitalgesellschaft gem. §§ 161 Abs. 2, 114 Abs. 2 HGB von der Geschäftsführung ausgeschlossen ist.[665] In diesem Sonderfalle könnte man annehmen, dass das Enga-

[660] Vgl. A.III.1.a.
[661] *Haidinger*, S.168; *Ebenroth/Eyles*, S. 19.
[662] „Unbeschadet", vgl. *Troberg*, in: *von der Groeben/Thiesing/Ehlermann*, Art. 221 Rn 2.
[663] Vgl. auch *Zimmer*, S.212 und *Grothe*, S. 310, wonach die Frage der Zulässigkeit der Typenverschmelzung „im Kräftefeld dreier europarechtlicher Freiheiten, der Niederlassungsfreiheit, der Kapitalverkehrsfreiheit und des Art. 294 EGV" liege. Es sei jedoch nach allen dreien Vorschriften unzulässig, Gesellschaften anderer Mitgliedstaaten hinsichtlich der Beteiligung an einer inländischen Gesellschaft schlechter zu behandeln als inländisch inkorporierte Gesellschaften. In beiden Fundstellen ist nicht geprüft worden, ob diese Aussage so allgemeingültig auch nach der Daily-Mail-Entscheidung aufrechterhalten werden kann, was jedoch im Ergebnis jedoch zu bejahen ist, s. unten. *Grothe* hatte allein zeitlich (Erscheinungsjahr 1989) keine Gelegenheit, die Daily-Mail-Entscheidung einzuarbeiten.
[664] Vgl. insoweit die Abgrenzung zur Kapitalverkehrsfreiheit, Teil, 1 A.I.
[665] Wenn die Geschäftsführung im Gesellschaftsvertrag einem Gesellschafter übertragen ist, sind die übrigen Gesellschafter im Zweifel von der Geschäftsführung ausgeschlossen. Das Recht, ggf. sogar die Pflicht, bei Gefahr im Verzug zu handeln, analog § 115 Abs. 2 HGB, bleibt davon unberührt, *Ensthaler-Ensthaler*, § 114 Rn 8. Unternehmerischer Einfluß in dem

gement der ausländischen Kapitalgesellschaft nur in einer für den Kapitalverkehr typischen Direktinvestition besteht.
In allen anderen Fällen, in denen die Komplementärgesellschaft nicht über §§ 161 Abs. 2, 114 Abs. 2 HGB vollständig von der Geschäftsführung ausgeschlossen ist, beurteilt sich die Zulässigkeit der typenverschmelzenden Beteiligung einer ausländischen Kapitalgesellschaft an einer inländischen Personengesellschaft nach der Niederlassungsfreiheit.

b) Niederlassungsfreiheit

Als nächstes stellt sich die Frage, ob insoweit die primäre oder die sekundäre Niederlassungsfreiheit tangiert ist.[666]

aa) Sekundäre Niederlassungsfreiheit

Die Typenverschmelzung wäre nach Art. 43 Abs. 1 S. 2 EGV als zulässig anzusehen, wenn die Komplementärbeteiligung der ausländischen Kapitalgesellschaft über den Umweg einer Sekundärniederlassung im Inland bewerkstelligt werden könnte.

(1) Tochtergesellschaft

Mit Hilfe der Gründung einer Tochtergesellschaft kann eine ausländische GmbH & Co. KG nicht errichtet werden, weil die Tochtergesellschaft rechtlich selbständig ist und sich so als deutsche GmbH oder AG an der KG beteiligen würde. Es läge dann nur der Standardfall einer „inländischen" GmbH & Co. KG vor.

Großfeld/König sehen wegen dieser Möglichkeit, eine GmbH & Co. KG zu gründen, auch keine Notwendigkeit, Typenverschmelzungen zuzulassen. Denn die Gefährdung des deutschen Rechtsverkehrs sei viel größer als die für ausländische Unternehmen mit der Gründung einer Tochtergesellschaft verbundene „Last".[667]
Abgesehen davon, dass völlig unklar ist, nach welchen Kriterien eine etwaige „Last" beurteilt werden soll, ist die Auffassung in zweierlei Hinsicht nicht haltbar. Zum einen ist es anerkannt, dass es bei der Feststellung der Grundfreiheitsbeschränkung nicht auf deren Grad ankommt. Die Schlechterstellung muss auch

---

Sinne, dass allein damit schon der Anwendungsbereich der Niederlassungsfreiheit eröffnet wäre, liegt in der auf Fälle des Gefahrenverzuges beschränkten Geschäftsführungsbefugnis jedoch wohl nicht.
[666] Soweit überhaupt angesprochen, wird in der Literatur ohne nähere Diskussion die sekundäre Niederlassungsfreiheit herangezogen, vgl. *Zimmer*, S. 211 m.w.N..
[667] *Großfeld/König*, RIW 1992, 433, 438.

nicht zu einem bezifferbaren Nachteil führen. Vielmehr stellt jede noch so kleine Beeinträchtigung der Niederlassungsfreiheit eine unzulässige Diskriminierung dar.[668] Zum anderen verstößt die Argumentation gegen den Grundsatz, dass für die Berechtigten grundsätzlich alle der in Art. 43 Abs. 1 S.2 genannten sekundären Niederlassungsformen zur Verfügung stehen müssen. Ein Mitgliedstaat kann grundsätzlich nicht die Gründung einer Zweigniederlassung verbieten und auf die Gründung einer Tochtergesellschaft verweisen.

(2) Zweigniederlassung

Eine typenverschmelzende Beteiligung könnte jedoch mit der gleichzeitigen Errichtung einer Zweigniederlassung herbeigeführt werden, da wegen deren rechtlichen Unselbständigkeit das ausländische Gesellschaftsstatut erhalten bliebe. Ähnlich wie in gewöhnlichen Zweigniederlassungsfällen können auch hier Probleme auftreten, wenn die ausländisch inkorporierte Komplementärgesellschaft ihre wesentliche oder alleinige Geschäftstätigkeit im Inland ausübt.[669] Strukturell ist dies eine Konstellation, die der Centros-Entscheidung zugrunde lag. Da der alleinige Geschäftszweck der ausländischen Kapitalgesellschaft durchaus darin liegen kann, sich an der inländischen Personengesellschaft komplementärmäßig zu beteiligen, sind solche Fälle im Bereich der ausländischen GmbH & Co. KG im Gegensatz zu reinen Zweigniederlassungsfällen wohl vergleichsweise häufig anzutreffen.
Es sind jedoch keine Anhaltspunkte ersichtlich, warum die Centros-Grundsätze, soweit es ohne Belang ist, ob eine Gesellschaft ihre Geschäftstätigkeit ganz oder überwiegend über die Zweigniederlassung abwickelt,[670] nicht auf die ausländische GmbH & Co. KG angewendet werden können. Andernfalls würde man durch übersteigerte Anforderungen an den Umfang der Geschäftstätigkeit am Ort der Hauptniederlassung in die Verwaltungsstruktur des Unternehmens eingreifen. Die Argumentation für Zweigniederlassungsfälle gilt ohne Einschränkungen auch hier.[671]

Insoweit ist aber nur sichergestellt, dass der nationale Gesetzgeber daran gehindert ist, auf den Ort des Verwaltungssitzes der Komplementärgesellschaft abzustellen und daran unterschiedliche, für den Fall des Auslandssitzes nachteilige Rechtsfolgen vorzusehen, auch wenn die deutsche Rechtspraxis, merkwürdigerweise im Unterschied zu den strukturgleichen Zweigniederlassungsfällen mit

---

[668] *Troberg*, in: *von der Groeben/Thiesing/Ehlermann*, Art. 52 Rn 35.
[669] Für die Nichtigkeit der KG *Staudinger-Großfeld*, IntGesR Rn 544 m.w.N. S. dazu auch oben II.2.a.bb.
[670] EuGH Slg. 1999, 1459ff, Tz 17 („Centros"). Weitere Ausführungen oben A.III.1.b.
[671] Vgl. oben A.III.1.b.cc.4.

ausländischem Verwaltungssitz, darauf nicht abstellt.[672] Davon unberührt bleibt die Frage, ob die sekundäre Niederlassungsfreiheit auch eine Komplementärbeteiligung an einer inländischen Personengesellschaft ermöglicht. Hier handelt es sich um zwei verschiedene Fragestellungen. Eine ausländische Gesellschaft hat durch die Gründung einer Zweigniederlassung die Möglichkeit, sich im Gastland einen Standort zu schaffen, der rechtlich dem Mutterunternehmen zuzuordnen ist. Ein ganz anderes Problem ist es aber, ob die Muttergesellschaft im Gastland sich als Gesellschafterin an einer Personengesellschaft beteiligen kann.
Wie bereits im Allgemeinen Teil dargelegt wurde, umfassen die Vorschriften über die Niederlassungsfreiheit keinen Anspruch auf Rechtswahlfreiheit. Die Gestaltungsmöglichkeiten für Gesellschaften sind stets begrenzt durch den numerus clausus der Gesellschaftsformen im Gastland. Dies gilt auch für Tochtergesellschaften, deren Gründung selbst zwar von der Rechtsgarantie des Art. 43 Abs. 1 S. 2 EGV umfaßt ist, deren Rechtsform sich aber an den Gegebenheiten im Gastland orientiert. So ist auch mit dem Recht auf Gründung einer Zweigniederlassung nicht zugleich das weitergehende Recht verbunden, dass diese Zweigniederlassung eine bestimmte rechtliche Ausgestaltung erfährt.[673] Ohnehin tritt im Falle der ausländischen GmbH & Co. KG die Muttergesellschaft als Komplementärin in die inländische KG ein, nicht die Zweigniederlassung, die mangels Rechtsfähigkeit dazu gar nicht in der Lage wäre.

Als Zwischenergebnis kann daher festgehalten werden, dass allein die sekundäre Niederlassungsfreiheit einer Kapitalgesellschaft nicht das Recht vermittelt, sich an einer ausländischen Personengesellschaft zu beteiligen. Zwar ist es dem Gastland aufgrund Art. 43 Abs. 1 S. 2 EGV verwehrt, der ausländischen, beteiligungswilligen Gesellschaft schon wegen des Ortes des Verwaltungssitzes in Inland die Rechtsfähigkeit zu versagen, wenn – ansonsten ist der sachliche Anwendungsbereich des sekundären Niederlassungsfreiheit schon gar nicht eröffnet – im Inland eine Zweigniederlassung eingerichtet wird. Die gesellschaftsrechtliche Frage nach der Zulässigkeit des Gestaltungsmodells der ausländischen GmbH & Co. KG bleibt davon unberührt.

bb) Primäre Niederlassungsfreiheit

Es ist daher zu untersuchen, ob das Recht auf Beteiligung an einer ausländischen Personengesellschaft in der primären Niederlassungsfreiheit eine Grundlage findet. Dabei ist auch zu untersuchen, ob deren zwei Auslegungsalternativen, entweder als Diskriminierungs- oder als Beschränkungsverbot, zu unterschiedli-

[672] Dazu oben A.II.2.a.bb.
[673] Vgl. oben Teil 1, B. II. 2.

chen Ergebnissen führen.[674] Stellt sich heraus, dass diese Unternehmensform schon bei dem Verständnis der Niederlassungsfreiheit als bloßes Diskriminierungsverbot gewährleistet ist, so kann der Meinungsstreit hierüber an dieser Stelle auf sich beruhen.

(1) Primäre Niederlassungsfreiheit als Diskriminierungsverbot

Im Rahmen des Diskriminierungsverbotes kommt es darauf an, dass ausländische Gesellschaften den inländischen gleichgestellt werden. Wenn inländischen Kapitalgesellschaften die Möglichkeit eingeräumt wird, sich an einer Kommanditgesellschaft komplementärmäßig zu beteiligen, so muss dies grundsätzlich auch für ausländische Gesellschaften, die unter die Gleichstellungsklausel des Art. 48 Abs. 1 EGV fallen, gelten.[675]

In Teilen der Literatur wird die Auffassung vertreten, dass der Grundsatz der Inländergleichbehandlung es lediglich gebiete, im Inland ansässige Gesellschaften gleich zu behandeln. Gesellschaften, deren Sitz im Ausland liegt, müssten zuerst ihren Sitz ins Inland verlegen und sich so dem deutschen Recht anpassen, um dem Gleichbehandlungsgrundsatz zu unterfallen.[676]

Diese Ansicht ist jedoch abzulehnen. Die Gleichstellungsklausel des Art. 48 EGV enthält keine Anhaltspunkte dafür, dass die Gleichstellung von bestimmten Anforderungen an den Verwaltungssitz abhängig gemacht werden könnte. Vielmehr sollte jede Gesellschaft, die innerhalb der EU wirksam gegründet wurde, in den Schutzbereich der Niederlassungsfreiheit aufgenommen werden.[677] Die Gesellschaftsrechtsordnungen innerhalb der EU werden somit zumindest als formal gleichwertig angesehen.[678] Die Gleichstellung vom Inlandssitz abhängig machen zu wollen, steht dem entgegen. Auch ein Vergleich mit der Rechtslage auf dem Gebiet der natürlichen Personen zeigt, dass derartige Anforderungen überspannt sind: eine Anpassung an die Rechtsform des Gastland durch Verlegung des Sitzes dorthin ist insoweit gleichzusetzen mit der Annahme der Staatsangehörigkeit des Gastlandes. Die Niederlassungsfreiheit als Personenverkehrsfreiheit, sowie die Gleichstellung von Gesellschaften setzen

---

[674] Auch wenn nach hier vertretener Ansicht von einem Beschränkungsverbot auszugehen ist, kann die Rechtsprechung des EuGH noch nicht als so gefestigt angesehen werden, als dass eine hilfsweise Prüfung der Niederlassungsfreiheit als Diskriminierungsverbot als obsolet angesehen werden müsste, vgl. hierzu umfangreich die Darstellung in Teil 1, B.I.1.b., darunter insbesondere dd.

[675] Im Ergebnis auch *Zimmer*, S.212.

[676] *Ebenroth/Eyles*, DB 1988, Beilage 2, S.19. Ähnlich auch *Großfeld*, IPRax 1986, 355.

[677] Vgl. die Ausführungen zur Gleichstellungsklausel des Art. 48 Abs. 1 EGV in Teil 1, B.I.1.a.

[678] So auch *Haidinger*, S. 160.

aber bereits begrifflich voraus, dass Rechtsträgern unterschiedlicher Herkunft dieselben Rechte zustehen.

In eine etwas andere Richtung geht der Vorschlag von *Haidinger*, nur solche Gesellschaften gleich zu behandeln, die ihrem Personalstatut nach eine der GmbH vergleichbare Stellung aufweisen.[679]
Auch dieser Ansatz vermag nicht zu überzeugen. Zunächst einmal bleibt sein Urheber selbst die Antwort auf die Frage schuldig, was mit dem Terminus „einer der GmbH vergleichbare Stellung" gemeint ist. Einerseits sind Kapitalgesellschaften stets etwa durch eine juristisch verselbständigte Vermögensmasse und das Mittel der Haftungsbeschränkung auf das Gesellschaftsvermögen geprägt.[680] Andererseits ist jede Gesellschaft in ihre jeweilige Rechtsordnung eingebettet und im Detail unterschiedlich ausgestaltet. Dies wird schon bei der scheinbar leicht zu vergleichenden Frage der Mindestkapitalisierung deutlich. Lineare Vergleichsmaßstäbe allein helfen nicht, um die Frage der „einer der GmbH vergleichbaren Stellung" beantworten zu können, weil jede Rechtsordnung unterschiedliche Mechanismen zur Sicherung des Gläubigerschutzes enthält.[681] Der Terminus der „vergleichbaren Stellung" ist daher zu ungenau, um daran vernünftigerweise unterschiedliche Rechtsfolgen zu knüpfen.
Davon abgesehen sieht auch das deutsche Recht nicht vor, dass nur eine GmbH sich an einer Personengesellschaft als Gesellschafterin beteiligen kann. Ebenso anerkannt sind die GmbH & Co. KG aA, die AG & Co. KG, aber auch die Stiftung & Co. KG.[682]
Im Übrigen läßt sich auch die Gleichstellung nur bei Strukturgleichheit, was immer darunter zu verstehen sein soll, einmal mehr nicht mit Art. 48 Abs. 1 EGV vereinbaren. Nach dieser Vorschrift werden alle EU-Gesellschaften formal gleichgestellt, nicht nur die „Strukturgleichen".

Das Gebot der Inländergleichbehandlung verlangt daher, ausländischen Gesellschaften dieselben Rechte einzuräumen wie inländischen. Wenn es deutsches Recht erlaubt, dass eine Kapitalgesellschaft sich an einer Personengesellschaft als persönlich haftende Gesellschafterin beteiligt, was seit der höchstrichterlichen Anerkennung der GmbH & Co. KG unbestritten der Fall ist,[683] so erstrecken Art. 43, 48 EGV dieses Recht auch auf ausländische Kapitalgesellschaften.[684]

---

[679] *Haidinger*, S. 161f.
[680] *Schmidt*, § 22 II Nr. 2.
[681] *Zimmer*, BB 2000, 1365.
[682] *Schmidt*, § 5 III Nr. 1. Zur grundsätzlichen Zulässigkeit typenverschmelzender Gesellschaftsformen auch *Nagel*, S. 21.
[683] Seit BGHZ 45, 204.
[684] So auch *Schmidt-Hermesdorf*, RIW 1990, 711. Im Ergebnis nicht anders *Grothe*, S. 316.

(2) Primäre Niederlassungsfreiheit als Beschränkungsverbot

Da die Beteiligung an einer inländischen Personengesellschaft bereits über das Diskriminierungsverbot vom Schutzbereich der Niederlassungsfreiheit umfaßt ist, sind Ausführungen zum Beschränkungsverbot entbehrlich. Die Frage hätte nur dann eigenständige Bedeutung, wenn das deutsche Recht die Rechtsform der GmbH & Co. KG nicht kennen würde. Dann würde das Diskriminierungsverbot nicht helfen, im Falle eines Beschränkungsverbots kommt es hingegen auf den Vergleich mit den für Inländer geltenden Vorschriften nicht an.[685]

c) Zusammenfassung

Die ausländische GmbH & Co. KG findet nach alledem im EG-Vertrag eine Stütze. Allerdings vermögen weder die primäre noch die sekundäre Niederlassungsfreiheit für sich allein diese Gesellschaftsform zu garantieren.
Die primäre Niederlassungsfreiheit stellt nur sicher, dass ausländische Kapitalgesellschaften ebenso wie ihre deutschen Kolleginnen grundsätzlich die Stellung eines persönlich haftenden Gesellschafters innerhalb einer OHG oder KG einnehmen können. Insoweit wäre es den inländischen Behörden aber nicht verwehrt, der ausländischen Gesellschaft im Inland die Anerkennung der Rechtsfähigkeit zu versagen, wenn der Verwaltungssitz dieser Gesellschaft sich im Inland befindet. Ein Verstoß gegen den Gleichbehandlungsgrundsatz läge darin nicht, weil auch inländisch inkorporierte Gesellschaften, wenn sie ihren Verwaltungssitz nicht im Inland haben, nach international-privatrechtlichen Grundsätzen nicht als rechtsfähig angesehen werden.
Die sekundäre Niederlassungsfreiheit stellt indes sicher, dass der nationale Gesetzgeber daran gehindert ist, genau diese Rechtspraxis aufrechtzuerhalten, da es insoweit nicht auf die interne Leitungsstruktur des Unternehmens anzukommen hat. Damit der Anwendungsbereich der sekundären Niederlassungsfreiheit eröffnet ist, muss die ausländische Komplementärgesellschaft jedoch im Inland eine Zweigniederlassung errichten.

2. Inländische Personengesellschaft als Rechtsträgerin

Wie eingangs angedeutet, ist zu prüfen, ob sich auch die inländische Personengesellschaft auf ein eigenes europarechtlich verankertes Recht stützen kann, wenn sie eine ausländische Kapitalgesellschaft als persönlich haftende Gesellschafterin aufnehmen will. In Betracht kommt dabei insbesondere das spiegel-

---

[685] Teil 1, B.I.1.b.aa.

bildlich aus Art. 294 EGV entspringende Recht auf Aufnahme einer anderen Gesellschaft im Rahmen eines Beteiligungsvorganges.[686]

a) Nichtanwendbarkeit der Niederlassungs- und Kapitalverkehrsfreiheit

Art. 294 EGV ist als subsidiäre Vorschrift jedoch nur anwendbar, wenn nicht die Vorschriften über die Niederlassungs- oder Kapitalverkehrsfreiheit eingreifen.[687] Auf Art. 43, 48 EGV wird sich die aufnehmende Kommanditgesellschaft jedoch nicht berufen können, weil der Beteiligungsvorgang aus ihrer Sicht nicht eine den Anwendungsbereich der Niederlassungsfreiheit kennzeichnende Standortverlagerung mit sich bringt.[688]

Grundsätzlich kommt noch die Anwendung einer spiegelbildlich verstandenen Kapitalverkehrsfreiheit in Betracht. Im Einklang mit den Grundsätzen, die für die Abgrenzung zur Niederlassungsfreiheit gelten, ist der Anwendungsbereich der Vorschriften über die Kapitalverkehrsfreiheit aber nur eröffnet, wenn die Beteiligung sich in der bloßen Kapitalbeschaffung erschöpfen und sich nicht auf die unternehmerische Leitungsstruktur auswirken würde.[689] Es gibt keine Anzeichen, dass auf der spiegelbildlichen Ebene etwas anderes gelten sollte. Aus der Sicht der aufnehmenden Personengesellschaft sind die Art. 56 ff EGV daher nicht anzuwenden, wenn die Beteiligung der ausländischen Kapitalgesellschaft wiederum unternehmerische Einflußnahme zur Folge hat.

Infolgedessen wird man für Art. 294 EGV einen eigenständigen Anwendungsbereich in den Fällen annehmen müssen, die, würde man sie aus der Sicht der Kapitalgesellschaft beurteilen, der Niederlassungsfreiheit zuzuordnen wären. Da, wie erwähnt, aus der Sicht der inländischen Personengesellschaft aber ein lediglich ortsneutraler Vorgang zugrunde liegt, verbietet sich aber die Anwendung der Art. 43, 48 EGV.

b) Beteiligungsfreiheit des Art. 294 EGV

Art. 294 EGV stellt nach allgemeiner Auffassung ein Diskriminierungsverbot dar.[690] Ob aus dieser Vorschrift der Kommanditgesellschaft ein eigenes Recht zukommt, hängt von einem Vergleich mit der inländischen Rechtslage ab. Es

---

686 Grundsätzlich zur spiegelbildlichen Konstruktion des Art. 294 EGV als Aufnahmerecht Teil 1, A.IV.

687 Die Subsidiarität des Art. 294 EGV wird der Vorschrift selbst aus dem Wort „unbeschadet" entnommen, *Troberg*, in: *von der Groeben/Thiesing/Ehlermann*, Art. 221 Rn 2. Hierzu auch Teil 1, A.IV.

688 Zu Vorgängen, die dem Bereich der sekundären Niederlassungsfreiheit zuzuordnen sind, Teil 1, A.IV.

689 Zur Abgrenzung von Kapitalverkehrsfreiheit und Niederlassungsfreiheit Teil 1, A.I.

690 *Schweitzer*, in: *Grabitz/Hilf*, Art. 294 Rn 2. Weitere Hinweise unter Teil 1, A.IV.

stellt sich daher zunächst die Frage, ob eine Personengesellschaft berechtigt ist, eine Kapitalgesellschaft als Komplementärin aufzunehmen. Anschließend ist zu prüfen, ob auch im Rahmen des Art. 294 EGV eine Gleichstellung von natürlichen und juristischen Personen zu erfolgen hat.
Für die erste Frage ist zu klären, ob eine Kommanditgesellschaft wegen des Grundsatzes der Vertragsfreiheit beanspruchen kann, eine GmbH als Komplementärin aufzunehmen, d.h. eine GmbH & Co. KG zu werden.
Die gesellschaftsrechtlichen Rechtsformen werden durch einen numerus clausus gekennzeichnet. Damit geht – wie auch im Versicherungsrecht, im Recht der Hypothekenbanken und bei einigen freien Berufen – ein Rechtsformzwang einher. Das Prinzip der Vertragsfreiheit ist damit nicht außer Kraft gesetzt, sondern wird nach wie vor gewährleistet. Somit kann die Frage der Zulässigkeit einer GmbH & Co. KG nicht unter dem Gesichtspunkt des Rechtsformzwanges beurteilt werden, da auch bei der Aufnahme einer GmbH als Komplementärin immer noch eine KG bzw. OHG vorliegt.[691]
Eine andere Frage ist, ob die sog. Typengesetzlichkeit noch gewährleistet ist. Dabei geht es darum, ob die gewählte Rechtsform bis an die Grenze zwingenden Rechts beliebigen Variationen unterworfen werden kann. Das deutsche Privatrecht ist vom Grundsatz der Vertragsfreiheit beherrscht und gestattet atypische Gesellschaftsformen, wo nicht zwingendes Recht, gesetzliche Verbote (§ 134 BGB) oder die guten Sitten (§ 138 BGB) entgegenstehen. Zwingendes Recht oder gesetzliche Verbote, welche gegen die GmbH & Co. KG sprechen, sind nicht ersichtlich. Auch liegt in dieser Konstruktion kein Verstoß gegen die guten Sitten. Die hiermit verbundene Wertungsentscheidung berücksichtigt im Gesellschaftsrecht insbesondere das öffentliche Interesse und den Schutz des Rechtsverkehrs.

In der Rechtsprechung haben sich diesbezügliche die Bedenken gegen diese Ausprägung der KG jedenfalls nicht durchsetzen können. Ihr zufolge verkörpert auch die GmbH & Co. KG unproblematisch den „Typ“ der KG.[692]
Der Grundsatz der Vertragsfreiheit gestattet daher die Rechtsform der GmbH Co. KG. Hierauf können sich alle Beteiligten berufen, auch die KG, da sie selbst grundrechtsfähig ist.[693]
Auf die Zulässigkeit der ausländischen GmbH & Co. KG im Übrigen ist hier nicht einzugehen, da es gem. Art. 294 EGV im Hinblick auf das Gebot der Inländergleichbehandlung nur auf die nationalen Rechtsverhältnisse ankommt.

---

[691] *Schmidt*, S.102, 107.
[692] Unbestritten seit BGHZ 45, 204. Dazu auch oben III.1.b.aa.
[693] BVerfGE 10,89; 42, 383; *Ensthaler-Ensthaler*, § 124 Rn 6.

Die zweite Frage lautet, ob für die aufnehmende Kommanditgesellschaft auch die Gleichstellungsvoraussetzungen erfüllt sind. Eine ausdrückliche gesetzliche Gleichstellungsregel mit Gesellschaften wie in Art. 48 Abs. 2 EGV fehlt. Da durch Art. 294 EGV dem Wortlaut nach Beteiligungen an „Gesellschaften i.S.d. Art. 48 EGV" schützt, fallen bei der spiegelbildlichen Anwendung der Vorschrift EU-Gesellschaften jedoch ohne weiteres in den persönlichen Schutzbereich. Im Rahmen des Art. 48 Abs. 2 EGV ist auch anerkannt, dass nicht nur Kapitalgesellschaften, sondern auch Personengesellschaften geschützt sind.[694]

c) Zusammenfassung

Nach hier vertretener Auffassung kommt daher entgegen weit verbreiteter Ansicht in der Literatur der Vorschrift des Art. 294 EGV ein eigenständiger Anwendungsbereich zu. Will sich eine Kommanditgesellschaft gegen etwaige mitgliedstaatliche Restriktionen gegenüber der Rechtsform der ausländischen GmbH & Co. KG zur Wehr setzten, so muss auf Art. 294 EGV zurückgegriffen werden. Insbesondere ist die Niederlassungsfreiheit nicht vorrangig anwendbar, weil aus der Sicht der Kommanditgesellschaft keine Standortveränderung oder Standorterweiterung vorliegt. Dieses Ergebnis läßt sich schon bei der Auslegung des Art. 294 EGV als Diskriminierungsverbot gewinnen. Jedenfalls für die hier erörterte Fallkonstellation muss die bislang in der Literatur nicht angesprochene Frage, ob auch die Beteiligungsfreiheit ein Beschränkungsverbot darstellt, nicht vertieft werden.

IV. Rechtfertigung

Nunmehr geht es um die Frage, ob nationale Maßnahmen gegen die ausländische GmbH & Co. KG gerechtfertigt werden können. In Anlehnung an das vorherige Kapital kann auch hier zwischen Maßnahmen gegen die ausländische Komplementärgesellschaft und solchen gegen die Personengesellschaft unterschieden werden.
Im Schrifttum werden als Sanktion gegen die ausländische GmbH & Co. KG meist Verbotsregelungen diskutiert, etwa durch deren Nichtanerkennung oder zwangsweise Löschung.[695] Solche Maßnahmen richten sich in erster Linie gegen die Kommanditgesellschaft, die so in ihrem Bestand angegriffen wird. Da die Kommanditgesellschaft sich auf die Beteiligungsfreiheit stützen kann,[696]

[694] *Lenz*, Art. 48 Rn 1; *Bröhmer*, in: *Calliess/Ruffert*, Art. 48 Rn 4; *Troberg*, in: *von der Groeben/Thiesing/Ehlermann*, Art. 58 Rn 2.
[695] Vgl. etwa die Zusammenfassung des Meinungsstandes bei *Staudinger-Großfeld*, IntGesR Rn 538ff; *Mü-Ko-Kindler*, IntGesR Rn 439, auch oben B.II.2.; im übrigen *Heinrich*, S. 310ff; *Grothe*, S. 316ff; zuletzt, nach der Centros-Entscheidung, wieder *Ulmer*, JZ 1999, 663.
[696] Teil 1, A.IV. und Teil 2, B.III.2.

müssen derartige Maßnahmen davor gerechtfertigt werden können. Zugleich wird aber durch Verbotsregelungen auch das Niederlassungsrecht der ausländischen Kapitalgesellschaft[697] berührt, indem ihr so die Möglichkeit genommen wird, innerhalb der inländischen Personengesellschaft die Stellung einer Komplementärin einzunehmen.
Nachfolgend werden zunächst Maßnahmen gegen die Komplementärgesellschaft behandelt, welche dem niederlassungsrechtlichen Rechtfertigungstest zu unterziehen sind. Neben Verbotsregelungen fallen darunter auch alle sonstigen Regelungen betreffend die ausländische Kapitalgesellschaft. Anschließend kommt man zur Frage, ob Verbotsmaßnahmen gegen die Kommanditgesellschaft vor der Beteiligungsfreiheit gerechtfertigt werden können.

1. Maßnahmen gegen die ausländische Komplementärgesellschaft

Nationale Maßnahmen gegen die ausländische Kapitalgesellschaft werden auf verschiedene Rechtfertigungsgründe gestützt.
Zum einen werden die Gründe herangezogen, die bereits aus der Diskussion um Zweigniederlassungsfälle bekannt sind. Daneben ist noch auf einige andere Rechtfertigungsgründe einzugehen, die speziell auf die Gestaltungsform der ausländischen GmbH & Co. KG abgestellt sind. Schließlich geht es um die Frage, ob die Untersagung der typenverschmelzenden Beteiligung an Personengesellschaften mit den Zielbestimmungen der Art. 2, 3 EGV vereinbar ist.

a) Gläubigerschutz und Mitbestimmung

Die Untersagung der Typenverschmelzung wird in der Literatur weitgehend mit denselben Gründen gerechtfertigt wie in Zweigniederlassungsfällen:[698] Schutz der Gläubiger und Schutz der arbeitnehmerischen Mitbestimmung.[699]
Die Gläubiger seien gefährdet, weil durch die „auseinandergerissene Haftungsstruktur" die Kapitalaufbringungs- und Kapitalerhaltungsregeln umgangen werden könnten. Die von der inländischen Rechtsordnung vorgesehene Kapitalausstattung der GmbH & Co. KG sei nicht gewährleistet. Normen wie §§ 32a, b GmbHG, §§ 130a, 177a HGB kämen nicht zur Anwendung.[700] Im Übrigen sei auch die mangelnde Transparenz von Bedeutung, weil die Haftungs- und Vertre-

---

[697] B.III.1.
[698] Die folgenden Zitate zu den Rechtfertigungsgründen sind ausschließlich Fundstellen im Schrifttum entnommen, die sich auf die Niederlassungsfreiheit beziehen. Zu den international-privatrechtlichen, im Wesentlichen inhaltsgleichen, Einwänden gegen die ausländische GmbH & Co. KG vgl. oben B.II.2.a.
[699] *Heinrich*, S. 310f; *Eyles*, S. 366; *Ebenroth/Eyles*, DB 1988, Beilage 2, S. 18.
[700] *Heinrich*, S. 311; *Grothe*, S. 317f.

tungsverhältnisse der ausländischen Kapitalgesellschaft nicht registermäßig offengelegt werden müssten.[701]
Schließlich könne das Mitbestimmungsrecht umgangen werden, weil die ausländische Gesellschaft nicht unter den Anwendungsbereich des Mitbestimmungsrechts falle.[702]
Lediglich der Rechtfertigungsgrund des Schutzes der (Minderheits-) Gesellschafter findet im Unterschied zu Zweigniederlassungsfällen keine Erwähnung, was wohl daran liegt, dass die Stellung der Kommanditisten und der möglichen weiteren Komplementäre durch den Eintritt der ausländischen Kapitalgesellschaft in die inländische Personengesellschaft ersichtlich nicht berührt wird.

Es fällt auf, dass im Unterschied zu Zweigniederlassungsfällen, um den genannten Schutzinteressen gerecht zu werden, überwiegend nur die Untersagung der Rechtsform der ausländischen GmbH & Co. KG vorgeschlagen wird, und nicht ähnlich differenzierte Lösungsansätze unterbreitet werden wie im Zweigniederlassungsrecht, etwa Nachschusspflichten beim Mindestkapital, Haftungsdurchgriff auf die Gesellschafter der ausländischen Gesellschaft oder spezielle Mitbestimmungsregeln für ausländisch inkorporierte Gesellschaften.[703] Nur vereinzelt findet sich der Hinweis, dass der mangelnden Transparenz über die Organisationsstruktur der ausländischen Kapitalgesellschaft mit Firmierungspflichten begegnet werden könnte.[704]

Der Auffassung, dass eine Untersagung der ausländischen GmbH & Co. KG auf Rechtfertigungsebene Bestand habe, ist nicht zu folgen.
Wertungsmäßig besteht zwischen der Konstruktion einer ausländischen GmbH & Co. KG und dem Auftreten einer Zweigniederlassung einer ausländischen Gesellschaft aus inländischer Perspektive kein Unterschied. In einem wie im anderen Falle stellt sich das Problem, dass der inländische Rechtsverkehr mit einer ausländischen Gesellschaftsform in Berührung kommt.
Wenn bei der Diskussion um mögliche Maßnahmen gegen Zweigniederlassungen ausländischer Gesellschaften im Inland im Ergebnis festgestellt wurde, dass jedenfalls deren Untersagung unzulässig ist, so kann nicht gleichzeitig, aus denselben Rechtfertigungsgründen heraus, die Untersagung der ausländischen GmbH & Co. KG befürwortet werden.
Auch der Einwand der mangelnden Transparenz der Vertretungsverhältnisse vermag ein Verbot nicht zu rechtfertigen. Die Gesellschaft unterfällt nämlich, sobald sie im Inland eine Zweigniederlassung errichtet, den Offenlegungspflich-

---

[701] *Schmidt-Hermesdorf*, RIW 1990, 712; *Ebenroth/Eyles*, DB 1988, Beilage 2, S. 19; *Heinrich*, S. 310f.
[702] *Ulmer*, JZ 1999, 663; *Ebenroth/Eyles*, DB 1988, Beilage 2, S. 17; *Grothe*, S. 318f.
[703] Dazu oben A.IV.1.b.
[704] *Bungert*, AG 1995, 503; *Schmidt-Hermesdorf*, RIW 1990, 711.

ten der Zweigniederlassungsrichtlinie. Die Errichtung einer Zweigniederlassung ist wiederum erforderlich, damit die Gesellschaft in den Schutzbereich des Art. 43 Abs. 1 S. 2 EGV gelangt und so den Verwaltungssitz des Unternehmens frei wählen kann, ohne dabei etwaigen nationalen, sitztheoretisch geprägten Restriktionen unterworfen zu sein.[705]

Im Ergebnis kann daher festgestellt werden, dass die ausländische GmbH & Co. KG aus Gründen des Gläubigerschutzes und des Erhaltes der Mitbestimmung nicht untersagt werden kann. Es würde allerdings nicht zu beanstanden sein, wenn an beteiligungswillige ausländische Kapitalgesellschaften grundsätzlich die gleichen Anforderungen geknüpft werden wie an inländische Zweigniederlassungen ausländischer Gesellschaften.[706] Auf die Ausführungen zur Durchgriffshaftung und zum Mitbestimmungsrecht im Zweigniederlassungskapitel kann daher verwiesen werden.[707]

b) Weitere Rechtfertigungsgründe

Schließlich werden in der Literatur noch einige weitere Allgemeininteressen erörtert, die speziell auf die ausländische GmbH & Co. KG zugeschnitten sind, und Maßnahmen zur Untersagung dieser Unternehmensform sollen rechtfertigen können.

Heinrich ist der Meinung, dass das Interesse des Staates an der souveränen und eigenständigen Regelung seiner Rechts- und Wirtschaftsordnung und sein Interesse an der Sicherheit und Leichtigkeit des auf seinem Hoheitsgebiet stattfindenden Rechtsverkehrs jeweils einen Rechtfertigungsgrund darstellen. Im Falle einer ausländischen GmbH & Co. KG seien diese Interessen nicht gewahrt, weil – insoweit erfolgt ein Rückgriff auf die schon bekannten Belange des Gläubigerschutzes – die kapitalschützenden Normen der §§ 32a, b GmbHG, §§ 130a, 177 HGB nicht anwendbar seien, und die Vertretungsverhältnisse innerhalb der ausländischen juristischen Person nicht in einem deutschen Register offengelegt werden müssten.[708]

Mit dieser Auffassung sollen offenbar aus dem bürgerschützenden Rechtfertigungsgrund des Gläubigerschutzes noch weitere, rein staatliche Interessen abge-

---

[705] Zusammenfassend zum Schutzbereich vgl. oben B.III.1.c.

[706] Die grundsätzliche Gleichwertigkeit der europäischen Gesellschaftsrechtsordnungen bezüglich der Kapitalerhaltungsregeln wird, bezogen auf den Fall der ausländischen GmbH & Co. KG auch von *Haidinger*, S. 170, befürwortet.

[707] Vgl. oben A.IV.1.b.aa. und cc. Insoweit ist auch der zuletzt von *Ulmer*, JZ 1999, 663, geäußerten Ansicht, dass aus Mitbestimmungsgründen die Typenverschmelzung verhindert werden könnte, nicht zu folgen.

[708] *Heinrich*, S. 310ff.

leitet werden. Dies ist jedoch abzulehnen. Die souveräne Regelung der Rechts- und Wirtschaftsordnung ist für sich allein genommen nicht als schutzwürdiges Interesse anzuerkennen. Würde man den Mitgliedstaaten einen so weitgehenden Gestaltungsspielraum einräumen, könnten diese letztlich beliebig die Verwirklichung der Grundfreiheiten von nationalen Vorschriften abhängig machen. Es ist daher stets auf den jeweiligen, vom Mitgliedstaat verfolgten, sachlichen Rechtfertigungsgrund, hier die Belange des Gläubigerschutzes, abzustellen; ein übergeordnetes nationales Interesse an der Beibehaltung bestimmter Rechtsregeln besteht nicht.[709] Aus diesem Grunde ist auch die Sicherheit und Leichtigkeit des auf dem Hoheitsgebiet des jeweiligen Staates stattfindenden Rechtsverkehrs isoliert betrachtet kein tauglicher Rechtfertigungsgrund. Es kommt lediglich darauf an, ob die Erhaltung der jeweils beeinträchtigten Rechtsgüter im Allgemeininteresse steht. Die insoweit zur Begründung angeführte mangelnde Transparenz der Vertretungsverhältnisse, steht – wie erwähnt[710] – wegen der Anwendbarkeit der Zweigniederlassungsrichtlinie jedoch nicht zu befürchten.[711]
Es sind nach alledem keine Rechtfertigungsgründe ersichtlich, welche die Untersagung der ausländischen GmbH & Co. KG rechtfertigen könnten.

c) Zielbestimmungen des EG-Vertrages

Heinrich verfolgt noch einen weiteren, außerhalb der eigentlichen Rechtfertigungsprüfung liegenden, Ansatz, um die Vereinbarkeit des Verbotes der ausländischen GmbH & Co. KG mit europäischem Recht zu begründen: seiner Ansicht nach liegt kein Verstoß gegen Art. 3 lit. c EGV vor, weil die darin festgelegte Verwirklichung des Binnenmarktes nur nach Maßgabe des Art. 2 EGV zu vollziehen sei, wonach eine „harmonische und ausgewogene Entwicklung des Wirtschaftslebens" erreicht werden solle. Die mit der typenverschmelzenden Beteiligung einhergehenden Gefahren stünden dem jedoch entgegen.[712]

---

[709] *Rabe*, AnwBl 1992, 147 für die Dienstleistungsfreiheit. Im Ergebnis auch *Schnichels*, S.182.
[710] Vgl. oben a.
[711] *Haidinger*, S. 175f, nimmt grundsätzlich an, dass die Erhaltung des Gesellschaftsrechtssystems einen Rechtfertigungsgrund darstelle, ohne allerdings deshalb die Untersagung der typenverschmelzenden Beteiligung zu befürworten. Sofern mit diesem Einwand die Aufrechterhaltung des numerus clausus der Gesellschaftsformen gemeint ist, wird jedoch schon gar nicht der Schutzbereich der Niederlassungsfreiheit berührt, da diese nicht ein Rechtswahlrecht vermittelt, der nationale numerus clausus der Gesellschaftsformen insoweit nicht beseitigt werden kann, vgl. Teil 1, B.II.2. Da jedoch die Beteiligung einer ausländischen Kapitalgesellschaft als Komplementärin einer Personengesellschaft nicht dazu führt, dass diese ihre Eigenschaft als KG oder OHG verliert, bleibt der numerus clausus der Gesellschaftsformen aufrechterhalten, vgl. auch B.III.1.b.bb.1.
[712] *Heinrich*, S. 312ff.

Da sowohl die Niederlassungsfreiheit der Art. 43 ff EGV als auch die Ziele der Art. 2,3 EGV primärrechtlich verankert sind, kann nicht von vornherein gesagt werden, welcher der beiden Normen im Kollisionsfalle Vorrang einzuräumen ist. Grundsätzlich muss aber die Möglichkeit bejaht werden, dass Beschränkungen der Grundfreiheiten auch mit anderen, primärrechtlichen Vorschriften gerechtfertigt werden können.[713]
Der Ansicht von *Heinrich* kann aber nicht gefolgt werden, soweit er behauptet, die Einwände gegen die gläubigerschützenden Einwände gegen die Gestaltungsform der ausländischen GmbH & Co. KG ließen sich in die Vertragsziele des Art. 2 EGV einordnen.
Durch das Vertragsziel der „harmonischen und ausgewogenen Entwicklung des Wirtschaftslebens“ sollte in erster Linie struktur- und regionalpolitischen Belangen sowie den Grundsätzen des freien Wettbewerbs Rechnung getragen werden. Die Merkmale „harmonisch“ und „ausgewogen“ beziehen sich auf den fünften Erwägungsgrund in der Präambel des EGV und sollen dazu beitragen, dass in regional- und strukturpolitischer Hinsicht Ungleichgewichte abgebaut werden.[714] Dies wird noch hervorgehoben durch die Verwendung des Begriffes „harmonische Entwicklung“ in Art. 158 EGV, der eine besondere Vertragszielbestimmung über die Förderung benachteiligter Gebiete darstellt.[715]
In diese Kategorie können die gegen die Zulässigkeit der ausländischen GmbH & Co. KG vorgebrachten Einwände nicht eingeordnet werden. Hinzu kommt, dass durch eine zwischenzeitliche Änderung des Art. 2 EGV die betreffende Zielbestimmung um das Merkmal der Nachhaltigkeit erweitert wurde. Hiermit sollten umwelt- und entwicklungspolitische Belange eine stärkere Verankerung im EGV finden, wie etwa die gleichlautende Verwendung des Begriffes „nachhaltig“ in Art. 6 EGV (Umweltschutzerfordernisse) und Art. 177 EGV (im Titel über Entwicklungszusammenarbeit) zeigt.[716]

Im Ergebnis kann festgehalten werden, dass ein Verbot der ausländischen GmbH & Co. KG weder auf Rechtfertigungsebene noch im Hinblick auf die Vertragszielbestimmungen der Art. 2, 3 EGV Bestand haben könnte.

---

[713] Hierzu etwa EuGH Slg. 1992 I, 443ff („Kommission ./. Belgien), *Basedow*, in FS Everling, S. 57ff. Hingegen kann Sekundärrecht nicht als Rechtfertigungsargument für Beschränkungen herangezogen werden, *Jarass* in FS Everling, S.608.
[714] *Zuleeg*, in: *von der Groeben/Thiesing/Ehlermann*, Art. 2 Rn 9.
[715] *Ukrow*, in: *Calliess/Ruffert*, Art. 2 Rn 14.
[716] *Ukrow*, in: *Calliess/Ruffert*, Art. 2 Rn 15 mit den zusätzlichen Hinweis, dass auch in jüngeren völkerrechtlichen Verträgen mit dem Begriff „nachhaltig“ gerade die Umwelt- und Strukturpolitik gemeint ist.

2. Maßnahmen gegen die inländische Personengesellschaft

Bleibt die Frage, ob nationale Maßnahmen, welche die inländische Personengesellschaft daran hindern, eine ausländische Kapitalgesellschaft als Komplementärin aufzunehmen, vor der Beteiligungsfreiheit des Art. 294 EGV gerechtfertigt werden können.
Die Frage, ob und inwieweit Maßnahmen, die in den Schutzbereich der Beteiligungsfreiheit eingreifen, gerechtfertigt werden können, ist in der Literatur bislang nicht gestellt worden, was daran liegen mag, dass Art. 294 EGV im Allgemeinen ein eigenständiger Anwendungsbereich abgesprochen wird.[717] Da Art. 294 EGV jedoch eine Ausprägung des allgemeinen Diskriminierungsverbots des Art. 12 EGV darstellt,[718] dürften die insoweit geltenden Rechtfertigungsgrundsätze heranzuziehen sein. Die Ungleichbehandlung besteht hier darin, dass im Falle der Untersagung der ausländischen GmbH & Co. KG hinsichtlich des Inkorporationsstaates einer als Komplementärin in eine Personengesellschaft eintretende Kapitalgesellschaft differenziert werden würde.

Ob Maßnahmen, die in den Schutzbereich des Art. 12 EGV eingreifen, gerechtfertigt werden können, ist umstritten. Entscheidend ist, ob das Diskriminierungsverbot ein absolutes oder ein relatives Verbot enthält. Im Falle eines absoluten Verbotes ist eine Unterscheidung aus Gründen der Staatsangehörigkeit stets unzulässig,[719] im Falle eines relativen Verbots nur dann, wenn die Unterscheidung nicht mit sachlichen Gründen gerechtfertigt werden kann.[720]
Art. 12 EGV ist jedoch nur als relatives Verbot einzuordnen.[721] Schon der Wortlaut, der Diskriminierungen aus Gründen der Staatsangehörigkeit untersagt, legt nahe, dass eine Ungleichbehandlung möglich sein soll, wenn neben der Unterschiedlichkeit der Staatsangehörigkeit weitere sachliche Gründe vorliegen.[722]

---

717 Hierzu Teil 1, A. IV.
718 *Schweitzer*, in: *Grabitz/Hilf*, Art. 294 Rn 2.
719 So etwa *von Bogdandy*, in: *Grabitz/Hilf*, Art. 6 Rn 22f; *Bungert*, IStR 1994, 138, wonach nur diese Auslegung des Art. 12 EGV den Binnenmarktzielen entspreche.
720 *Zuleeg*, in: *von der Groeben/Thiesing/Ehlermann*, Art. 6 Rn 3; *von Bogdandy*, in: *Grabitz/Hilf*, Art. 6 Rn 22; *Streinz/Leible*, IPRax 1998, 167.
721 Inzwischen ist auch in der Rechtsprechung seit EuGH Slg. 1997 I, 1711ff („Hayes/Kronenberger") anerkannt, dass diskriminierende Maßnahmen grundsätzlich gerechtfertigt werden können, vgl. *Streinz/Leible*, IPRax 1998, 168 m.w.N. zur Rechtsprechung.
722 *Zuleeg*, in: *von der Groeben/Thiesing/Ehlermann*, Art. 6 Rn 3; *Streinz* Rn 668. A.A. *von Bogdandy*, in: *Grabitz/Hilf*, Art. 6 Rn 22. A.A. *von Bogdandy*, in: *Grabitz/Hilf*, Art. 6 Rn 23, wonach der Gebrauch des Indefinitpronomens „jede" das Verständnis indiziere, dass eine Diskriminierung aus Gründen der Staatsangehörigkeit nicht durch allgemeine Erwägungen der Sachgerechtigkeit relativiert werden könne. Dagegen lässt sich wiederum der Gebrauch der Wendung „alle Beschränkungen" in Art. 56 EGV anführen, da im Bereich der Kapitalverkehrsfreiheit sachlich gerechtfertigte Beschränkungen zulässig sind.

Auch stünde es zur Dogmatik der speziellen Grundfreiheiten des EG-Vertrages in Widerspruch, wenn bei der allgemeineren Vorschrift des Art. 12 EGV im Gegensatz dazu keine Rechtfertigung möglich sein sollte.[723]

Als nächstes ist zu klären, unter welchen Voraussetzungen diskriminierende Maßnahmen gerechtfertigt werden können. Dabei stellt sich insbesondere die Frage, ob die Rechtfertigungsregeln der speziellen Grundfreiheiten heranzuziehen sind. In diesem Falle würde der niederlassungsrechtliche Rechtfertigungstest für Maßnahmen gegen die ausländische Kapitalgesellschaft auch auf den die inländische Personengesellschaft schützenden Art. 294 EGV angewendet werden können.
Soweit sich die Rechtsprechung mit den Rechtfertigungsvoraussetzungen im Bereich des allgemeinen Diskriminierungsverbotes auseinandergesetzt hat, wurde bisher nicht ausdrücklich auf den aus der Cassis-Rechtsprechung bekannten Rechtfertigungstest Bezug genommen. Vielmehr wurde nur darauf hingewiesen, dass eine diskriminierende Maßnahme durch „objektive Umstände" gerechtfertigt sein muss.[724] Es dürfte jedoch davon auszugehen sein, dass hiermit nichts anderes als die Kategorie der zwingenden Allgemeininteressen gemeint ist, also die gleichen Regeln gelten wie bei den speziellen Grundfreiheiten. Der dogmatische Unterschied, dass dort ein allgemeines Beschränkungsverbot gilt,[725] führt lediglich dazu, dass auf Rechtfertigungsebene auf das Erfordernis der nichtdiskriminierenden Anwendung[726] einer nationalen Maßnahme zu verzichten ist. Im Übrigen ist nicht ersichtlich, warum die Beeinträchtigung von EG-vertraglich garantierten Freiheitsrechten an unterschiedliche Voraussetzungen geknüpft werden sollte.[727]

Insofern ist die inländische Personengesellschaft in ihren Rechten aus Art. 294 EGV den gleichen Einschränkungen unterworfen wie die ausländische Kapitalgesellschaft bezüglich der Niederlassungsfreiheit. Wird der Eintritt als Komplementärin durch nationale Vorschriften von bestimmten Voraussetzungen abhängig gemacht, so würden derartige Erschwernisse, wenn sie umgekehrt mit der Niederlassungsfreiheit vereinbar sind, die Personengesellschaft auch nicht in ihren Rechten aus Art. 294 EGV beeinträchtigen. Eine unterschiedliche Behandlung der beiden Freiheitsrechte auf Rechtfertigungsebene würde zu Widersprüchen führen. Denn es ist kein qualitativer Unterschied erkennbar, ob nationale

[723] *Streinz/Leible*, IPRax 1998, 168.
[724] EuGH Slg. 1997 I, 307 („Pastoors und Trans-Cap"); Slg. 1994 I, 479f („Mund&Fester").
[725] Zum Streitstand bei der Niederlassungsfreiheit vgl. Teil 1, B.I.1.b.
[726] Vgl. Teil 1, C.III.
[727] Die Rechtsprechung zieht entsprechend die allgemeinen Regeln zur Verhältnismäßigkeit heran, EuGH Slg. 1997 I, 1726 („Hayes"). *Streinz/Leible*, IPRax 1998, 168, ziehen in einem Obersatz sinngemäß ebenfalls den allgemeinen Rechtfertigungstest heran.

Maßnahmen, die im Ergebnis darauf abzielen, die Gestaltung einer ausländischen GmbH & Co. KG zu erschweren oder zu untersagen, sich formell gegen die ausländische Kapitalgesellschaft oder die inländische Personengesellschaft richten.

3. Zusammenfassung

Maßnahmen zur Untersagung der Rechtsform der ausländischen GmbH & Co. KG sind nicht zu rechtfertigen. Da wertungsmäßig eine Vergleichbarkeit zu Zweigniederlassungsfällen vorliegt, können an die Komplementärgesellschaft dieselben Anforderungen gestellt werden wie an ausländisch inkorporierte Zweigniederlassungen. Die Beteiligungsfreiheit vermittelt der inländischen Personengesellschaft im Vergleich zu ihrer von der Niederlassungsfreiheit geschützten Komplementärin keine weitergehenden Rechte.

C. Sitzverlegung

I. Erscheinungsformen und Abgrenzungen

In diesem Kapitel ist zu erörtern, inwieweit identitätswahrende Sitzverlegungen zulässig sind. Die nicht identitätswahrende Sitzverlegung,[728] also Auflösung der Gesellschaft im Wegzugstaat und Neugründung im Zuzugstaat nach dort geltendem Recht, ist grundsätzlich möglich. Diese Form der Sitzverlegung kann nicht untersagt werden, von der Rechtsordnung des Zuzugstaates jedenfalls nur den Anforderungen unterworfen werden, die an die Gründung einer Gesellschaft gestellt werden. Für kleinere Unternehmen mag diese Variante wirtschaftlich vertretbar sein, insbesondere wenn die Rechtsordnung im Zuzugstaat den jeweiligen wirtschaftlichen Interessen entgegenkommt. Für größere Unternehmen scheidet sie meist schon deshalb aus, weil die Abwicklung bzw. Liquidation der Gesellschaft im Wegzugstaat zur Besteuerung der stillen Reserven führt.[729]

---

[728] *Luchsinger*, S. 15f, verwendet hierfür den Begriff „uneigentliche Sitzverlegung" im Gegensatz zur allein problematischen „eigentlichen Sitzverlegung".

[729] In Deutschland § 12 KStG. Zur steuerrechtlichen Seite der Sitzverlegung vgl. etwa *Zisowski*, S.30ff; *Debatin*, GmbHR 1991, 164ff; *Benkert/Haritz/Schmidt-Ott*, IStR 1995, 245ff. Zur Rechtslage nach der Centros-Entscheidung vgl. die Literaturhinweise in der Einleitung.

1. Arten der Sitzverlegung

Identitätswahrende Sitzverlegungen können in verschiedenen Formen stattfinden. Man kann zunächst einmal danach unterscheiden, ob die Gesellschaft nach dem Wegzug weiterhin der Rechtsordnung des Wegzugstaates oder fortan dem Recht des Zuzugstaates unterliegen soll. Für diejenigen Sitzverlegungsalternativen, bei denen die bisherige Rechtsordnung fortgelten soll, wird im Folgenden der Begriff „statuswahrende Sitzverlegungen" verwendet. Weiterhin kann danach differenziert werden, ob sich die Gesellschaft nach ihrem Wegzug der Rechtsordnung des Zuzugstaates anzupassen hat oder nicht. Wie *Großfeld* zu Recht hervorgehoben hat, besteht zwischen „Umwandlung" und „Anpassungen" ein struktureller Unterschied. Im letzteren Falle ist weiterhin die Rechtsordnung des Wegzugstaates maßgeblich. Dabei ist es auch nicht ausgeschlossen, dass die umziehende Gesellschaft zunächst etwaige Anpassungsregeln im Wege einer Satzungsänderung erfüllt, diese später Anpassungen aber wieder rückgängig macht.[730] Bei der Umwandlung besteht diese Gefahr nicht.
Innerhalb dieser Einteilung kann man ferner, was im internationalen Privatrecht in bezug auf die Anknüpfung von hervorgehobener Bedeutung ist, danach unterscheiden, ob lediglich der Verwaltungs- oder der Satzungssitz, oder diese beiden Sitze verlegt werden sollen.
Schließlich spielt es für die rechtliche Beurteilung eine Rolle, ob eine deutsches Gesellschaft ihren Sitz ins Ausland verlegen möchte (Wegzug) oder umgekehrt (Zuzug).

In der bisherigen Diskussion sind nicht alle diese Alternativen berücksichtigt und gegenübergestellt worden. Mitunter wurde auch zwischen statuswahrender Sitzverlegung mit Anpassung und formwechselnder Sitzverlegung nicht unterschieden.[731]

2. Abgrenzung zu Zweigniederlassungsfällen

Die Sitzverlegung ist von der Gründung von Zweigniederlassung zu unterscheiden.
Wird nur eine Sitzverlegung in der Weise beabsichtigt, dass der bisherige Verwaltungssitz aufgegeben und im Ausland zugleich ein neuer begründet werden

[730] *Großfeld*, IPRax 1991, 381.
[731] so etwa bei *Bechtel*, S. 84 ff, wo beides vermengt wird. Zwar wird zu Recht darauf hingewiesen, dass das Daily-Mail-Urteil keine Aussage über die formwechselnde Sitzverlegung enthält, auf die Möglichkeit der Beibehaltung der Rechtsform unter gleichzeitiger Satzungsanpassung wird aber nicht eigens hingewiesen. Im Übrigen wird keine Unterscheidung getroffen, ob der Verwaltungs- oder auch der Satzungssitz verlegt wird. *Kruse* prüft nur die formwechselnde Sitzverlegung auf ihre Europaverträglichkeit hin.

soll, so treten keine Überschneidungen zu Zweigniederlassungsfällen auf. Denn die Gründung einer Zweigniederlassung setzt voraus, dass das Unternehmen wenigstens über zwei Standorte verfügt.
Abgrenzungsschwierigkeiten können aber entstehen, wenn der bisherige Verwaltungssitz als Unternehmensstandort zwar beibehalten werden soll, er in seiner Bedeutung als Hauptverwaltungssitz aber einem anderen Standort weichen soll. Denn schon untergeordnete Betriebsteile unterhalb der Agenturschwelle können eine Zweigniederlassung im materiellrechtlichen Sinne darstellen.[732]
Nach den international-privatrechtlichen Regeln kommt es dabei auf den Ort des Verwaltungssitzes an. Dies ist eine Folge der Sitztheorie.[733]In der europarechtlichen Diskussion kann aber nach dem formalen Kriterium unterschieden werden, ob überhaupt eine Zweigniederlassung i.S.d. Art. 43 Abs. 1 S. 2 EGV besteht. Wenn dies der Fall ist, so liegt bereits ein Fall sekundärer Niederlassungsfreiheit vor, andernfalls handelt es sich – nach hier verfolgter Differenzierung – um eine Sitzverlegung.

3. Briefkastenfirmen und Scheinauslandsgesellschaften

In der Nähe der Sitzverlegung liegen auch „Briefkastenfirmen" und „Scheinauslandsgesellschaften".
Unter Briefkastenfirmen versteht man Gesellschaften, die im Inland lediglich über einen „Briefkasten" verfügen, deren Geschäftstätigkeit im Übrigen aber vom Ausland her gesteuert wird.
Unter Scheinauslandsgesellschaften versteht man Gesellschaften, die im Ausland in einer dort zur Verfügung stehenden Rechtsform gegründet wurden, ihre tatsächliche Geschäftstätigkeit aber in einem anderen Staat entfalten und im dortigen Rechtsverkehr insoweit nur den Schein erwecken, im Ausland beheimatet zu sein.[734]
Eine Gesellschaft kann also Briefkastenfirma und Scheinauslandsgesellschaft zugleich sein. Während die Bezeichnung Briefkastenfirma den Blickwinkel des Gründungsstaates markiert, so liegt eine Scheinauslandsgesellschaft immer nur aus der Sicht des Zuzugstaates vor, in dem die Geschäftstätigkeit abgewickelt wird, die Gesellschaft aber nicht inkorporiert ist.
Strukturell sind solche Gesellschaften vergleichbar mit Unternehmen, die eine internationale Sitzverlegung durchführen: eine im Ausland inkorporierte Gesellschaft wickelt ihre Geschäftstätigkeit im Inland ab bzw. umgekehrt. Die rechtli-

---

[732] Grundsätzlich dazu EuGH Slg. 1986, 3755ff („Versicherungen"). Vgl. dazu oben Teil 1, B.I.2.a.
[733] S. oben Teil 1, C.III.1.c.
[734] *Mü-Ko-Kindler*, IntGesR Rn 344. Zuletzt etwa auch *Borges*, RIW 2000, 169; *Michalski*, NZG 1998, 762ff.

che Behandlung von Scheinauslandsgesellschaften ist daher im Rahmen der Sitzverlegung zu erörtern.

II. Rechtslage nach Internationalem Privatrecht

1. Grundsätzliche Behandlung von Sitzverlegungen

Bei der international-privatrechtlichen Behandlung von Sitzverlegungen ist zu unterscheiden zwischen statuswahrenden und formwechselnden Sitzverlegungen. Außerdem sind Verlegungsmodelle mit Anpassung sowie Scheinauslandsgesellschaften in den Blick zu nehmen.

a) Statuswahrende Sitzverlegungen

Innerhalb dieser Kategorie ist, wie angedeutet, zwischen der Verlegung des Verwaltungs- und des Satzungssitzes zu differenzieren.

aa) Verlegung des Verwaltungssitzes[735]

(1) Wegzug

Bei der Verlegung des Verwaltungssitzes ist zu unterscheiden, ob der Sitz in einem Gründungs- oder Sitztheoriestaat genommen werden soll. Im letzteren Fall führt dies kollisionsrechtlich zu einem Statutenwechsel.[736]
Sachrechtlich ist der Sitzwechsel nur möglich, wenn sowohl die Rechtsordnung des Wegzug- als auch des Zuzugsstaates dies ermöglichen.[737] Ist in einer solchen Fallgestaltung eine deutsche Gesellschaft beteiligt, so nutzt auch eine noch so liberale Rechtsordnung nicht. Das deutsche Sachrecht gestattet den Wegzug nicht, sondern läßt dies vielmehr zur Auflösung der Gesellschaft führen.[738] Umstritten ist, ob die Gesellschaft ihre Rechtsfähigkeit dabei schon mit dem von den Anteilseignern gefaßten Verlegungsbeschluß verliert[739] oder erst mit der tatsächlichen Verlegung des Verwaltungssitzes.[740]

---

[735] Das OLG Frankfurt, RIW 1999, 783, wendete kürzlich für den Fall, dass eine Gesellschaft keinen effektiven Verwaltungssitz habe, ersatzweise die Gründungstheorie an. Dies beruht jedoch auf einem falschen Verständnis der Sitztheorie, deren Systematik voraussetzt, dass der Ort des Verwaltungssitzes stets bestimmbar ist, *Borges* RIW 2000, 167.
[736] Vgl. etwa *Mü-Ko-Kindler*, IntGesR Rn 386; *Benkert/Haritz/Schmidt-Ott*, IStR 1995, 243; *Hoffmann*, ZHR 164 (2000), 45.
[737] Zuletzt etwa *Hoffmann* ZHR 164 (2000), 47.
[738] Zuletzt wieder, nach der Centros-Entscheidung, OLG Düsseldorf, NJW 2001, 2184.
[739] So die h. M. in der Rspr. und in der Lit., die im Verlegungsbeschluß bereits einen Auflösungsbeschluß sieht, RGZ, 88, 53ff; 107, 94ff; BGHZ 25, 134ff; BayObLGZ 1992, 113ff;

Im Ergebnis nicht anders liegt es, wenn der Verwaltungssitz in einen Staat verlegt werden soll, welcher der Gründungstheorie folgt. Das Kollisionsrecht dieses Staates verweist dann wiederum auf deutsches Recht, weil die betreffende Gesellschaft in Deutschland gegründet wurde. Diese Rückverweisung wird vom deutschen IPR gem. Art. 4 Abs. 1 EGBGB angenommen. Ein Statutenwechsel liegt bei einem Wegzug in einen Gründungstheoriestaat infolgedessen nicht vor.[741]

Sachrechtlich macht es hingegen keinen Unterschied, ob der Verwaltungssitz in einen Sitz- oder Gründungstheoriestaat verlegt werden soll. Auch hier verliert die Gesellschaft ihre Rechtsfähigkeit.[742]

(2) Zuzug

Verlegt eine ausländische Gesellschaft ihren Verwaltungssitz nach Deutschland, so führt dies ebenfalls zu einem Statutenwechsel. Dabei macht es keinen Unterschied, ob der Zuzug aus einem Sitz- oder Gründungstheoriestaat erfolgt.

Sachrechtlich gestattet deutsches Recht den Zuzug ebenfalls nicht. Die Gesellschaft verliert jedenfalls nach bisheriger Rechtsprechung ihre Rechtsfähigkeit.[743] Es muss aus Sicht der ausländischen Gesellschaft der Umweg über die Neugründung nach deutschen Vorschriften gewählt werden, welche Mindestanforderungen für Gesellschaften festschreiben.[744] Ebensowenig kann eine ausländische Gesellschaft schon bei der Gründung ihren Verwaltungssitz im Inland nehmen. Eine wirksame Errichtung ist nach deutschem Recht nicht möglich.[745]

Nach neuerer Rechtsprechung des Bundesgerichtshofes wird die Verlegung des Verwaltungssitzes einer ausländischen Gesellschaft ins Inland nicht mehr stets mit der Nichtigkeit der Gesellschaft sanktioniert. Vielmehr soll die ausländische Gesellschaft nach deutschem Recht eine Personengesellschaft darstellen und

---

Staudinger-Großfeld, IntGesR Rn 634; *Mü-Ko-Kindler*, IntGesR Rn 397 Fn 874 m.w.N.; *Steiger*, S.51.

[740] Nach dieser Ansicht ist der Verlegungsbeschluß als nichtig anzusehen, weil er auf rechtlich Unmögliches gerichtet ist, vgl. dazu die Hinweise bei *Mü-Ko-Kindler*, IntGesR Rn 397 Fn 877, 878; *Steiger*, S. 51 Fn 155. *Bungert*, RIW 1999, 109ff befürwortet diese Lösung mit Parallelen aus dem US-amerikanischen Recht.

[741] Für viele *Mü-Ko-Kindler*, IntGesR Rn 391 m.w.N..

[742] *Staudinger-Großfeld*, IntGesR, Rn 90 m.w.N..

[743] *Mü-Ko-Kindler*, IntGesR Rn 401; *Bechtel*, S. 14; *Hoffmann*, ZHR 164 (2000), 47; *Schümann*, EuZW 1994, 270. Ganz h. M. auch in der Rspr., vgl. etwa BGHZ 97,269ff; OLG Zweibrücken, IPRax 1991, 406f; OLG München, NJW 1986, 2197f, wo von Nichtigkeit der zuziehenden Gesellschaft die Rede ist; LG Magdeburg vom 17.09.1992, RIW 1994, 63f.

[744] *Stieb*, GmbHR 1992, R 25; *Hoffmann*, ZHR 164 (2000), 47.

[745] für die Fälle der liechtensteinischen Anstalt, BGHZ 53, 181, und der liechtensteinischen AG, BFH v. 23.06.1992, BStBl II 1992, 972.

somit auch parteifähig sein.[746] Ein Fortbestand der ausländischen Gesellschaft als Kapitalgesellschaft und juristische Person scheidet jedoch auch nach dieser neuen Rechtsprechung aus.

bb) Verlegung des Satzungssitzes

Die Verlegung des Satzungssitzes hat weder nach der Sitztheorie noch nach der Gründungstheorie kollisionsrechtliche Auswirkungen.[747] Zwar knüpft die Gründungstheorie an den satzungsmäßigen Sitz an, doch ist damit immer nur der ursprüngliche Satzungssitz gemeint, sodass nachfolgende Änderungen insoweit unbeachtlich bleiben.[748]
Die Satzungssitzverlegung wird aber sachrechtlich nicht geduldet, da deutsches Gesellschaftsrecht verlangt, dass eine dem deutschen Recht unterstehende Gesellschaft auch ihren Satzungssitz im Inland nimmt. Die Gesellschaft verlöre im Falle der Verlegung ihre Rechtsfähigkeit.[749]

cc) Verlegung beider Sitze

Die gleichzeitige Verlegung des Verwaltungs- und des Satzungssitzes hat kollisionsrechtlich dieselben Auswirkungen wie die Verlegung des Verwaltungssitzes, da die Satzungssitzverlegung unbeachtlich ist.[750]
Materiellrechtlich ist die Verlegung beider Sitze erst recht unmöglich.[751]

b) Formwechselnde Sitzverlegungen

Mitunter ist in der Literatur auch die Frage nach der formwechselnden Sitzverlegung in der Weise diskutiert worden, dass die umziehende Gesellschaft eine im Zuzugstaat zur Verfügung stehende Rechtsform annimmt.[752] Wenn die Ge-

---

[746] BGH NJW 2002, 3539ff.
[747] *Hoffmann*, ZHR 164 (2000), 45.
[748] *Hoffmann*, ZHR 164 (2000), 45.
[749] Für viele *Staudinger-Großfeld*, IntGesR Rn 243. Die neue Rechtsprechung BGH NJW 2002, 3539ff ändert an diesem Ergebnis nichts.
[750] *Hoffmann*, ZHR 164 (2000), 45f.
[751] *Mü-Ko-Kindler*, IntGesR Rn 400, wo insoweit auf die entsprechend heranzuziehenden Ausführungen zur materiellrechtlichen Behandlung der Verwaltungs- bzw. Satzungssitzverlegung verwiesen wird. Zuletzt auch wieder, obwohl zeitlich nach der Centros-Entscheidung, OLG Hamm, NJW 2001, 2183.
[752] So die Diskussionsgrundlage bei *Drobnig*, S. 185ff. Strukturell eine „Umwandlung in eine deutsche Personengesellschaft" enthält BGH NJW 2002, 3539ff, zugrunde, wonach eine zuziehende ausländische Kapitalgesellschaft eine inländische Personengesellschaft darstellen soll. Allerdings wird dies nicht mit § 1 Abs. 1 Nr. 4 UmwG begründet, sondern unmittelbar mit § 14 Abs. 2 BGB.

sellschaft nicht aus Anlass des Umzuges aufgelöst und neu gegründet werden soll, liegt hier ein Umwandlungsfall vor. Es stellt sich dabei die Frage, ob sachrechtlich eine grenzüberschreitende Umwandlung zulässig ist. Dies ist jedoch zu verneinen. Die Anwendung des § 1 Abs. 1 Nr. 4 UmwG (Formwechsel) kommt hier nicht in Betracht, weil das UmwG nicht für grenzüberschreitende Fälle gilt. Insoweit kann auf die inhaltsgleichen Ausführungen zur Fusion/Verschmelzung verwiesen werden.[753]

c) Sitzverlegung mit Anpassung

Im Unterschied zur formwechselnder Sitzverlegung behält die umziehende Gesellschaft bei der Sitzverlegung mit Anpassung ihre Rechtsform bei. Sie paßt ihre Satzungsbestimmungen jedoch den im Zuzugstaat geltenden Vorschriften an. So sind beispielsweise in Spanien und Portugal entsprechende Regelungen für zuziehende Gesellschaften vorgesehen, welche im Ergebnis aber mitunter die Wirkungen einer formwechselnden Sitzverlegung haben.[754] In Deutschland existieren derartige Regeln nicht. Aus Sicht des deutschen Internationalen Privatrechts ist die Sitzverlegung mit Anpassung gegenstandslos, weil Sitzverlegungen, wie dargelegt, schon dem Grunde nach nicht gestattet sind.
Die Frage der Anpassung an das Recht des Zuzugstaates hat daher allenfalls im europarechtlichen Bereich eine eigenständige Bedeutung.

d) Scheinauslandsgesellschaften

Da der Verwaltungssitz solcher Gesellschaften außerhalb des räumlichen Geltungsbereiches des Gesellschaftsstatuts liegt, entfällt nach der Sitztheorie die Rechtsfähigkeit.[755] Insoweit besteht kein Unterschied zu Zuzugsfällen. Davon zu unterscheiden ist die Frage, wie eine Scheinauslandsgesellschaft im Rechtsverkehr ersatzweise behandelt wird. Die Rechtsfolge der Nichtigkeit kann sich insbesondere für Gesellschaftsgläubiger nachteilig auswirken, wenn keine Haftungsmasse zur Verfügung steht.[756] Die Gesellschaft ist stattdessen entsprechend ihrer tatsächlichen Struktur in die Rechtsform des deutschen Gesellschaftsrechts

---

[753] S. unten D.II.1.b.

[754] In Spanien hat eine verwaltungssitzverlegende ausländische Gesellschaft sich gem. Art. 5 Abs. 1 LSA bzw. Art. 5 Abs. 1 LSRL unter analoger Anwendung der Umwandlungsvorschriften an die spanischen Normen anzupassen. Die Gesellschaft wird eine spanische, *Steiger*, S. 196. Der Vorgang kommt im Ergebnis einer formwechselnden Sitzverlegung gleich. In Portugal ist es gem. Art. 3 Abs. 2 CSC erforderlich, den Gesellschaftsvertrag dem portugiesischen Recht anzupassen, *Steiger*, S. 268f.

[755] Vgl. etwa *Borges*, RIW 2000, 169.

[756] Vgl. allgemein zu den Nachteilen der von der Sitztheorie bewirkten Nichtigkeitsfolge oben Teil 1, C.III.1.d.

einzuordnen. Bei Personengesellschaften folgt daraus die Einstufung als OHG oder KG. Bei Kapitalgesellschaften ist eine Einordnung auf qualitativ gleicher Ebene nicht möglich, weil die konstitutive Eintragung ins Handelsregister, § 36 AktG, § 7 GmbHG, fehlt.[757]

2. Besonderheiten durch „Sitzverlegungen über Umweg“ ?

Nachdem feststeht, dass nach deutschem Internationalem Privatrecht eine Gesellschaft wegen der Sitztheorie am „Umzug“ in ein anderes Land gehindert ist, so stellt sich noch die Frage, ob diese Beschränkungen dadurch umgangen werden können, dass ein „Sitzverlegungsumweg“ über ein drittes oder noch mehr Länder gewählt wird.

Ersichtlich keine Besonderheiten sind jedoch beim Wegzug aus Deutschland erkennbar. Dies ist wie oben dargestellt nicht mit der Sitztheorie vereinbar. Auch die rein theoretische Überlegung, Deutschland als Durchgangsstaat einer Sitzverlegung von einem anderen in einen dritten Staat zu nutzen, findet keine praktische Stütze, da eine ausländische Gesellschaft, sobald sie ihren Sitz nach Deutschland verlegt, sich unter vorheriger Auflösung dem deutschen Gesellschaftsstatut unterzuordnen hat.

Eine kurze Betrachtung zeigt auch, dass in den Zuzugsfällen ausländische Gesellschaften durch die Inkaufnahme von Umwegen keinen Vorteil schlagen können. Eine kurze Darstellung am Beispiel Deutschland/England/Spanien verdeutlicht dies:
Eine englische Gesellschaft kann zwar nach englischem Recht ihren Sitz nach Spanien verlegen; da dort der Gründungstheorie gefolgt wird, ist die Verwaltungssitzverlegung ohne Bedeutung.[758] Auch spanisches Recht, obschon der Sitztheorie mit Anknüpfung an den effektiven Verwaltungssitz folgend,[759] verschließt sich dieser Möglichkeit nicht grundsätzlich. Dies gilt jedenfalls für zuziehende ausländische Kapitalgesellschaften, da nach Art. 5 LSA bzw. Art. 6 LSRL alle Gesellschaften mit Sitz in Spanien als „spanisch“ gelten. Eine Neugründung ist daher nicht erforderlich, wohl aber eine „Anpassung“ gem. Art. 273 RRM. Die Gesellschaft erhält spanisches Gesellschaftsstatut.[760]

---

[757] Zur Einordnung als deutsche Personengesellschaft in Zuzgsfällen vgl. nunmehr BGH NJW 2002, 3539ff. Ähnliches wurde unter Hinweis auf die Rechtsprechung des BGH zum nicht rechtsfähigen Verein, BGHZ 22, 245, schon von *Forsthoff*, EuR 2000, 169 und *Mü-Ko-Kindler*, IntGesR Rn 344ff, erörtert.
[758] *Behrens-Behrens*, GB/NI/EI, Rn 62.
[759] *Behrens-Keil*, E Rn 51.
[760] *Steiger*, S. 196, 200f.

Die einmal zugezogene Gesellschaft bleibt im Ausgangsbeispiel aber in Spanien „gefangen“, denn sie kann ihren Sitz nicht mehr identitätswahrend herausverlegen. Insoweit bestehen zwischen der spanischen und der deutschen Variante der Sitztheorie keine Unterschiede, da die Gesellschaft ihren Sitz in Spanien haben muss.[761] Zwar ermöglichen Art. 149 Abs. 2 bzw. 72 Abs. 2 LSRL den Wegzug, wenn mit dem Zuzugstaat ein entsprechendes Abkommen besteht. Solche Abkommen bestehen aber nicht.[762]

Unabhängig von den spanischen Vorgaben ist der Zuzug aber nach deutschem Sachrecht unzulässig.[763] Eine den Art. 5 LSA und Art. 6 LSRL vergleichbare Regelung fehlt. „Umweglösungen“ erweitern daher die Spielräume bezüglich Sitzverlegungen nicht.

3. Auswirkungen des deutsch-spanischen Niederlassungsabkommens

Schließlich ist noch zu prüfen, ob durch bilaterale Abkommen im Verhältnis zu bestimmten Staaten die Sitztheorie von der Gründungstheorie verdrängt ist. Für den Bereich innerhalb der EU ist dabei das deutsch-spanische Niederlassungsabkommen vom 23.4.1970 von Bedeutung. Zum Zeitpunkt des Vertragsschlusses war Spanien noch nicht Mitglied der EU. Es stellt sich daher die Frage nach dem Verhältnis zum Gemeinschaftsrecht.
Bei Verträgen zwischen Mitgliedstaaten aus der Zeit vor dem Beitritt gelten insoweit die allgemeinen Regeln des Völkerrechts über die Anwendung aufeinanderfolgender Verträge über denselben Gegenstand. Da der Beitritt insoweit den jüngsten Vertrag darstellt, führt dies zum Vorrang des Gemeinschaftsrechts.[764] Allerdings gilt dies nur, wenn das Gemeinschaftsrecht inhaltlich mit der zeitlich zurückliegenden Vereinbarung kollidiert. Im Rahmen des deutsch-spanischen Niederlassungsabkommen wird aber teilweise die Auffassung vertreten, dass dies nicht der fall ist, sondern darin eine weitergehende Verankerung der Gründungstheorie im bilateralen Verhältnis enthalten sei. Die Bestimmung, an der sich der Streit über die Geltung der Sitz- oder der Gründungstheorie entzündet, findet sich in Art. 15, in dem es heißt:

---

[761] *Behrens-Keil*, E Rn 54.

[762] *Steiger*, S. 195. Zum deutsch-spanischen Niederlassungsabkommen s. unten C.II.3. Eine ähnliche Regelung zugunsten möglicher bilateraler Abkommen gilt auch in Frankreich. Entsprechende Abkommen existieren dort aber ebensowenig.

[763] S. oben C.II.1.a.aa.

[764] *Schwarze*, Art. 307 Rn 3. Art. 307 EGV kommt nicht zur Anwendung. Diese Vorschrift gilt nur für Verträge, welche die Mitgliedstaaten vor ihrem Beitritt mit Drittstaaten geschlossen hatten.

(1) Der Ausdruck Gesellschaften im Sinne dieses Vertrages umfaßt (...) alle juristischen Personen (...), sofern sie nach dem in dem Hoheitsgebiet einer Vertragspartei geltenden Recht errichtet worden sind.
(2) Der rechtliche Status der Gesellschaft der einen Vertragspartei wird im Hoheitsgebiet der anderen Vertragspartei anerkannt. Die andere Vertragspartei ist nur dann berechtigt, diese Anerkennung zu versagen, wenn die betreffende Gesellschaft durch ihren Zweck oder ihre tatsächlich ausgeübte Tätigkeit gegen Grundsätze oder Vorschriften verstößt, welche diese Vertragspartei als Bestandteil der öffentlichen Ordnung im Sinne ihres internationalen Privatrechts ansieht.

Gesellschaften werden demnach im jeweils anderen Staat anerkannt, wenn sie nach nationalem Recht wirksam gegründet worden sind. Anknüpfungspunkt ist also die Rechtsordnung, nach der die Gesellschaft gegründet wurde.
Streitpunkt ist, ob somit nur die Frage der Anerkennung geregelt oder auch eine Aussage über die Sitzverlegung getroffen wird. Letzteres ließe sich aus der in Art. 15 Abs. 1 festgelegten Anknüpfung an die Rechtsordnung des Gründungsstaates entnehmen, wenn man die Ansicht vertritt, dass die Anerkennung zugleich eine umfassende Verweisung auf das Gesellschaftsstatut darstellt. Mit dieser Argumentation wird in Teilen der Literatur behauptet, dass im Verhältnis zwischen Deutschland und Spanien ein Sonderkollisionsrecht gelte, welches der Gründungstheorie folge. Aus diesem Grunde verweise das Niederlassungsabkommen auf das gesamte Gesellschaftsstatut der Rechtsordnung des Gründungsstaates. Sitzverlegungen oder ein schon von Anfang an eingerichteter Verwaltungssitz im Hoheitsgebiet des Vertragspartners seien daher zulässig.[765]

Gegen diese Argumentation wendet sich insbesondere *Steiger*. Es sei nicht klar, warum unter dem Begriff „Anerkennung" eine Gesamtverweisung auf das Gesellschaftsstatut des Vertragspartners zu verstehen sei. Im Einklang mit dem im Internationalen Gesellschaftsrecht verwendeten Anerkennungsbegriff sei vielmehr davon auszugehen, dass nur die Frage der Rechtsfähigkeit nach ausländischem Recht zu beurteilen sei, im übrigen das Gesellschaftsstatut aber nicht überlagert werde. Hierfür spreche auch der so verstandene Anerkennungsbegriff

[765] *Ebenroth/Bippus*, NJW 1988, 2145. Im Verhältnis zu USA aufgrund des inhaltsgleichen Art. 25 Abs. 2 des deutsch- amerikanischen Freundschafts- Handels- und Schiffahrtsvertrages die Gründungstheorie befürwortend *Ebenroth/Kemner/Wilburger*, ZIP 1995, 974; OLG Zweibrücken, NJW 1987, 2168. Zuletzt etwa *Kösters*, NZG 1998, 244, der ebenfalls unter Bezugnahme auf den deutsch-amerikanischen annimmt, dass solche Verträge „im Zweifel" der Gründungstheorie den Vorrang einräumten, sofern nicht „ein ausdrücklicher Vorbehalt zugunsten der Sitztheorie ausgesprochen" sei. *Haas*, DB 1997, 1503, wagt ohne weitere Begründung sogar die Behauptung, dass die Sitztheorie im deutsch-amerikanischen Vertrag „abbedungen" sei.

im nur zwei Jahre zuvor abgefaßten EG-Übereinkommen über die gegenseitige Anerkennung von Gesellschaften vom 25.02.1968,[766] an dem wenigstens ein Vertragspartner des Niederlassungsabkommens, nämlich Deutschland beteiligt war.
Auch die Reichweite des Ausdrucks „rechtlicher Status" i.S.d. Art. 15 Abs. 2 könne mehrdeutig aufgefaßt werden; keineswegs müsse davon auch die im Vertrag an keiner Stelle erwähnte Gestaltungsmodalität der Sitzverlegung umfaßt sein. Überhaupt sei nicht davon auszugehen, dass die in Deutschland seit fast einem Jahrhundert geltende Sitztheorie ohne weiteres aufgegeben werden sollte, ohne dass es aus dem Abkommen eindeutig hervorgehen würde.
Auch der systematische Standort des Art. 15 zwischen den Vorschriften über den Eigentumsschutz (Art. 14) und den Ausnahmen von der Meistbegünstigungsklausel (Art. 16) spreche gegen eine Auslegung, mit der das Gesellschaftskollisionsrecht abgeändert werden sollte.[767]
Hinzu komme, dass gem. Art. 26, 31 Abs. 3b WÜV sicherzustellen sei, dass Staatsverträge nach Treu und Glauben erfüllt werden, und jede spätere Übung bei der Anwendung des Staatsvertrages zu berücksichtigen sei. Wenn in Spanien die Frage nach der kollisionsrechtlichen Bedeutung des Art. 15 Abs. 2 unumstritten sei, so habe das insoweit auch Einfluß auf die deutsche Rechtsordnung. Da die spanische Doktrin jedoch einhellig der Meinung sei, dass sich das Abkommen nur auf die gegenseitige Anerkennung beziehe, nicht dagegen ein umfassendes Recht auf Sitzverlegung garantiere,[768] sei auch in der deutschen Rechtspraxis dieser Übung zu folgen.

Dieser Ansicht ist zu folgen. Es ist nicht anzunehmen, dass im Verhältnis zwischen Deutschland und Spanien ein Rechtszustand geschaffen werden sollte, der weit über den Standard hinausgeht, der innerhalb der EG herrschte, deren Mitglied Spanien zum fraglichen Zeitpunkt immerhin noch nicht war.
Dem Rechtsverkehr innerhalb der EU liegt das Prinzip der gegenseitigen, automatischen Anerkennung zugrunde, die rechtliche Existenz einer im EU-Ausland gegründeten Gesellschaft wird anerkannt, ohne dass damit allerdings Rechtsfähigkeit im Inland verliehen wird. Ein selbständiger Anerkennungsakt ist nach Abschaffung des Art. 10 EGBGB a.F. nicht mehr erforderlich.[769] Seit der

---

[766] So *Steiger*, S. 171ff. Das Übereinkommen ist abgedruckt in BGBl 1972 II, 370ff. Dieses Übereinkommen wegen der fehlenden niederländischen Zustimmung nicht in Kraft getreten. Inzwischen ist mit einer Verwirklichung wegen des erweiterten Mitgliederkreises in der EU nicht mehr zu rechnen.
[767] *Steiger*, RIW 1999, 171. Eingehende Diskussion bei *Steiger*, S. 178ff.
[768] *Steiger*, RIW 1999, 171, Fn 18 m.w.N. zum spanischen Schrifttum.
[769] In Art. 10 EGBGB a.F. war für ausländische Vereine ein Anerkennungsbeschluß des Bundesrates (später Bundesinnenminister) vorgesehen, vgl. dazu *Heinrich*, S. 9, Fn. 26. Ähnliches gilt in Frankreich noch für die Anerkennung ausländischer Aktiengesellschaften. Hierfür ist

Centros-Entscheidung wird allgemein angenommen, dass sich diese Rechtsfolge unmittelbar aus Art. 43 Abs. 1 S. 2 EGV ableiten läßt.[770]
Seit Spanien EU-Mitglied ist, hat Art. 15 Abs. 2 wohl nur noch deklaratorischen Charakter. Zuvor, im Jahre 1970, war dies jedoch nicht so. Das Prinzip der gegenseitigen Anerkennung im Internationalen Privatrecht hatte sich noch nicht allgemein durchsetzen können, Art. 10 EGBGB a.F. wurde erst im Jahre 1986 abgeschafft. Insofern hatte Art. 15 Abs. 2 aus damaliger Sicht durchaus eigenständige Bedeutung, auch wenn man der hier bevorzugten, weniger weit gehenden Auslegung folgt, und im Niederlassungsabkommen nicht das Recht auf Sitzverlegung erblickt.

4. Zusammenfassung

Im Ergebnis kann festgehalten werden, dass die internationalprivatrechtlichen Regelungen gegenüber der Sitzverlegung durchgreifende Restriktionen bereithalten. Im Unterschied zu Zweigniederlassungsfällen, typenverschmelzenden Beteiligungen und Fusionen/Verschmelzungen besteht kein Raum mehr für eine differenzierende Betrachtung von Sonderfällen, etwa wenn deutsches Mitbestimmungsrecht unterlaufen wird. Die Sitzverlegung ist generell nicht gestattet, weshalb die Frage nach europarechtlichen Einflüssen an dieser Stelle von besonderer Bedeutung ist.

III. Europarechtliche Vorgaben

1. Anwendbarkeit der Niederlassungsfreiheit

Eine Sitzverlegung ins Ausland stellt im Zuzugstaat stets einen Niederlassungsvorgang dar. Die nachfolgende europarechtliche Prüfung kann sich daher auf die Vorschriften über die Niederlassungsfreiheit beschränken. Im Unterschied zur ausländischen GmbH & Co. KG und zur Fusion/Verschmelzung stellen sich nicht einmal in Sonderfällen Abgrenzungsprobleme zur Kapitalverkehrsfreiheit, da am Sitzverlegungsvorgang außer der umziehenden Gesellschaft kein weiteres Unternehmen beteiligt ist, das an ihrer Stelle einen für den Niederlassungsvorgang kennzeichnenden unternehmerischen Einfluß[771] ausüben könnte.

---

ein Dekret erforderlich. Im GmbH-Recht bleibt es hingegen beim Prinzip der automatischen Anerkennung, *Pohlmann*, S.102, 104. Die französische Praxis im Aktiengesellschaftsrecht dürfte nach der Centros-Entscheidung mit Art. 43 Abs. 1 S. 2 EGV unvereinbar sein, vgl. für das deutsche Recht *Leible*, NZG 1999, 299ff.

[770] S. oben A.III. Insofern dürfte auch die französische Praxis im Aktiengesellschaftsrecht nach der Centros-Entscheidung mit Art. 43 Abs. 1 S. 2 EGV unvereinbar sein.

[771] Zur Abgrenzung zur Kapitalverkehrsfreiheit Teil 1, A.I.

2. Bereichsausnahme für Verlegung des Verwaltungssitzes?

Vor der Erörterung des Schutzbereichs ist zunächst fraglich, ob für die Ausübungsform der statuswahrenden Verlegung des Verwaltungssitzes eine Bereichsausnahme angenommen werden muss. Legt man die Daily-Mail-Entscheidung zugrunde, so wurde eine Bereichsausnahme nach überwiegender Auffassung insoweit anerkannt.[772] Dort ging es zwar um die Verlegung des Sitzes der Geschäftsleitung,[773] welcher nicht automatisch als Verwaltungssitz anzusehen ist. Aus den Urteilsgründen ist aber wohl ersichtlich, dass der Gerichtshof genau dies berücksichtigen wollte.[774]

In der vorliegenden Abhandlung soll nicht ein weiteres Mal erörtert werden, ob das Daily-Mail-Urteil in seinen Kernaussagen Zustimmung verdient. Dies ist bereits ausgiebig erörtert worden,[775] wobei sich im Wesentlichen folgende Standpunkte herausgebildet haben:
Der EuGH begründete die Einschränkungen der Art. 43, 48 (ex-Art. 52, 58) EGV im Wesentlichen damit, dass der EG-Vertrag den teilweise erheblichen Unterschieden in den nationalen Gesellschaftsrechten Rechnung trage. Die sich daraus ergebenden Einschränkungen könnten nicht über die primäre Niederlassungsfreiheit, sondern nur über Rechtsangleichungsmaßnahmen nach Art. Art. 44 Abs. 2 lit. g (ex-Art. 54 Abs. 3 lit. g) EGV oder den Abschluß völkerrechtlicher Abkommen nach Art. 293 (ex-Art. 220) EGV überwunden werden.[776]
Diese Auslegung ist in der Literatur teilweise erheblichen Einwänden ausgesetzt. Zunächst wurde kritisiert, dass nach der Auffassung des EuGH die Mitgliedstaaten den Zeitpunkt der Verwirklichung der Niederlassungsfreiheit, wel-

---

[772] Vgl. oben Teil 1, C.II. In EuGH EuZW 2002, 754ff („Überseering") hat sich der Gerichtshof von diesen Aussagen distanziert, soweit es um Zuzugsfälle geht, vgl. hierzu unten C.III.2.c.

[773] Die englische Gesellschaft Daily Mail and General Trust PLC beabsichtigte den Sitz ihrer Geschäftsleitung in die Niederlande zu verlegen. Sowohl nach englischem wie auch nach niederländischem Recht wäre dies nicht grundsätzlich ausgeschlossen gewesen. Das englische Recht sah jedoch eine Genehmigung durch die Finanzbehörden vor, die aus steuerrechtlichen Gründen nicht erteilt wurde. Die erste Vorlagefrage lautete, ob die Verlegung des Sitzes der Geschäftsleitung aufgrund der ex-Art. 52, 58 (jetzt Art. 43, 48) EGV ohne Bedingungen oder behördliche Zustimmung ermöglicht werden müsse.

[774] *Ebenroth/Auer*, GmbHR 1994, 19.

[775] So etwa bei *Kruse*, S. 70ff; *Bechtel*, S. 83ff; *Schnichels*, S. 167ff; *Zimmer*, S. 197ff; *Schümann*, EuZW 1994, 270; *Thömmes*, DB 1993, 1025f; *Drobnig*, S. 185ff; *Grothe*, S. 156ff; *Knobbe-Keuk*, DB 1990, 2573ff; *Knobbe-Keuk*, ZHR 154 (1990), 325ff.

[776] EuGH Slg. 1988, 5483 ff („Daily Mail"). Vgl. auch Teil A, C.II. Für eine Einschränkung der Reichweite der Niederlassungsfreiheit unter dem Vorbehalt weiterer Rechtsangleichungsmaßnahmen nach Art. 44 Abs. 2 lit. g EGV sprach sich vor der Daily-Mail-Entscheidung bereits *Ebke*, ZGR 1987, 269, aus.

che auch die Ausübungsvariante der Verwaltungssitzverlegung umfasse, letztlich selbst bestimmen könnten.[777] Mit Art. 44 Abs. 2 lit. g EGV seien keine Einschränkungen der Niederlassungsfreiheit zu begründen. Diese Vorschrift betreffe nur den Stand der Rechtsangleichung hinsichtlich Schutzmaßnahmen. Gleich, welche Reichweite man dem Begriff „Schutzmaßnahmen" einräume, könnten unvollkommene Harmonisierungsmaßnahmen sich nicht auf die Reichweite von Primärrecht auswirken.[778] Hier widerspreche der EuGH im Übrigen seinen eigenen Aussagen im Reyners-Urteil,[779] wonach der fehlende Erlaß von Richtlinien nach Art. 44 und 47 (ex-Art. 54 und 57) EGV gerade nicht die Anwendbarkeit der Niederlassungsfreiheit betreffe.[780] Auch Art. 293 EGV zwinge zu keinem anderen Ergebnis. Die dort geregelten Sachverhalte könnten nur dann vom Schutzbereich der Niederlassungsfreiheit herausgenommen werden, wenn diese Norm speziell sei. Vielmehr gelte sie aber nur subsidiär, könne daher nicht angewendet werden, wenn andere Vorschriften im EG-Vertrag die Frage der Verlegung des Verwaltungssitzes regeln. Gegen eine Spezialität und für eine Subsidiarität spreche zum einen, dass Art. 293 EGV im Vertrag unter der Überschrift „Allgemeine und Schlußbestimmungen" aufgeführt ist, die Vorschrift also lediglich ergänzend wirken soll.[781] Zum anderen sei nicht ersichtlich, warum Rechtsangleichungsmaßnahmen nach Art. 44 EGV der Kompetenz des Rates zugewiesen sind, während für die in Art. 293 EGV geregelten Bereiche, welche einen vergleichsweise kleinen und wirtschaftlich unbedeutenden Ausschnitts des Gesellschaftsrechts regelten, ratifizierungsbedürftige Übereinkommen erforderlich sein sollen.[782]

Der hier geschilderten Kritik gegen das Urteil kann wiederum entgegenhalten werden, dass sie dessen Kernaussagen unberührt läßt. Der Gerichtshof bezog sich nicht in erster Linie auf Art. 44 und Art. 293 EGV, sondern nahm zunächst zum Ausgangspunkt, dass der EG-Vertrag den Unterschieden in den nationalen Gesellschaftsrechtsordnungen „Rechnung trage".[783] Diese Aussage bezieht sich auf das Verhältnis des EG-Vertrages zum nationalen Gesellschaftsrecht insgesamt und gibt Raum für die Annahme einer beschränkten, ungeschriebenen Bereichsausnahme. Zwar werden Bereichsausnahme nur in seltenen Fällen anerkannt. Sie zeichnen sich jedoch dadurch aus, dass ein bestimmter inhaltlicher Bereich von vornherein aus dem Anwendungsbereich der Grundfreiheiten her-

---

[777] *Behrens*, RabelsZ 52 (1988), 506; *Kruse*, S. 79.
[778] *Kruse*, S.79.
[779] EuGH Slg. 1974, 631ff („Reyners").
[780] *Bechtel*, S. 88f; *Drobnig*, S. 204f; *Knobbe-Keuk*, ZHR 154 (1990), 333.
[781] *Schwartz*, in: *von der Groeben/Thiesing/Ehlermann*, Art. 293 Rn 21; *Kruse*, S.74.
[782] *Kruse*, S. 75; *Grothe*, S. 153; vermittelnd *Niebel*, S. 169ff.
[783] Vgl. die Urteilspassagen aus EuGH Slg. 1988, 5483ff, Tz 21 („Daily Mail"), wörtlich zitiert in Teil A, C.II.

ausfällt.[784] Genau diese Dogmatik lag aber der Daily-Mail-Entscheidung zugrunde, wenn die Ausübungsform der statuswahrenden Verwaltungssitzverlegung gerade nicht anhand der Grundfreiheiten geprüft werden sollte.[785]
Die in Daily-Mail nachfolgende Heranziehung der Art. 44 und Art. 293 EGV dient zur weiteren Begründung dieser im Urteil selbst aufgestellten These einer Bereichsausnahme, und muss im übrigen nicht so verstanden werden, als dass der Gerichtshof mit Hilfe dieser Normen den Anwendungsbereich der Niederlassungsfreiheit für einschränkbar habe halten wollen.[786]

Eine weitere inhaltliche Auseinandersetzung mit dem Daily-Mail-Urteil erscheint aufgrund der zwischenzeitlichen Entwicklungen im Gesellschaftsrecht und der Centros-Entscheidung jedoch nicht vordringlich. Die Fragestellung muss vielmehr lauten, ob es deswegen inzwischen geboten ist, von der These einer Bereichsausnahme für die Verlegung des Verwaltungssitzes abzurücken, oder ob sie weiterhin Gültigkeit behalten kann. Wenn letzteres der Fall ist, so besteht kein zwingender Anlass, den Streit um die Daily-Mail-Entscheidung neu aufzurollen.[787]

a) „Derzeitiger Stand des Gemeinschaftsrechts“

Der EuGH knüpfte sein in Daily Mail gefundenes Ergebnis an den Vorbehalt des „derzeitigen Standes des Gemeinschaftsrechts“.[788]
Es stellt sich die Frage, ob das Gemeinschaftsrecht sich seit Daily Mail in einem Maße weiterentwickelt hat, dass eine Abkehr von den Grundsätzen der Daily-Mail-Entscheidung befürwortet werden muss.[789] Dies ist in dreierlei Hinsicht zu prüfen:
Zunächst sind die zwischenzeitlichen gesetzgeberischen Maßnahmen in den Blick zu nehmen. Anschließend kommt man zur Frage, ob die inzwischen weithin anerkannte dogmatische Einordnung der Niederlassungsfreiheit als Beschränkungsverbot zu einer anderen Beurteilung zwingt. Schließlich ist zu erörtern, ob sich die Herausnahme der Verwaltungssitzverlegung aus dem Schutzbereich der Niederlassungsfreiheit mit dem Binnenmarktgedanken vereinbaren läßt.

---

[784] Vgl. etwa Streinz, Rn 697.
[785] So jetzt wieder *Randelzhofer/Forsthoff*, in: *Grabitz/Hilf*, Art. 48 Rn 32, 57ff m.w.N..
[786] Insoweit bestätigend jetzt auch EuGH EuZW 2002, 754ff („Überseering"
[787] *Behrens*, ZGR 1994, 22, kommt zur Schlußfolgerung, dass das Urteil nunmehr „in der Welt“ sei.
[788] EuGH Slg. 1988, 5483, 5512, Tz 25 („Daily Mail“).
[789] Dieser methodische Ansatz wurde jetzt auch von Generalanwalt *Colomer*, NZG 2002, 18, Tz 28, aufgegriffen, vgl. hierzu *Forsthoff*, BB 2002, 318ff.

aa) Maßnahmen nach Art. 293 EGV und Sekundärrecht

Wie erwähnt, begründete der Gerichtshof den Vorrang nationalen Gesellschaftsrechts in erster Linie damit, dass die Unterschiede in den mitgliedstaatlichen Rechtsordnungen insoweit vertragsimmanent seien, und zog zur weiteren Begründung das Fehlen von Übereinkommen nach Art. 293 EGV und von Rechtsangleichungsmaßnahmen nach Art. 44 Abs. 2 lit. g EGV heran.[790]
Seit der Daily-Mail-Entscheidung hat sich daran jedoch nichts geändert. Die Verwirklichung des Übereinkommen vom 29.02.1968 gem. Art. 293 EGV wird immer unwahrscheinlicher, da eine Konsensbildung innerhalb der Gemeinschaft immer schwieriger wird, je mehr Staaten der Union angehören. Schon 1968, als nur sechs Staaten der EU angehörten, konnte keine Einigung erzielt werden.[791]
Nach Ansicht von *Sandrock* bedarf es seit dem Vertrag von Amsterdam für die in Art. 293 EGV aufgeführten Materien keiner staatsvertraglichen Übereinkommen mehr. Soweit hierfür Eingriffe in das Gesellschaftskollisionsrecht erforderlich sind, könnten solche Maßnahmen nunmehr über Art. 61 lit. c, 65 lit. b EGV auch vom Rat erlassen werden.[792] Unabhängig von der Frage, ob zumindest Teile des Gesellschaftskollisionsrechts schon bisher über Art. 44 Abs. 2 lit. g EGV harmonisiert werden durften,[793] genügt hier die Feststellung, dass Maßnahmen des Rates gem. Art. 61 lit. c, 65 lit. b EGV betreffend die Verlegung des Verwaltungssitzes bislang fehlen.
Im Bereich der Rechtsangleichungsmaßnahmen nach Art. 44 Abs. 2 lit. g EGV ist inzwischen der Entwurf einer Sitzverlegungsrichtlinie[794] vorgelegt worden. Eine baldige Verabschiedung ist gleichsam nicht zu erwarten.[795]
Außerdem sieht diese Richtlinie nur den Fall der formwechselnden Sitzverlegung vor.[796] Die Mitgliedstaaten würden verpflichtet werden, die grenzüberschreitende Umwandlung gesetzlich zu regeln. Eine Regelung zur identitätswahrenden Verwaltungssitzverlegung enthält die Richtlinie ohnehin nicht, weshalb die Zulässigkeit dieser Ausübungsmodalität auch nach Verabschiedung der

[790] EuGH Slg. 1988, 5483, 5512, Tz 21 („Daily Mail“). S. auch Teil 1, C.II.
[791] In den Niederlanden ist es zu keiner Ratifizierung gekommen, *Niebel*, S.170.
[792] *Sandrock*, BB 1999, 1344f.
[793] Soweit eine Harmonisierung für Schutzmaßnahmen i.S.d. Art. 44 Abs. 2 lit. g EGV erforderlich ist, wird man annehmen müssen, dass hierbei auch das Gesellschaftskollisionsrecht einbezogen werden darf, *Kruse*, S. 77ff m.w.N.
[794] Abgedruckt in ZIP 1997, 1721ff.
[795] *Sandrock*, BB 1999, 1344f. Es ist auch nicht anzunehmen, dass der „Stand des Gesellschaftsrechts“ von den anderen zwischenzeitlich verabschiedeten gesellschaftsrechtlichen Richtlinien beeinflußt wurde, welche inhaltlich nichts mit der Sitzverlegung zu tun haben, *Streinz*, JuS 1999, 810. Diese Auffassung wird, bezogen auf die gesellschaftsrechtlichen Gesetzgebungsmaßnahmen auch von Generalanwalt *Colomer* NZG 2002, 18, vertreten.
[796] *Hoffmann*, ZHR 164 (2000), 43, 51ff; *Meilicke*, GmbHR 1998, 1053ff.

Richtlinie offen bleiben würde.[797] Zusätzlich zu der bisherigen Diskussion käme dann möglicherweise die Frage, ob die Sitzverlegungs-RL insoweit eine abschließende Regelung darstellen würde, als dass die Mitgliedstaaten nicht weitere Formen der Sitzverlegung gestatten dürften.[798]

bb) Niederlassungsfreiheit als Beschränkungsverbot

In weiten Teilen der Literatur wird die Auffassung vertreten, dass das nationale Verbot der Verwaltungssitzverlegung gegen die als Beschränkungsverbot verstandene Niederlassungsfreiheit verstoße.
Vertritt man die Auffassung, dass die Niederlassungsfreiheit als allgemeines Beschränkungsverbot einzustufen ist, so kommt es nicht darauf an, ob ausländische Gesellschaften im Verhältnis zu den inländischen schlechter behandelt werden. Prüfungsmaßstab ist vielmehr, ob der Niederlassungsvorgang ohne Ansehen der Behandlung inländischer Rechtsträger beschränkt wird.[799]

Bröhmer ist der Ansicht, dass sich allein durch diese dogmatische Neuorientierung der „Stand des Gemeinschaftsrechts“ im Sinne von Daily Mail geändert habe. Der EuGH könne sich nicht mehr auf die ungenügende Integration im Bereich des Gesellschaftsrechts zurückziehen, weshalb nunmehr grundsätzlich auch Sitzverlegungen zuzulassen seien.
Allerdings sei darauf zu achten, dass „an sich nicht zu beanstandende und mangels gemeinschaftsrechtlicher Kompetenz auf dem Gebiet der direkten Steuern auch nicht zur Disposition stehende Steuerregelungen der Mitgliedstaaten nicht durch Sitzverlegungen umgangen werden könnten“.[800] Nach dieser Ansicht ist die Verlegung des Verwaltungssitzes vom Schutzbereich der Niederlassungsfreiheit umfaßt; die nationale Kompetenz, insoweit Restriktionen bereitzuhalten, wird jedoch grundsätzlich nicht geleugnet.
Andere Stimmen in der Literatur sehen die Verwaltungssitzverlegung ebenfalls von der als Beschränkungsverbot verstandenen Niederlassungsfreiheit umfaßt, ohne dass ausdrücklich auf den im Verhältnis zu Daily-Mail möglicherweise schon überholten Stand des Gemeinschaftsrechts eingegangen wird. Dabei wird im Wesentlichen nur das Argument herangezogen, dass vor einem Beschrän-

---

[797] Insoweit kann *Lutter*, ZGR 2000, 13, nicht in der Behauptung zugestimmt werden, die Sitzverlegungs-RL würde nur das durch die Daily-Mail-Entscheidung aufgeworfene Defizit an unternehmerischen Gestaltungsmöglichkeiten beseitigen. Über die formwechselnde Sitzverlegung hatte der EuGH in Daily Mail nicht entschieden.
[798] Zur Frage, inwieweit Rechtsangleichungsmaßnahmen nach Art. 44 Abs. 2 lit. g EGV eine abschließende Maßnahme darstellen, Teil 1, C.III.4.
[799] Zum ganzen s. oben Teil 1, B.I.1.b. Zu den Auswirkungen im Bereich der ausländischen GmbH & Co. KG, s. oben B.III.1.b.bb.
[800] *Bröhmer*, in: *Calliess/Ruffert*, Art. 48 Rn 10.

kungsverbot jede Beeinträchtigung eines Niederlassungsvorganges unzulässig sei, deshalb auch die Sitzverlegung für Gesellschaften gestattet werden müsste.[801]

Dieser Auffassung kann jedoch nicht, jedenfalls nicht mit dieser Begründung, gefolgt werden. Es fehlt eine Stellungnahme dazu, ob die Aufwertung der Niederlassungsfreiheit hin zum Beschränkungsverbot auch auf die Fallgruppe der Bereichsausnahmen Auswirkungen hat. Dies kann nicht ohne weiteres unterstellt werden. Ob die Niederlassungsfreiheit als Diskriminierungs- oder Beschränkungsverbot zu verstehen ist, hat für die Frage, ob eine Bereichsausnahme anzunehmen ist, keine Bedeutung. Während die dogmatische Einordnung der Art. 43, 48 EGV sich nur auf die Reichweite ihres Schutzbereiches auswirkt, genießen Bereichsausnahmen in der Prüfungsreihenfolge vor dem Schutzbereich Vorrang.[802]

Im Übrigen ist es nicht ersichtlich, warum gerade die dogmatische Erweiterung der Niederlassungsfreiheit den „Stand des Gesellschaftsrechts" beeinflussen sollte. Schließlich wurden die gesetzlichen Grundlagen, von den redaktionellen Änderungen im Amsterdamer Vertrag abgesehen,[803] nicht geändert. Die Erweiterung der Niederlassungsfreiheit zum Beschränkungsverbot ist, wenn auch möglicherweise durch unüberhörbare Anstöße in der Literatur veranlasst, eine Geburt der Rechtsprechung.[804] Es ist schwerlich anzunehmen, dass dem EuGH mit dem Terminus „Stand des Gemeinschaftsrechts" die eigene, lediglich fortentwickelte Rechtsprechung innerhalb des auf demselben Standard verbliebenen geschriebenen Rechts vorschwebte.[805] Dies gilt um so mehr, als auch in der Dai-

[801] aus dem neueren Schrifttum etwa *Klauer*, S.70; *Kruse*, S.157; *Bechtel*, S. 76f;. *Schnichels*, S.179; *Wouters*, S.198; *Schümann*, EuZW 1994, 273; *Lutter*, ZGR 1994, 90f.

[802] Insoweit kann *Bechtel*, S.87, nicht zugestimmt werden, dass sich die Auffassung, die nunmehrige Eingliederung der Verwaltungssitzverlegung in den Bereich der Niederlassungsfreiheit gehe mit Daily-Mail konform. Er erörterte nämlich nur, ob das Urteil auch den Fall der Sitzverlegung unter gleichzeitiger Anpassung im Auge hatte, was mit Recht verneint wurde. Unbeantwortet blieb jedoch, warum der im Urteil ausgewiesene Vorrang der nationalen Gesellschaftsformen vor der Niederlassungsfreiheit nach der Hinwendung zum Beschränkungsverbot hin nicht mehr gelten sollte.

[803] Hiermit wurde im Wortlaut dem Umstand Rechnung getragen, dass die Grundfreiheiten inzwischen unmittelbar anwendbar sind, *Roth, W.-H.*, ZIP 2000, 1598.

[804] Vgl. insbesondere EuGH Slg. 1995 I, 4165ff („Gebhard") und EuGH Slg. 1999 I, 2835ff („Pfeiffer/Löwa"). Umfassende Erörterung der Rechtsprechung in Teil 1, B.I.1.b.bb.

[805] Nach *Roth, W.-H.*, ZIP 2000, 1598, bezieht sich der Vorbehalt „beim derzeitigen Stand des Gemeinschaftsrechts" *eindeutig* (Hervorhebung des Verfassers) nicht auf den Stand der Gesellschaftsrechtsharmonisierung, sondern auf die Koordinierung der Regelungen des Gesellschaftskollisionsrechts und auf etwaige Sitzverlegungs-Übereinkommen. Derartige Schlußfolgerungen wirken jedoch angesichts dessen, dass der Gerichtshof den Vorbehalt im zusammenfassenden Schlußsatz des Urteiles (Tz 25) anbrachte, spekulativ. Zur Bedeutung der Rechtsprechung grundsätzlich anders Generalanwalt *Colomer*, NZG 2002, 18f, Tz 30ff, der

ly-Mail-Entscheidung selbst schon Ansätze erkennbar waren, dass die Niederlassungsfreiheit als allgemeines Beschränkungsverbot zu interpretieren sei; sonst hätte man den britischen Zustimmungsvorbehalt allein wegen seiner nicht diskriminierenden inter-omnes Wirkung für zulässig erachten können.[806]

Das Verständnis der Niederlassungsfreiheit als allgemeines Beschränkungsverbot erzwingt nach alledem keine Änderung der Daily-Mail-Rechtsprechung.

cc) Binnenmarktgedanke

Man könnte im Übrigen daran denken, dass die Einführung des Binnenmarkts zum 01.01.1993 zu einer Änderung des rechtlichen Rahmens seit Daily Mail geführt haben könnte. Im Binnenmarkt gilt gem. Art. 14 EGV grundsätzlich ein Raum ohne Binnengrenzen. Für den Binnenmarkt in seiner optimalen Ausprägung ist es kennzeichnend, dass das Ursprungslandprinzip vom Herkunftslandprinzip abgelöst wird.[807] Im Bereich der Warenverkehrsfreiheit gilt etwa der Grundsatz, dass eine Ware, die in Übereinstimmung mit den Regeln des Herkunftslandes rechtmäßig in den Verkehr gebracht wurde, keinen Beschränkungen unterworfen werden darf.[808]
Dieser Ansatz könnte auch auf die Niederlassungsfreiheit für Gesellschaften übertragen werden. Sofern eine Gesellschaft in einem Land wirksam gegründet wurde, sollte ihr demnach auch das Recht zustehen, innerhalb des Binnenmarktes sich frei bewegen und den Ort ihrer Verwaltungstätigkeit wählen zu können. Es dürfte demnach keinen Unterschied machen, ob etwa eine deutsche Gesellschaft ihren Verwaltungssitz in Berlin, Paris oder Madrid einnimmt. In Teilen der Literatur wird mit diesem Ansatz die Verlegung des Verwaltungssitzes als europarechtlich zwingend geboten angesehen.[809]

Dem kann jedoch nicht gefolgt werden. Das Binnenmarktkonzept allein vermag Rechtsetzungsmaßnahmen nicht zu ersetzen. Nach dem Herkunftslandprinzip wäre es zwar zugegebenermaßen konsequent, auch Gesellschaften die Möglichkeit einzuräumen, im Binnenraum „frei zirkulieren" zu dürfen, und auf diese Weise auch an jedem beliebigen Ort innerhalb des Binnenraumes ihren Verwaltungssitz nehmen zu können.

---

jedoch auf die Centros-Entscheidung abstellt, was für die Ausgangsfrage, ob zwischen Daily-Mail und Centros eine Synthese gebildet werden könne, letztlich zu einem Zirkelschluß führt.
[806] *Timme/Hülk*, JuS 1999, 1056.
[807] Vgl. oben Teil 1, B.II.2. Dazu auch *Mussler*, S. 103.
[808] Vgl. etwa *Drasch*, S. 61.
[809] So etwa *Großfeld*, WM 1992, 2121; nicht anders wohl auch *Ebenroth/Auer*, JZ 1993, 376, *Bechtel*, S. 77. *Behrens*, EuZW 1991, 97 vertritt diese Ansicht auch schon für den Gemeinsamen Markt.

Die Einführung des Binnenmarktes bedeutet jedoch keinen Automatismus dahingehend, dass das Herkunftslandprinzip generell zur Anwendung kommt. Herzu bedarf es stets einer sekundärrechtlichen Maßnahme, die entweder eine Rechtsangleichung oder zumindest die gegenseitige Anerkennung von Standards festschreibt. Die Einführung des Binnenmarktes zum 01.01.1993 bedeutete nur eine Selbstverpflichtung der Europäischen Union, fortan den Binnenmarkt zu verwirklichen, ein unmittelbare rechtliche Wirkung ergab sich daraus jedoch nicht.[810]

Daraus ergibt sich, dass auch die Frage der Sitzverlegung erst sekundärrechtlich gelöst werden muss, bevor diese Ausübungsform europarechtlich als zwingend geboten angesehen werden kann.[811] Allerdings ist zuzugeben, dass auf dem Gebiet der Niederlassungsfreiheit die Erlaubnis der Sitzverlegung zu den Mindestanforderungen zur Verwirklichung des Binnenmarktes gehört.[812]

b) Widerspruch zur Centros-Entscheidung?

aa) Zulässigkeit von de-facto-Sitzverlegungen nach der sekundären Niederlassungsfreiheit?

Nach der Centros-Entscheidung ist die Frage aktuell geworden, ob die statuswahrende Verlegung des Verwaltungssitzes in den Anwendungsbereich der sekundären Niederlassungsfreiheit fällt. Im dort entschiedenen Fall ging es zwar formell um die Eröffnung der Zweigniederlassung einer englischen Kapitalgesellschaft in Dänemark. In England sollte aber außer dem Satzungssitz keine weitere Betriebsstätte aufrechterhalten werden, vielmehr wurde nicht geleugnet, dass der gesamte Geschäftsbetrieb über die Zweigniederlassung in Dänemark abgehalten werden sollte.[813]

Obwohl in Centros begrifflich ein Fall der sekundären Niederlassungsfreiheit vorliegt, kann aber schwerlich bestritten werden, dass zumindest in tatsächlicher Hinsicht auch der Verwaltungssitz von England nach Dänemark verlegt wurde. In der Literatur wurde bald die Frage aufgegriffen, warum der Gerichtshof in Daily Mail die primäre, in Centros aber die sekundäre Niederlassungsfreiheit

---

[810] *Streinz*, Rn 37.

[811] *Hoffmann*, ZHR 164 (2000), wonach die geplante Sitzverlegungs-RL dazu dienen soll, die Niederlassungsfreiheit für Gesellschaften „zur vollen Wirksamkeit kommen zu lassen“. So läßt sich auch *Stieb*, GmbHR 1992, R 25, verstehen, der ein, allerdings zügiges, gesetzgeberisches Handeln für erforderlich hält.

[812] *Schön*, ZHR 160 (1996), 221ff.

[813] EuGH Slg. 1999 I, 1459ff, Tz 18 („Centros“).

heranzog, obschon wertungsmäßig in beiden Fällen die gleiche Konstellation vorgelegen habe.[814]

Einige Autoren nahmen dies zum Anlass die These aufzustellen, dass der EuGH die statuswahrende Verwaltungssitzverlegung nunmehr jedenfalls über die sekundäre Niederlassungsfreiheit nach Art. 43 Abs. 1 S. 2 EGV würde billigen wollen.[815] Im Ergebnis wird die Verlegung des Verwaltungssitzes auch von *Freitag* für zulässig gehalten, der jedoch angesichts der normativen Vergleichbarkeit der Sachverhalte aus Daily Mail und Centros für die Verwaltungssitzverlegung die primäre Niederlassungsfreiheit anwenden will.[816] Nach dieser Auffassung wäre Daily Mail als dogmatisch überholt anzusehen.

Andere Stimmen lehnen eine so weitreichende Auslegung jedoch ab. Dabei wird im Wesentlichen argumentiert, dass die Unterscheidung zwischen primärer und sekundärer Niederlassungsfreiheit nicht ohne weiteres ignoriert werden dürfte.[817] Dies gelte um so mehr, als dass die Daily-Mail-Entscheidung, im Unterschied zur Segers-Entscheidung,[818] gar nicht zitiert worden sei.[819] Wieder andere Kreise in der Literatur weisen zudem darauf hin, dass der Gerichtshof sich vor Verkündung des Urteiles fast neun Monate intern beraten habe, weshalb zu unterstellen sei, dass der Rückgriff auf unterschiedliche Rechtsgrundlagen in Daily Mail und Centros mit besonderem Bedacht erfolgt sei.[820]

Im Ergebnis erscheint ein zurückhaltenderes Verständnis des Centros-Urteiles vorzugswürdig.

Hierfür spricht zunächst, dass der EuGH dort ohne Zweifel von einer Sachverhaltskonstellation ausging, die der sekundären Niederlassungsfreiheit zuzuordnen ist. Ob der Gerichtshof dahingehend verstanden werden wollte, dass seine Äußerungen auch auf einen Sachverhalt ausgedehnt werden, den er in der Daily-Mail-Entscheidung noch ausdrücklich der primären Niederlassungsfreiheit zu-

---

[814] *Deininger*, S. 192ff; *Sonnenberger/Großerichter*, NZG 2000, 40; *Forsthoff*, EuR 2000,187f; *Leible*, NZG 1999, 301f; *Freitag*, EuZW 1999, 268; *Streinz*, JuS 1999, 811; *Kieninger* ZGR 1999, 726; *Steindorff*, JZ 1999, 1140.

[815] So trotz einiger Zurückhaltung wohl *Sonnenberger/Großerichter*, NZG 2000, 731, wonach „kein Kriterium und kein Wertungsgesichtspunkt ersichtlich sei, nach dem der EuGH künftig die Frage der „echten" Sitzverlegung von der Aufwertung einer ausländischen Zweigniederlassung unterscheiden könnte". Ähnlich *Leible*, NZG 1999, 301, der darin aber „die große Schwäche" der Centros-Entscheidung sieht. Offengelassen bei Fortshoff, EuR 2000, 187f.

[816] *Freitag*, EuZW 1999, 268. Ähnlich auch *Behrens*, IPRax 2000, 385, der die Auffassung vertritt, dass in der Centros-Entscheidung „materiell" über die Verlegung der Hauptniederlassung entschieden worden sei.

[817] Auf diesen Gesichtspunkt stellt die nachfolgende Rechtsprechung in Deutschland vorwiegend ab, vgl. OLG Hamm, NJW 2001, 2183f; OLG Düsseldorf, NJW 2001, 2184f.

[818] EuGH Slg. 1986, 2375ff („Segers").

[819] *Leible*, NZG 1999, 301; *Streinz*, JuS 1999, 811; *Meilicke*, DB 1999, 627.

[820] *Roth, W.-H.*, ZGR 2000, 326; *Werlauff*, ZIP 1999, 872.

gewiesen hatte, erscheint zumindest zweifelhaft. Zwar haben manche Autoren schon nach der Daily-Mail-Entscheidung die Auffassung vertreten, dass der Gerichtshof mit dem Vorbehalt auf den derzeitigen Stand des Gemeinschaftsrechts habe erkennen lassen, dass die nächste Entscheidung in einer vergleichbaren Situation anders ausfallen würde.[821] Hätte der Gerichtshof aber tatsächlich seine Rechtsprechung zum Thema Verlegung des Verwaltungssitzes ändern wollen, so wäre es nicht nachzuvollziehen, warum der zugrundeliegende Sachverhalt nicht ebenfalls unter die primäre Niederlassungsfreiheit subsumiert wurde, um die Kehrtwende zur Daily-Mail-Entscheidung offenbar werden zu lassen. Hinzu kommt, dass Centros auf Daily Mail keinerlei Bezug nimmt, was ebenfalls nicht nahelegt, dass eine Änderung der Rechtsprechung beabsichtigt war.[822] Dies gilt umso mehr, als der EuGH, wie etwa das Beispiel Keck[823] zeigt, Abweichungen von seiner bisherigen Rechtsprechungslinie hinreichend deutlich zu machen pflegt.[824]

Vor der Entscheidung des EuGH in der Rechtssache Überseering stellte sich die Frage, ob sich Centros und Daily-Mail dogmatisch miteinander in Einklang bringen lassen. Dies erfordert eine Antwort auf die Frage, ob die formal unterschiedliche Zuweisung der beiden Fallkonstellationen in den Bereich der primären und der sekundären Niederlassungsfreiheit sachlich gerechtfertigt ist. Auch wenn in einzelnen Abhandlungen eine sachliche Rechtfertigung dem Grunde nach für möglich gehalten wurde,[825] wurde ins der Literatur nur selten auf konkrete Unterschiede hingewiesen.[826]

bb) Vereinbarkeit von Daily-Mail und Centros

In formaler Hinsicht unterscheiden sich die aus Daily Mail und Centros bekannten Fallgestaltungen dadurch, dass in Daily Mail eine statuswahrende Verlegung des Verwaltungssitzes beabsichtigt war, während in Centros zusätzlich im Zuzugstaat eine Zweigniederlassung eingerichtet wurde.
Daraus kann folgende formale Abgrenzungslinie entnommen werden, welche sowohl Daily Mail als auch Centros gerecht wird: wenn eine Gesellschaft eine

---

[821] Diese Prognose wurde seinerzeit von *Ebke*, EuZW 2000, 207, abgegeben. Erwähnt auch von *Leible*, NZG 1999, 302.
[822] So auch OLG Hamm, NJW 2001, 2183f, wo im Ergebnis sogar eine Vorlage an den EuGH für entbehrlich gehalten wurde, was jedoch angesichts der vom BVerfG EuZW 2001, 255f weit verstandenen Vorlagepflicht bedenklich sein dürfte.
[823] EuGH Slg. 1993 I, 6097ff („Keck und Mithouard").
[824] Auf diesen Gesichtspunkt wurde von *Roth, W.-H.*, ZGR 2000, 312, hingewiesen, der als weiteren Beleg noch EuGH Slg. 1990 I, 3711ff („Hag II") anführt.
[825] „Ohne hierzu endgültig Stellung nehmen zu wollen", *Forsthoff*, EuR 2000, 188.
[826] Soweit ersichtlich nur *Hammen*, WM 1999, 2489. Dazu unten III.2.b.bb.

Zweigniederlassung im Ausland errichtet, so kann sie dorthin auch ihren Verwaltungssitz verlegen. Dies setzt allerdings voraus, dass die Gesellschaft aus dem Gründungsland nicht völlig verschwindet. Eine Zweigniederlassung setzt nämlich begrifflich voraus, dass das Unternehmen jedenfalls in rechtlicher Hinsicht von einem Mutterunternehmen abhängig ist.[827] Wird hingegen im Zuzugstaat keine Zweigniederlassung gegründet, so kann es, in Anlehnung an Daily Mail, europarechtlich nicht beanstandet werden, wenn mitgliedstaatliche Gesellschaftsrechte die Verlegung des Verwaltungssitzes verbieten.
Das Abstellen auf die gleichzeitige Gründung einer Zweigniederlassung im Rahmen der Verlegung des Verwaltungssitzes kann aber nur überzeugen, wenn dieses zusätzliche Erfordernis sachlich gerechtfertigt ist. *Hammen* vertritt insoweit die Auffassung, dass der Rückgriff auf die sekundäre Niederlassungsfreiheit als Rechtsgrundlage für die Verwaltungssitzverlegung dann eigenständige Bedeutung hat, wenn eine Gesellschaft innerhalb der Gemeinschaft nur über einen Satzungssitz, nicht aber über eine Hauptniederlassung verfügt, sofern, damit sind wohl die Gründungstheoriestaaten gemeint, ein Mitgliedstaat eine solche Gesellschaft als rechtsfähig anerkenne. Auch solchen Gesellschaften würde das Gemeinschaftsrecht die Gründung von Tochtergesellschaften und Agenturen erlauben, da sie durch den innerhalb der EU belegenen Satzungssitz nach Art. 48 EGV Abs. 1 EGV in den Schutzbereich der Niederlassungsfreiheit fallen.[828] Dabei wird jedoch übersehen, dass Gesellschaften mit Hauptniederlassung außerhalb der EU im Regelfall nicht das Ansässigkeitsmerkmal des Art. 43 Abs. 1 S. 2 EGV erfüllen.[829] Somit wird auch durch den Rückgriff auf die sekundäre Niederlassungsfreiheit der persönliche Schutzbereich nicht auf Drittlandgesellschaften ausgedehnt.

Die Abgrenzung, dass der Verwaltungssitz nur bei gleichzeitiger Errichtung einer Zweigniederlassung verlegt werden kann, ist nach hier vertretener Auffassung jedoch aus zwei Gründen berechtigt. In erster Linie wird die Anwendung der Zweigniederlassungsrichtlinie sichergestellt. Ferner werden Wertungswidersprüche zum mitgliedstaatlichen Regelungsvorbehalt für die Frage der Gesellschaftsgründung vermieden.

(1) Einhaltung der für Zweigniederlassungen geltenden Vorschriften

Wenn eine Gesellschaft die Verwaltungssitzverlegung nur über die gleichzeitige Errichtung einer Zweigniederlassung durchführen kann, ist sichergestellt, dass

[827] Vgl. dazu oben A.III.1.b.cc.4.
[828] *Hammen*, WM 1999, 2489.
[829] Hierzu Teil 1, B.I.2.a und Teil 2, B.III.2.c.

die Vorschriften der Zweigniederlassungsrichtlinie angewendet und durchgesetzt werden.
Die Zweigniederlassung hat sich daher im jeweiligen Mitgliedstaat eintragen zu lassen, was dem dortigen Rechtsverkehr die Möglichkeit eröffnet, sich durch Einsichtnahme in inländische Register über das Unternehmen zu informieren.[830] Dies erhöht die Transparenz des Rechtsverkehrs.
Würde bloß der Verwaltungssitz verlegt werden, so könnten diese Anforderungen umgangen werden. Aufgrund der Tatsache, dass durch die Bilanz-[831] und Prüferbefähigungsrichtlinie[832] das Recht der Rechnungslegung harmonisiert ist,[833] und für die Zweigniederlassung keine eigene Bilanz aufgestellt werden muss, bleibt der Bilanzierungsaufwand für das Gesamtunternehmen jeweils gleich, unabhängig davon, ob am Ort des Verwaltungssitzes eines Zweigniederlassung errichtet wird oder nicht. Auswirkungen hat dies aber wiederum auf die Informationsmöglichkeiten des Rechtsverkehrs, weil die Bilanz des Gesamtunternehmens am Ort der Zweigniederlassung offenzulegen ist, wobei sich der Umfang der Offenlegung nach dem Recht des jeweiligen Mitgliedstaates richtet.[834] Bei der bloßen Verwaltungssitzverlegung würde diese auf der Zweigniederlassungsrichtlinie basierende Offenlegungspflicht nicht bestehen.

Die hier vorgeschlagene Lösung, die Verlegung des Verwaltungssitzes nur bei gleichzeitiger Errichtung einer Zweigniederlassung zu gestatten, entspricht auch in zwei Punkten der Daily-Mail-Rechtsprechung.
Zum einen stellte der Gerichtshof den Grundsatz auf, dass Gesellschaften „von ihrem Niederlassungsrecht im allgemeinen durch die Gründung von Agenturen, Zweigniederlassungen und Tochtergesellschaften" Gebrauch machen.[835] Eine niederlassungsrelevante Betätigung von Gesellschaften soll demnach im Ausland in der Regel nach den in Art.43 Abs. 1 S. 2 EGV vorgesehenen Ausübungsformen erfolgen, auch wenn nicht unbedingt unterstellt werden kann, dass der Gerichtshof mit diesem Hinweis jedes andere Gestaltungsmodell für unzulässig halten wollte.

---

[830] Art. 2ff der Zweigniederlassungsrichtlinie. Einen Überblick über den Regelungsumfang und der Verankerung im deutschen Recht gibt *Seibert*, DB 1993, 1705ff; *ders.*, GmbHR 1992, 738ff.

[831] RL 78/660/EWG vom 25.07.1978 (auch „Jahresabschlußrichtlinie" genannt, *Lutter*, ZGR 1996, Sonderheft 1, S.139), ergänzt durch RL 90/604/EWG und 90/605/EWG vom 08.11.1990, sowie 94/8/EWG vom 21.03.1994. Letztere betrifft die Währungsumstellung und wurde direkt in die Bilanzrichtlinie integriert, *Hopt/Wymeersch*, S. X.

[832] RL 84/253/EWG vom 10.04.1984.

[833] *Garcia*, RIW 2000, 591.

[834] *Seibert*, DB 1993, 1706.

[835] EuGH 1988, 5483ff („Daily Mail"). Zuletzt EuGH Slg. 1998 I, 4695ff („ICI"), vgl. dazu auch *Forsthoff*, EuR 2000, 188.

Zum anderen trägt diese Lösung auch dem Hinweis im Daily-Mail-Urteil Rechnung, wonach die niederlassungsrechtliche Bereichsausnahme für den Fall der Verwaltungssitzverlegung durch Rechtsangleichungsmaßnahmen nach Art. 44 Abs. 2 lit. g EGV entsprechend geregelt werden kann. Die Zweigniederlassungsrichtlinie beruht auf dieser Kompetenznorm und kann neben anderem als sekundärrechtliche Maßnahme angesehen werden, die der EuGH in Daily-Mail für die Regelung des Falles der Verlegung des Verwaltungssitzes für erforderlich gehalten hat.

(2) Wertungswidersprüche zu Art. 48 Abs. 1 EGV

Durch das Erfordernis, in dem Staat, in den der Verwaltungssitz verlegt werden soll, zugleich ein Zweigniederlassung einzurichten, würden zudem Wertungswidersprüche zu Art. 48 Abs. 1 EGV. Man stelle sich einen Vergleichsfall vor, dass eine inländisch inkorporierte Gesellschaft von Anfang an ihren Verwaltungssitz im Ausland nimmt. Nach der Sitztheorie kann eine solche Gesellschaft schon gar nicht wirksam gegründet werden, weil der Verwaltungs- und der Registersitz in verschiedenen Staaten liegen.[836]
Man sollte annehmen, dass die Gründung der Gesellschaft unmittelbar mit ausländischem Verwaltungssitz und die nachträgliche Verlegung desselben rechtlich gleich behandelt werden sollten. Zwischen beiden Konstellationen besteht kein nennenswerter qualitativer Unterschied, nach erfolgter Sitzverlegung unterschieden sie sich äußerlich nicht. Abweichungen gibt es lediglich in der zeitlichen Abfolge der Verwaltungssitzverlegung. Während, wie in Daily-Mail, dies erst nach Errichtung der Gesellschaft angestrebt wurde, geschieht dies im Vergleichsfall schon während der Gründungsphase.
Die Regelung in Sitztheoriestaaten, im Beispielsfall der Gesellschaft bereits die wirksame Gründung zu versagen, ist europarechtlich nicht zu beanstanden. Dies ergibt sich aus Art. 48 Abs. 1 EGV. Erst wenn der Gründungsvorgang nach den Vorschriften eines Mitgliedstaates durchgeführt wurde, unterfällt die Gesellschaft dem Schutz der Niederlassungsfreiheit.[837] Dabei sind die Voraussetzungen, unter denen einer Gesellschaft wirksam errichtet werden kann, grundsätzlich nicht nachprüfbar. Insoweit gilt nichts anderes als beim Staatsangehörigkeitsrecht für natürliche Personen, wo über die Voraussetzungen der Einbürgerung und damit mittelbar verbundenen Verleihung der EU-Personenverkehrsrechte nur der betreffende Mitgliedstaat zu befinden hat.[838]

---

[836] Zu den materiellrechtlichen Auswirkungen der Sitztheorie insgesamt, Teil 1, C.III.1.b.
[837] *Randelzhofer/Forsthoff*, in: *Grabitz/Hilf*, Art. 48 Rn 19; *Forsthoff*, EuR 2000, 173ff. Vgl. auch Teil 1, B.I.1.a.
[838] EuGH Slg. 1986, 2375ff („Segers“); EuGH Slg. 1998 I, 4695ff („ICI“); *Forsthoff*, EuR 2000, 174.

Würde man für die Verlegung des Verwaltungssitzes eine europarechtliche Grundlage anerkennen, entstünde ein Wertungswiderspruch zum eben geschilderten Beispielsfall, welcher grundsätzlich nach mitgliedstaatlichem Gesellschaftsgründungsrecht zu beurteilen ist. Zwar könnte diese Argumentation auch umgekehrt verwendet werden: gerade wegen dieses Widerspruchs ließe sich aus rechtspolitischen Gründen trefflich die Auffassung vertreten, dass letztlich auch die sofortige Gründung einer Gesellschaft mit ausländischem Verwaltungssitz zulässig sein müsse. Der Wortlaut des Art. 48 Abs. 1 EGV steht dem jedoch entgegen.

Im Ergebnis ist daher festzustellen, dass zwischen der Daily-Mail-Entscheidung und der Centros-Entscheidung eine Synthese gebildet werden kann. Die Entscheidungen können einer Auslegung zugeführt werden, dass sie zueinander nicht in Widerspruch stehen.
Dies heißt allerdings nicht, dass der EuGH nicht doch eine Kehrtwende vollziehen könnte, möglicherweise schon im derzeit anhängigen, vom AG Heidelberg unterbreiteten Vorlageverfahren.[839]

c) Stand nach der Überseering-Entscheidung[840]

In der nunmehr vorliegenden Überseering-Entscheidung ist der EuGH der hier vorgeschlagenen Synthese zwischen den Entscheidungen Daily Mail und Centros nicht gefolgt.

Im Fall Überseering ging es um eine niederländische Gesellschaft, die vor einem deutschen Gericht werkvertragliche Gewährleistungsansprüche aus dem Bau eines Motels geltend machen wollte. Die Geschäftsanteile der Überseering B.V. wurden an deutsche Staatsangehörige abgetreten, die unstreitig auch ihren Wohnsitz in Deutschland hatten. Die Instanzgerichte kamen aufgrund dessen zur Annahme, dass sich der Verwaltungssitz der Überseering B.V. nicht in den Niederlanden befinde, die Gesellschaft nach den materiell-rechtlichen Auswirkungen der Sitztheorie nicht als rechtsfähig und prozessfähig angesehen werden könne. Der BGH legte den Rechtsstreit im Wege des Vorabentscheidungsverfahrens dem EuGH vor.

Der EuGH kam zu dem Ergebnis, dass die Aberkennung der Parteifähigkeit einer in einem Mitgliedstaat wirksam errichteten Gesellschaft vor den Gerichten

---

[839] AG Heidelberg, EuZW 2000, 414f.

[840] Dieses Unterkapitel wurde vom Verfasser, wie auch die anderen Hinweise zur Entscheidung Überseering, erst in der vorlegenden Verlagsfassung eingefügt, da das Urteil Überseering erst kurz vor Abschluss des Promotionsverfahrens an der Universität Bayreuth ergangen war, vgl. Vorwort.

eines anderen Mitgliedstaates gegen die primäre Niederlassungsfreiheit verstößt. Der Gerichtshof betonte zwar, dass im Ausgangsfall eine bewußte Verlegung des Verwaltungssitzes nicht beabsichtigt war. Vielmehr wurde diese Schlussfolgerung nur von der deutschen Rechtsordnung infolge der Abtretung der Geschäftsanteile an deutsche Staatsangehörige mit Wohnsitz im Inland gezogen. Allerdings ließ der Gerichtshof erkennen, dass seine Entscheidung nicht anders ausgefallen wäre, „ginge es um die grenzüberschreitende Verlegung des tatsächlichen Verwaltungssitzes“.[841]

Die materiellrechtlichen Auswirkungen der Sitztheorie sind, soweit es um die Anerkennung der Rechts- und Parteifähigkeit geht, mit der Niederlassungsfreiheit nach dieser Rechtsprechung unvereinbar. Insoweit kann die Sitztheorie nicht länger aufrecht erhalten bleiben.[842]

Der EuGH hat in der Überseering-Entscheidung auch auf das Daily-Mail-Urteil Bezug genommen und insoweit seine damaligen Aussagen – nach eigener Darstellung – präzisiert. Insbesondere distanziert sich der Gerichtshof davon, dass infolge des Daily-Mail-Urteils eine ungeschriebene Bereichsausnahme für die Ausübungsform der statuswahrenden Verwaltungssitzverlegung enthalte. Ausdrücklich wurde in Tz 62 hervor gehoben, dass es in dem der Daily-Mail-Entscheidung zugrunde liegenden Sachverhalt um die Rechtsbeziehungen einer Gesellschaft zu ihrem Inkorporationsstaat gehe, während das Überseering-Urteil einen Fall betreffe, in dem von Seiten des Zuzugstaates Massnahmen gegen eine in einem anderen Mitgliedstaat wirksam errichteten Gesellschaft ergriffen werden.[843]
Der EuGH scheint nach alledem, was den niederlassungsrechtlichen Prüfungsmaßstab nationaler Massnahmen betrifft, ausdrücklich zwischen Zuzugs- und Wegzugsfällen zu unterscheiden.
In Wegzugsfällen hat es, nach dem Vorbild der Daily-Mail-Entscheidung, der Staat der Inkorporation in der Hand, die Verlegung des Verwaltungssitzes möglicherweise mit der Rechtsfolge der Nichtigkeit zu sanktionieren. In Zuzugsfällen hingegen ist die einmal erlangte Rechtsfähigkeit der im Ausland gegründeten Gesellschaft zu respektieren.

---

[841] EuGH EuZW 2002, 754ff, Tz 63f („Überseering“); *Kallmeyer*, DB 2002, 2521.
[842] Dieser Schluss wird in der Literatur einmütig gezogen, vgl. etwa *Leible/Hoffmann*, RIW 2002, 925ff; *Eidenmüller*, ZIP 2002, 2233ff; *Behrens*, EuZW 2002, 737; *Forsthoff*, DB 2002, 2471; *Kallmeyer*, DB 2002, 2521f; *Schanze/Jüttner*, AG 2003, 30ff; *Zimmer*, BB 2003, 1ff; *Lutter*, BB 2003, 7ff; *Kindler*, NJW 2003, 1073ff.
[843] EuGH EuZW 2002, 754ff, Tz 62 („Überseering“).

Eine Bereichsausnahme kann nach diesen Grundsätzen nur noch für die Verlegung des Verwaltungssitzes ins Ausland angenommen werden.[844]
Im Übrigen unterfällt die Verlegung des Verwaltungssitzes in das Inland nach der Rechtsprechung im Überseering-Urteil nunmehr grundsätzlich dem Schutzbereich der Niederlassungsfreiheit.

3. Zulässigkeit von Sitzverlegungen im Übrigen

Im Übrigen stellt sich die Frage, ob die anderen, eingangs erwähnten Arten der Sitzverlegung, die in der bisherigen EuGH-Rechtsprechung auch nicht streitgegenständlich waren, von der Niederlassungsfreiheit umfaßt sind. Insofern ist eine Stellungnahme zur identitätswahrenden Verlegung des Satzungssitzes, der gleichzeitigen Verlegung des Satzungs- und des Verwaltungssitzes, der formwechselnden Sitzverlegung, und der Sitzverlegung mit Anpassung erforderlich.

a) Identitätswahrende Verlegung des Satzungssitzes und transnationale Gründung

Bei der identitätswahrenden Verlegung des Satzungssitzes würde die Gesellschaft im Zuzugstaat eingetragen und registriert werden, während sie die im Wegzugstaat verliehene Rechtsform beibehält. Die bloße Verlegung des Satzungssitzes ist in europarechtlicher Hinsicht kaum diskutiert worden.[845] Wenn überhaupt, so ist lediglich erörtert worden, ob die gleichzeitige Verlegung von Verwaltungs- und Satzungssitz zulässig ist.[846]
Die Verlegung nur des Satzungssitzes kann indes im Zusammenhang mit der sog. transnationalen Gründung betrachtet werden. In diesem Fall wird eine nach inländischem Recht korporierte Gesellschaft in einem ausländischen Register eingetragen. Diese Konstellation mutet sonderbar an; eine deutsche Kapitalgesellschaft würde nicht, wovon §§ 36, 37 AktG, §§ 7, 10 GmbHG ausgehen, in einem deutschen, sondern etwa in einem französischen (Handels-) Register eingetragen werden. Im Endergebnis unterscheiden sich die Verlegung des Satzungssitzes und die transnationale Gründung nicht. In beiden Fällen wird die Gesellschaft in einem ausländischen Register eingetragen.
Die grenzüberschreitende Verlegung des Satzungssitzes wird in Teilen der Literatur für zulässig gehalten. Zur Untermauerung dieser Auffassung wird im Wesentlichen vorgebracht, dass die Niederlassungsfreiheit ein Recht auf freie Rechtswahl enthalte. Infolgedessen sei das Gründungspersonal einer Gesell-

---

[844] Eine entsprechende Einschränkung wird nunmehr von den Autoren in der Literatur vorgenommen, die schon zuvor ausdrücklich mit dem Begriff „Bereichsausnahme" operierten, vgl. etwa *Forsthoff*, DB 2002, 2471ff.
[845] Zur Abgrenzung von Daily-Mail vgl. etwa *Bechtel*, S. 87; *Thömmes*, DB 1993, 1025.
[846] Zuletzt etwa *Kruse*, S. 129ff; *Bechtel*, S. 83ff. Dazu unten III.3.b.

schaft in einem Mitgliedstaat nicht auf die dort angebotenen Gesellschaftsformen beschränkt.[847]
Diese Auffassung ist jedoch abzulehnen. Wenn man davon ausgeht, dass die Niederlassungsfreiheit zugleich eine Rechtswahlfreiheit beinhaltet, so wären die transnationale Gründung und – die wertungsmäßige Vergleichbarkeit unterstellt – auch die Verlegung des Satzungssitzes europarechtlich gedeckt. Doch enthält die Niederlassungsfreiheit einen so weitreichenden Schutzumfang gerade nicht. An dieser Stelle kann auf die Ausführungen im Allgemeinen Teil verwiesen werden.[848]

b) Identitätswahrende Verlegung von Verwaltungs- und Satzungssitz

Die gleichzeitige Verlegung des Verwaltungs- und des Satzungssitzes ist in der Literatur vorwiegend im Zusammenhang mit einem Formwechsel der betreffenden Gesellschaft erörtert worden. Wenn die umziehende Gesellschaft ihre Satzung an die Vorschriften des Zuzugstaates anpasse oder sich in eine dort angebotene Rechtsform verwandele, wurde der Vorgang in der Literatur teilweise für zulässig gehalten.[849] Die Verlegung beider Sitze unter Beibehaltung des bisherigen Statuts ist insoweit nicht erörtert worden.
Wenn man wie hier davon ausgeht, dass weder die Verlegung des Verwaltungs- noch die des Satzungssitzes für sich genommen zulässig ist, so gilt diese rechtliche Beurteilung auch bei der Kumulation beider Vorgänge.[850] Für die Annahme einer Bereichsausnahme für den Fall der Verwaltungssitzverlegung darf es in der Tat wohl nicht darauf ankommen, ob zugleich auch der Satzungssitz verlegt wird. Ebenso greifen die gegen die Auslegung der Niederlassungsfreiheit als Rechtswahlrecht vorgetragenen Gesichtspunkte beider Verlegung beider Sitze durch.

c) Statusändernde Sitzverlegungen

Die statusändernde Sitzverlegung ist das Vorbild der 14. Sitzverlegungsrichtlinie. Hier stellt sich die Frage, ob diese Ausübungsform auch ohne diese sekundärrechtliche Maßnahme bereits primärrechtlich verankert ist.

---

[847] Vgl. die Darstellung des Meinungsstandes hierzu in Teil 1, B.II.2.
[848] Teil 1, B.II.2.
[849] Im neueren Schrifttum tritt *Bechtel*, S. 83ff für eine Satzungsanpassung im Zuzugstaat ein, während *Kruse*, S. 130ff, aus Anlass der Verlegung beider Sitze durchzuführende formwechselnde Umwandlung plädiert. Beide begründen die entsprechende Reichweite der Niederlassungsfreiheit mit einem Beschränkungsverbot.
[850] So argumentieren für die international-privatrechtliche Beurteilung auch *Mü-Ko-Kindler*, IntGesR Rn 400; *Hoffmann*, ZHR 164 (2000), 45f.

Eine Reihe von Stimmen in der Literatur tritt dafür ein, die formwechselnde Sitzverlegung als Ausprägung der Niederlassungsfreiheit anzuerkennen. Dies gelte uneingeschränkt bei einem Verständnis der Niederlassungsfreiheit als Beschränkungsverbot. Die Auflösungs- und Neugründungspflicht zu Lasten der umziehenden Gesellschaft beeinträchtige die Niederlassungsfreiheit.[851] Legt man die Niederlassungsfreiheit nur als Diskriminierungsverbot aus, so stelle die Untersagung der formwechselnden Umwandlung jedenfalls dann einen Verstoß dar, wenn die Sitzverlegung im Wegzugstaat nicht mit der Auflösung der Gesellschaft sanktioniert sei.[852]
Grundsätzlich spricht sich auch *Drobnig* für eine niederlassungsrechtliche Verankerung der formwechselnden Sitzverlegung aus. Allerdings reichten die primärrechtlichen Regelungen nicht aus, um die Sitzverlegung in der Praxis durchführbar zu gestalten. Es bedürfe daher einer ergänzenden Regelung durch die Mitgliedstaaten, damit der Niederlassungsfreiheit insoweit zu ihrer Durchsetzung verholfen werde.[853]
Die letztgenannte Einschränkung erscheint nicht überzeugend. Grundsätzlich sind primärrechtlich verankerte Rechtsgarantien nicht von der Abfassung ergänzender Regelungen abhängig. Dies ließe sich schon nicht mit dem effet-utile-Grundsatz des Art. 10 EGV vereinbaren.[854] Der Behauptung, die formwechselnde Umwandlung sei von der Niederlassungsfreiheit gedeckt, stehen jedoch andere Einwände entgegen.
Eine Umwandlung der umziehenden Gesellschaft in eine im Zuzugstaat angebotene Rechtsform geht über den Vorgang der Niederlassung hinaus. Wiederum ist von der hier vertretenen Grundannahme auszugehen, dass die Niederlassungsfreiheit kein Rechtswahlrecht enthält.[855] Der Niederlassungsberechtigte hat keinen Anspruch darauf, die Niederlassung in einem anderen EU-Mitgliedstaat in einer bestimmten Rechtsform einzurichten.[856] Einen solchen Anspruch würde man aber der umziehenden Gesellschaft zubilligen, wenn die Sitzverlegung in seiner formwechselnden Variante zulässig sein soll. Auch bei natürlichen Personen gehört es zum Wesen der Niederlassungsfreiheit, dass die Standortverlagerung in einen anderen Mitgliedstaat nicht von der Annahme der jeweiligen Staatsbürgerschaft abhängig ist.

---

[851] *Kronke*, ZGR 1994, 44: *Kruse*, S. 156f. Ähnlich auch *Kallmeyer*, ZIP 1996, 537.
[852] *Behrens*, EuZW 1991, 97; *Kruse*, S. 129f m.w.N., die teilweise jedoch auf die Variante der Sitzverlegung mit Anpassung Bezug nehmen.
[853] So *Drobnig*, S. 199, der für sich in Anspruch nimmt, dass „diese Frage offenbar noch nicht gestellt worden" sei.
[854] Auch der EuGH Slg. 1974, 652f („Reyners") geht davon aus, dass die noch nicht ergangenen Richtlinien „rechtlich überflüssig" sind.
[855] S. oben Teil 1, B.II.2.
[856] Vgl. auch die Rechtslage bei der ausländischen GmbH & Co. KG, oben B.III.1.b.aa.

Hinzu kommt die Wertung der Gleichstellungsklausel des Art. 48 Abs. 1 EGV, wonach die gesellschaftliche Gründungsphase mitgliedstaatlicher Regelung vorbehalten ist.[857] Wenn man der umziehenden Gesellschaft einen Anspruch auf Formwechsel zubilligt, so würde dies dazu führen, dass der mitgliedstaatliche Regelungsvorbehalt ausgehebelt würde. Denn die Errichtung einer Gesellschaft über Umwandlung aus einer anderen Rechtsform heraus stellt nur einen Sonderfall der Gründung dar. Soweit *Kruse* dafür plädiert, die grenzüberschreitende Sitzverlegung durch analoge Anwendung des Umwandlungsgesetzes zuzulassen, so ist ihr genau dies entgegenzuhalten.[858]
Als Ergebnis bleibt daher festzuhalten, dass die formwechselnde Umwandlung nicht von der Niederlassungsfreiheit umfaßt ist.[859]

d) Sitzverlegung mit Anpassung

Schließlich ist mancherorts diskutiert worden, ob die Sitzverlegung wenigstens mit der Maßgabe zulässig sein soll, dass die Vorschriften der Satzung an die Regelungen im Zuzugstaat angepaßt werden. Bisweilen werden auch die Varianten der formwechselnden Sitzverlegung und der Sitzverlegung mit Anpassung vermengt.[860]
Die Frage der Anpassung ist dogmatisch aber nicht im Rahmen des Schutzbereiches der Niederlassungsfreiheit abzuhandeln. Wenn sich aus Art. 43, 48 EGV ein Recht auf Sitzverlegung entnehmen läßt, so müsste dies grundsätzlich eine Rechtsgarantie ohne Anpassungszwang umfassen. Anpassung bedeutet nichts anderes als die Befolgung der im Zuzugstaat geltenden Vorschriften. Ob diese im Hinblick auf Art. 43, 48 EGV von den Mitgliedstaaten durchgesetzt werden können, wäre im Rahmen der Rechtfertigung zu erörtern.
Legt man umgekehrt die hier vertretene Auffassung zugrunde, dass das Recht auf Sitzverlegung nicht von der Niederlassungsfreiheit umfaßt ist, so erübrigen sich auch Ausführungen zur Zulässigkeit etwaiger Anpassungszwänge.

4. Zusammenfassung

Für den Bereich der Verwaltungssitzverlegung stellte sich zunächst die Frage, ob die Daily-Mail-Entscheidung durch Centros überholt wurde. Nach hier vertretener Auffassung ist dies nicht der Fall, weil in Centros ein Fall der sekundären Niederlassungsfreiheit zugrunde lag, während Daily-Mail die primäre Nie-

---

[857] Zuletzt *Forsthoff*, EuR 2000, 173ff.
[858] *Kruse*, S. 131. Vgl. dazu auch die Probleme im Rahmen der Fusion/Verschmelzung, unten D.
[859] Da der Wechsel der Rechtsform nicht verlangt werden kann, bleibt auch für die von *Drobnig*, S. 199, erwähnte Fallgestaltung des Statutenwechsels ohne Sitzverlegung kein Raum.
[860] Hierzu oben II.1.c.

derlassungsfreiheit zum Gegenstand hatte. Im Hinblick auf die Verwaltungssitzverlegung kann zwischen den beiden Entscheidungen eine Synthese gebildet werden, wonach der Verwaltungssitz nur bei gleichzeitiger Errichtung einer Zweigniederlassung verlegt werden kann. Diese formale Anforderung ist sachlich gerechtfertigt, da so die Anwendung der gläubigerschützenden Zweigniederlassungsrichtlinie sichergestellt wird. Außerdem werden Wertungswidersprüche mit dem nationalen Gründungsrechtsvorbehalt aus Art. 48 Abs. 1 EGV vermieden.
In der Entscheidung Überseering hat der EuGH jedoch seine im Daily-Mail-Urteil getroffenen Aussagen auf Wegzugsfälle reduziert und insoweit folgerichtig den Zuzug, also die Verlegung des Verwaltungssitzes ins Inland, dem Schutzbereich der Niederlassungsfreiheit unterstellt.

IV. Rechtfertigung

Da nach hier vertretener Auffassung die Niederlassungsfreiheit nicht das Recht zur statuswahrenden Sitzverlegung ohne gleichzeitige Errichtung einer Zweigniederlassung vermittelt, erübrigen sich insoweit Ausführungen auf Rechtfertigungsebene.[861]

Soweit nach der Entscheidung Überseering der Zuzug einer ausländischen Gesellschaft, also die Verlegung des Verwaltungssitzes ins Inland, der Niederlassungsfreiheit unterfällt, stellt sich auch hier die Frage, inwieweit nationale Sondervorschriften in bezug auf ausländische Gesellschaften gerechtfertigt werden können.[862] Insoweit kann auf die Ausführungen zu Zweigniederlassungsfällen Bezug genommen werden.[863]

D. Fusion/Verschmelzung

I. Erscheinungsformen und Abgrenzungen

Die Begriffe Fusion und Verschmelzung sind gleichbedeutend.[864] Grundsätzlich ist zu unterscheiden zwischen der in § 1 Abs. 1 Nr. 1 UmwG geregelten Fusion

---

[861] Entsprechende Vorschläge für nationale Maßnahmen in Wegzugsfällen bei *Bechtel*, S. 142ff; *Kruse*, S. 156ff.
[862] Vgl. hierzu etwa *Eidenmüller*, ZIP 2002, 2233ff; *Schanze/Jüttner*, AG 2003, 30ff; *Kindler*, NJW 2003, 1073ff; *Leible/Hoffmann*, RIW 2002, 925ff.
[863] Vgl. oben A.IV.1.
[864] *Mü-Ko-Kindler*, IntGesR Rn 643; *Staudinger-Großfeld*, IntGesR 681.

und anderen Vorgängen, die wirtschaftlich zwar zu einem ähnlichen Ergebnis führen, aber keine Fusion/Verschmelzung im eigentlichen Sinne darstellen.

II. Rechtslage nach Internationalem Privatrecht

1. Eigentliche Fusion/Verschmelzung nach § 1 Abs. 2 Nr. 1 UmwG

Die eigentliche Fusion ist gekennzeichnet durch die Vereinigung mehrerer Rechtsträger. Die Anteilsinhaber des übertragenden Unternehmens erhalten Anteile aus dem übernehmenden Unternehmen, wenn es sich um eine Verschmelzung durch Aufnahme, bzw. aus dem neu geschaffenen Unternehmen, wenn es sich um eine Verschmelzung durch Neugründung eines dritten Unternehmens handelt. Das übertragende Unternehmen tritt im Wege der Gesamtrechtsnachfolge in das übernehmende Unternehmen ein und geht liquidationslos unter.[865]

Die grenzüberschreitende Fusion ist internationalprivatrechtlich nicht geregelt. Im Rahmen ihrer Zulässigkeit sind der kollisionsrechtliche und der internsachrechtliche Aspekt zu unterscheiden.[866]

a) Kollisionsrecht

Das internationale Gesellschaftsrecht bestimmt, dass sich die Zulässigkeit von grenzüberschreitenden Fusionen nach dem jeweiligen Gesellschaftsstatut der an der Fusion beteiligten Gesellschaften bestimmt (Vereinigungstheorie).[867] Im Falle von Überschneidungen kommt die jeweils strengere Rechtsordnung zur Anwendung.[868]
Gelegentlich werden noch kollisionsrechtliche Theorien vertreten, nach denen nur eine der beiden beteiligten Rechtsordnungen zur Anwendung gelangen sollte. Nach der Aufnahmetheorie ist das Recht der neuzubildenden oder aufnehmenden Gesellschaft anzuwenden, nach der Übertragungstheorie das Recht der übertragenden Gesellschaft. In der früheren Rechtsprechung wurden überwiegend diese Theorien herangezogen.[869] Die Anwendung nur einer Rechtsordnung hat den Nachteil, dass bestimmte Punkte, welche sinnvollerweise nur in Anwendung der heimischen Rechtsordnung gelöst werden können, von einer fremden Rechtsordnung gelöst werden müssen. Das Erlöschen der übertragenden Gesell-

---

865 *Lutter-Lutter*, UmwG, § 2 Rn 18f, 20ff; *Bermel*, in: *Goutier/Knopf/Tulloch*, § 1 Rn 18; *Staudinger-Großfeld*, IntGesR Rn 681.
866 so etwa *Staudinger-Großfeld*, IntGesR Rn 683.
867 *Mü-Ko-Kindler*, IntGesR Rn 661ff; *Lutter-Lutter*, UmwG, § 1 Rn 5; *Drobnig/Becker/Remien*, S. 62; *Rixen/Böttcher*, GmbHR 1993, 572; *Hoffmann*, NZG 1999, 1078.
868 *Staudinger-Großfeld* IntGesR Rn 683; *Mü-Ko-Kindler*, IntGesR Rn 661ff.
869 hierzu *Mü-Ko-Kindler*, IntGesR Rn 661ff m.w.N.

schaft etwa kann nur durch deren Rechtsordnung geregelt werden, nach der Aufnahmetheorie käme aber das Recht der übrigbleibenden Gesellschaft zur Anwendung.[870] Umgekehrt blieben bei der Übertragungstheorie die Belange der aufnehmenden oder neu gegründeten Gesellschaft unberücksichtigt.[871]

b) Sachrecht

Kommt es danach, gleich ob es sich aus deutscher Sicht um eine Fusion durch Neugründung oder durch Aufnahme handelt, auf deutsches Sachrecht an, so ist dessen Haltung zur grenzüberschreitenden Fusion umstritten.

aa) Umwandlungsgesetz

Zunächst ist zu prüfen, ob sich die Antwort direkt aus dem Umwandlungsgesetz entnehmen läßt. Nach dessen § 1 gilt dieses jedoch nur für Unternehmen mit „Sitz im Inland“. Grenzüberschreitende Fälle sind damit nicht erfaßt.
Vor der Neufassung des Umwandlungsgesetzes im Jahre 1994 waren die Verschmelzungsvorschriften noch an verschiedenen Stellen verteilt. Lediglich § 319 AktG, § 1 Abs. 2 UmwG 1969 enthielten ausdrückliche Vorschriften, wonach die betroffenen Rechtsträger ihren Sitz im Inland haben müssten. Im Umkehrschluß konnte man bei der alten Rechtslage daher davon ausgehen, dass grenzüberschreitende Verschmelzungen im Übrigen zulässig waren.[872] Praktische Anwendungsfälle waren indes selten.[873]
Diesem Verständnis ist inzwischen aber der Boden entzogen worden. Im Gesetzgebungsverfahren ist zwar verschiedentlich gefordert worden, von einer reinen Inlandserstreckung des Umwandlungsgesetzes Abstand zu nehmen.[874] Der Gesetzgeber traf aber eine gegenteilige Entscheidung. Er wollte den Bemühungen auf europäischer Ebene, insoweit eine einheitliche Kodifizierung herbeizuführen, nicht vorgreifen.[875]

---

[870] *Mü-Ko-Kindler*, IntGesR Rn 658; *Kronke*, ZGR 1994, 31,33.
[871] *Mü-Ko-Kindler*, IntGesR Rn 659.
[872] *Mü-Ko-Kindler*, IntGesR Rn 676.
[873] Im Jahre 1993 wurde die Fusion einer deutschen und einer französischen Kapitalgesellschaft von einem deutschen Registergericht zugelassen, vgl. den Erfahrungsbericht bei *Rixen/Böttcher*, GmbHR 1993, 572ff. Nach der Änderung des Umwandlungsrechts wertet *Mü-Ko-Kindler*, IntGesR Rn 678, Fn 84 diesen Fall als „erfolgreiche Hereinverschmelzung nach altem Recht“. Nach *Däubler*, RdA 1995, 146, handelte es sich um das „Ausscheren“ eines einzelnen Registerrichters.
[874] *Neye*, ZIP 1994, 917ff.
[875] In der Gesetzesbegründung, BR-Drucks. 75/94, S. 71ff heißt es u.a.: „Überdies würde die Ausdehnung des Gesetzes auf internationale Fälle politisch wie rechtstechnisch erhebliche Probleme aufwerfen.“

Einen anderen Ansatz verfolgt *Kallmeyer*: die Inlandsbeschränkung beziehe sich nur auf die kollisionsrechtliche Sitztheorie, woraus zu schließen sei, dass das Umwandlungsgesetz nur für den Teil der Fusion Anwendung finde, für den kollisionsrechtlich deutsches Sachrecht zur Anwendung gelangt.[876] Da die Zulässigkeit der Fusion von den Rechtsordnungen beider beteiligten Gesellschaften abhängt, führt diese Meinung im Ergebnis dazu, das Umwandlungsgesetz auf alle grenzüberschreitenden Fälle anzuwenden.

Dem ist jedoch nicht zu folgen. Die von *Kallmeyer* proklamierte Geltungsbeschränkung auf den vom deutschen Sachrecht zu beurteilenden Verschmelzungsteil ergibt sich schon aus der kollisionsrechtlichen Vereinigungstheorie. Dass mit Hilfe des deutschen Umwandlungsgesetzes nicht die Anforderungen fremder Rechtsordnungen an die Verschmelzung beantwortet werden können, ist ohnehin klar. Im Ergebnis scheint *Kallmeyer* daher die uneingeschränkte Geltung des Umwandlungsgesetzes für Auslandsfälle befürworten zu wollen, was, wie erwähnt, mit der gesetzgeberischen Wertung unvereinbar ist.
Insoweit ist auch die Streitfrage nicht von Bedeutung, ob mit „Sitz im Inland" i.S.d. § 1 UmwG der statuarische Sitz[877] oder der Verwaltungssitz[878] gemeint ist. Wenn der Satzungssitz maßgeblich sein soll, so wären die theoretisch umwandlungsfähigen Gesellschaften mit Satzungssitz im Inland und Verwaltungssitz im Ausland nach der Sitztheorie nicht als rechtsfähig anzuerkennen. Ist mit dem Gesetzeswortlaut hingegen der Verwaltungssitz gemeint, so führt die Sitztheorie zum selben Ergebnis, da ausländisch korporierte Gesellschaften mit Sitz im Inland ebenfalls nicht anzuerkennen sind.[879]
Das Umwandlungsgesetz ist nach alledem wegen der Formulierung „mit Sitz im Inland" in § 1 für grenzüberschreitende Fälle nicht anwendbar.[880]

bb) Ansätze außerhalb des Umwandlungsgesetzes

Ob aus der Nichtgeltung des Umwandlungsgesetzes auf die sachrechtliche Unzulässigkeit der transnationalen Fusion im Übrigen geschlossen werden kann, ist umstritten.

---

876 *Kallmeyer*, § 1 Rn 12; *ders.*, ZIP 1996, 536f.
877 Wohl h. M, vgl. etwa *Lutter-Lutter*, UmwG, § 1 Rn 7; *Bermel*, in: *Goutier/Knopf/Tulloch*, § 1 Rn 6.
878 So *Kallmeyer*, § 1 Rn 14.
879 *Dötsch*, DB 1998, 1030.
880 § 1 UmwG ist seiner Rechtsnatur als „selbstbeschränkte" (*Mü-Ko-Kindler*, IntGesR Rn 655) bzw. „autolimitierende" (*Lutter-Lutter*, UmwG, § 1 Rn 6; *Kronke*, ZGR 1994, 35) Sachnorm anzusehen.

Überwiegend wird die Auffassung vertreten, dass grenzüberschreitende Verschmelzungen sachrechtlich wegen des numerus clausus des Umwandlungsgesetzes gem. § 1 Abs. 2 UmwG generell verboten sind. Nur die dort genannten Formen der Umwandlung seien zulässig, die internationale Fusion gehöre nicht dazu.[881]
Die Gegenmeinung entnimmt der Inlandsbeschränkung des Umwandlungsgesetzes lediglich, dass die Umwandlung weder positiv noch negativ geregelt, deshalb auch nicht grundsätzlich ausgeschlossen sei.[882] Nach dieser Ansicht muss gefragt werden, ob dem deutschen Sachrecht an anderer Stelle eine Aussage zu grenzüberschreitenden Fusionen zu entnehmen ist.

Dabei sprechen sich manche Autoren dafür aus, insbesondere die Herausverschmelzung aus Gründen des Gläubiger-, Gesellschafter-, und des Arbeitnehmerschutzes zu untersagen, da deutsche Schutznormen somit nicht mehr zur Anwendung gelangen könnten.[883]
Diese Ansicht scheint jedoch angreifbar, weil sie nicht dogmatisch mit bestimmten Vorschriften oder Rechtsgrundsätzen untermauert werden kann. Eine ähnliche Diskussion wird auf dem Gebiet der „ausländischen GmbH & Co. KG" geführt, die mancherorts wegen der möglichen Umgehung von Schutzvorschriften für unzulässig gehalten wird.[884] Außerdem kann mit diesem Ansatz das Problem der Hereinverschmelzung nicht hinreichend gelöst werden. Sie müsste wohl für uneingeschränkt zulässig gehalten werden, da deutsches Sachrecht insoweit nicht ausgehebelt wird.[885]

Im Übrigen wird versucht, die Frage nach der sachrechtliche Zulässigkeit der internationalen Verschmelzung durch die Heranziehung der Sitztheorie zu lösen. Dabei wird die Auffassung vertreten, dass die internationale Fusion mit der Sitzverlegung vergleichbar sei, infolgedessen auch weder die Heraus- noch die Hereinverschmelzung zulässig sei.[886] Nur so erklären sich auch die mitunter zahlreich gegebenen Rechtsprechungshinweise[887] im internationalen Fusions-

---

[881] *Staudinger-Großfeld*, IntGesR Rn 699f; *Mü-Ko-Kindler*, IntGesR Rn 683; *Dehmer*, § 1 Rn 3; *Schaumburg*, GmbHR 1996, 501f; *Lawall*, IStR 1998, 346; zuletzt wieder *Hoffmann*, NZG 1999, 1079. A.A. etwa *Picot/Land*, DB 1998, 1606, allerdings ohne inhaltliche Bezugnahme auf das UmwG.
[882] *Lutter-Lutter*, UmwG, § 1 Rn 6, 8; *Kronke*; ZGR 1994, 35f; *Lawall*, IStR 1998, 346.
[883] *Däubler*, RdA 1995, 147; *Herzig/Förster*, DB 1994, 2 m.w.N. zu deutlich älterer Literatur.
[884] Vgl. oben B. II.2.a.aa; *Rixen/Böttcher*, GmbHR 1993, 572ff.
[885] Scheitern kann dieser Vorgang gleichwohl an den Vorschriften des jeweils berufenen ausländischen Rechts, *Staudinger-Großfeld*, IntGesR Rn 697.
[886] *Bermel*, in: *Goutier/Knopf/Tulloch*, § 1 Rn 10f.
[887] so behauptet etwa *Lutter-Lutter*, UmwG, § 1 Rn 5, Fn 9, 10, dass die Rechtsprechung „strikt gegen beide Vorgänge" sei (gemeint ist sowohl die Herein- als auch die Herausverschmelzung).

recht. Bislang hat sich die Rechtsprechung zum Thema grenzüberschreitende Fusion, abgesehen von der nach altem Umwandlungsrecht vorgenommenen Hereinverschmelzung einer französischen Kapitalgesellschaft auf eine deutsche GmbH,[888] aber nicht geäußert. Den zitierten Fällen lagen in Wahrheit aber Sitzverlegungen zugrunde. Sie können zum Thema Fusion nur dann herangezogen werden, wenn man davon ausgeht, dass Sitzverlegung und Fusion im Lichte der Sitztheorie zu gleich zu beurteilen sind.

Davon dürfte jedoch, ohne hier im Übrigen eine bestimmte Haltung zur Sitztheorie im Allgemeinen einnehmen zu wollen, auszugehen sein.[889]
Entscheidend ist, dass etwa im Falle der Herausverschmelzung ein unter inländischer Kontrolle stehender Rechtsträger verschwindet.[890] Gegen die Gleichstellung von Fusion und Sitzverlegung wird teilweise eingewandt, dass die übertragende Gesellschaft nicht wie bei der Sitzverlegung unter ein neues Gesellschaftsstatut wandere, sondern sich auflöse und ihre Inhaber nun Anteilseigner der übernehmenden Gesellschaft werden. Dem ist zuzustimmen, doch paßt diese Argumentation nur auf fusionsähnliche Ersatzlösungen, wenn das übertragende Unternehmen liquidiert wird. Bei Fusionen im eigentlichen Sinne tritt das übernehmende Unternehmen die Gesamtrechtsnachfolge des übertragenden Unternehmens an, dessen Rechtsfähigkeit auf diese Weise erhalten bleibt. Im Lichte der Sitztheorie können Fusion und Sitzverlegung daher gleichbehandelt werden.

Grenzüberschreitende Fusionen sind demnach internationalprivatrechtlich nicht zulässig. Die eindeutige Inlandsgeltung des Umwandlungsgesetzes und der numerus clausus der Umwandlungsarten gem. § 1 Abs. 2 UmwG sind nach überwiegender, und auch hier vertretener Auffassung als Verbot grenzüberschreitender Fusionen zu verstehen. Auch wenn man im Umwandlungsgesetz nur eine Nicht-Regelung sieht, führt die Anwendung der Sitztheorie zur Unzulässigkeit dieses Vorganges. Infolgedessen hat die Frage, ob grenzüberschreitende Fusionen europarechtlich geboten sind, praktische Auswirkungen.

2. Fusionsähnliche Ersatzlösungen

Wie eingangs erwähnt, können mit der Fusion in wirtschaftlicher Hinsicht vergleichbare Fälle auch dann hergestellt werden, wenn keine Verschmelzung im eigentlichen Sinne stattfindet.

---

[888] Vgl. oben *Rixen/Böttcher*, GmbHR 1993,
[889] *Bermel*, in: *Goutier/Knopf/Tulloch*, § 1 Rn 10ff; *Staudinger-Großfeld*, IntGesR Rn 691f; *Lutter-Lutter*, UmwG, § 1 Rn 8; *Kronke*, ZGR 1994, 29ff.
[890] *Staudinger-Großfeld*, IntGesR Rn 692.

So liegt es etwa bei der Einbringung eines Unternehmens oder Unternehmensteiles in eine andere Gesellschaft gegen Erwerb von Anteilen an dieser.[891] Der qualitative Unterschied zur eigentlichen Fusion besteht hier darin, dass das übertragende Unternehmen nicht liquidationslos untergeht.[892] Wenn es aber dennoch aufgelöst wird, so muss die Liquidierung herbeigeführt werden.
Ein einheitliches Gestaltungsmodell für solche fusionsersetzenden Vorgänge gibt es nicht.[893] In der Literatur werden gelegentlich zwei Hauptfallgruppen unterschieden, die „Verschmelzung durch Betriebsübergang" und die „Verschmelzung durch Anteilsübergang".[894] Im ersten Fall bringt die übertragende Gesellschaft ihren Betrieb als ganzes in die übernehmende Gesellschaft ein und wird liquidiert. Anschließend erhalten die Gesellschafter der übertragenden Gesellschaft vom so frei gewordenen Vermögen Anteile an der übernehmenden Gesellschaft. Im zweiten Fall bringen die Gesellschafter der übertragenden Gesellschaft ihre Anteile an dieser in die übernehmende Gesellschaft ein. Nach Liquidation der übertragenden Gesellschaft erhält die übernehmende Gesellschaft das Vermögen der übertragenden Gesellschaft.
Eine solche Schematisierung erscheint aber angesichts der jüngsten Fusionen im internationalen Gesellschaftsrecht kaum mehr aufrechtzuerhalten. Insbesondere ist die Liquidation der übertragenden Gesellschaft nicht zwingend.[895] Beim Zusammenschluß der Unternehmen Hoechst AG und Rhône-Poulenc S.A. zur Aventis S.A. führte die Rhône-Poulenc S.A. beispielsweise eine Kapitalerhöhung gegen Sacheinlage durch und übernahm mit den dadurch geschaffenen Aktien im Tauschwege die Anteile der Hoechst-Aktionäre, welche sich zuvor mit einem von der Rhône-Poulenc S.A. unterbreiteten Umtauschangebot einverstanden erklärt hatten. Damit wurden die bisherigen Hoechst-Aktionäre Aktionäre der Rhône-Poulenc S.A. Die Hoechst AG ging als juristische Person nicht unter und verblieb als Tochtergesellschaft im Konzernverbund. Die anschließende Bildung der Aventis S.A. war firmenrechtlicher Natur, sie ist mit der Rhône-Poulenc S.A. rechtlich identisch.[896]
Eine andere Konstruktion erfuhr der Zusammenschluß der Daimler-Benz AG mit Chrysler. Zuerst wurde nach deutschem Recht die Firma DaimlerChrysler AG gegründet, welche dann ebenfalls im Wege des Tausches die Anteile der beiden beteiligten Unternehmen erwarb. Anschließend erfolgte eine Verschmel-

---

[891] *Lutter-Lutter*, UmwG, § 1 Rn 17.
[892] So lag es etwa im Fall Aventis, vgl. *Hoffmann*, NZG 1999, 1078.
[893] Zum Anwendungsbereich des WpÜG, siehe unten D.II.3.
[894] *Schaumburg*, GmbHR 1996, 511f, 512f; *Herzig/Förster*, DB 1994, 2f m.w.N. zur deutlich älteren Vorgängerliteratur.
[895] *Bühler*, S. 219.
[896] *Hoffmann*, NZG 1999, 1077f.

zung der Daimler-Benz AG mit der DaimlerChrysler AG nach inländischen Vorschriften.[897]
Als wirtschaftlich gleichwertige Ersatzlösung käme auch die Fusion zweier Tochtergesellschaften in Betracht, die zu unterschiedlichen, in verschiedenen Staaten ansässigen Muttergesellschaften gehören. Internationalprivatrechtliche Probleme sind insoweit aber nicht zu erkennen, weil lediglich ein interner Verschmelzungsvorgang durchgeführt wird.[898]

Grundsätzlich sind solche Ersatzlösungen zur Herbeiführung einer Fusion/Verschmelzung im wirtschaftlichen Sinne zulässig.[899] Eine entsprechende Regelung war in § 361 Akt a.F. enthalten, wonach eine AG ihr gesamtes Vermögen an ein ausländisches Unternehmen veräußern konnte.[900]

3. (Feindliche) Übernahme

Der Zusammenschluß zweier Unternehmen kann weiterhin auch im Wege der sog. feindlichen Übernahme erreicht werden. Hierunter versteht man den Erwerb einer Mehrheitsbeteiligung an einem Unternehmen gegen den Willen oder zumindest ohne Abstimmung mit der Verwaltung des Zielunternehmens.[901] Eine weitergehende Definition der „feindlichen Übernahme" hat sich bislang nicht entwickelt.[902] Im Unterschied zu „einvernehmlichen" Fusionsersatzlösungen erfolgt der Aktientausch zumeist nach Abgabe eines Tauschangebotes des über-

---

[897] *Staudinger-Großfeld*, IntGesR Rn 701.
[898] Ähnliches gilt für die zuletzt diskutierte Gestaltung einer Fusion durch die Wahl eines Doppelsitzes, vgl. hierzu *König*, AG 2000, 18ff. Gemeint waren in diesem Zusammenhang aber nur Sonderfälle, in denen ein Unternehmen nach der internen Verschmelzung ausnahmsweise zwei Sitze im Inland aufrechterhält, zumeist die früheren Hauptsitze der vormals eigenständigen Unternehmen, um die Fusionsfolgen für beide Gesellschaften möglichst gleichwertig zu gestalten. Den eigentlichen Fusionsvorgang selbst berührt dies nicht.
[899] *Lutter-Lutter*, UmwG, § 1 Rn 17; *Staudinger-Großfeld*, IntGesR Rn 701, *Kallmeyer*, ZIP 1994, 1752f; *Herzig-Förster*, DB 1994, 2f; *Däubler*, RdA 1995, 147; *Schaumburg*, GmbHR 1996, 511f, 512f. Eine entsprechende Regelung war in § 361 Akt a.F. enthalten, wonach eine AG ihr gesamtes Vermögen an ein ausländisches Unternehmen veräußern konnte, *Staudinger-Großfeld*, IntGesR Rn 690, ohne Hinweis auf die zwischenzeitliche Abschaffung der Norm.
[900] *Staudinger-Großfeld*, IntGesR Rn 690, ohne Hinweis auf die zwischenzeitliche Abschaffung der Norm.
[901] Erstmals *Krause*, WM 1996, 845. Die Begriffswahl wird insbesondere von *Emmerich/Sonnenschein/Habersack*, S. 16, kritisiert, da sie den Eindruck erweckt, als seien feindliche Übernahmen stets negativ zu beurteilen. Nicht selten dienen derartige Angebote aber nicht nur der Erlangung der Kontrolle über die Zielgesellschaft, sondern vor allem dem Erwerb zusätzlicher Anteile an Unternehmen, die bereits kontrolliert werden.
[902] *Bästlein*, S. 31f, der sich auf die Aussage beschränkt, dass feindliche Übernahmen eine Teilmenge des gesamten Mergers & Acquisitions-Geschehens darstellen.

nehmenden Unternehmens an die Aktionäre der Zielgesellschaft (öffentliches Übernahmeangebot).[903]
Die (feindliche) Übernahme ist nunmehr seit 01.01.2002, nachdem im Unterschied zu den meisten europäischen Staaten zuvor das Modell einer freiwilligen Selbstkontrolle[904] verfolgt worden war, teilweise im Wertpapiererwerbs- und Übernahmegesetz (WpÜG) geregelt. Das Gesetz ist nach § 1 WpÜG anzuwenden auf Angebote zum Erwerb von Wertpapieren, die von einer Zielgesellschaft ausgegeben werde und zum Handel an einem organisierten Markt zugelassen sind. Unter organisiertem Markt ist sowohl der geregelte Markt i.S.d. Wertpapierdienstleistungsrichtlinie[905] als auch der amtliche Handel und geregelte Markt an einer Börse in Deutschland zu verstehen.[906] Darüberhinaus sind bei Erreichen einer aktienrechtlichen Sperrminorität oder einer Beteiligungsgröße von 5%, 10%, 25%, 50% oder 75% die in § 20 Abs. 1 AktG und in § 21 Abs. 1 WpHG festgelegten Mitteilungspflichten zu beachten.[907]
Das WpÜG soll in erster Linie unter Anlehnung an internationale Standards ein geordnetes Übernahmeverfahren schaffen, Mindeststandards bezüglich Informationen und Transparenz zugunsten der Aktionäre der Zielgesellschaft festschreiben, sowie die rechtliche Stellung von Minderheitsaktionären verbessern.[908] Es lehnt sich inhaltlich an die zuletzt gescheiterte Take-Over-Richtlinie[909] an und

[903] Die kollisionsrechtliche Behandlung von Übernahmeangeboten ist umstritten. Bis vor kurzem schien unumstritten zu sein, dass das Vertragsstatut maßgeblich sei, weil das Angebot auf den Kauf von Wertpapieren gerichtet ist, wobei im Unterschied zu den gesellschaftsrechtlichen Anknüpfungsregeln es für zulässig gehalten wurde, dass die Parteien nach Art. 27 Abs. 1 EGBGB eine Rechtswahl treffen, welche bereits im Übernahmeangebot enthalten sein kann, vgl. *Dürig*, RIW 1999, 748 m.w.N. In Betracht aber auch eine Anknüpfung an den Wohnsitz der Aktionäre, an den maßgeblichen Kapitalmarkt sowie auf das Statut der Zielgesellschaft, vgl. dazu ausführlich *von Hein*, AG 2001, 223ff m.w.N.
[904] Bislang existierte lediglich der Übernahmekodex der Börsensachverständigenkommission aus der Jahre 1995, hierzu etwa *Kirchner*, BB 2000, 106; *Schander*, NZG 1998, 800; *Assmann*, AG 1995, 563, der jedoch rechtlich unverbindlich war und auch nicht den Stellenwert eines Handelsbrauch nach § 346 HGB erreichte, *Beckmann*, S. 75 m.w.N.
[905] Richtlinie 93722/EWG vom 10.05.1993.
[906] *Geibel/Süßmann*, § 1 Rn 46ff; *Thoma*, NZG 2002, 105.
[907] *Beckmann*, S. 52; *Dürig*, RIW 1999, 747; *Burgard*, WM 2000, 613; *Kirchner*, BB 2000, 106.
[908] *Geibel/Süßmann*, Einl Rn 35; *Emmerich/Sonnenschein/Habersack*, S. 19; *Pötsch/Möller*, WM 2000, Sonderbeilage 2, S. 14; *Witte*, BB 2000, 2161; *Müller*, GmbHR 2000, R 373; *Pietzke*, S. 609; *Kallmeyer*, ZHR 161 (1997), 436. Zur Vereinbarkeit von Regelungen aus dem WpÜG mit der Kapitalverkehrsfreiheit vgl. unten D.III.2.d.bb.3.
[909] Zuletzt geändert im Vermittlungsverfahren durch den gemeinsamen Entwurf vom 06.06.2001, abgedruckt in AG 2000, 296ff. Am 04.07.2001 wurde der Entwurf vom europäischen Parlament mit 273 zu 273 Stimmen bei 22 Enthaltungen abgelehnt, womit die Richtlinie nach Art. 251 Abs. 5 EG als nicht erlassen galt.

regelt in erster Linie öffentliche Angebote zum Erwerb von Wertpapieren, Übernahmeangebote, Pflichtangebote[910] sowie die Bemessung der Gegenleistung.

Das Wertpapiererwerbs- und Übernahmegesetz befaßt sich indes nur mit dem Verfahren und die Rechtsfolgen der Übernahme. Der Vorgang als solcher wird dem Grunde nach aber nicht eingeschränkt. Im Ergebnis kann daher festgehalten werden, dass die Herbeiführung der Fusion/Verschmelzung durch die Übernahme sachrechtlich grundsätzlich gestattet ist.

4. Sonderfragen bei mitbestimmten Unternehmen

Fraglich ist, ob bei mitbestimmten Unternehmen Besonderheiten gelten. Eine gesetzliche Regelung findet sich im Gesetz zur Beibehaltung der Mitbestimmung vom 23.08.1994 (Mitbestimmungs-Beibehaltungsgesetz – MitbestBeiG).[911] Danach gelten Unternehmensübertragungen nach § 20 Abs. 6, 8 UmwStG als nicht geschehen, wenn dadurch die Anwendbarkeit der Mitbestimmungsregeln aufgehoben werden würde.
Aus dieser gesetzgeberischen Wertung ist aber zu entnehmen, dass für die anderen Fälle der fusionsähnlichen Ersatzlösungen und der feindlichen Übernahme der Geltungsverlust des deutschen Mitbestimmungsrechtes hinzunehmen ist. Insoweit ist die Situation nicht anders als bei inländischen Zweigniederlassungen ausländischer Unternehmen, wo deutsches Mitbestimmungsrecht ebenfalls nicht zur Anwendung gelangt.[912]
Ebenso wie dort werden aber auch im Falle der Fusion/Verschmelzung gegen den Verlust des inländischen Mitbestimmungsstandards in den nicht vom MitbestBeiG erfaßten Fällen Stimmen erhoben.[913] Hervorzuheben ist allerdings, dass auch nach dieser Auffassung nur die Herausverschmelzung unzulässig wäre, nicht aber die Hereinverschmelzung, weil insoweit deutsches Mitbestimmungsrecht weiterhin anwendbar bleibt.[914] Außerdem wird darauf verwiesen, dass das Mitbestimmungsrecht kein Auflösungsverbot für mitbestimmte Gesellschaften enthalte, der Verlust des Mitbestimmungsstandards daher zumindest mittelbar im Gesetz vorgesehen sei.[915] *Heinze* schlägt vor, den Erhalt des Mitbestimmungsrechts durch vertragliche Vereinbarungen zu sichern, etwa durch

---

[910] Ab einer Beteiligungsschwelle von 30% der zurechenbaren Stimmrechte, §§ 35, 29 Abs. 2 WpÜG.
[911] BGBl 1994 I, 2228; *Kallmeyer*, ZIP 1994, 1753.
[912] S. oben A.II.3.
[913] *Großfeld*, WM 1992, 2125; *Großfeld/Erlinghagen*, JZ 1993, 221f. Zusammenfassend *Heinze*, ZGR 1994, 57ff.
[914] *Kallmeyer*, ZIP 1996, 537.
[915] *Behrens*, ZGR 1994, 14.

grenzüberschreitende Übereinkommen mit den Mitbestimmungsorganen und den Belegschaftsvertretern.[916]

5. Zusammenfassung

Die internationale Fusion/Verschmelzung ist internationalprivatrechtlich nur zulässig, wenn außerhalb des Umwandlungsgesetzes wirtschaftlich gleichwertige Ersatzlösungen gefunden werden. Darunter fällt grundsätzlich auch die (feindliche) Übernahme, die teilweise im WpÜG eine gesetzliche Regelung gefunden hat. Die Zulässigkeit der Herausverschmelzung ist wegen des Verlustes des deutschen Mitbestimmungsstandards umstritten.

III. Europarechtliche Vorgaben

Die europäische Gesetzgebung auf dem Gebiet der grenzüberschreitenden Fusionen ist zum Stillstand gekommen. Die Gesetzgebungsbemühungen für eine grenzüberschreitende Fusionsrichtlinie sind über das Entwurfsstadium nicht hinausgelangt.[917] Ähnliches gilt für die gesetzgeberische Weiterentwicklung europäischer Gesellschaftsformen. Lediglich im Bereich der Europäischen Aktiengesellschaft (SE) sind im Vertrag von Nizza und der anschließenden Verabschiedung der Verordnung über den Statut der Europäischen Gesellschaft[918] Fortschritte erzielt worden. Allerdings wird es aufgrund der Übergangsfristen noch mindestens zwei Jahre dauern, bis die erste SE gegründet werden kann.[919]

Nach derzeitigem Stand stellt sich demnach die Frage, ob die verschiedenen Varianten grenzüberschreitender Fusionen eine primärrechtliche Grundlage haben. Dabei rücken neben den Vorschriften über die Niederlassungsfreiheit auch jene über die Kapitalverkehrsfreiheit ins Blickfeld. In der nachfolgenden Darstellung ist, ebenso wie im Internationalen Privatrecht, zwischen der eigentlichen Fusion und fusionsähnlichen Ersatzlösungen zu unterscheiden.

1. Eigentliche Fusion

Die Fusion im eigentlichen Sinne ist dadurch gekennzeichnet, dass das übertragende Unternehmen liquidationslos auf das übernehmende Unternehmen über-

---

[916] *Heinze*, ZGR 1994, 63.
[917] Weitere Hinweise dazu bei *Lutter*, S. 257ff.
[918] Der Verordnungsvorschlag 2001 spricht in der Gesetzesüberschrift von „Europäischer Gesellschaft (SE)", nicht mehr von Europäischer Aktiengesellschaft, vgl. dazu etwa *Schwarz*, ZIP 2001, 1847ff; *Bungert/Beier*, EWS 2002, 1ff.
[919] *Bungert/Beier*, EWS 2002, 1ff, legten im Januar 2002 einen Zeitraum von ca. 2½ Jahren zugrunde.

geht. Dieses wird Rechtsnachfolgerin des übertragenden Unternehmens.[920] Im innerstaatlichen Rechtsverkehr entspricht diese Gestaltung dem im Umwandlungsgesetz vorgesehenen Verschmelzungsvorgang. Im Rahmen der europarechtlichen Prüfung kommt es nicht auf den Streit an, ob das Umwandlungsgesetz zumindest gemeinschaftsintern einen internationalen Anwendungsbereich hat.[921] Entscheidend ist, ob die Gestattung des Fusionsvorganges im eigentlichen Sinne europarechtlich geboten ist. Da die Mitgliedstaaten grundsätzlich für die innerstaatliche Durchsetzung des Primärrechts zu sorgen haben,[922] müsste bei entsprechendem Verständnis der Niederlassungsfreiheit die eigentliche Fusion ermöglicht werden, unabhängig davon, ob rechtstechnisch der Weg über das Umwandlungsgesetz gewählt würde oder nicht.

a) Betroffene Freiheitsrechte

Die Rechtsprechung auf Gemeinschaftsebene hat sich mit dem Thema der grenzüberschreitenden Verschmelzung bislang nicht befaßt. In der Literatur ist die Frage umstritten, wobei sich die Diskussion regelmäßig auf die Niederlassungsfreiheit bezieht. Denkbar wäre auch die Heranziehung der Kapitalverkehrsfreiheit, weil eine Verschmelzung zweier Unternehmen regelmäßig mit investitorischen Kapitalbewegungen verbunden sein dürfte.
In Abgrenzung hierzu kommt es bei der Niederlassungsfreiheit darauf an, dass der Fusionsvorgang der Erlangung unternehmerischen Einflusses dient.[923] Als Endprodukt der Fusion sind dabei die Unternehmensstrukturen innerhalb der fusionierten Gesellschaft maßgeblich.
Da zumindest die übernehmende Gesellschaft nach der Verschmelzung unternehmerischen Einfluß beibehalten wird, ist davon auszugehen, dass stets ein Niederlassungsvorgang vorliegt. Das Merkmal der Standorterweiterung kann darin gesehen werden, dass in dem Staat, in dem die übertragende Gesellschaft inkorporiert war, Niederlassungen und Betriebsstätten errichtet bzw. übernommen werden.[924]
Die eigentliche Fusion ist demnach der Niederlassungsfreiheit zuzuordnen. Die Kapitalverkehrsfreiheit kommt, da beide Grundfreiheiten zueinander in einem Exklusivitätsverhältnis stehen,[925] nicht zur Anwendung.

---

[920] Vgl. oben D.II.1.
[921] So gefordert etwa von *Lutter-Lutter*, UmwG, § 1 Rn 9.
[922] Vgl. etwa *Streinz* Rn 179; *Oppermann*, Rn 616ff.
[923] Vgl. oben Teil 1, A.II.
[924] Unter diesem Gesichtspunkt hält *Eyles*, S. 117 die sekundäre Niederlassungsfreiheit für einschlägig, weil es keinen Unterschied mache, ob eine neue Einrichtung geschaffen oder eine bereits bestehende Einrichtung dem eigenen Unternehmen einverleibt werde.
[925] Vgl. Teil 1, A.I.

b) Niederlassungsfreiheit

Bevor die Reichweite des Schutzbereichs erörtert wird, erhebt sich die Frage, ob auf dem Gebiet der Fusion nach dem Vorbild der Daily-Mail-Rechtsprechung eine niederlassungsrechtliche Bereichsausnahme angenommen werden muss.

aa) Zur Frage einer Bereichsausnahme

Einige Stimmen in der Literatur treten dafür ein, in bezug auf Daily-Mail Sitzverlegung und Fusion gleich zu behandeln. Zwar wird meist nicht der Begriff „Bereichsausnahme" verwendet,[926] man stützt sich jedoch auf die Erwägung, dass der Vorgang einer Fusion für zumindest eines der beteiligten Unternehmen eine Verlegung des Verwaltungssitzes mit sich bringen würde. Infolgedessen habe der EuGH mit Daily-Mail inzident auch über die Zulässigkeit grenzüberschreitender Fusionen ablehnend entschieden.[927]

Gegen die Einordnung der Fusion in den Bereich der niederlassungsrechtlichen Bereichsausnahmen bestehen jedoch durchgreifende Bedenken. Schon grundsätzlich dürfte Zurückhaltung geboten sein, die Daily-Mail-Entscheidung, in welcher der Gerichtshof die These einer Bereichsausnahme aufstellte, inhaltlich auf andere Sachverhaltskonstellationen auszudehnen, ohne dass die Rechtsprechung des Gerichtshofes zu derlei Spekulationen je Anlass gegeben hätte. Vor allem aber sind die Verlegung des Verwaltungssitzes und die Verschmelzung zweier Unternehmen nur schwerlich miteinander zu vergleichende Ausübungsformen. Wohl geht im Rahmen einer Fusion zugleich eine Sitzverlegung seitens des übertragenden Unternehmens einher. Zuvor hat dieses sich jedoch aufzulösen und beendet somit seine Existenz als juristische Person. Im Unterschied dazu existiert das Unternehmen bei der bloßen Sitzverlegung im Zuzugstaat fort.[928] Es ist daher nicht von einer von der Rechtsprechung anerkannten Bereichsausnahme für die grenzüberschreitende Verschmelzung auszugehen.

[926] Auch beim Thema Sitzverlegung ist die dogmatische Einordnung der Daily-Mail-Entscheidung in der Literatur zwischen „Bereichsausnahme" und etwa „Herausnahme aus dem Schutzbereich der Niederlassungsfreiheit" u.ä. uneinheitlich, dazu Teil 1, C.III.2 und Teil 2, C.II.

[927] *Hoffmann*, NZG 1999, 1083; *Staudinger-Großfeld*, IntGesR Rn 703; *Mü-Ko-Kindler*, IntGesR Rn 688. Trotz gegenteiliger Ansicht dies im Ergebnis nicht leugnend *Behrens*, ZGR 1994, 22.

[928] *Ebenroth/Wilken*, JZ 1991, 1119; *Mü-Ko-Kindler*, IntGesR Rn 681 m.w.N.

bb) Schutzbereich

Ob die grenzüberschreitende Verschmelzung schließlich vom Schutzbereich der Niederlassungsfreiheit umfaßt ist, wird unterschiedlich beurteilt.
Der wohl größere Anteil der Stimmen in der Literatur geht davon aus, dass die Niederlassungsfreiheit die grenzüberschreitende Verschmelzung abdeckt. Vorwiegend wird dabei das Argument herangezogen, dass die Niederlassungsfreiheit für Gesellschaften grundsätzlich jede Form der Ortsveränderung schütze. Da der Fusionsvorgang zumindest für die übertragende Gesellschaft eine Ortsveränderung bedeute, unterfalle auch er dem Schutzbereich.[929] An einigen Stellen wird zusätzlich darauf verwiesen, dass die Unterschutzstellung von Ortsveränderungen sich auch aus der sekundären Niederlassungsfreiheit des Art. 43 Abs. 1 S. 2 EGV ergebe.[930] Es kann daher nicht mit Sicherheit ausgemacht werden, ob die Befürworter einer europarechtlichen Überlagerung der Verschmelzung auf die primäre oder sekundäre Niederlassungsfreiheit abstellen wollen.[931]
Die Gegenmeinung beruft sich inhaltlich auf die Daily-Mail-Entscheidung und ordnet damit, wie erwähnt, den Bereich der Fusion der Bereichsausnahme zu.[932]
Weitergehende Überlegungen, die gegen eine Erstreckung des Schutzbereiches der Niederlassungsfreiheit auf die transnationale Verschmelzung sprechen, wurden bislang, soweit ersichtlich, nicht vorgebracht.

Dennoch erscheint die Gegenansicht vorzugswürdig. Die Argumente, die für eine Erstreckung des Schutzbereiches der Niederlassungsfreiheit auf die Verschmelzung angeführt werden, vermögen nicht zu überzeugen.
Zunächst muss hier einigen Autoren entgegengehalten werden, dass oberflächlich und schlagwortartig argumentiert wird. So wird etwa die Ansicht verbreitet, dass die Niederlassungsfreiheit ohne die Erstreckung des Schutzbereiches auf die Verschmelzung „nichts wert" sei.[933] An anderer Stelle wird darauf verwiesen, dass die Niederlassungsfreiheit eben allgemein „Beschränkungen verbiete", so auch jegliche Restriktionen gegenüber der Fusion.[934]
Abgesehen von alledem läßt sich die Ausweitung des Schutzbereiches auf die Verschmelzung nicht mit den aus Art. 48 Abs. 1 EGV folgenden Grundsätzen vereinbaren, dass die Niederlassungsfreiheit keine Rechtswahlfreiheit enthält,

---

929 Vgl. etwa *Lutter-Lutter*, UmwG, § 1 Rn 9; *Bermel*, in: *Goutier/Knopf/Tulloch*, Art. 1 Rn 14; *Troberg*, in: *von der Groeben/Thiesing/Ehlermann*, Art. 52 Rn 40; *Lawall*, IStR 1998, 347; *Kallmeyer*, ZIP 1996, 537; *Bungert*, AG 1995, 497; *Kronke*, ZGR 1994, 30, 45; *Behrens*, ZGR 1994, 15; *Knobbe-Keuk*, ZHR 154 (1990), 334f.
930 So grundsätzlich *Eyles*, S. 117.
931 So etwa bei *Lutter-Lutter*, § 1 Rn 9; *Behrens*, ZGR 1994, 15; *Kallmeyer*, ZIP 1996, 537.
932 Oben D.III.1.a.aa.
933 *Kallmeyer*, ZIP 1996, 536.
934 *Lawall*, IStR 1998, 347.

und es den Mitgliedstaaten vorbehalten ist, eigenständig die Gründungsvoraussetzungen nach inländischem Statut zu bestimmen.[935]
Wenn die Fusion durch liquidationslose Auflösung des übertragenden Unternehmens und Gesamtrechtsnachfolge des übernehmenden Unternehmens durchgeführt wird, würde mittelbar in das Gründungsrecht des Staates, nach dessen Statut das übernehmende Unternehmen korporiert ist, eingegriffen. Die Verschmelzung stellt dann ebenso wie die Neugründung einen Vorgang dar, durch den eine bestimmte Gesellschaftsform neu geschaffen wird. Es kann keinen Unterschied machen, ob ein Mitgliedstaat die Errichtung einer nationalen Gesellschaftsform nur durch deren Neugründung vorsieht, oder noch zusätzlich durch Verschmelzung.

In europarechtlicher Hinsicht unterscheiden sich die beiden Fallgestaltungen lediglich darin, dass bei der Verschmelzung das übertragende Unternehmen schon wirksam gegründet war und infolgedessen bereits in den persönlichen Schutzbereich des Art. 48 Abs. 1 EGV fällt. Während der Gründungsphase im Falle einer Neugründung ist der Schutzbereich, wie sich aus dem Wortlaut ergibt, hingegen noch nicht eröffnet.[936]
Dies verändert die rechtliche Beurteilung im Ergebnis jedoch nicht. Auch eine Gesellschaft, die gem. Art. 48 Abs. 1 EGV als EU-Gesellschaft geschützt ist, kann nicht solche Ausübungsformen beanspruchen, die mit dem mitgliedstaatlichen Gründungsrechtsvorbehalt kollidieren. Wenn nationales Gesellschaftsrecht die Errichtung einer Gesellschaft über den Sonderweg der Verschmelzung nicht vorsieht, so ist dieser Rechtszustand gleichsam nicht europarechtlich überlagert. Insofern sind auch die einleitenden Bemerkungen zur eigentlichen Fusion, wonach im Falle der primärrechtlichen Gebotenheit die Mitgliedstaaten zur Gestattung des Vorganges verpflichtet sind, zu präzisieren: dieser Grundsatz gilt dann nicht, wenn das Primärrecht einen Sachverhalt unter den Vorbehalt mitgliedstaatlicher Regelung stellt.
Da das deutsche Gesellschaftsrecht die transnationale Fusion im eigentlichen Sinne nicht gestattet,[937] kann dieser Vorgang demnach auch nicht mit Blick auf das Primärrecht beansprucht werden. Dies gilt sowohl für die Heraus- als auch für die Hereinverschmelzung, da es nach der Vereinigungstheorie in beiden Fällen auf das nationale Sachrecht ankommt.[938] Anzumerken ist, dass dieses Ergebnis sich dogmatisch einreiht in die Lösungen, welche für die Fälle der formwechselnden Sitzverlegung und der ausländischen GmbH & Co. KG gefunden wurden. Auch dort kann sich eine nach Art. 48 Abs. 1 EGV wirksam gegründete

[935] Zum ganzen ausführlich Teil 1, B.II.2.
[936] Zuletzt *Forsthoff*, EuR 2000, 173 m.w.N..
[937] Zur Rechtslage im Sachrecht D.II.2.b.
[938] *Mü-Ko-Kindler*, IntGesR Rn 661ff m.w.N., zum Kollisionsrecht ausführlicher D.II.2.a.

Gesellschaft nicht über die abschließenden Regelungen bezüglich der angebotenen Gesellschaftsformen und deren Gründungsvoraussetzungen im Zuzugstaat hinwegsetzen.[939]

2. Fusionsähnliche Ersatzlösungen und feindliche Übernahme

Bleibt die Frage, inwieweit fusionsähnliche Ersatzlösungen einschließlich der feindlichen Übernahme primärrechtlich gewährleistet sind.

a) Zur Gleichbehandlung beider Gestaltungsformen

Diese beiden Ausübungsformen können hinsichtlich der Schutzbereiche der Niederlassungs- und Kapitalverkehrsfreiheit gleich behandelt werden. In beiden Fällen geht es einerseits um die fusionsbedingte Schaffung des Gesamtunternehmens, andererseits ist der Vorgang von investitorischen Kapitalbewegungen begleitet, insbesondere bei der Fusion von börsengehandelten Aktiengesellschaften, wenn umfangreiche Aktientauschvorgänge abzuwickeln sind. Dass diese Prozesse bei der feindlichen Übernahme nicht im Einvernehmen mit dem Lenkungsorganen der Zielgesellschaft geschieht, ist sowohl für die Niederlassungs- als auch für die Kapitalverkehrsfreiheit ohne Belang, da es bei der Niederlassungsfreiheit nur auf die Standorterweiterung und die Erhaltung unternehmerischen Einflusses, für die Kapitalverkehrsfreiheit nur auf das Vorhandensein grenzüberschreitender Kapitalbewegungen ankommt.

b) Betroffene Freiheitsrechte

Wie im internationalprivatrechtlichen Teil gezeigt wurde, gibt es kein einheitliches Gestaltungsmodell für fusionsähnliche Ersatzlösungen und die (feindliche) Übernahme. Aufgrund der europarechtlichen Nichtkodifizierung sind für jeden Fusionsvorgang Einzelfallösungen zu erarbeiten.[940]
Zur Abgrenzung zwischen Niederlassungsfreiheit und Kapitalverkehrsfreiheit liegt es einmal mehr nahe, auf die allgemeinen Kriterien zurückzugreifen. Es kommt also darauf an, ob mit den Wertpapierübertragungen im Rahmen von Unternehmensübernahmen beabsichtigt wird, innerhalb des fusionierten Gebildes Leitungs- und Kontrollfunktionen auszuüben. Außerdem ist zu berücksichtigen, ob aus dem erworbenen Unternehmen Kapitalerträge erzielt werden sollen oder ob aus dem Kapital selbst Ertrag geschöpft werden soll.[941]

---

[939] Dazu B.III.1.b. und C.III.3.c.
[940] *Bühler*, S. 218f.
[941] Vgl. Teil 1, A.I.

Dabei ist einerseits zwischen dem Fusionsvorgang insgesamt, der am Ende zur Bildung des verschmolzenen Unternehmens führt, und den begleitenden Kapitalbewegungen andererseits zu unterscheiden. Wenn zugleich die Merkmale der unternehmerischen Einflußnahme und der Ertragsabsicht erfüllt sind, kann nur der Fusionsvorgang als solches in den Anwendungsbereich der Niederlassungsfreiheit fallen, weil damit zu Zwecken des Marktzutritts im Inkorporationsstaat des Fusionspartners eine Standorterweiterung verbunden ist. Diese Voraussetzungen dürften aus Sicht der übernehmenden Gesellschaft stets vorliegen. Davon zu unterscheiden sind die begleitenden Kapitaltransfers, insbesondere die Aktientäusche. Auch wenn die Übernahme einer Gesellschaft niederlassungsrechtlich relevant ist, gilt der Kapitalverkehrsvorbehalt des Art. 43 Abs. 2 EGV. Diese Vorschrift stellt sicher, dass die im Zusammenhang mit einem Niederlassungsvorgang nötigen Investitionsvorgänge der Kapitalverkehrsfreiheit unterfallen.[942] Dies trifft auf die Wertpapierübertragungen zu, die im Rahmen von uneigentlichen Fusionen und feindlichen Übernahmen notwendigerweise abzuwickeln sind.

c) Niederlassungsfreiheit

Zu klären ist nun, inwieweit der Schutzbereich der Niederlassungsfreiheit in Übernahmefällen im Einzelnen eröffnet ist.
Die Argumente, weswegen die Fusion im eigentlichen Sinne nicht von der Niederlassungsfreiheit gedeckt ist, treffen auf wirtschaftliche Ersatzlösungen und die feindliche Übernahme nicht zu;[943] die nationalen gesellschaftsrechtlichen Gründungsvorschriften bleiben unberührt. Grundsätzlich fallen daher alle Rechtsträger in den Schutzbereich der Niederlassungsfreiheit, die infolge des Fusionsvorgangs innerhalb der verschmolzenen Gesellschaft unternehmerische Einflußnahme ausüben. In erster Linie gilt dies für die übernehmende Gesellschaft, ebenso aber auch für die Zielgesellschaft, wenn ihr Anteil am Gesamtunternehmen nicht eine völlig untergeordnete Rolle spielen soll.
Weiterhin scheint auch für andere Großaktionäre der an der Fusion beteiligten Unternehmen der niederlassungsrechtliche Aspekt nicht ausgeschlossen, wenn nach einem Aktientausch im Gesamtunternehmen unternehmerischer Einfluß ausgeübt wird. Allerdings dürfte in solchen Fällen keine unternehmerische Er-

---

[942] *Hinkel*, S. 77.
[943] Die Fusion im eigentlichen Sinne stellt eine besondere Form der Gründung der verschmolzenen Gesellschaftsform dar. Da die Niederlassungsfreiheit keine Rechtswahlfreiheit enthält, besteht hierauf kein Anspruch, vgl. oben D.1.b. und allgemein Teil 1, B.II.2.

tragserzielung, sondern nur die bloße Kapitalanlage beabsichtigt sein, was gegen die Anwendbarkeit der Niederlassungsfreiheit spricht.[944]

Eine allgemeingültige Schwellenbestimmung, ab welcher Beteiligungsgröße im fusionierten Unternehmen der Anwendungsbereich der Niederlassungsfreiheit beginnt, und welcher Art die Ertragsabsichten hierfür sein müssen, dürfte nicht möglich sein. Die Möglichkeiten unternehmerischer Einflußnahme hängen, jedenfalls bei Beteiligungen unter 50% von den Beteiligungsverhältnissen im Einzelfall ab.[945] Es erscheint nicht ausgeschlossen, dass die Schwierigkeiten bei der Eingrenzung des Geltungsbereiches der Art. 43ff EGV zu Rechtsunsicherheiten führt, wenn es um die Rechtmäßigkeit mitgliedstaatlicher Maßnahmen zur Regelung des Fusionsvorganges im Ganzen geht. Ob und inwieweit solche Vorschriften einem niederlassungsrechtlichen Rechtfertigungstest standhalten müssten, könnte nicht eindeutig bestimmt werden. Diese Schwierigkeiten ließen sich jedoch nur durch Rechtsangleichungsmaßnahmen nach Art. 44 Abs. 2 lit. g EGV beseitigen.[946]

d) Kapitalverkehrsfreiheit

Die Begriffe der Kapitalverkehrsfreiheit und der Beschränkungen sind im EG-Vertrag nicht definiert.

aa) Begriff der Kapitalverkehrsfreiheit

Der Begriff des Kapitalverkehrs ist im EG-Vertrag nicht definiert. Eine handhabbare Formel läßt sich nur aus der Zusammenschau kapitalverkehrsrechtlicher Regelungen aus dem Primär- und Sekundärrecht, sowie aus der Rechtsprechung entnehmen. Insoweit hat sich die Auffassung durchgesetzt, dass unter Kapitalverkehr jede grenzüberschreitende Übertragung von Geld- und Sachkapital zu verstehen ist, die nicht durch den Waren- oder Dienstleistungsverkehr bedingt

---

[944] Zur Einbeziehung der Art der Ertragsabsichten in die Abgrenzung zwischen Niederlassungsfreiheit und Kapitalverkehrsfreiheit insbesondere *Freitag*, EWS 1997, 190. Allgemein zur Abgrenzung Teil 1, A.II.

[945] *Troberg*, in: *von der Groeben/Thiesing/Ehlermann* schlägt die Heranziehung der 20%-Grenze aus der Kapitalverkehrsrichtlinie vor, was jedoch kaum zu rechtfertigen ist, vgl. Teil 1, A.II. Statistische Erhebungen belegen, dass mit einer Beteiligung von 30% in den meisten Fällen eine Mehrheit bei den Hauptversammlungen börsennotierter Unternehmen besteht, *Pötsch/Möller*, WM 2000, Sonderbeilage 2, S. 17. Für eine dogmatisch haltbare Eingrenzung des Anwendungsbereichs der Niederlassungsfreiheit dürfte die Heranziehung solcher Erfahrungswerte aber nicht ausreichen.

[946] Es liegt lediglich der Vorschlag einer internationalen Fusionsrichtlinie vom 08.01.1985, hierzu *Lutter*, S. 257ff m.w.N., vor.

ist, sondern Anlagezwecken dient.[947] Im Unterschied zur Waren- und Dienstleistungsfreiheit umfaßt die Kapitalverkehrsfreiheit bereits einseitige Wertübertragungen.[948]
Zur genaueren Bestimmung des Anwendungsbereichs kann insbesondere auch die Kapitalverkehrsrichtlinie 88/361/EG vom 24.06.1988 herangezogen werden. Zwar ist durch die Neuregelung des primärrechtlichen Kapitalverkehrsrechts durch Vertrag von Maastricht die gesamte Materie inzwischen abschließend im EG-Vertrag geregelt.[949] Der mit der Kapitalverkehrsrichtlinie erreichte Liberalisierungsstand sollte jedoch nicht unterschritten werden, weshalb sie zur Konkretisierung des Schutzbereichs immer noch herangezogen werden kann.[950]
In der Kategorie III des Anhang I sind Geschäfte mit Wertpapieren aufgeführt, die normalerweise am Kapitalmarkt gehandelt werden. Ausdrücklich werden hier auch Aktien und Wertpapiere, die Beteiligungscharakter haben, erwähnt. Hinsichtlich der begleitenden Kapitaltransfers im Rahmen von Fusionen und feindlichen Übernahmen ist der Schutzbereich der Kapitalverkehrsfreiheit daher grundsätzlich eröffnet. Zur Durchführung dieser Vorhaben ist stets der Erwerb oder Tausch von Aktien erforderlich.
Da die Kapitalverkehrsfreiheit hierbei den einseitigen Erwerbsvorgang umfaßt, sind alle am Transfer beteiligten Rechtsträger geschützt. Die Folge davon ist, dass nicht nur die an einer Fusion beteiligten Unternehmen, welche im Rahmen der Übernahme Aktien erwerben oder abgeben, sondern auch die einzelnen Aktionäre in den persönlichen Anwendungsbereich der Kapitalverkehrsfreiheit fallen.

Auf die aus dem Niederlassungsrecht bekannte Unterscheidung, ob mit dem Wertpapiertransfer letztlich unternehmerischer Einfluß erlangt werden soll, kommt es hier nicht an. Vielmehr unterfallen alle Kapitalbewegungen der Kapitalverkehrsfreiheit, unabhängig davon, ob sie von einem niederlassungsrechtlich relevanten Unternehmen oder einem Kleinaktionär veranlasst werden.
Der Aspekt der unternehmerischen Einflußnahme dient zwar grundsätzlich dazu, die Niederlassungsfreiheit von der Kapitalverkehrsfreiheit abzugrenzen.[951] Bei

---

[947] *Bröhmer*, in: *Calliess/Ruffert*, Art. 56 Rn 5; *Kiemel*, in: *von der Groeben/Thiesing/Ehlermann*, Art. 73b Rn 1; *Streinz* Rn 764; *Honrath*, S. 23ff.
[948] *Kimms*, S. 148 m.w.N.; *Kiemel*, in: *von der Groeben/Thiesing/Ehlermann*, Art. 73b Rn 1. Der Transfer der Gegenleistungen im Waren- und Dienstleistungshandel werden von der Freiheit des Zahlungsverkehrs erfaßt, *Streinz* Rn 764.
[949] *Kimms*, S. 172; *Ohler*, WM 1996, 1801.
[950] EuGH Slg. 1999 I, 1661, 1678 („*Trummer und Mayer*"); *Streinz*, Rn 763; *Bröhmer, in: Calliess/Ruffert*, Art. 56 Rn 9; *Kiemel*, in: *von der Groeben/Thiesing/Ehlermann*, Art. 73b Rn 7; *Ress/Ukrow*, in: *Grabitz/Hilf*, Art. 73b Rn 7; *Glöckner*, EuR 2000, 605; *Ohler*, WM 1996, 1801.
[951] Allgemein dazu Teil 1, A.I.

der europarechtlichen Bewertung der Aktientauschvorgänge führt dies aber nicht zum Ergebnis, dass die niederlassungsrechtlich geschützten Rechtsträger insoweit nicht auch der Kapitalverkehrsfreiheit unterfallen können. Denn die Fusion als Gesamtvorgang und die begleitenden Wertpapierübertragungen stellen verschiedene Sachverhalte dar, die einer getrennten grundfreiheitlichen Beurteilung bedürfen.[952] Auch bei anderen niederlassungsrechtlich relevanten Gestaltungsmodellen wie etwa der Errichtung von Zweigniederlassungen oder der Gründung einer ausländischen GmbH & Co. KG können gleichzeitig Kapitaltransfers stattfinden, die unter den Kapitalverkehrsvorbehalt des Art. 43 Abs. 2 EGV fallen, etwa bei Investitionen zum Aufbau von Niederlassungen und Betriebsstätten. Die Kapitalverkehrsrichtlinie erwähnt auch diese Vorgänge ausdrücklich.[953] Die Besonderheit im Bereich der fusionsähnlichen Ersatzlösungen und der feindlichen Übernahme liegt darin, dass der wirtschaftliche Zusammenhang zwischen Niederlassungsvorgang und Kapitaltransfer besonders eng ist.

Für die Beurteilung der Rechtmäßigkeit von mitgliedstaatlichen Maßnahmen, welche an fusionsähnlichen Gestaltungsmodellen anknüpfen, hat diese Unterscheidung Auswirkungen. Die Unternehmensübernahme als solche darf an niederlassungsrechtlich zulässige Voraussetzungen geknüpft werden, Regelungen bezüglich der Aktientäusche und Wertpapierübertragungen messen sich unabhängig davon an der Kapitalverkehrsfreiheit.

bb) Beschränkungen

Nunmehr kommt man zur Frage, welche Maßnahmen als Beschränkung der Kapitalverkehrsfreiheit anzusehen sind. Dies macht zunächst eine Klärung des Beschränkungsbegriffs erforderlich, danach ist auf einzelne Maßnahmen einzugehen.

(1) Beschränkungsbegriff

Der Begriff der Beschränkungen ist ebenso wie der des Kapitalverkehrs nicht definiert. Was die Art der Beeinträchtigung betrifft, kann wie bei den anderen Grundfreiheiten auch hier qualitativ zwischen unmittelbaren und mittelbaren Beschränkungen unterschieden werden.
In der Literatur besteht Einigkeit darüber, dass alle unmittelbaren Beschränkungen, also Regelungen, in denen der Devisenverkehr direkt eingeschränkt wird,

[952] *Schwarz*, Rn 122, 188; *Troberg*, in: *von der Groeben/Thiesing/Ehlermann*, Art. 52 Rn 11.
[953] *„Gründung und Erweiterung von Zweigniederlassungen oder neuen Unternehmen...“*, Anhang I zu Art. 1 der Richtlinie, Nomenklatur I (Direktinvestitionen).

verboten sind.[954] Auch die Rechtsprechung hob stets die Unzulässigkeit von Ein- und Ausfuhrbeschränkungen oder devisenrechtlichen Genehmigungserfordernissen hervor.[955]

Etwas schwieriger ist die Reichweite des Art. 56 EGV im Bereich der mittelbaren Beschränkungen zu bestimmen.
Die Rechtsprechung hat sich bislang nur in wenigen Fällen dazu geäußert. Im Urteil Brugnoni ging es um die Depotpflicht für im Ausland ausgegebene Wertpapiere. Der EuGH bejahte einen Verstoß gegen die Kapitalverkehrsfreiheit.[956] In der Sache Svensson und Gustavsson stand eine Regelung zur Überprüfung, wonach staatliche Zinsvergütungen für Baudarlehen nur gewährt wurden, wenn der Darlehensgeber ein im Inland zugelassenes Kreditinstitut war. Der Gerichtshof begründete einen Verstoß gegen die Kapitalverkehrsfreiheit mit der Benachteiligung ausländischer Darlehensgeber im Geschäft um Baudarlehen.[957] Die Rechtsprechung scheint daher grundsätzlich auch mittelbare Beschränkungen in den Bereich des Art. 56 EGV einzubeziehen. Hierfür spricht auch, dass in den Urteilen Veronica[958] und Konle[959] der aus der Cassis-Rechtsprechung bekannte Rechtfertigungstest herangezogen wurde. Damit sind bei der Kapitalverkehrsfreiheit keine weitergehenden Einschränkungen möglich wie bei den anderen Grundfreiheiten, die von der Rechtsprechung ebenfalls als allgemeines Beschränkungsverbot, das auch mittelbare Behinderungen umfaßt, ausgestaltet wurden.[960]
Die Literatur legt ebenfalls ein weites Verständnis des Beschränkungsbegriffs zugrunde, das sich auch auf Fälle mittelbarer Behinderungen erstreckt.[961] Andernfalls könne Art. 56 EGV nicht zu seiner vollen Wirksamkeit verholfen werden.[962] Begrifflich soll sich der Schutzbereich sinngemäß an der aus dem freien

---

954 *Ress/Ukrow*, in: *Grabitz/Hilf*, Art. 73 b Rn 12; *Bröhmer*, in: *Calliess/Ruffert*, Art. 56 Rn 17; *Honrath*, S. 64.

955 Zur alten Rechtslage EuGH Slg. 1993 I, 487 Rn 15 („Veronica"); Slg. 1984, 377 („Luisi und Carbone"); Slg. 1995 I, 361ff („Bordessa"), wo es um den in Art. 56 Abs. 1 EGV gleichsam geschützten Kapitalverkehr mit Drittstaaten ging. Zur Rechtslage seit dem Vertrag von Maastricht EuGH Slg. 1995 I, 4821ff („Sanz de Lera"); Slg. 1999 I, 3099ff („Konle").

956 EuGH Slg. 1986, 2013ff („Brugnoni").

957 EuGH Slg. 1995 I, 3955ff („Svensson und Gustavsson").

958 EuGH Slg. 1993 I, 487, Tz 14 („Veronica").

959 EuGH Slg. 1999, 3099ff, Tz 24 („Konle").

960 *Ress/Ukrow*, in: *Grabitz/Hilf*, Art. 73 b Rn 31; *Ukrow*, in: *Calliess/Ruffert*, Art. 56 Rn 20; *Honrath*, S. 71ff; *Glöckner*, EuR 2000, 611; *Freitag*, EWS 1997, 195. Im Ergebnis auch *Streinz*, Rn 767, noch offengelassen bei *Ohler*, WM 1996, 1808. Zur Einordnung der Niederlassungsfreiheit als Beschränkungsverbot Teil 1, B.I.1.b.

961 *Ress/Ukrow*, in: *Grabitz/Hilf*, Art. 73 b Rn 11; *Kiemel*, in: *von der Groeben/Thiesing/Ehlermann*, Art. 73 b Rn 14; *Bröhmer*, in: *Calliess/Ruffert*, Art. 56 Rn 17.

962 *Ress/Ukrow*, in: *Grabitz/Hilf*, Art. 73 b Rn 11 mit Verweis auf den effet-utile-Grundsatz.

Warenverkehr stammenden Dassonville-Formel orientieren. Die Grundformel lautet so: „Jede Maßnahme der Mitgliedstaaten, die geeignet ist, den innergemeinschaftlichen Kapitalverkehr unmittelbar oder mittelbar, tatsächlich oder potentiell zu behindern, ist eine nach Art. 56 EGV unzulässige Beschränkung."[963] Die Parallele zum Warenverkehr sei naheliegend, weil der Handel mit Waren und der Transfer von Kapital in einem wirtschaftlichen Näheverhältnis stünden, im übrigen der Begriff der Beschränkungen bei allen Grundfreiheiten gleichartig verwendet werde.[964]

Das in der Rechtsprechung und vor allem im Schrifttum eindeutige Votum zugunsten der Einbeziehung mittelbarer Beschränkungen in den Schutzbereich des Art. 56 EGV soll hier nicht in Frage gestellt werden. Die Orientierung des Schutzbereichs an der Dassonville-Formel ist zu befürworten. Hierfür spricht zunächst schon der im Vergleich zu den anderen Grundfreiheiten identisch verwendete Begriff der „Beschränkungen". Es ist nicht ersichtlich, warum für die Kapitalverkehrsfreiheit eine davon abweichende Dogmatik gelten sollte. Hinzu kommt, dass auch die Vorschriften über die Kapitalverkehrsfreiheit in Art. 58 Abs. 1 lit. b EGV ebenso wie in den parallel formulierten Art. 30, 46 EGV Ausnahmen „aus Gründen der öffentlichen Ordnung oder Sicherheit" vorsehen. Ausgehend von dem Gedanken der Parallelität der Grundfreiheiten ist daher davon auszugehen, dass die Kapitalverkehrsfreiheit nur durch die geschriebene Schranke des Art. 58 EGV und durch die tatbestandsimmanenten Schranken der Cassis- und Keck-Rechtsprechung eingeschränkt werden kann. Sofern bei der seit dem Vertrag von Maastricht geltenden Rechtslage Zweifel bestanden, ob über Art. 58 EGV hinaus Einschränkungen wegen zwingender Allgemeininteressen vorgenommen werden dürfen,[965] wurden sie jedenfalls durch die Entscheidung Konle beseitigt. Dort wurde die mögliche Rechtfertigungsfähigkeit eines grundsätzlich kapitalverkehrsbeschränkenden Genehmigungsvorbehaltes gerade unter diesem Gesichtspunkt erörtert.[966]

---

963 So formuliert von *Honrath*, S.67f. Ganz ähnlich *Ress/Ukrow*, in: *Grabitz/Hilf*, Art. 73b Rn 11ff, die anstatt *„innergemeinschaftlicher Kapitalverkehr"* die Definition *„Zufluß, Abfluß oder Durchfluß von Kapital"* vorschlagen. Ähnlich auch *Grundmann*, EWS 1990, 215, der jedoch in Anlehnung zur Warenverkehrsfreiheit zwischen Beschränkungen des Kapitalverkehrs und Maßnahmen gleicher Wirkung unterscheiden will. Im Unterschied zu Art. 28 EGV findet diese Begrifflichkeit im Wortlaut des Art. 56 EGV jedoch keine Stütze, dazu *Honrath*, S. 65, der im übrigen, a.a.O., S. 68f, der Formel aufgrund EuGH Slg. 1992, 249ff („Bachmann") eine Einschränkung hinzufügt: eine beschränkende Maßnahme sei auch dann mit Art. 56 EGV vereinbar, wenn sie durch eine zulässige Beschränkung der anderen Grundfreiheiten gedeckt ist.

964 *Ress/Ukrow*, in: *Grabitz/Hilf*, Art. 73b Rn 11.

965 *Streinz*, Rn 767.

966 EuGH Slg. 1999 I, 3099ff („Konle"), Tz 24, dazu *Glöckner*, EuR 2000, 611.

(2) Auswirkungen der Keck-Rechtsprechung

Bleibt die Frage, welche Auswirkungen die Keck-Rechtsprechung auf die Kapitalverkehrsfreiheit hat. Im Allgemeinen Teil wurde festgestellt, dass die sinngemäße Anwendung dieser Grundsätze grundsätzlich im Bereich aller Grundfreiheiten zu diskutieren ist.[967] Bei der Kapitalverkehrsfreiheit drängt sich dies in besonderem Maße auf, da bereits mit dem Rückgriff auf die Dassonville-Formel auf der Schutzbereichsebene eine starke inhaltliche Anlehnung an die Warenverkehrsfreiheit verbunden ist, in deren Bereich die Keck-Rechtsprechung entwickelt wurde.

Im Schrifttum ist die Erstreckung der Keck-Rechtsprechung speziell auf die Kapitalverkehrsfreiheit bislang nur in wenigen Fällen angesprochen worden.[968] Gleichwohl wird dies einhellig befürwortet, da die Waren- und die Kapitalverkehrsfreiheit strukturell sehr ähnlich aufgebaut seien. Außerdem habe auch der EuGH in der Entscheidung Alpine Investments[969] die Übertragung der Keck-Grundsätze auf andere Grundfreiheiten dem Grunde nach für möglich gehalten.[970]

Dem ist zuzustimmen. Die Keck-Rechtsprechung ist aufgrund ihres allgemeingültigen Tenors, dass die Mitgliedstaaten grundsätzlich ihre nationale Wirtschaftsordnung durch binnenmarktneutrale Regelungen aufrechterhalten dürfen, grundsätzlich auf andere Grundfreiheiten zu übertragen. Die sich mehr und mehr verfestigende Tendenz, die Grundfreiheiten auf eine parallele verlaufende Dogmatik auszurichten, bedingt eine kapitalverkehrsrechtliche Nische, die auf der Keck-Rechtsprechung basiert.[971]

Dies wirft die Frage auf, welche nationale Bestimmungen analog zur Keck-Rechtsprechung als kapitalverkehrsrechtliche Verkaufsmodalitäten zu betrachten sind. Hierfür müssen die aus der Warenverkehrsfreiheit bekannten Anforderungen unter semantischer Anpassung[972] auf die Kapitalverkehrsfreiheit übertragen werden.

Im Bereich der Warenverkehrsfreiheit legt die Rechtsprechung drei Voraussetzungen zugrunde: die Bestimmungen dürften keine Regelung des Warenver-

---

[967] Vgl. Teil 1, B.III.1.

[968] *Glöckner*, EuR 2000, 614 im Anschluß an die Entscheidung Konle; *Honrath*, S. 75ff; *Ohler*, WM 1996, 1806; angedeutet bei *Ress/Ukrow*, in: *Grabitz/Hilf*, Art. 73b Rn 31; *Bröhmer*, in: *Calliess/Ruffert*, Art. 56 Rn 15.

[969] EuGH Slg. 1995 I, 1141ff („Alpine Investments"), dazu auch oben Teil 1, B.III.4.c.

[970] *Ohler*, WM 1996, 1806; *Glöckner*, EuR 2000, 617; *Honrath*, S. 77, der sich explizit auf die Heranziehung der Dassonville-Formel und die Entscheidung Veronica, in der Einschränkungen aufgrund zwingender Allgemeininteressen für möglich gehalten wurden, bezieht.

[971] Zur Anwendung der Keck-Grundsätze auf andere Grundfreiheiten im allgemeinen Teil 1, B.III.2.

[972] Diese Formulierung stammt aus der parallel verlaufenden Diskussion im Niederlassungsrecht von *Nettesheim*, NVwZ 1996, 344, Fn 22.

kehrs zwischen den Mitgliedstaaten bezwecken und müssten für alle betroffenen Wirtschaftsteilnehmer gelten, die ihre Tätigkeit im Inland ausüben. Schließlich müsse der Absatz der inländischen Erzeugnisse und derjenigen aus anderen Mitgliedstaaten rechtlich wie tatsächlich in der gleichen Weise berührt werden.[973] Sind diese Voraussetzungen erfüllt, so ist die entsprechende Vorschrift als Verkaufsmodalität einzuordnen verstößt nicht gegen Art. 28 EGV.

Diese Abgrenzungslinie kann grundsätzlich auch bei der Kapitalverkehrsfreiheit angewandt werden. Die drei genannten Voraussetzungen ergeben auch bei der Anwendung auf Kapitaltransfers Sinn. Die Probleme auf dem Gebiet der Niederlassungsfreiheit, wo aufgrund der strukturellen Unterschiede zwischen Personenverkehrsfreiheiten und Produktfreiheiten hinsichtlich der jeweiligen Schutzbereiche die Keck-Grundsätze nicht einfach sprachlich übertragen werden können, stellen sich hier nicht.[974] Vielmehr ist kein wertungsmäßiger Unterschied erkennbar, ob von einer Bestimmung, welche die nationale Wirtschaftsordnung prägt, wie etwa Konzessionserfordernisse und Ladenöffnungszeiten, der Absatz von Waren oder aber der Transfer von Kapital beeinflußt wird.

Der Unterschied besteht lediglich darin, dass bei der Kapitalverkehrsfreiheit der einseitige Transfer von Kapital geschützt ist, nicht der Absatz von Waren. Die von der Keck-Rechtsprechung vorgegebenen Kriterien können daher wie folgt abgewandelt werden:

Die nationalen Bestimmungen dürfen keine Regelung des einseitigen Kapitaltransfers zwischen den Mitgliedstaaten bezwecken und müssen für alle Wirtschaftsteilnehmer gleichermaßen gelten. Im Übrigen müssen alle einseitigen nationalen und innergemeinschaftlichen Kapitalströme rechtlich wie tatsächlich in gleicher Weise berührt werden.[975] Sind diese Voraussetzungen erfüllt, so liegt kein Verstoß gegen Art. 56 EGV vor.

Nach diesen Grundsätzen blieb in den bisherigen Fällen aus der Rechtsprechung, denen eine nur mittelbare Beschränkung der Kapitalverkehrsfreiheit vorlag, jedoch kein Raum für eine sinngemäße Anwendung der Keck-Doktrin. Weder die Depotpflicht im Fall Brugnoni noch die staatliche Zinsvergütung im Fall Svensson und Gustavsson galten unterschiedslos für alle Wirtschaftsteilnehmer. Betroffen waren lediglich die Inhaber ausländischer Wertpapiere bzw. die Kreditnehmer inländischer Darlehensgeber von Baudarlehen.

---

[973] EuGH Slg. 1993 I, 6097ff, Tz 14, 16, 18 („Keck und Mithouard").

[974] Zu dieser Vorgehensweise Teil 1, B.III.3.

[975] Im Ergebnis nicht anders *Honrath*, S. 77, der anstatt des Begriffes „*einseitigen* Kapitaltransfer zwischen den Mitgliedstaaten" die Wendung „Kapitalverkehr zwischen den Mitgliedstaaten" vorschlägt. Ähnlich auch *Glöckner*, EuR 2000, 616f.

(3) Fusionsbezogene Maßnahmen im Einzelnen

Nachdem die Reichweite der Kapitalverkehrsfreiheit und ihrer Beschränkungsmöglichkeiten geklärt wurden, ist zu prüfen, inwieweit fusionsbezogene nationale Maßnahmen mit den Anforderungen der Art. 56ff EGV in Einklang stehen. Der Bereich der fusionsbegleitenden Kapitaltransfers ist nur im Anwendungsgebiet des WpÜG kodifiziert. Die darin enthaltenen Regelungen Vorschläge können thematisch in drei Bereiche unterteilt werden: Informations- und Publizitätspflichten des Bieters, das Pflichtangebot zur Übernahme von Minderheitsbeteiligungen sowie die Festlegung des Vorstandes der Zielgesellschaft auf die Interessen des Bieters. Nachfolgend soll geprüft werden, ob die im WpÜG insoweit enthaltenen Regelungen eine Beschränkung der Kapitalverkehrsfreiheit darstellen.[976]

(a) Informations- und Publizitätspflichten

Im Wertpapiererwerbs- und Übernahmegesetz sind begleitend zur Unterbreitung des Übernahmeangebots einige Informations- und Publizitätspflichten seitens des Bieters vorgesehen. So ist die Entscheidung über die Abgabe eines Übernahmeangebots zu veröffentlichen (§ 10 WpÜG) und eine Angebotsunterlage zu erstellen (§§ 11 WpÜG). Schon vor der Entscheidung über die Abgabe eines Übernahmeangebotes besteht auf Seiten des Bieters eine Verschwiegenheitspflicht (§ 9 WpÜG). Diese Vorschriften sollen der Transparenz des Übernahmeverfahrens dienen und allen Aktionären den gleichen Zugang zu übernahmerelevanten Informationen gewähren, um sachgerecht über das Übernahmeangebot entscheiden zu können.[977]

Man könnte annehmen, dass diese Regelungen die Kapitalverkehrsfreiheit beschränken, da der Erwerb von Anteilen der Zielgesellschaft durch Abgabe eines vorherigen Übernahmeangebots zumindest mittelbar durch die verschiedenen Publizitäts- und Informationspflichten behindert wird.

---

[976] Zu erwähnen ist auch noch die Regelung zum Ausschluß von Minderheitsaktionären (sog. „Squeeze-Out"), die jedoch, wie die Verankerung in §§ 327a AktG zeigt, nicht auf Übernahmefälle beschränkt ist, sondern allgemein ein Ausschlußinstrument darstellt, *Grunewald*, ZIP 2002, 18; *Krieger*, BB 2002, 54; *Pötsch/Möller*, WM 2000 Sonderbeilage 2, S. 30; *Halm*, NZG 2000, 1162ff. Ein Eingriff in die Kapitalverkehrsfreiheit ist damit jedoch nicht verbunden, weil der Kapitaltransfer selbst keinen Restriktionen unterworfen wird. Aus Sicht der Minderheitsaktionäre liegt mittelbar sogar der umgekehrte Fall vor, weil durch den Zwang zur Abgabe der eigenen Aktien eine Verpflichtung zur Durchführung einer Transaktion besteht.

[977] *Pötsch/Möller*, WM 2000, Sonderbeilage, S. 14; *Witte*, BB 2000, 2162; *Müller*, GmbHR 2000, R 373. Der Gleichbehandlungsgrundsatz ist in § 3 Abs. 1 WpÜG verankert.

Dem könnte entgegengehalten werden, dass die beschriebenen Maßnahmen nicht an den Erwerbsvorgang selbst anknüpfen, sondern nur die Modalitäten des Übernahmeangebots regelten. Dadurch allein ist es der übernehmenden Gesellschaft nicht verwehrt, Anteile der Zielgesellschaft im freien Handel zu erwerben. Die besagten Informations- und Publizitätspflichten während des Übernahmeverfahrens greifen nur ein, wenn zuvor ein öffentliches Übernahmeangebot abgegeben wurde. Andererseits dürfte eine Unternehmensübernahme ohne die Abgabe eines vorherigen Übernahmeangebots – ohnehin wäre dies nur in Fällen außerhalb des Anwendungsbereichs des WpÜG denkbar – zumindest in der Praxis nur schwerlich durchführbar sein. Der Bieter kann seine Absichten insbesondere bei großen Aktiengesellschaften mit verstreutem Aktienbesitz kaum anders bekannt machen. Ihn mit dem Argument zu vertrösten, der Erwerb der Zielgesellschaft könne, wenn kein vorheriges Übernahmeangebot erfolgt, ohne Einschränkungen vollzogen werden, erscheint lebensfremd.

Allerdings stellen die Informations- und Publizitätspflichten im Ergebnis wohl nach den Grundsätzen der Keck-Rechtsprechung keine Beschränkung des Art. 56 EGV dar. Die betreffenden Vorschriften bezwecken keine Reglementierung des Kapitalverkehrs an sich, sie beziehen sich nicht auf einseitige Kapitalströme im Wertpapierhandel. Stattdessen soll allgemein die Transparenz des Übernahmeverfahrens sichergestellt werden. Von den betreffenden Vorschriften wären auch alle Wirtschaftsteilnehmer gleichermaßen betroffen. Dass das Übernahmegesetz nur für börsennotierte Unternehmen gilt, die Übernahmen von Unternehmen, die nicht unter diese Kategorie fallen, also weiterhin unkodifiziert bleiben sollen, ändert daran nichts. Hinsichtlich der Unterschiedslosigkeit einer Regelung kommt es auf den Adressatenkreis an, der die jeweiligen Anforderungen zu erfüllen hat. Und die genannten Vorschriften aus dem Übernahmegesetz sehen vor, dass grundsätzlich jeder Bieter von ihnen betroffen ist.

Die Informations- und Publizitätspflichten aus Anlass eines öffentlichen Übernahmeangebotes beschränken daher nicht die Freiheit des Kapitalverkehrs.

(b) Pflichtangebot

Das Übernahmegesetz sieht weiterhin vor, dass die übernehmende Gesellschaft bei Erreichen einer Beteiligungsschwelle von 30% der Stimmrechte ein Pflichtangebot zur Übernahme der restlichen Aktien der Zielgesellschaft zu unterbreiten hat (§§ 35, 29 Abs. 2 WpÜG). Diese Regelung dient dem im WpÜG allgemein verfolgten Ziel des Schutzes der Minderheitsaktionäre. Ihnen soll im Verlaufe eines Übernahmeverfahrens im Verhältnis zu den Aktionären, die zu einem früheren Zeitpunkt das Übernahmeangebot angenommen und ihre Aktionärsstellung so bereits aufgegeben haben, Chancengleichheit eingeräumt werden. Die Veräußerung soll nicht zu einem durch die Übernahme negativ beeinflußten Preis erfolgen müssen.[978]

Das Pflichtangebot könnte eine indirekte Behinderung der Freiheit des Kapitalverkehrs darstellen. Denn der Erwerb von Unternehmensanteilen ist bei Erreichen der Beteiligungsschwelle – bei Annahme des Übernahmeangebots durch die verbleibenden Aktionäre – mit einer weitergehenden Erwerbsverpflichtung verbunden. Der Erwerb von Beteiligungen über 30 % kann somit aus Sicht des Übernehmers nicht mehr kontrolliert gesteuert werden; bei Erreichen des Schwellenwerts tritt ein Erwerbszwang bis hin zur vollständigen Übernahme aller Anteile ein.

Indes läßt sich auch diese Regelung unter die von der Keck-Rechtsprechung eröffnete Nische einordnen. Das Pflichtangebot bezweckt ebenso wie die Informations- und Publizitätspflichten abermals keine Regelung der Kapitalverkehrsströme, sondern dient dem Schutz der Minderheitsaktionäre. Es gilt für alle Wirtschaftsteilnehmer gleichermaßen, da nach § 35 Abs. 1, Abs. 2 WpÜG jeder Bieter betroffen ist, der die Kontrolle über die Zielgesellschaft erlangt; die Pflichten des § 35 WpÜG treffen wegen § 2 Abs. 4 WpÜG jede in- und ausländische natürliche oder juristische Person sowie rechtsfähige Personengesellschaften.[979]

Aufgrund des niedrigen Schwellenwerts sind zwar Zweifel angebracht, ob das Pflichtangebot in der vorgesehenen Form zum hinreichenden Schutz der verbleibenden Aktionäre erforderlich ist. Danach soll selbst ein Minderheitsaktionär mit einer Beteiligung von 30% eine Mehrheitsbeteiligung von 70% übernehmen müssen.[980] Jedoch kommt es im Rahmen der Keck-Rechtsprechung auf die Erforderlichkeit einer Regelung nicht an. Erfüllt eine nationale Bestimmung diese Voraussetzungen, so fällt sie aus dem Schutzbereich der Grundfreiheit heraus und unterliegt keiner weiteren gemeinschaftsrechtlicher Prüfung. Die Grundsätze der Erforderlichkeit und der Verhältnismäßigkeit sind allein im Rahmen der Cassis-Rechtsprechung auf Rechtfertigungsebene zu berücksichtigen.[981]

---

[978] Vgl. etwa *Geibel/Süßmann*, § 35 Rn 1; Thoma, NZG 2002, 111; Hommelhoff/Witt, RIW 2001, 567; zum Schutzzweck der Regelung im Übernahmekodex insoweit *Pietzke*, S. 609f; *Schander*, NZG 1998, 801; *Kallmeyer*, ZHR 161 (1997), 436; *Assmann*, AG 1995, 566.

[979] *Geibel/Süßmann*, § 35 R 34.

[980] Die im Übernahmekodex fast gleichlautenden Zahlenverhältnisse (Beteiligungsschwelle 33,3 %) kritisierend *Assmann*, AG 1995, 571, der deshalb generell einen Schwellenwert von unter 50 % ablehnt. Ähnlich *Pietzke*, S. 604; *Kallmeyer*, ZIP 1999, 2148.

[981] *Epiney*, in: *Calliess/Ruffert*, Art. 28 Rn 27 für die Warenverkehrsfreiheit; *Glöckner*, EuR 2000, 615 für die Kapitalverkehrsfreiheit.

Das Pflichtangebot stellt nach alledem ebenfalls keine Beschränkung der Kapitalverkehrsfreiheit dar.

(c) Pflichten des Vorstandes der Zielgesellschaft

Der Entwurf des Übernahmegesetzes sieht schließlich bestimmte Pflichten für den Vorstand der Zielgesellschaft vor. Zum einen muss zum Übernahmeangebot eine Stellungnahme abgegeben werden, welche die Auswirkungen der Übernahme auf die Zielgesellschaft, die vom Bieter beabsichtigten Ziele und die Position der Arbeitnehmer beschreibt (§ 27 Abs. 1, 3 WpÜG). Die Stellungnahme muss auch erkennen lassen, ob beabsichtigt ist, das Übernahmeangebot anzunehmen (27 Abs. 1 Nr. 4 WpÜG). Zum anderen werden dem Vorstand der Zielgesellschaft während des Übernahmeverfahrens durch das allgemeine Vereitelungs- und Behinderungsverbot des § 33 WpÜG Maßnahmen untersagt, die den Erfolg des Übernahmeangebots gefährden könnten, etwa die Ausgabe von Aktien oder der Erwerb eigener Aktien durch die Zielgesellschaft (§ 33 Abs. 1 WpÜG).[982] Diese Bestimmungen sollen einerseits wiederum für die Transparenz des Übernahmeverfahrens sorgen, andererseits soll den Aktionären der Zielgesellschaft ermöglicht werden, mit voller Entscheidungsfreiheit, ohne mögliche Abwehrmaßnahmen des Vorstandes der eigenen Gesellschaft, über das Übernahmeangebot entscheiden zu können.[983]

Eine Beschränkung der Kapitalverkehrsfreiheit ist insoweit jedoch nicht ersichtlich. Zwar könnte vorgebracht werden, dass diese Informations- uns Neutralitätspflichten sich hinderlich auf die Abgabe von Übernahmeangeboten und somit mittelbar nachteilig auf den Kapitalverkehr auswirken. Allerdings treffen diese Pflichten nicht den Bieter, der das Übernahmeangebot abgibt, sondern eine dritte Person, nämlich die Zielgesellschaft bzw. deren Vorstand. Dadurch wird der Bieter in seiner Freiheit, durch entsprechende Wertpapiertransfers Beteiligungen an der Zielgesellschaft aber nicht beeinträchtigt. Dies gilt umso mehr, als das Gesetz auch bei etwaigen Pflichtverletzungen durch den Vorstand der Zielgesellschaft dem Bieter keine Restriktionen auferlegt. Wer gegen das Vereitelungs- und Behinderungsverbot aus § 33 Abs. 1 WpÜG verstößt, handelt nach § 60 Abs. 1 Nr. 8 WpÜG allenfalls ordnungswidrig und kann so über § 823 Abs. 2 BGB von dem durch die Neutralitätspflicht geschützten Personenkreis wohl auch zivilrechtlich in Anspruch genommen werden. Im übrigen ist im Gesetz nicht weiter vorgesehen, dass Verstöße gegen §§ 27, Abs. 1, 3, 33 Abs. 1 WpÜG

[982] Übersicht über Einzelfälle behindernder Maßnahmen bei *Geibel/Süßmann*, § 33 Rn 20ff.
[983] *Pötsch/Möller*, WM 2000, Sonderbeilage 2, S. 24f; *Witte*, BB 2000, 2163ff;

Auswirkungen auf den Erwerbsvorgang des Bieters und das Übernahmeverfahren als solches haben.

Die Pflichten des Vorstandes der Zielgesellschaft aus §§ 27, 33 WpÜG stellen demnach keine Beschränkung der Kapitalverkehrsfreiheit dar.

3. Zusammenfassung

Die Fusion im eigentlichen Sinne hat keine europarechtliche Grundlage. Hier gilt der europarechtlich garantierte Vorbehalt der nationalen gesellschaftsrechtlichen Gründungsvorschriften. Der innerstaatliche Anwendungsbereich des deutschen Umwandlungsgesetzes ist daher auch europarechtlich nicht zu beanstanden.

Etwas anderes gilt für Unternehmenszusammenschlüsse durch fusionsähnliche Ersatzlösungen und feindliche Übernahmen. Diese Gestaltungsmodelle kollidieren nicht mit dem mitgliedstaatlichen Regelungsvorbehalt hinsichtlich der gesellschaftsrechtlichen Gründungsvorschriften. Die Unternehmensübernahme in ihrer Gesamtheit kann daher von der Niederlassungsfreiheit umfaßt sein, wenn auf diesem Wege unternehmerischer Einfluß im entstehenden Gesamtunternehmen ausgeübt werden soll.

Im Übrigen unterfallen alle mit fusionsähnlichen Ersatzlösungen und insbesondere feindlichen Übernahmen notwendigerweise zusammenfallenden Wertpapiertransfers der Kapitalverkehrsfreiheit. Die Regelungen des geplanten Übernahmegesetzes stellen insoweit aber keine Beschränkung dar. Die Informations- und Publizitätspflichten des Bieters sowie das Pflichtangebot sind zwar grundsätzlich geeignet, sich auf den Kapitalverkehr hinderlich auszuwirken. Sie fallen aber analog zu den Grundsätzen der Keck-Rechtsprechung nicht unter den Schutzbereich des Art. 56 EGV, weil sie keine Regelung des Kapitalverkehrs an sich bezwecken und für alle im Inland als Bieter auftretenden Wirtschaftsteilnehmer gleichermaßen gelten.

IV. Rechtfertigung

Da die Fusion im eigentlichen Sinne nach der hier vertretenen Auffassung nicht primärrechtlich garantiert ist, beschränkt sich auf Rechtfertigungsebene die Diskussion auf nationale Maßnahmen, die fusionsähnliche Ersatzlösungen und feindliche Übernahmen betreffen. Methodisch ist dabei auseinanderzuhalten, ob der Schutzbereich der Niederlassungsfreiheit oder der Kapitalverkehrsfreiheit berührt ist.

1. Eingriffe in den Schutzbereich der Niederlassungsfreiheit

Von der Niederlassungsfreiheit umfaßt ist der Fusionsvorgang in seiner Gesamtheit. Es sind hier also nationale Maßnahmen zu erörtern, die an diesen Gesamtvorgang anknüpfen, nicht an einzelne Kapitalbewegungen. Insoweit ist zwischen der Hereinverschmelzung und der Herausverschmelzung zu unterscheiden.

a) Hereinverschmelzung

Bei der Hereinverschmelzung besteht das deutsche Unternehmen fort. Lediglich die ausländische Gesellschaft wird möglicherweise aufgelöst. Ein Gefahrenpotential für den inländischen Rechtsverkehr ist nicht erkennbar, da das deutsche Unternehmen als Haftungsmasse weiterhin verfügbar ist. Als inländische inkorporierte Gesellschaft unterfällt das fusionierte Gesamtunternehmen weiterhin dem deutschen Mitbestimmungsrecht. Die Situation ist strukturell mit der Errichtung von Auslandszweigniederlassungen deutscher Gesellschaften vergleichbar.[984] Es sind keine zwingenden Allgemeininteressen erkennbar, derentwegen der nationale Gesetzgeber an die Hereinverschmelzung als Gesamtvorgang besondere Anforderungen stellen könnte.

b) Herausverschmelzung

Bei der Herausverschmelzung wird das deutsche Unternehmen in der Regel liquidiert bzw. abgewickelt. Sonderfälle, in denen die übertragende Gesellschaft, wie etwa bei der Fusion zwischen der Hoechst AG und der Rhône-Poulenc S.A.,[985] als Tochtergesellschaft im Konzernverbund weiterbesteht, können hier außer Betracht bleiben. Sie werfen keine besonderen Fragen auf, weil die übertragende Gesellschaft als Haftungsmasse weiterbesteht, strukturell ähnlich wie bei der Hereinverschmelzung keine spezifisch fusionsbedingten Gefahren für den inländischen Rechtsverkehr erkennbar sind.

Wird die inländisch inkorporierte Gesellschaft im Rahmen der Übernahme aufgelöst, so bleibt zu prüfen, ob dadurch zwingende Allgemeininteressen verletzt werden können. Auch hier liegt es nahe, wie schon in Zweigniederlassungsfällen und bei der ausländischen GmbH & Co. KG die Belange des Gläubigerschutzes,

---

[984] Nach hier vertretener Auffassung sind nationale Restriktionen insoweit unzulässig, vgl. hierzu A.IV.2.
[985] Hierzu *Hoffmann*, NZG 1999, 1077ff.

des Schutzes der Gesellschafter und der arbeitnehmerischen Mitbestimmung in den Blick zu nehmen.[986]
Dabei stellt sich jedoch heraus, dass die mit der Auflösung der Gesellschaft verbundenen Risiken nicht spezifisch fusionsbedingt sind.
Die Gläubiger der Gesellschaft werden durch die fusionsbedingte Auflösung im Vergleich zur Auflösung aus anderen Gründen[987] nicht zusätzlich gefährdet. Mit der Auflösung einer Gesellschaft hat der Rechtsverkehr stets zu rechnen. Gläubigerschutzbelangen wird im Rahmen des Abwicklungs- bzw. Liquidationsverfahrens ausreichend Rechnung getragen, indem die Identität der Gesellschaft als selbständige Rechtspersönlichkeit bestehen bleibt und den Gläubigern die Verwertung des Gesellschaftsvermögens ermöglicht wird.[988]
Auch die Interessen der Gesellschafter werden nicht nachteilig berührt. In Fusionsfällen werden sie selbst den Auflösungsbeschluß herbeiführen. Soweit dabei eine Minderheit überstimmt werden kann,[989] sind die damit verbundenen Risiken abermals nicht fusionsbedingt, da die Auflösung gegen das Votum einer Minderheit stets beschlossen werden kann.

Anders liegt es bei der Mitbestimmung. Hier kann die Anwendbarkeit der deutschen Mitbestimmungsvorschriften schon bei der Einbringung von Unternehmensanteilen in die übernehmende Gesellschaft entfallen, nicht erst bei der möglichen nachfolgenden Auflösung der Gesellschaft. Denkbar ist beispielsweise der Fall, dass das übertragende Unternehmen alleine zwar weniger als 2000 Arbeitnehmer beschäftigt, im Konzernverbund dieser Schwellenwert jedoch überschritten wird. Ist das herrschende Unternehmen inländisch inkorporiert, so ist dieses gem. § 5 Abs. 1 S. 1 MitbestG mitbestimmungspflichtig. Daran fehlt es jedoch, wenn das herrschende Unternehmen nach ausländischem Recht gegründet wurde.[990] Kommt es dennoch zur Auflösung der deutschen Gesellschaft, so kann den Interessen der Mitbestimmung im Unterschied zu Gläubigerschutzfragen naturgemäß nicht durch Verteilungsregeln im Abwicklungs- oder Liquidationsverfahren gedient werden.[991] Vielmehr ist nicht auszuschließen, dass auf

[986] Dazu allgemein Teil 1, C.III.3.
[987] Die Begriffe sind hier untechnisch zu verstehen. Auch bei der Auflösung im Rahmen einer Fusion muss ein Auflösungsgrund i.S.d. § 262 AktG oder § 60 GmbHG vorliegen, etwa ein gültiger Gesellschafterbeschluß.
[988] Vgl. etwa *Henn*, Rn 1435, 1439; *Hüffer*, § 262 Rn 1; *Baumbach/Hueck*, § 60 Rn 2.
[989] Sofern die Satzung nichts Abweichendes vorsieht, ist für den Auflösungsbeschluß bei der AG eine Mehrheit von ¾ des bei der Beschlußfassung vertretenen Grundkapitals, § 262 Abs. 1 Nr. 2 AktG, bei der GmbH eine Mehrheit von ¾ der abgegebenen Stimmen, § 60 Abs. 1 Nr. 2 GmbHG, erforderlich.
[990] *ErfK/Oetker*, § 5 MitbestG Rn 14; *MünchArbR/Wißmann*, § 367 Rn 16.
[991] Die Mitbestimmungspflicht endet mit der Abwicklung bzw. Liquidation des Unternehmens, *Kasseler Handbuch/Klinkhammer* 7.1. Rn 57c.

diese Weise die Mitbestimmungsrechte der einst bei einem inländischen Unternehmen beschäftigten Arbeitnehmer ausgehebelt werden.
Es muss den Mitgliedstaaten daher grundsätzlich das Recht zugestanden werden, an den Gesamtvorgang der Unternehmensübernahme Sonderregelungen zum Erhalt der Mitbestimmung aufzustellen. Allerdings kann diese Befugnis nur so weit gehen, als es zur Erhaltung des inländischen Schutzniveaus erforderlich ist. Würde man etwa den Anwendungsbereich des § 5 Abs. 1 MitbestG auf ausländisch inkorporierte herrschende Unternehmen erweitern, so würde mittelbar der gesamte ausländische Konzern deutschem Mitbestimmungsrecht unterliegen. Dies wäre mit dem Grundsatz, dass mitgliedstaatliche Allgemeininteressen nur im jeweiligen Hoheitsgebiet territorial durchgesetzt werden können, nicht zu vereinbaren.[992]
Es stellt sich daher die Frage, wie deutsches Mitbestimmungsrecht für denjenigen Arbeitnehmeranteil durchzusetzen ist, der vor der Übernahme bei dem inländischen Unternehmen beschäftigt war. Dabei ist zunächst zu prüfen, ob Mitbestimmungsvorschriften nach der Übernahme noch an das inländische Unternehmen angeknüpft werden können. Einen solchen Weg wählt das MitbestBeiG, indem in bestimmten Fällen der Fusionsvorgang als nicht geschehen fingiert wird.[993]
Es liegt nahe, für die Rechtfertigungsfähigkeit von Mitbestimmungsregeln die Grundsätze heranzuziehen, die bereits für Zweigniederlassungsfälle und für die ausländische GmbH & Co. KG entwickelt wurden. In diesen Fällen ist nach hier vertretener Auffassung die inhaltliche Anwendung deutschen Mitbestimmungsrechts grundsätzlich zulässig. Im Hinblick auf die Geeignetheit müssen entsprechende Regelungen aber von allen ausländischen Gesellschaften, gleich ob sie eine monistische oder dualistische Verwaltungsstruktur pflegen, angewendet werden können.[994]
Dies führt, je nach dem, ob die inländische Gesellschaft nach der Übernahme aufgelöst wird, zu folgendem Ergebnis: für den Zeitraum vor der Auflösung genügt eine Fortgeltungsfiktion, wie sie aus dem MitbestBeiG bekannt ist. Es bleibt nach wie vor möglich, die Mitbestimmungsregeln an die Inlandsgesellschaft anzuknüpfen. Will der nationale Gesetzgeber hingegen die spätere mögliche Auflösung der inländischen Gesellschaft berücksichtigen, so bedarf es einer organisationsneutralen Regelung bezüglich des vormals bei dieser Gesellschaft organisierten Arbeitnehmeranteils. Eine Fortgeltungsfiktion wäre ungeeignet.
Nach diesen Grundsätzen ist das MitbestBeiG mit der Niederlassungsfreiheit vereinbar, da sein Anwendungsbereich auf Auflösungsfälle nicht erstreckt.

---

[992] Vgl. die insoweit ähnliche Problematik bei Schutzmaßnahmen zugunsten der Gesellschafter von Auslandsgesellschaften, oben A.IV.1.b.bb.
[993] Hierzu oben II.4.
[994] Vgl. oben A.IV.1.b.cc und B.IV.1.a.

2. Eingriffe in den Schutzbereich der Kapitalverkehrsfreiheit

Eingriffe in den Schutzbereich der Kapitalverkehrsfreiheit sind grundsätzlich nur im Rahmen der ausdrücklichen Schranke des Art. 58 EGV zulässig. Darüberhinaus können nationale Maßnahmen nach den Grundsätzen der Cassis-Rechtsprechung gerechtfertigt werden, wenn dies aus zwingenden Allgemeininteressen heraus geboten ist.[995]

Ein Rechtfertigungstest erübrigt sich hier jedoch. Die Vorschriften aus dem geplanten Übernahmegesetz, die als mögliche Beschränkungen der Kapitalverkehrsfreiheit in den Blick genommen wurden, berühren im Ergebnis schon nicht den Schutzbereich.[996]

3. Zusammenfassung

Auf Rechtfertigungsebene sind nur die uneigentliche Fusion und die feindliche Übernahme zu prüfen, da die eigentliche Fusion schon nicht vom Schutzbereich der Niederlassungsfreiheit umfaßt ist.

Bei der Hereinverschmelzung sind wegen des Fortbestands des deutschen Unternehmens keine zwingenden Allgemeininteressen erkennbar, welche nationale Maßnahmen, die den Schutzbereich der Art. 43, 48 EGV berühren, rechtfertigen könnten.

Bei der Herausverschmelzung ist zu unterscheiden. Die mit der Auflösung einer Gesellschaft verbundenen Risiken für die Gläubiger und die Gesellschafter sind nicht spezifisch fusionsbedingt. Mit der Auflösung einer Gesellschaft muss stets gerechnet werden, das Votum einer Minderheitsbeteiligung von bis zu 25% kann dabei überstimmt werden. Den Belangen der Gläubiger wird im Übrigen im Abwicklungs- bzw. Liquidationsverfahren Rechnung getragen.

Anders liegt es bei der Mitbestimmung. In einem Konzernverbund, bei dem ein ausländisch inkorporiertes Unternehmen herrschend ist, entfällt die Konzernmitbestimmung auf der Ebene des herrschenden Unternehmens. Hier ist die grundsätzliche nationale Befugnis, Regelungen zum Erhalt der Mitbestimmung vorzusehen, grundsätzlich anzuerkennen. Ebenso wie in Zweigniederlassungsfällen ist auch hier darauf zu achten, dass die entsprechenden Vorschriften sowohl von Gesellschaften mit monistischer als auch mit dualistischer Verwaltungsstruktur befolgt werden können.

Die Frage nach der Rechtfertigungsfähigkeit der Regelungen des WpÜG vor der Freiheit des Kapitalverkehrs stellt sich nicht, da insoweit schon keine Beschränkung des Schutzbereichs vorliegt.

---

995 Vgl. oben D.II.2.d.bb.

996 Vgl. dazu die Prüfung der einzelnen Regelungen unter D.II.2.d.bb.3.

Teil 3: Zusammenfassung in Thesen[997]

Nachfolgend werden die Kernaussagen dieser Arbeit in Thesenform zusammengefaßt:

A. Der Inhalt der Niederlassungsfreiheit für Gesellschaften

I. Abgrenzung zu anderen Freiheitsrechten

1. Beim Erwerb von Unternehmensanteilen durch Direktinvestitionen können sowohl die Niederlassungsfreiheit als auch die Kapitalverkehrsfreiheit betroffen sein. Es kommt darauf an, ob das Schwergewicht der Investition in der Erlangung unternehmerischer Einflußnahme (dann Niederlassungsfreiheit) oder lediglich in Anlagezwecken (dann Kapitalverkehrsfreiheit) liegt. Ein genauer Schwellenwert bezüglich der für die Anwendbarkeit der Niederlassungsfreiheit erforderlichen Größe der angestrebten Beteiligung kann dabei nicht bestimmt werden.

2. Die Dienstleistungsfreiheit spielt im Gesellschaftsrecht so gut wie keine Rolle. Die Gründung von Unternehmen oder der Erwerb von Unternehmensanteilen dürfte stets auf Dauer angelegt sein. Es fehlt daher an einer nur vorübergehenden Tätigkeit i.S.d. Art. 50 Abs. 2 EGV.

3. Die Beteiligungsfreiheit des Art. 294 EGV hat einen eigenständigen Anwendungsbereich. Dem Recht auf Beteiligung an einer Gesellschaft steht spiegelbildlich ein subjektives Recht dieser Gesellschaft auf Aufnahme neuer Teilhaber gegenüber.

4. Im Falle der ausländischen GmbH & Co. KG steht der inländischen Personengesellschaft aus Art. 294 EGV das subjektive Recht zu, eine ausländische Kapitalgesellschaft als persönlich haftende Gesellschafterin aufzunehmen.

II. Der Schutzbereich der Art. 43, 48 EGV

5. Die primäre Niederlassungsfreiheit enthält ein Beschränkungsverbot, soweit es um den Vorgang der Standortverlagerung und des Marktzutritts geht. Aus der Rechtsprechung läßt sich dies neben der Entscheidung Gebhard vor allem der Entscheidung Pfeiffer/Löwa entnehmen. Hinsichtlich der Anforderungen an den

---

[997] Die hier niedergelegten Thesen stammen unverändert aus der Promotionsfassung.

Niederlassungswilligen im Zuzugstaat enthält die Niederlassungsfreiheit jedoch nur ein Diskriminierungsverbot.

6. Diese Grundsätze gelten auch im Bereich des Art. 31 EWRA.

7. Das Ansässigkeitsmerkmal des Art. 43 Abs. 1 S. 2 EGV wird auch dann erfüllt, wenn die Voraussetzungen der Ansässigkeit innerhalb der Gemeinschaft, nämlich die Eingliederung in die Volkswirtschaft eines Mitgliedstaates, gerade erst durch die Errichtung einer Sekundärniederlassung erfüllt werden.

8. Im Übrigen erfüllt das Ansässigkeitserfordernis für Drittlandgesellschaften nur wirtschaftsprotektionistische Zwecke, nicht aber präventiv-rechtliche.

9. Das Kriterium der Zwischenstaatlichkeit ist auch in der der Centros-Entscheidung zugrundeliegenden Konstellation erfüllt. Dass in Zweigniederlassungsfällen am Ort der Muttergesellschaft keinerlei Geschäftstätigkeit nachgegangen wird, ist insoweit ohne Belang. Es liegt ein grenzüberschreitender Sachverhalt vor.

10. Die Niederlassungsfreiheit enthält kein Rechtswahlrecht. Die Gründung einer Gesellschaft in einem Mitgliedstaat beschränkt sich auf die dort jeweils zur Verfügung stehenden Rechtsformen. Der im Staatsangehörigkeitsrecht anerkannte Grundsatz des Vorbehalts nationalen Rechts gilt auch im Gesellschaftsrecht hinsichtlich der wirksamen Gründung von Gesellschaften.

11. Die Grundsätze der Keck-Rechtsprechung sind grundsätzlich auch auf die Niederlassungsfreiheit zu übertragen. Auch dort existiert eine Anzahl von nationalen Bestimmungen, die ihrem Charakter nach wie „Verkaufsmodalitäten" einzustufen sind.

12. Begrifflich können die aus der Warenverkehrsfreiheit bekannten Termini „Verkaufsmodalitäten" und „produktbezogene Regelungen" im Bereich der Niederlassungsfreiheit durch „Aufenthaltsmodalitäten" und „Zutrittsbeschränkungen" ersetzt werden.

13. Die unterschiedliche Reichweite des Beschränkungsverbotes führt jedoch dazu, dass bestimmte Vorschriften im Zuzugstaat zwar warenverkehrsrechtliche Verkaufsmodalitäten darstellen können, den Schutzbereich der insoweit als Diskriminierungsverbot ausgestalteten Niederlassungsfreiheit aber von vornherein nicht berühren, eine Abgrenzung zwischen Aufenthaltsmodalitäten und Zutrittsbeschränkung sich deshalb erübrigt. Eine solche Abgrenzung wird in der Regel nur dann erforderlich, wenn eine nationale Regelung zwar unterschiedslos für

alle in- und ausländischen Gesellschaften gilt, die Regelung zugleich aber auch ein zumindest mittelbares Marktzugangshindernis für ausländische Gesellschaften darstellt.
14. Delikts- und strafrechtliche Sanktionen können, sofern sie für alle Gesellschaftsformen gleichermaßen gelten, Aufenthaltsmodalitäten darstellen. Im Übrigen ist es hierfür erforderlich, dass die betreffenden nationalen Maßnahmen rechtsformunabhängige Geltung beanspruchen. Im Gegensatz dazu gehören Regelwerke, die etwa für eine AG und eine GmbH unterschiedlich ausfallen, nicht zum Kreis der Aufenthaltsmodalitäten.

III. Schranken der Niederlassungsfreiheit

15. Für Art. 46 EGV ist im Gesellschaftsrecht kein Anwendungsbereich ersichtlich.

16. Ein nationaler Vorbehalt zugunsten des Gesellschaftskollisionsrechts besteht nicht. Aus der Daily-Mail-Entscheidung läßt sich eine solche Pauschalaussage nicht entnehmen.

17. Die Rechtspraxis folgt in Deutschland der Sitztheorie. Gleichwohl ist diese nicht gesetzlich verankert, auch nicht durch Art. 2 des Zustimmungsgesetzes vom 18.05.1972 zu dem Übereinkommen über die gegenseitige Anerkennung von Gesellschaften und juristischen Personen vom 29.02.1968.

18. Die Centros-Entscheidung enthält keine Aussage zu den kollisionsrechtlichen Anknüpfungstheorien. Mit dem Urteil läßt sich weder die Unzulässigkeit der Sitztheorie im Allgemeinen, noch das Erfordernis zur gemeinschaftsweiten Anwendung der Gründungstheorie begründen.

19. Die mit den kollisionsrechtlichen Anknüpfungstheorien verfolgten Schutzinteressen sind im Rahmen des Rechtfertigungstests nach dem Vorbild der Cassis-Rechtsprechung als zwingende Allgemeininteressen zu prüfen. Im Gesellschaftsrecht kommen hier vorwiegend die Belange des Gläubigerschutzes, des Schutzes der (Minderheits-) Gesellschafter und der arbeitnehmerischen Mitbestimmung in Betracht.

20. Dass in der Europäischen Sozialcharta von 1961 und der Europäischen Gemeinschaftscharta der sozialen Grundrechte der Arbeitnehmer von 1989 die Mitbestimmung der Arbeitnehmer auf der gesellschaftlichen Leitungsebene nicht ausdrücklich erwähnt ist, steht der Einordnung der Mitbestimmung unter die Kategorie der zwingenden Allgemeininteressen im Sinne der Cassis-Rechtsprechung nicht entgegen.

21. Würde man die sachrechtlichen Folgen der Sitztheorie als Gesamtregelung dem Rechtfertigungstest unterziehen, so könnte die Verhältnismäßigkeitsprüfung nicht einzeln auf die jeweiligen Rechtfertigungsgründe ausgerichtet werden. Es wäre nur eine unvollständige Prüfung möglich, ob die mit der Sitztheorie verfolgten Schutzinteressen insgesamt die Sanktion der Nichtanerkennung von Gesellschaften rechtfertigen können.

22. Im Bereich von Rechtsangleichungsmaßnahmen nach Art. 44 Abs. 2 lit. g EGV verbietet sich der Rückgriff auf die Cassis-Rechtsprechung. Strengeres nationales Recht als in der jeweiligen Richtlinienbestimmung kann nur durchgesetzt werden, wenn die Richtlinie keine abschließende Regelung enthält. Wann dies der Fall ist, muss im Einzelfall entschieden werden.

23. Art. 112 ff EWRA berechtigen die EU-Mitgliedstaaten im Ergebnis nicht zu weitergehenden Maßnahmen gegen Sekundärniederlassungen von Gesellschaften aus dem EWR-Bereich, als dies nach dem EG-Vertrag im Rahmen der Niederlassungsfreiheit zulässig ist.

B. Einzelne Gestaltungsmodelle

I. Zweigniederlassungen

24. Die Gründung von Zweigniederlassungen ist internationalprivatrechtlich sowohl ausländischen Unternehmen im Inland als auch inländischen Unternehmen im Ausland gestattet. Voraussetzung für die Eintragung in das Handelsregister ist allerdings, dass die Rechtsfähigkeit der ausländischen Gesellschaft im Inland anerkannt wird. Dies ist nach der Sitztheorie nicht der Fall, wenn der Verwaltungssitz der ausländischen Gesellschaft nicht im Staat der Inkorporation belegen ist.
Europarechtlich ist es unbeachtlich, ob ein inländisches Unternehmen im Ausland eine Zweigniederlassung errichten möchte oder umgekehrt. Beide Fälle genießen den Schutz des Art. 43 Abs. 1 S. 2 EGV. Unterschiede kann es auf Rechtfertigungsebene geben, wenn es um die Rechtmäßigkeit von Maßnahmen des Zweigniederlassungsstaates geht.

25. Auch in Sitzverlegungs- und Fusionsfällen sind der Zuzug und der Wegzug von Gesellschaften europarechtlich auf Schutzbereichsebene gleich zu beurteilen.

26. Die bisherige, von der Sitztheorie geprägte Anerkennungspraxis, in Zweigniederlassungsfällen auf den Verwaltungssitz des Gesamtunternehmens abzu-

stellen, verstößt nach der Centros-Entscheidung gegen die Niederlassungsfreiheit.

27. Die Auswahl des Ortes des Verwaltungssitzes innerhalb eines an mehreren Standorten tätigen Unternehmens ist Aufgabe der Lenkungsorgane des Unternehmens. Einer Gesellschaft steht es grundsätzlich offen, ihre Geschäftstätigkeit über eine Zweigniederlassung abzuwickeln. Das sitztheoretische Erfordernis, den Verwaltungssitz im Inkorporationsstaat einzurichten, beeinträchtigt diese unternehmerische Entscheidungsfreiheit.

28. Die Centros-Entscheidung zwingt zu einer Änderung des Zweigniederlassungsbegriffs. Auf die herkömmlichen, im Verhältnis zur Hauptniederlassung subordinativ geprägten Definitionen sollte verzichtet werden. Hauptniederlassung ist der für die Erlangung der Rechtsfähigkeit erforderliche Sitz des Mutterunternehmens. Jeder weitere Unternehmensstandort, der seine rechtliche Existenz vom Mutterunternehmen ableitet, kann Zweigniederlassung sein.

29. Nationale Maßnahmen gegen Zweigniederlassungen ausländischer Gesellschaften im Inland müssen alle Zweigniederlassungsfälle betreffen. Die Regelungen nach dem Vorbild der Sitztheorie, wonach Sonderregelungen nur vorgesehen sind, wenn der Verwaltungssitz des Mutterunternehmens sich nicht im Inkorporationsstaat befindet, sind zur Durchsetzung der mit der Sitztheorie verfolgten Rechtfertigungsgründe ungeeignet und somit unzulässig.

30. Die Nichteintragung einer Zweigniederlassung aus den mit der Sitztheorie bezweckten Rechtfertigungsgründen ist unzulässig.

31. Als Gläubigerschutzmaßnahmen in Zweigniederlassungsfällen kommen Nachschusspflichten für Gesellschaften mit geringerer Kapitalausstattung sowie die Durchgriffshaftung in Betracht.

32. Die Kapitalerhaltungssysteme der europäischen Gesellschaftsrechtsordnungen sind grundsätzlich als gleichwertig einzustufen. Dem auf dem Herkunftslandprinzip basierenden Prinzip der gegenseitigen Anerkennung ist deshalb zu entnehmen, dass der Zweigniederlassungsstaat nicht berechtigt ist, in einzelnen Fällen, etwa der Mindestkapitalisierung, an die Gesellschaft besondere Anforderungen zu stellen.

33. Das Prinzip der gegenseitigen Anerkennung bedingt das Recht des Zuzugstaates, die Einhaltung der Regeln des Herkunftslandes einzufordern und zu kontrollieren. Werden von der ausländischen Gesellschaft durch deren verantwortliches Leitungspersonal die heimischen Kapitalerhaltungsregeln mißachtet,

so kann das Leitungspersonal im Staat der Zweigniederlassung im Wege der Durchgriffshaftung persönlich in Anspruch genommen werden. Der in der Cassis-Rechtsprechung entwickelte Grundsatz der Verhältnismäßigkeit gebietet es nicht, die Durchgriffshaftung wie im deutschen Gesellschaftsrecht auf Ausnahmefälle zu beschränken. Auch kleinere Verstöße gegen das Kapitalerhaltungssystem können grundsätzlich mit der Durchgriffshaftung sanktioniert werden.

34. Der Staat der Zweigniederlassung ist nicht berechtigt, Maßnahmen zum Schutz der (Minderheits-) Gesellschafter des ausländischen Unternehmens zu erlassen. Dies ist Sache des jeweiligen Inkorporationsstaates.

35. Gegen die Übertragung des deutschen Mitbestimmungsstandards auf inländische Zweigniederlassungen ausländischer Unternehmen bestehen grundsätzlich keine Einwände. Allerdings müssen die entsprechenden Regelungen, um den Erfordernissen der Geeignetheit zu genügen, organisationsneutral ausgestaltet sein, sodass sie sowohl von Gesellschaften mit dualistischer als auch monistischer Führungsstruktur befolgt werden können.

36. Ausländischen Zweigniederlassungen inländischer Unternehmen kann ebenfalls grundsätzlich die Befolgung inländischer Mitbestimmungsregeln auferlegt werden. Maßnahmen zum Schutze der Gläubiger und der Gesellschafter sind hier nicht veranlasst, da insoweit keine Gefährdung des Rechtsverkehrs zu besorgen ist.

II. Typenverschmelzende Beteiligung ausländischer Kapitalgesellschaften an deutscher Personengesellschaft („Die ausländische GmbH & Co. KG")

37. Mit Hilfe der Sitztheorie ließe sich im Falle der ausländischen GmbH & Co. KG sowohl deren Zulässigkeit als auch deren Unzulässigkeit begründen. Die Rechtsfähigkeit der Komplementärgesellschaft dürfte nur anerkannt werden, wenn der Verwaltungssitz im Ausland, im Inkorporationsstaat, liegt. In diesem Falle wäre aber die Kommanditgesellschaft nicht mehr als rechtsfähig anzuerkennen, wenn ihr Verwaltungssitz – vorausgesetzt, er ist mit dem der Komplementärgesellschaft identisch – im Ausland liegt.

38. Die Rechtsform der ausländischen GmbH & Co. KG ist durch die Niederlassungsfreiheit geschützt. Die primäre Niederlassungsfreiheit garantiert schon als Diskriminierungsverbot, dass ausländische Kapitalgesellschaften hinsichtlich der Komplementärfähigkeit den inländischen Kapitalgesellschaften gleichzustellen sind. Die sekundäre Niederlassungsfreiheit verhindert die teilweise in der Literatur geforderte Praxis, der ausländischen Gesellschaft die Rechtsfähigkeit zu versagen, wenn deren Verwaltungssitz sich im Inland befindet. Allerdings

muss die Komplementärgesellschaft, um in den Anwendungsbereich der sekundären Niederlassungsfreiheit zu gelangen, hierfür eine Zweigniederlassung im Inland errichten.

39. Was das Gefährdungspotential des inländischen Rechtsverkehrs betrifft, besteht wertungsmäßig zwischen der ausländischen GmbH & Co. KG und Zweigniederlassungsfällen kein Unterschied. In beiden Fällen wird der Rechtsverkehr mit ausländischen Gesellschaftsformen konfrontiert.
Die Lösungsansätze für Zweigniederlassungsfälle bezüglich des Gläubigerschutzes und des Schutzes der arbeitnehmerischen Mitbestimmung gelten daher auch für Maßnahmen gegen die ausländische Kapitalgesellschaft.

40. Im Bereich des Art. 294 EGV sind gegen die inländische Personengesellschaft keine weitergehenden Maßnahmen zulässig als gegen die ausländische Kapitalgesellschaft im Rahmen der Niederlassungsfreiheit.

III. Sitzverlegung

41. Verlegt eine Gesellschaft ihren Verwaltungssitz an einen Ort, an dem eine Niederlassung eingerichtet ist, welcher die europarechtlichen Kriterien für einer Zweigniederlassung erfüllt, so liegt ein Zweigniederlassungsfall vor, nicht ein Sitzverlegungsfall. Die Zulässigkeit dieses Vorganges beurteilt sich dann nach Art. 43 Abs. 1 S. 2 EGV.

42. Die Verlegung des Verwaltungssitzes, des Satzungssitzes oder beider Sitze ist nach deutschem Internationalem Privatrecht unzulässig.
Im Verhältnis zu Spanien gelten keine Besonderheiten, auch nicht wegen des deutsch-spanischen Niederlassungsabkommens vom 23.04.1970.

43. Für die Verlegung des Verwaltungssitzes besteht nach der Daily-Mail-Entscheidung eine ungeschriebene Bereichsausnahme. Nationale Restriktionen unterfallen insoweit keiner europarechtlichen Prüfung.[998]

44. Andere Arten der Sitzverlegung, die identitätswahrende Verlegung des Satzungssitzes, des Verwaltungs- und des Satzungssitzes, die statuswahrende Sitzverlegung und die Sitzverlegung mit Anpassung an die Rechtsordnung des Zuzugstaates, finden im EG-Vertrag keine Grundlage.

[998] Diese These dürfte nach der Entscheidung EuGH EuZW 2002, 754ff („Überseering") nicht mehr ohne weiteres aufrecht zu erhalten sein, vgl. hierzu Teil 2, C.III.2.c.

45. Die Centros-Entscheidung steht dem nicht entgegen. Die Urteile Daily Mail und Centros können einer widerspruchsfreien Gesamtbetrachtung zugeführt werden.
Daily Mail behandelt einen Fall der primären Niederlassungsfreiheit, Centros einen Fall der sekundären Niederlassungsfreiheit. Formal kann demnach abgegrenzt werden, dass die Verwaltungssitzverlegung zulässig ist, wenn – wie in Centros – zugleich eine Zweigniederlassung errichtet wird.

46. Eine solche formale Unterscheidung ist auch sachlich gerechtfertigt. Einerseits wird die Anwendung der Zweigniederlassungsrichtlinie sichergestellt. Andererseits werden Wertungswidersprüche zum nationalen Gründungsrechtsvorbehalt aus Art. 48 Abs. 1 EGV vermieden, da das mitgliedstaatliche Verbot, schon bei der Gründung der Gesellschaft einen im Ausland belegenen Verwaltungssitz einzurichten, nicht beanstandet werden kann.

47. Der „Stand des Gemeinschaftsrechts" hat sich seit der Daily-Mail-Entscheidung nicht so verändert, als dass ein Abweichen von der Rechtsprechung geboten erscheint. Dies gilt sowohl für Rechtsetzungsmaßnahmen nach Art. 44 Abs. 2 lit. g EGV bzw. Art. 293 EGV, als auch für die Einführung des Binnenmarktes, als auch für die zwischenzeitliche Ausweitung der Niederlassungsfreiheit hin zu einem allgemeinen Beschränkungsverbot.

IV. Fusion/Verschmelzung

48. Im Rahmen der Fusion/Verschmelzung ist zwischen der eigentlichen Fusion und der uneigentlichen Fusion, zu der auch die (feindliche) Übernahme gehört, zu unterscheiden.
Bei der eigentlichen Fusion nach dem Vorbild des § 1 Abs. 2 Nr. 1 UmwG tritt das übertragende Unternehmen im Wege der Gesamtrechtsnachfolge in das übernehmende Unternehmen ein und geht liquidationslos unter. Alle anderen Vorgänge, die wirtschaftlich zu einem ähnlichen Ergebnis führen, werden unter dem Begriff „uneigentliche Fusion" bzw. „fusionsähnliche Ersatzlösungen" zusammengefaßt. Die eigentliche Fusion ist grenzüberschreitend nicht geregelt. Das Umwandlungsgesetz gilt nur für Inlandsfälle.
Die sachrechtlichen Auswirkungen der Sitztheorie stehen der eigentlichen Fusion aber entgegen.

49. Die uneigentliche Fusion ist internationalprivatrechtlich zulässig, ebenso die feindliche Übernahme.

50. Die eigentliche Fusion ist grundsätzlich dem Anwendungsbereich der Art. 43, 48 EGV zuzuordnen. Die Niederlassungsfreiheit schützt diesen Vorgang

letztlich aber nicht, weil so in den durch Art. 48 Abs. 1 EGV garantierten, nationalen gesellschaftsrechtlichen Gründungsrechtsvorbehalt eingegriffen würde.

51. Die uneigentliche Fusion ist, was den Gesamtvorgang anbelangt, von der Niederlassungsfreiheit umfaßt, wenn die übernehmende Gesellschaft unternehmerischen Einfluß im entstehenden Gesamtunternehmen erlangt. Dies gilt auch für die feindliche Übernahme.

52. Mitgliedstaatliche Maßnahmen gegen Unternehmenszusammenschlüsse als solche sind bei der Hereinverschmelzung nicht zulässig. Hier besteht kein Regelungsbedarf, weil das inländische Unternehmen fortbesteht, infolgedessen der Rechtsverkehr nicht besonders gefährdet wird.

53. Bei der Herausverschmelzung sind die mit der Auflösung der Gesellschaft verbundenen Risiken nicht spezifisch fusionsbedingt. Gläubiger und (Minderheits-) Gesellschafter werden nicht stärker gefährdet, als dies bei einer Auflösung aus anderen Gründen der Fall wäre.

54. Die begleitenden Kapitalbewegungen bei Unternehmenszusammenschlüssen und feindlichen Übernahmen, insbesondere die Wertpapierübertragungen im Rahmen dieser Vorgänge, unterfallen der Kapitalverkehrsfreiheit.

55. Die Kapitalverkehrsfreiheit ist zu den anderen Grundfreiheiten dogmatisch parallel ausgerichtet. Dies bedeutet, dass Beschränkungen neben der ausdrücklichen Vorschrift des Art. 58 EGV sich an dem aus der Cassis-Rechtsprechung bekannten Rechtfertigungstest zu messen haben. Außerdem ist die Keck-Rechtsprechung analog auf die Kapitalverkehrsfreiheit anwendbar.

56. Die im Wertpapiererwerbs- und Übernahmegesetz enthaltenen Regelungen des (feindlichen) Übernahmeverfahrens stellen keine Beschränkungen der Kapitalverkehrsfreiheit dar. Bei den Informations- und Publizitätspflichten des Bieters und dem Pflichtangebot handelt es sich um „Verkaufsmodalitäten" analog der Keck-Rechtsprechung.

Literaturverzeichnis

Ackermann, Thomas, Warenverkehrsfreiheit und „Verkaufsmodalitäten", RIW 1994, 189ff.

Arndt, Hans-Wolfgang, Warenverkehrsfreiheit und nationale Verkaufsbeschränkungen, ZIP 1994, 188ff.

Assmann, Heinz-Dieter, Verhaltensregeln für freiwillige öffentliche Übernahmeangebote, Der Übernahmekodex der Börsensachverständigenkommission, AG 1995, 563ff.

Audinet, Jaques, Le droit d`etablissement dans la Communauté économique européene, Clunet 86 (1959), 982ff.

Bästlein, Hanno M., Zur Feindlichkeit öffentlicher Übernahmeangebote, Frankfurt a.M. 1997.

Baetge, Dietmar, Anknüpfung der Rechtsfolgen bei fehlender Geschäftsfähigkeit, IPRax 1996, 185ff.

von Bar, Christian, Internationales Privatrecht, München 1987ff.

Basedow, Jürgen, Zielkonflikte und Zielhierarchien im Vertrag über die europäische Gemeinschaft, in: Due, Ole, Festschrift für Ulrich Everling, Bd. 1, S. 49ff, Baden-Baden 1995.

Basedow, Jürgen, Der kollisionsrechtliche Gehalt der Produktfreiheiten im europäischen Binnenmarkt: favor offerentis, RabelsZ 59 (1995), 1ff.

Basedow, Jürgen, Europäisches Internationales Privatrecht, NJW 1996, 1921ff.

Baumbach, Adolf/Hueck, Alfred, GmbH-Gesetz, Kommentar, 17.Aufl., München 2000.

Baumbach, Adolf/Hopt, Klaus J., Handelsgesetzbuch, Kommentar, 30. Aufl., München 2000.

Bechtel, Wolfram, Umzug von Kapitalgesellschaften unter der Sitztheorie, Frankfurt a.M. 1999.

Becker, Ulrich, Von „Dassonville" über „Cassis" zu „Keck" – Der Begriff der Maßnahmen gleicher Wirkung in Art. 30 EGV, EuR 1994, 162ff.

Beckmann, Ralph, Übernahmeangebote in Europa, Münster 1995.

Behrens, Peter, Die Anerkennungslehre des Internationalen Gesellschaftsrechts, ZGR 1978, 499ff.

Behrens, Peter, Niederlassungsfreiheit und Internationales Gesellschaftsrecht, RabelsZ 52 (1988), 498ff.

Behrens, Peter, Sind Gesellschaften Niederlassungsberechtigte minderen Rechts?, EuZW 1991, 97.

Behrens, Peter, Die Konvergenz der wirtschaftlichen Freiheiten im europäischen Gemeinschaftsrecht, EuR 1992, 145ff.

Behrens, Peter, Die Umstrukturierung von Unternehmen durch Sitzverlegung oder Fusion über die Grenze im Licht der Niederlassungsfreiheit im Europäischen Binnenmarkt (Art. 52 und 58 EWGV), ZGR 1994, 1ff.
Behrens, Peter, Die Gesellschaft mit beschränkter Haftung im internationalen und europäischen Vergleich, 2. Aufl., München 1997.
Behrens Peter, Reaktionen mitgliedstaatlicher Gerichte auf das Centros-Urteil des EuGH, IPRax 2000, 384ff.
Behrens, Peter, Die internationale Sitzverlegung von Gesellschaften vor dem EuGH, EuZW 2002, 5.
Benkert, Manfred/Haritz, Detlef/Schmidt-Ott, Justus, Die Verlegung einer ausländischen Kapitalgesellschaft in das Inland – zivilrechtliche und steuerliche Konsequenzen, IStR 1995, 242ff.
Bleckmann, Albert, Zur Dogmatik des Niederlassungsrechts im EWG-Vertrag, WuV 1987, 119ff.
Bleckmann, Albert, Europarecht, 6.Aufl., Köln 1997.
Blumenwitz, Dieter, Rechtsprobleme im Zusammenhang mit der Angleichung von Rechtsvorschriften auf dem Gebiet des Niederlassungsrechts der freien Berufe, NJW 1989, 621ff.
Bogler, Anja, Gesellschafts- und Gesellschafterhaftung bei Auseinanderfallen von Gründungs- und Sitzstaat, DB 1991, 848ff.
Bright, Christopher, Business Law in the European Economic Area, New York 1994.
Brödermann, Eckart/Iversen, Holger, Europäisches Gemeinschaftsrecht und Internationales Privatrecht, Tübingen 1994.
Borges, Georg, Die Sitztheorie in der Centros-Ära: Vermeintliche Probleme und unvermeidliche Änderungen, RIW 2000, 167ff.
von Borries, Reimer, Urteilsanmerkung, EuZW 1997, 446ff.
Bühler, Stefan P., Strukturänderung von Gesellschaften in der Union, Zürich 1998.
Bungert, Hartwin, Die Entwicklung der Dogmatik von Art. 6 Abs. 1 EGV anhand des deutschen Urheberrechts, IStR 1994, 134ff.
Bungert, Hartwin, Entwicklungen im internationalen Gesellschaftsrecht Deutschlands, AG 1995, 496ff.
Bungert, Hartwin, Konsequenzen der Centros-Entscheidung des EuGH für die Sitzanknüpfung des deutschen internationalen Gesellschaftsrechts, DB 1999, 1841ff.
Bungert, Hartwin, Rechtliche Auswirkungen der „domestication" einer deutschen GmbH in den USA nach deutschem Gesellschaftsrecht, RIW 1999, 109ff.
Bungert, Hartwin/Beier, Constantin, Die Europäische Aktiengesellschaft, EWS 2002, 1ff.

Burgard, Ulrich, Kapitalmarktrechtliche Lehren aus der Übernahme Vodafone-Mannesmann, WM 2000, 611ff.
Burtscher, Wolfgang, EFTA und EG: Rechtliche Probleme eines Europäischen Wirtschaftsraumes, Saarbrücken 1991.
Callies, Christian/Ruffert, Mattias (Hrsg.), Kommentar zu EU-Vertrag und EG-Vertrag, 2. Auflage, Neuwied 2002.
Cascante, José Christian, Niederlassungsfreiheit contra Sitztheorie – Goodbye „Daily Mail"?, RIW 1999, 447ff.
Classen, Claus Dieter, Auf dem Weg zu einer einheitlichen Dogmatik der EG-Grundfreiheiten?, EWS 1995, 97ff.
Däubler, Wolfgang, Mitbestimmung und Betriebsverfassung im Internationalen Privatrecht, RabelsZ 39 (1975), 444ff.
Däubler, Wolfgang, Das Arbeitsrecht im neuen Umwandlungsrecht, RdA 1995, 136ff.
Dauses, Manfred, Handbuch des EU-Wirtschaftsrechts, 2. Aufl., München 1999.
Debatin, Helmut, Die grenzüberschreitende Sitzverlegung von Kapitalgesellschaften, GmbHR 164ff.
Dehmer, Hans, Umwandlungsgesetz, Umwandlungssteuergesetz, 2. Aufl., München 1996.
Deininger, Reiner, Grenzüberschreitende Verlegung des Hauptverwaltungssitzes und der Geschäftsleitung von Kapitalgesellschaften, Herdecke 2001.
Dieterich, Thomas/Ascheid, Reiner (Hrsg.), Erfurter Kommentar zum Arbeitsrecht, 2. Aufl., München 2001.
Dötsch, Ewald, Inländische Umwandlungsvorgänge mit Auslandsberührung, BB 1998, 1029ff.
Drasch, Wolfgang, Das Herkunftslandprinzip im internationalen Privatrecht, Baden-Baden 1997.
Driesen, Werner, Die GmbH in Portugal, in: Centrale für GmbH Dr. Otto Schmidt (Hrsg.), Die GmbH-Rechte in den EG-Staaten, Köln 1993.
Drobnig, Ulrich, Gemeinschaftsrecht und internationales Gesellschaftsrecht, „Daily Mail" und die Folgen, in: von Bar, Christian (Hrsg.), Europäisches Gemeinschaftsrecht und Internationales Privatrecht, Köln 1991, S. 185ff.
Drobnig, Ulrich/Becker, Michael/Remien, Oliver, Verschmelzung und Koordinierung von Verbänden, Tübingen 1991.
Dürig, Markus, Kollisionsrechtliche Anknüpfung bei öffentlichen Übernahmeangeboten, RIW 1999, 746ff.
Ebenroth, Carsten Thomas, Neue Ansätze zur Warenverkehrsfreiheit im Binnenmarkt, in:
Erdmann, Willi (Hrsg.), Festschrift für Henning Piper, München 1996, S. 133ff.
Ebenroth, Carsten Thomas/Auer, Thomas, Urteilsanmerkung, JZ 1993, 374ff.

Ebenroth, Carsten Thomas/Auer, Thomas, Die Vereinbarkeit der Sitztheorie mit europäischem Recht, GmbHR 1994, 16ff.
Ebenroth, Carsten Thomas/Eyles, Uwe, Die Beteiligung ausländischer Gesellschaften an einer inländischen KG, DB 1988, Beilage 2, S. 15ff.
Ebenroth Carsten Thomas/Hopp, Torsten-Tankmar, Die ausländische Kapitalgesellschaften KG, JZ 1989, 883ff.
Ebenroth, Carsten Thomas/Kemner, Matthew J./Willburger, Andreas, Die Auswirkungen des genuine-link-Grundsatzes auf die Anerkennung US-amerikanischer Gesellschaften in Deutschland, ZIP 1995, 972ff.
Ebenroth, Carsten Thomas/Wilken, Oliver, Entwicklungstendenzen im deutschen Internationalen Gesellschaftsrecht, JZ 1991, 1014ff, 1061ff, 1116ff.
Eberhartinger, Michael, Konvergenz und Neustrukturierung der Grundfreiheiten, EWS 1997, 43ff.
Ebke, Werner, Die „ausländische GmbH & Co. KG" und das europäische Gemeinschaftsrecht – Besprechung der Entscheidung BayObLGZ 1986, 61ff, ZGR 1987, 245ff.
Ebke, Werner, Das Schicksal der Sitztheorie nach dem Centros-Urteil des EuGH, JZ 1999, 656ff.
Ebke, Werner, Urteilsanmerkung, JZ 2000, 203ff.
Ehricke, Ulrich, Der „taugliche Bürge" gemäß § 239 BGB auf dem Prüfstand des Gemeinschaftsrechts, EWS 1994, 259ff.
Eidenmüller, Horst/Rehm, Gebhard M., Gesellschafts- und zivilrechtliche Folgeprobleme der Sitztheorie, ZGR 1997, 89ff.
Eidenmüller, Horst, Wettbewerb der Gesellschaftsrechte in Europa, ZIP 2002, 2233ff.
Eilmansberger, Thomas, Zur Reichweite der Grundfreiheiten des Binnenmarktes, JBl 1999, 345ff.
Emmerich Volker/Sonnenschein Jürgen/Habersack Matthias, Konzernrecht, 7. Aufl., München 2001.
Ensthaler, Jürgen (Hrsg.), Gemeinschaftskommentar zum Handelsgesetzbuch, 6.Aufl., Neuwied 2000.
Epiney, Astrid, Umgekehrte Diskriminierungen, Köln 1995.
Everling, Ulrich, Wirtschaftsverfassung und Richterrecht in der Europäischen Gemeinschaft, in: Immenga, Ulrich (Hrsg.), Festschrift für Ernst-Joachim Mestmäcker, Baden-Baden 1996, S.365ff.
Everling, Ulrich, Das Niederlassungsrecht in der Europäischen Gemeinschaft, DB 1990, 1853ff.
Eyles, Uwe, Das Niederlassungsrecht der Kapitalgesellschaften in der Europäischen Gemeinschaft, Baden-Baden 1990.
Fetsch, Johannes, Eingriffsnormen und EG-Vertrag, Tübingen 2002.

Fock, Till Henning, Sitztheorie im deutschen internationalen Steuerrecht nach der Centros-Entscheidung, RIW 2000, 42ff.
Fischer, Ana Katharina, Das neue GmbH-Gesetz in Spanien, RIW 1996, 12ff.
Fischer, Gerfried., Haftung für Scheininlandsgesellschaften, IPRax 1991, 100ff.
Fischer, Hans Georg, Europarecht, 2.Aufl., München 1997.
Fischer, Klemens H., Der Vertrag von Nizza, Baden-Baden 2001.
Forsthoff, Ulrich, Niederlassungsrecht für Gesellschaften nach dem Centros-Urteil des EuGH: Eine Bilanz, EuR 2000, 167ff.
Forsthoff, Ulrich, Rechts- und Parteifähigkeit ausländischer Gesellschaften mit Verwaltungssitz in Deutschland? – Die Sitztheorie vor dem EuGH, DB 2000, 1109ff.
Forsthoff, Ulrich, Abschied von der Sitztheorie, BB 2002, 318ff.
Forsthoff, Ulrich, EuGH fördert Vielfalt im Gesellschaftsrecht, DB 2002, 2471ff.
Freitag, Robert, Mitgliedstaatliche Beschränkungen des Kapitalverkehrs und Europäisches Gemeinschaftsrecht, EWS 1997, 186ff.
Freitag, Robert, Der Wettbewerb der Rechtsordnungen im internationalen Gesellschaftsrecht, EuZW 1999, 267ff.
Frowein, Georg Abraham, Grenzüberschreitende Sitzverlegung von Kapitalgesellschaften, Frankfurt a.M. 2000.
Garcia, Rafael Arenas, Rechnungslegungspflichten der Zweigniederlassungen von ausländischen Gesellschaften, RIW 2000, 590ff.
Galli, Giovanni B., The fiscal residence of companies, National Reports: Italy, CDFI LXXIIa (1987), 369ff.
Gebauer, Martin, Internationales Privatrecht und Warenverkehrsfreiheit in Europa, IPRax 1995, 152ff.
Geibel, Stephan/Süßmann, Rainer, Wertpapiererwerbs- und Übernahmegesetz, Kommentar, München 2002.
Geiger, Rudolf, EUV/EGV, Kommentar, 3. Aufl., München 2000.
Gemperle, Notbremsen bei wirtschaftlichen Binnenmarktproblemen, Die Anrufung der Schutzklausel als ultima ratio, in: Zeller, Willi (Hrsg.), Der Europäische Wirtschaftsraum, Zürich 1992, S.86ff.
Geyrhalter, Volker, Niederlassungsfreiheit contra Sitztheorie – Good Bye „Daily Mail"?, EWS 1999, 201ff.
Glöckner, Jochen, Grundverkehrsbeschränkungen und Europarecht, EuR 2000, 592ff.
Görlitz, Niklas, Immer noch unterschätzt: Die gemeinschaftsrechtlichen Vlassopoulou-Grundsätze, EWS 2002, 20ff.
Gößl, Manfred R., Der Europäische Wirtschaftsraum (EWR): Politökonomische Begründung und inhaltliche Analyse eines pragmatischen Konzepts für die gesamteuropäische Wirtschaftsintegration, Bremen 1995.

Goutier, Klaus/Knopf, Rüdiger/Tulloch, Anthony, Kommentar zum Umwandlungsrecht, Heidelberg 1996.
Grabitz, Eberhard/Hilf, Meinhard (Hrsg.), Kommentar zur Europäischen Union, München 2000.
von der Groeben, Hans/Thiesing, Jochen/Ehlermann, Claus-Dieter (Hrsg.), Kommentar zum EU-/EG-Vertrag, 5.Aufl., Baden-Baden 1997ff
Grasmann, Günther, Internationale Probleme der Mitbestimmung, ZGR 1973, 317ff.
Groß, Wolfgang, Niederlassungsrecht (Art. 3 lit. c, Art. 52 ff EWG-Vertrag) im Gemeinsamen Markt, AG 1990, 530ff.
Großfeld, Bernhard, Die „ausländische juristische Person & Co. KG“, IPRax 1986, 351ff.
Großfeld, Bernhard, Vom Deutschen zum Europäischen Gesellschaftsrecht, AG 1987, 261ff.
Großfeld, Bernhard, Europäisches Gesellschaftsrecht, WM 1992, 2121ff.
Großfeld, Bernhard, Internationales Umwandlungsrecht, AG 1996, 302ff.
Großfeld, Bernhard, J. von Staudingers Kommentar zum Bürgerlichen Gesetzbuch mit Einführungsgesetz und Nebengesetzen, Einführungsgesetz zum Bürgerlichen Gesetzbuch /IPR Internationales Gesellschaftsrecht – Neubearbeitung 1998, Berlin 1998.
Großfeld, Bernhard/Erlinghagen, Susanne, Internationales Unternehmensrecht und deutsche unternehmerische Mitbestimmung, JZ 1993, 217ff.
Großfeld, Bernhard/König, Thomas, Identitätswahrende Sitzverlegung in der Europäischen Gemeinschaft, IPRax 1991, 380ff.
Großfeld, Bernhard/König, Thomas, Das Internationale Gesellschaftsrecht in der Europäischen Gemeinschaft, RIW 1992, 433ff
Großfeld, Bernhard/Strotmann, Christian, Ausländische juristische Person aus Nicht EG-Staat als Komplementär einer AG, IPRax 1990, 298ff.
Grothe, Helmut, Die „ausländische Kapitalgesellschaft & Co. KG“, Köln 1989.
Grüb, Michael, Europäische Niederlassungs- und Dienstleistungsfreiheit für Private mit hoheitlichen Befugnissen, Frankfurt a.M. 1999.
Grundmann, Stefan, Nationales Währungsrecht und EG-Kapitalverkehrsfreiheit, EWS 1990, 214ff.
Grunewald Barbara, Die neue Squeeze-Out-Regelung, ZIP 2002, 1ff.
Haas, Ulrich, Die Betätigungsfreiheit ausländischer Gesellschaften im Inland, DB 1997, 1501ff.
Habersack, Matthias, Europäisches Gesellschaftsrecht, München 1999.
Haidinger, Michael, Die „ausländische Kapitalgesellschaft & Co. KG“, Frankfurt a.M. 1990.
Hailbronner, Kay/Nachbaur, Andreas, Niederlassungs- und Dienstleistungsfreiheit im Binnenmarkt, Linz 1992.

Hailbronner, Kay/Klein, Eckart/Magiera, Siegfried/Müller-Graff, Peter-Christian, Handkommentar zum Vertrag über die Europäische Union, Köln 1998.

von Halen, Curt Christian, Der Streit um die Sitztheorie vor der Entscheidung, EWS 2002, 107ff.

Halm, Dirk, „Squeeze-Out" heute und morgen: Eine Bestandsaufnahme nach dem künftigen Übernahmerecht, NZG 2000, 1162ff.

Hamacher, Jupp, Zur Frage der Dienstleistungsfreiheit in den Ländern der EG, VersR 1988, 729ff.

Hammen, Horst, Zweigniederlassungsfreiheit europäischer Gesellschaften, WM 1999, 2487ff.

Hammermann, Bernd, Die Auswirkungen des EWR-Acquis auf das liechtensteinische Personen- und Gesellschaftsrecht, Schaan 1998.

Hanau, Peter, Sicherung unternehmerischer Mitbestimmung, insbesondere durch Vereinbarung, ZGR 2001, 75ff.

von Hein Jan, Grundfragen des europäischen Übernahmekollisionsrechts, AG 2001, 213ff.

Heinrich, Michael, Die ausländische juristische Person & Co. KG, Frankfurt a.M. 1995.

Heinze, Meinhard, Probleme der Mitbestimmung und Betriebsverfassung bei einer grenzüberschreitenden Umstrukturierung von Unternehmen im Binnenmarkt, ZGR 1994, 47ff.

Henn, Günter, Handbuch des Aktienrechts, 6.Aufl., Heidelberg 1998.

Herzig, Norbert/Förster, Guido, Grenzüberschreitende Verschmelzung von Kapitalgesellschaften, DB 1994, 1ff.

Hinkel, Klaus, Niederlassungsfreiheit für Kreditinstitute im Bankenbinnenmarkt, Weimar 1997.

Höfling, Barbara, Die Centros-Entscheidung des EuGH – auf dem Weg zu einer Überlagerungstheorie für Europa, DB 1999, 1206ff.

Höfling, Barbara, Die Sitztheorie, Centros und der österreichische OGH, EuZW 2000, 145ff.

von Hoffmann, Bernd, Internationales Privatrecht, 6.Aufl., München 2000.

Hoffmann, Jochen, Neue Möglichkeiten zur identitätswahrenden Sitzverlegung in Europa?, ZHR 164 (2000), 43ff.

Hoffmann, Jochen, Die Bildung der Aventis S.A. – ein Lehrstück des europäischen Gesellschaftsrechts, NZG 1999, 1077ff.

Hommelhoff, Peter/Witt, Carl-Heinz, Bemerkungen zum deutschen Übernahmegesetz nach dem Scheitern der Richtlinie, RIW 2001, 561ff.

Honrath, Alexander, Umfang und Grenzen der Freiheit des Kapitalverkehrs, Baden-Baden 1998.

Hüffer, Uwe, Aktiengesetz, Kommentar, 5.Aufl., München 2002.

Jahnel, Dietmar, Zweigniederlassung und EG-Niederlassungsfreiheit, in: Schuhmacher, Wolfgang (Hrsg.): Rechtsfragen der Zweigniederlassung, Wien 1993.

Jarass, Hans D., Die Niederlassungsfreiheit in der Europäischen Gemeinschaft – Ein Kernelement der Freiheit wirtschaftlicher Betätigung, RIW 1993, 1ff.

Jarass, Hans D., Elemente einer Dogmatik der Grundfreiheiten, EuR 1995, 202ff.

Jarass, Hans D., Die Grundfreiheiten als Grundgleichheiten, in: Due, Ole (Hrsg.), Festschrift für Ulrich Everling, Bd. 1, S. 593ff, Baden-Baden 1995.

Jestaedt, Thomas/Kästle, Florian, Kehrtwende oder Rückbesinnung in der Anwendung von Art. 30 EGV: Das Keck-Urteil, EWS 1994, 26ff.

Kaligin, Thomas, Das internationale Gesellschaftsrecht in der Bundesrepublik Deutschland, DB 1985, 1449ff.

Kallmeyer, Harald, Das neue Umwandlungsgesetz, ZIP 1994, 1746ff.

Kallmeyer, Harald, Grenzüberschreitende Verschmelzungen und Spaltungen?, ZIP 1996, 535ff.

Kallmeyer, Harald, Die Mängel des Übernahmekodex der Börsensachverständigenkommission, ZHR 161 (1997), 435ff.

Kallmeyer, Harald, Pflichtangebote nach dem Übernahmekodex und dem neuen Vorschlag 1997 einer Take-Over-Richtlinie, ZIP 1997, 2147f.

Kallmeyer, Harald, Umwandlungsgesetz, Kommentar, Köln 1997.

Kallmeyer, Harald, Tragweite des Überseering-Urteils des EuGH vom 5.11.2002 zur grenzüberschreitenden Sitzverlegung, DB 2002, 2521f.

Kegel, Gerhard/Schurig, Klaus, Internationales Privatrecht, 8.Aufl., München 2000.

Kewenig, Wilhelm A., Niederlassungsfreiheit, Freiheit des Dienstleistungsverkehrs und Inländerdiskriminierung, JZ 1990, 20ff.

Kieninger, Eva-Maria, Niederlassungsfreiheit und Rechtswahlfreiheit, ZGR 1999, 724ff.

Kieninger, Eva-Maria, Anmerkung zu OGH vom 15.07.1999, NZG 2000, 39ff.

Kimms, Frank, Die Kapitalverkehrsfreiheit der europäischen Union, Frankfurt a.M. 1996.

Kindler, Peter, Niederlassungsfreiheit für Scheinauslandsgesellschaften, NJW 1999, 1993ff.

Kindler, Peter, Internationales Gesellschaftsrecht am Scheideweg, RIW 2000, 649ff.

Kindler, Peter, Auf dem Weg zur Europäischen Briefkastengesellschaft?, NJW 2003, 1073ff.

Kirchner, Christian, Szenarien einer „feindlichen" Unternehmensübernahme: Alternative rechtliche Regelungen im Anwendungstest, BB 2000, 105ff.

Knobbe-Keuk, Brigitte, Niederlassungsfreiheit: Diskriminierungs- oder Beschränkungsverbot, DB 1990, 2573 ff.
Knobbe-Keuk, Brigitte, Umzug von Gesellschaften in Europa, ZHR 154 (1990), 325ff.
Klauer, Die Europäisierung des Privatrechts, Baden-Baden 1998.
Klinke, Ulrich, Europäisches Unternehmensrecht und EuGH – Die Rechtsprechung in den Jahren 1992-1993, ZGR 1994, 153ff.
König, Jochen, Doppelsitz einer Kapitalgesellschaft – Gesetzliches Verbot oder zulässiges Mittel der Gestaltung einer Fusion?, AG 2000, 18ff.
Koenig, Christian/Sander, Claude, Bleibt der EuGH dem Keck'schen Telos treu?, EuZW 1996, 8ff.
Kösters, Friedrich, Rechtsträgerschaft und Haftung bei Kapitalgesellschaften ohne Verwaltungssitz im Gründungsstaat, NZG 1998, 241ff.
Kohlhaussen, Martin, Die europäische Integration aus der Sicht einer Großbank, WM 1993, 2000.
Korn, Stefan, Sitztheorie contra Niederlassungsfreiheit: Die Private Limited Company mit Hauptverwaltung in Österreich, WBl 2000, 56ff.
Korn, Stefan/Thaler, Christian, Das Urteil des EuGH in der Rs. Centros: Ein Meilenstein für das europäische Gesellschaftskollisionsrecht?, Wbl 1999, 247ff.
Kort, Michael, Schranken der Dienstleistungsfreiheit im europäischen Recht, JZ 1996, 132ff.
K.P.M.G. European Business Centre, Studie über die Verlegung des Sitzes einer Gesellschaft von einem Mitgliedstaat in einen anderen, Brüssel, 1993.
Krause, Hartmut, Zur Gleichbehandlung der Aktionäre bei Übernahmeangeboten und Beteiligungserwerb, WM 1996, 845ff, 893ff.
Kreuzer, Karl F., Die grenzüberschreitende Mobilität von Gesellschaften im Gemeinsamen Markt, Saarbrücken 1994.
Kronke, Herbert, Deutsches Gesellschaftsrecht und grenzüberschreitende Strukturänderungen, ZGR 1994, 26ff.
Kropff, Bruno/Semler, Johannes (Hrsg.), Münchener Kommentar zum Aktiengesetz, München 2000.
Kruse, Viola, Sitzverlegung von Kapitalgesellschaften innerhalb der EG, Köln 1997.
Krieger, Gerd, Squeeze-Out nach neuem Recht: Überblick und Zweifelsfragen, BB 2002, 53ff.
Lackhoff, Klaus, Deutsches Wirtschaftsverwaltungsrecht und die Grundfreiheiten der Art. 30, 34, 48, 52, 59 EGV, Baden-Baden 1994.
Lang, Joachim, Die Freiheit des Warenverkehrs – Kontinuität und Wandel in der Rechtsprechung des EuGH, Berlin 1997.
Lange, Knut Werner, Urteilsanmerkung, DNotZ 1999, 599ff.

Lawall, Lars, Umwandlungsrecht: Grenzüberschreitende Verschmelzungen innerhalb der Europäischen Wirtschaftsgemeinschaft, IStR 1998, 345ff.
Lehner, Moris, Urteilsanmerkung, JZ 2000, 944ff.
Leible, Stefan, Urteilsanmerkung, NZG 1999, 300ff.
Leible Stefan/Hoffmann, Jochen, „Überseering" und das (vermeintliche) Ende der Sitztheorie, RIW 2002, 925.
Leinemann, Wolfgang (Hrsg.), Kasseler Handbuch zum Arbeitsrecht, 2. Aufl., Neuwied 2000.
Lenz, Carl-Otto, EG-Vertrag, Kommentar, 2. Aufl., Köln 1999.
Luchsinger, Thomas, Die Niederlassungsfreiheit der Kapitalgesellschaften in der EG, den USA und der Schweiz, Fribourg 1992.
Lüder, Tilman E., Mars: Zwischen Keck und Cassis, EuZW 1995, 609ff.
Lüder, Tilman E., Die Grenzen der Keck-Rechtsprechung, EuZW 1996, 615ff.
Lüke Gerhard/Wax, Peter (Hrsg.), Münchener Kommentar zur Zivilprozeßordnung, Bd. 3, 2.Aufl., München 2001.
Lurger, Brigitta, Regulierung und Deregulierung im europäischen Privatrecht, Frankfurt a.M. 1997.
Lutter, Marcus, Umstrukturierung von Unternehmen über die Grenze: Versuch eines Resümees, ZGR 1994, 87ff.
Lutter, Marcus, Zum Umfang der Bindung durch Richtlinien, in: Due, Ole (Hrsg.), Festschrift für Ulrich Everling, Baden-Baden 1995, S. 765ff.
Lutter, Marcus, Europäisches Unternehmensrecht, 4. Aufl., ZGR 1996, Sonderheft 1, Berlin 1996.
Lutter, Marcus, Umwandlungsgesetz , Kommentar, 2.Aufl., Köln 2000.
Lutter, Marcus, Das Europäische Unternehmensrecht im 21. Jahrhundert, ZGR 2000, 1ff.
Lutter, Marcus, „Überseering" und die Folgen, BB 2003, 7ff.
Lutter, Marcus/Hommelhoff, Peter, GmbH-Gesetz, Kommentar, 15.Auflage, Köln 2000.
Luttermann, Claus, Besteuerung von Zweigniederlassungen in anderem EU-Mitgliedstaat, NZG 1999, 706ff.
Mäsch, Gerald, Anmerkung zu OGH vom 15.07.1999, JZ 2000, 201ff.
Matthies, Heinrich, Artikel 30 EG-Vertrag nach Keck, in: Due, Ole (Hrsg.), Festschrift für Ulrich Everling, Baden-Baden 1995, Bd. 1, S.803ff.
Meilicke, Wienand, Die verschleierte Sacheinlage, Stuttgart 1989.
Meilicke, Wienand, Zum Vorschlag der Europäischen Kommission für die 14.EU-Richtlinie zur Koordinierung des Gesellschaftsrechts – Sitzverlegungs-Richtlinie, GmbHR 1998, 1053ff.
Meilicke, Wienand, Urteilsanmerkung, DB 1999, 624ff („Centros).
Meilicke, Wienand, Sitztheorie versus Niederlassungsfreiheit, GmbHR 2000, 693ff.

Merkt, Hanno, Das Europäische Gesellschaftsrecht und die Idee des „Wettbewerbs der Gesetzgeber“, RabelsZ 59 (1995), 545ff.
Michalski, Lutz, Grundzüge des Internationalen Gesellschaftsrechts, NZG 1998, 762ff.
Mülbert, Peter O., Privatrecht, die EG-Grundfreiheiten und der Binnenmarkt, ZHR 159 (1995), 2ff.
Müller, Klaus, Gesellschaftsrechtliche Aspekte des geplanten Übernahmegesetzes, GmbHR 2000, R 373.
Mussler, Werner, Die Wirtschaftsverfassung der Europäischen Gemeinschaft im Wandel, Baden-Baden 1998.
Nachbaur, Andreas, Urteilsanmerkung EuZW 1994, 281f.
Nachbaur, Andreas, Niederlassungsfreiheit, Baden-Baden 1999.
Nagel, Bernhard, Deutsches und Europäisches Gesellschaftsrecht, München 2000.
Nettesheim, Martin, Die europarechtlichen Grundrechte auf wirtschaftliche Mobilität (Art. 48, 52 EGV), NVwZ 1996, 342ff.
Neye, Hans-Werner, Das neue Umwandlungsrecht vor der Verabschiedung im Bundestag, ZIP 1994, 917ff.
Neye, Hans-Werner, EuGH Art. 52, EWiR 1999, 259f.
Niebel, Rembert, Der Status der Gesellschaften in Europa, Stuttgart 1998.
Niedenhoff, Horst-Udo, Mitbestimmung in den EU-Staaten, 2. Aufl., München 1995.
Ohler, Christoph, Die Kapitalverkehrsfreiheit und ihre Schranken, WM 1996, 1801ff.
Oppermann, Thomas, Europarecht, 2. Aufl., München 1999.
Palandt, Otto, Bürgerliches Gesetzbuch, Kommentar, 61. Aufl., München 2002.
Paschke, Marian, Europäisches Privatrecht, Hamburg 1998.
Petschke, Matthias, Die Warenverkehrsfreiheit in der neuesten Rechtsprechung des EuGH, EuZW 1994, 107ff.
Picot, Gerhard/Land, Volker, Der internationale Unternehmenskauf, DB 1998, 1601ff.
Pietzke, Rudolf, Das zwingende Übernahmeangebot bei Erwerb einer Kontrollmehrheit, in: Großfeld Bernhard (Hrsg.), Festschrift für Wolfgang Fikentscher, Tübingen 1998, S. 601ff.
Pfeiffer, Thomas, Die Entwicklung des Internationalen Vertrags- Schuld- und Sachenrechts in den Jahren 1995/96, NJW 1997, 1207ff.
Pötsch, Thorsten/Möller, Andreas, WM 2000, Sonderbeilage 2.
Pohlmann, Jens, Das französische internationale Gesellschaftsrecht, Berlin 1988.
Priester, Hans-Joachim (Hrsg.), Münchener Handbuch des Gesellschaftsrechts, München 1996.

Puszkajler Karl Peter, Luxemburg locuta, causa non finita, IPRax 2000, 79ff.
Rabe, Hans-Jürgen, Dienstleistungs- und Niederlassungsfreiheit der Rechtsanwälte in der EG, AnwBl 1992, 146ff.
Rebmann Kurt/Säcker, Franz-Jürgen/Rixecker, Roland (Hrsg.), Münchener Kommentar zum Bürgerlichen Gesetzbuch, 3.Aufl., München 1997ff.
Reich, Norbert, Binnenmarkt als Rechtsbegriff, EuZW 1991, 203ff.
Reichhold, Hermann, Arbeitsrechtsstandards als „Aufenthaltsmodalitäten, ZEuP 1998, 434ff.
Reuter, Michael, Zur internationalen Reichweite der Mitbestimmung im Unternehmen, München 1988.
Rindisbacher, Sabine, Anerkennung gesellschaftsrechtlicher Gebilde im Internationalen Privatrecht, Bern 1996.
Rinne, Burkhard, Zweigniederlassungen ausländischer Unternehmen im deutschen Kollisions- und Sachrecht, Berlin 1998.
Risse, Jörg, Urteilsanmerkung MDR 1999, 752ff.
Rixen, Segfried/Böttcher, Reinhard, Erfahrungsbericht über eine transnationale Verschmelzung, GmbHR 1993, 572ff.
Röthel, Anne, Urteilsanmerkung, EuZW 2000, 379f.
Roth, Günter H., Gründungstheorie: Ist der Damm gebrochen?, ZIP 1999, 861ff.
Roth, Günter H./Altmeppen, Holger, GmbHG, Kommentar, 3. Aufl., München 1997.
Roth, Wulf-Henning, Die Freiheiten des EG-Vertrages und das nationale Privatrecht, ZEuP 1994, 5ff.
Roth, Wulf-Henning, Die Niederlassungsfreiheit zwischen Beschränkungs- und Diskriminierungsverbot, in: Schön (Hrsg.), Gedächtnisschrift für Brigitte Knobbe-Keuk, Köln 1997, S.729ff.
Roth, Wulf-Henning, Einlagensicherung im Binnenmarkt, ZBB 1997, 373ff.
Roth, Wulf-Henning, Freier Warenverkehr nach „Keck", in: Hübner, Ulrich/Ebke, Werner (Hrsg.), Festschrift für Bernhard Großfeld, Heidelberg 1999, S.929ff.
Roth, Wulf-Henning, „Centros": Viel Lärm um Nichts?, ZGR 2000, 311ff.
Roth, Wulf-Henning, Die Sitzverlegung vor dem EuGH, ZIP 2000, 1597ff.
Sack, Rolf, Auswirkungen der Art. 52, 58 EWGV auf das internationale Gesellschaftsrecht – EuGH NJW 1989, 2186, JuS 1990, 352ff.
Sack, Rolf, Staatliche Regelungen sogenannter „Verkaufsmodalitäten" und Art. 30 EG-Vertrag, EWS 1994, 37ff.
Sandrock, Otto, Die multinationalen Korporationen im Internationalen Privatrecht, in: Berichte der Deutschen Gesellschaft für Völkerrecht, 1978, S. 169ff.
Sandrock, Otto, Ein amerikanisches Lehrstück für das Kollisionsrecht der Kapitalgesellschaften, RabelsZ 42 (1978), 222ff.

Sandrock, Otto, Sitztheorie, Überlagerungstheorie und der EWG-Vertrag: Wasser, Öl und Feuer, RIW 1989, 505ff.
Sandrock, Otto, Ein Etappensieg für die Überlagerungstheorie, DB 1999, 1337ff.
Schander, Albert, Selbstregulierung versus Kodifizierung – Versuch einer Standortbestimmung des deutschen Übernahmerechts, NZG 1998, 799ff.
Schanze, Erich/Jüttner, Andreas, Anerkennung und Kontrolle ausländischer Gesellschaften – Rechtslagen und Perspektiven nach der Überseering-Entscheidung des EuGH, AG 2003, 30ff.
Schaumburg, Harald, Grenzüberschreitende Umwandlungen, GmbHR 1996, 501ff, 583ff.
Scherer, Thomas B., Doppelbesteuerung und europäisches Gemeinschaftsrecht, München 1995.
Schmidt, Karsten, Gesellschaftsrecht, 4. Aufl., Köln 2002.
Schmidt, Karsten, Sitzverlegungsrichtlinie, Freizügigkeit und Gesellschaftsrechtspraxis, ZGR 1999, 20ff.
Schmidt-Hermesdorf, Joachim, Ausländische Gesellschaften als Komplementäre deutscher Personenhandelsgesellschaften?, RIW 1990, 707ff.
Schmitz, Werner, Die Bilanzrichtlinie und ihr Beitrag zur Harmonisierung der Rechnungslegung in den EG-Staaten, in: Albach, Horst, Harmonisierung der Rechnungslegung in Europa, Wiesbaden 1988.
Schneider, Hartmut, Die öffentliche Ordnung als Schranke der Grundfreiheiten im EG-Vertrag, Baden-Baden 1998.
Schnichels, Dominik, Reichweite der Niederlassungsfreiheit, Baden-Baden 1995.
Schön, Wolfgang, Mindestharmonisierung im europäischen Gesellschaftsrecht, ZHR 160 (1996), 221ff.
Schön, Wolfgang, Das Bild des Gesellschafters im Europäischen Gesellschaftsrecht, RabelsZ 64 (2000), 1ff.
Schön, Wolfgang, Freie Wahl zwischen Zweigniederlassung und Tochtergesellschaft – ein Grundsatz des Europäischen Unternehmensrechts, EWS 2000, 281ff.
Schöne, Franz-Josef, Dienstleistungsfreiheit in der EG und deutsche Wirtschaftsaufsicht, 1989.
Scholz, Franz, GmbH-Gesetz, Kommentar, 9.Aufl., Köln 2000.
Schümann, Matthias, Die Vereinbarkeit der Sitztheorie mit dem europäischen Recht, EuZW 1994, 269ff.
Schroeder, Dirk/Federle, Anne, Das Keck-Urteil: Tatsächlich eine Abkehr von „Yves Richard", ZIP 1994, 1428ff.
Schwarz, Günter Christian, Europäisches Gesellschaftsrecht, Baden-Baden 2000.

Schwarz, Günter Christian, Zum Statut der Europäischen Aktiengesellschaft, ZIP 2001, 1847ff.
Schwarze, Jürgen, EU-Kommentar, Baden-Baden 2000.
Schweitzer, Michael/Hummer, Waldemar, Europarecht, 6.Aufl., Neuwied 2001.
Sedemund, Jochim/Hausmann, Ludwig, Niederlassungsfreiheit contra Sitztheorie – Abschied von Daily Mail?, BB 1999, 809ff.
Seibert, Ulrich, Die Umsetzung der Zweigniederlassungs-Richtlinie der EG in deutsches Recht, GmbHR 1992, 738ff.
Seibert, Ulrich, Neuordnung des Rechts der Zweigniederlassung im HGB, DB 1993, 1705ff.
Sonnenberger, Hans-Jürgen, Europarecht und Internationales Privatrecht, ZVerglRWiss 95 (1996), 3ff.
Sonnenberger, Hans-Jürgen/Großerichter, Helge, Konfliktlinien zwischen internationalem Gesellschaftsrecht und Niederlassungsfreiheit, RIW 1999, 721ff.
Soufleros, Elias, Die GmbH in Griechenland, in: Centrale für GmbH Dr. Otto Schmidt (Hrsg.), Die GmbH-Rechte in den EG-Staaten, Köln 1993.
Steiger, Axel, Grenzüberschreitende Fusion und Sitzverlegung von Kapitalgesellschaften innerhalb der EU nach spanischem und portugiesischem Recht, Frankfurt a.M. 1996.
Steiger, Axel, Identitätswahrende Sitzverlegung von Gesellschaften aufgrund bilateraler Staatsverträge?, RIW 1999, 169 ff.
Steinberg, Philipp, Zur Konvergenz der Grundfreiheiten auf Tatbestands- und Rechtfertigungsebene, EuGRZ 2002, 13ff.
Steindorff, Ernst, Reichweite der Niederlassungsfreiheit, EuR 1988, 19ff.
Steindorff, Ernst, Gesellschaftsrechtliche Richtlinien der EG und strengeres staatliches Recht, EuZW 1990, 251ff.
Steindorff, Ernst, EG-Vertrag und Privatrecht, Baden-Baden 1996.
Steindorff, Ernst, Centros und das Recht auf die günstigste Rechtsordnung, JZ 1999, 1140ff.
Stieb, Stephan, Die Erledigung von Unerledigtem, GmbHR 1992, R 25.
Streit, Arnold, Das Abkommen über den Europäischen Wirtschaftsraum, NJW 1994, 555ff.
Streinz, Rudolf, Urteilsanmerkung, JuS 1999, 810ff.
Streinz, Rudolf, EG-Grundfreheiten und Verbandsautonomie, SpuRt 2000, 221ff.
Streinz, Rudolf, Europarecht, 5. Aufl., Heidelberg 2001
Streinz Rudolf/Leible, Stefan, 10% mehr Eiskrem für alle!, ZIP 1995, 1236ff.
Streinz, Rudolf/Leible, Stefan, Prozeßkostensicherheit und gemeinschaftsrechtliches Diskriminierungsverbot, IPRax 1998, 162ff.

Stupp, Stefan, Freizügigkeit für natürliche und juristische Personen, in: Zeller, Willi (Hrsg.), Der Europäische Wirtschaftsraum EWR, Charakteristiken des EG-EFTA-Vertrages, Zürich 1992, S.37ff.
Timme, Michael/Hülk, Fabian, Das Ende der Sitztheorie im Internationalen Gesellschaftsrecht?, JuS 1999, 1055ff.
Thömmes, Ottmar, Identitätswahrende Sitzverlegung von Gesellschaften in Europa, DB 1993, 1021ff.
Thoma Georg F., Das Wertpapiererwerbs- und Übernahmegesetz im Überblick, NZG 2002, 105ff.
Thomas, Heinz/Putzo, Hans, Zivilprozeßordnung, Kommentar, 24.Aufl., München 2002.
Thorn Karsten, Das Centros-Urteil des EuGH im Spiegel der deutschen Rechtsprechung, IPRax 2000, 102ff.
Travers, Stefan C., Der Beweis des Anknüpfungskriteriums „tatsächlicher Sitz der Hauptverwaltung" im Internationalen Gesellschaftsrecht, Frankfurt a.M. 1998.
Ulmer, Peter (Hrsg.), GmbHG, Hachenburg Großkommentar, 8.Aufl., Berlin 1997ff.
Ulmer, Peter, Schutzinstrumente gegen die Gefahren aus der Geschäftstätigkeit inländischer Zweigniederlassungen von Kapitalgesellschaften mit fiktivem Auslandssitz, JZ 1999, 662ff.
Wägenbaur, Rolf, Inhalt und Etappen der Niederlassungsfreiheit, EuZW 1991, 427ff.
Wagner, Jürgen, Gesellschaftsrecht in der Schweiz und in Liechtenstein, 2. Aufl., München 2000.
Wagner, Matthias, Das Konzept der Mindestharmonisierung, Berlin 2001.
Weber, Albrecht, Die Bedeutung des Art. 115 EWGV für die Freiheit des Warenverkehrs, EuR 1979, 30ff.
Weber, Claus, Kapitalverkehr und Kapitalmärkte im Vertrag über die Europäische Union, EuZW 1992, 561ff.
Weiß, Wolfgang, Nationales Steuerrecht und Niederlassungsfreiheit, EuZW 1999, 493ff.
Wenckstern, Manfred, Inländische Briefkastenfirmen im deutschen Internationalen Gesellschaftsrecht, in: Basedow, Jürgen/Hopt Klaus J. (Hrsg.), Festschrift für Ulrich Drobnig, Tübingen 1998, S. 465ff.
Werlauff, Erik, Ausländische Gesellschaft für inländische Aktivität, ZIP 1999, 867ff.
Weyer, Hartmut, Freier Warenverkehr und nationale Regelungsgewalt in der Europäischen Union, Berlin 1997.
Wiedemann, Herbert, Entwicklungen im Kapitalgesellschaftsrecht, DB 1993, 141ff.

von Wilmowsky, Peter, EG-Vertrag und kollisionsrechtliche Rechtswahlfreiheit, RabelsZ 62 (1998), 3ff.

Witte, Jochen, Diskussionsentwurf zur Regelung von Unternehmensübernahmen: Abwehrmöglichkeiten des Vorstands der Zielgesellschaft, BB 2000, 2161ff.

Wouters, Jan, The Case-Law of the European Court of Justice on Direct Taxes: Variations upon a theme, Maastricht Journal of European and Comparative Law 1994, 179ff.

Zimmer, Daniel, Internationales Gesellschaftsrecht, Heidelberg 1996.

Zimmer, Daniel, Mysterium „Centros", ZHR 164 (2000), 23ff.

Zimmer, Daniel, Internationales Gesellschaftsrecht und Niederlassungsfreiheit: Das Rätsel vor der Lösung?, BB 2000, 1361ff.

Zimmer, Daniel, Wie es Euch gefällt? Offene Fragen nach dem Überseering-Urteil des EuGH, BB 2003, 1ff.

Zisowski, Frank, Grenzüberschreitender Umzug von Kapitalgesellschaften, Heidelberg 1994.

Zuleeg, Manfred, Die Grundfreiheiten des Gemeinsamen Marktes im Wandel, in Due, Ole (Hrsg.): Festschrift für Ulrich Everling, Baden-Baden 1995, S. 1721ff.

Zuleeg, Manfred, Zum Verhältnis nationaler und europäischer Grundrechte, EuGRZ 2000, 511ff.

Peter Lang · Europäischer Verlag der Wissenschaften

Christiane Geiger

Der Einfluss der europäischen Niederlassungsfreiheit auf den Gestaltungsrahmen betriebswirtschaftlicher Standortentscheidungen von Kapitalgesellschaften

Eine Analyse der Reichweite der Niederlassungsfreiheit des EG-Vertrages und der Auswirkungen auf den Standortentscheidungsprozess von gemeinschaftsangehörigen Kapitalgesellschaften

Frankfurt am Main, Berlin, Bern, Bruxelles, New York, Oxford, Wien, 2003.
XLVI, 231 S., zahlr. Abb.
Europäische Hochschulschriften: Reihe 2, Rechtswissenschaft. Bd. 3691
ISBN 3-631-51171-X · br. € 45.50*

Durch den Abbau von Handelsbeschränkungen und die uneingeschränkte Mobilität der Produktionsfaktoren zwischen den Mitgliedstaaten der EG wird der Wettbewerb zwischen den Anbietern von Wirtschaftsstandorten verschärft. Dabei erfahren neben den klassischen Standortfaktoren die Standortvorteile, die sich aus der Rechtsordnung eines Landes ergeben, ein stärkeres Gewicht. Insbesondere gewinnen die Rechtsordnungen, die dem Unternehmer den größten gesellschaftsrechtlichen Bewegungsspielraum zubilligen, an Attraktivität. Vor diesem Hintergrund untersucht die Arbeit Möglichkeiten und Grenzen einer freien Rechtsformwahl für Gesellschaften innerhalb des Geltungsbereichs des EG-Vertrages. Unter Zugrundelegung der Rechtsprechung des EuGH zur Niederlassungsfreiheit zeigt die Autorin Wege auf, wie attraktive ausländische Rechtsformen auch für in Deutschland ansässige Unternehmen zu realisieren sind.

Frankfurt am Main · Berlin · Bern · Bruxelles · New York · Oxford · Wien
Auslieferung: Verlag Peter Lang AG
Moosstr. 1, CH-2542 Pieterlen
Telefax 00 41 (0) 32 / 376 17 27

*inklusive der in Deutschland gültigen Mehrwertsteuer
Preisänderungen vorbehalten

Homepage http://www.peterlang.de

FSC
www.fsc.org
MIX
Papier | Fördert
gute Waldnutzung
FSC® C083411

Kolibri 360 GmbH
Ferdinand-Jühlke-Straße 7
99095 Erfurt, Deutschland
produktsicherheit@kolibri360.de

Druck:
CPI Druckdienstleistungen GmbH
im Auftrag der
Kolibri 360 GmbH
Ferdinand-Jühlke-Str. 7
99095 Erfurt